司法試験・予備試験 2021年版

体系別

短答式過去問集

2-1 民法Ⅰ

早稲田経営出版編集部 編

早稲田経営出版

TAC PUBLISHING Group

はしがき

　本書は，令和3年度の司法試験の短答式試験を突破するため，および法科大学院を経由せずに令和4年度以降の司法試験の受験資格を得るための令和3年度司法試験予備試験の短答式試験を突破するための問題集です。

▶1 司法試験の短答式試験に臨む方々へ

　平成27年から司法試験の短答式試験は憲法・民法・刑法の3科目となり，それぞれ，50分・75分・50分で実施されています。このように科目が削減された理由については様々なものがあるのでしょうが，明らかに受験生の負担は減ります。司法試験は法科大学院卒業後わずか2カ月ほどで実施され，論文式試験後，短答式試験も連続して行われます。このため，短期間の勉強をどのように時間配分するかが問題となりますが，実際には多くの初回受験者は，「論文式試験については法科大学院での学習を信じるしかない。その前に，まずは短答式で足を切られるわけにはいかない」と考え，従来は短答式試験にかなりの時間を費やしてきました。しかし，短答式試験の科目が減ったことから，最近では，論文式試験に時間を割けるようになり，また，短答式試験の解答のレベルも上がってきています。

　したがって，司法試験短答式試験突破を確実にするためには，できるだけ早めに憲法・民法・刑法の短答式試験の本試験問題にあたり，本試験問題を解けるような実力をつけるという方向にフォーカスすべきでしょう。

▶2 司法試験予備試験に臨む方々へ

　平成23年から始まった司法試験予備試験は，その合格者の，司法試験でのすべての法科大学院を凌駕する高い合格率から，司法試験制度・法科大学院制度を見直すきっかけとなりました。

　いうまでもなく，予備試験を突破すると法科大学院を経由せずに司法試験を受験できることになるため，①法科大学院に入学して最低2年間を過ごす必要がなくなるという時間的メリット，②平均数百万円の法科大学院の学費を支払わずに済むという経済的メリット，③法科大学院卒業者より最短2年早く法曹資格を得ることができるため，若手を望む法曹三者のいわゆるエリートコースに乗りやすいというブランドメリット（？），などのメリットを有します。

　このようなメリットを享受できるための試験という予備試験の性質上，短答式試験だけの合格率も約20％と，かなりの難関試験となっています。

　では，このような難関試験をどのように突破すべきなのでしょうか。

　科目ごとの配点を見ると，それぞれの配点は憲法から刑事訴訟法の法律基本科目7科目が各30点計210点，一般教養科目60点で（合計270点満点・合格点約160点以上），一般教養科目の配点比率は約22％です。また，出題形式を見ると，法律基本科目が95問全問回答必須であるのに対し，一般教養科目は42問中20問を選択すべきとして出題されています。こ

のことから，予備試験においては，法科大学院を設置した文部科学省に配慮して一般教養科目も出題したが，これについては受験生に少しでも解ける問題を探して解いてもらって皆にある程度の点数をとっていただくとともに，法解釈能力において優れた者を合格させるべく法律基本科目で差がつくように配点したものと推測できます。したがって，予備試験の短答式試験の勝負は法律基本科目で決せられるものと思われます。

　また，予備試験の短答式試験問題と司法試験短答式試験の問題とは例年共通問題が各科目75％以上を占めており，予備試験の短答式試験突破のためには，まず司法試験の過去問を征服することが必要になると思われます。

❸なぜ，司法試験や司法試験予備試験の短答式試験対策に本書を薦めるか

　司法試験の短答式試験は，60年以上の長い歴史を有します。その間，試験科目，問題数や試験時間を始めとして，様々に出題傾向が変化してきました。そして，現在の出題傾向を一言で言えば，「奇を衒わず基本的知識を問うている。基本的知識においては制度の枠組みや実務を意識していることが重視され，あまり細かな知識は原則として要求しない。なお，特に公法系科目においては判例の論理の深い理解や判例相互の関係についての知識も問われる」と表現してよいでしょう。

　我々は，本書を作成するにあたり，「利用者に短答式試験に合格していただくためにどのように本書を作成すればよいか」について検討を重ねました。その結果，我々の到達した本書の基本方針は，①解説を通じて今後も出題可能性の高い基本的知識をできるだけシンプルにわかりやすく理解・記憶できるようにすること，②他方，公法系の判例を問う問題などでは，同じ重要判例が形を変えて何度も聞かれる可能性が高いことから，各問題の解説を読めばその判例の論理等を十分に理解できるような詳しい解説を付する，というものでした。

　また，これも本書の大きな特色ですが，今後の出題傾向を予測する上で一番重要な直近年度の問題や試験対策上重要な問題を中心に，③実際にその試験を受けて高得点をたたき出した受験生の方々に，各問題の解説の後にコメントをつけてもらい，その後実務に携わる弁護士の方々にチェックをお願いしました。コメントには，今後の出題可能性や，出題されるときに問われる知識や論理，それに備えて行うべき学習のポイント，学習者から見ると一見細かい問題でも実務上重要であるからしっかり理解・記憶すべき分野か否か等をまとめてあります。なお，特に難しい問題については正解にたどり着くためのポイントについても触れてあり，本試験で高得点をたたき出すためのテクニックが学べます。

　体系別過去問集を利用する意義は，各自の体系的学習（インプット）と並行して，受け身になりがちなそれらの学習の理解や記憶を主体的に確認する（アウトプット）という体系別問題集一般の学習方法とともに，過去問を体系的に整理した問題集で頻出分野を認識し，そこから今後出題可能性の高い論点や知識を認識し，学習すべき分野にメリハリをつけることにあると考えられます。

　皆様が司法試験や予備試験の合格を目指して勉強を開始するときから，自分には本試験問題など敷居が高すぎるなどと考えず，常に本書を隣において，最初は基本的な問題（難易度表記★や☆の問題）から，各単元のインプットが終わった直後にアウトプット作業を行うという学習方法を取っていただければ，本書が皆様の学習効率の最大化と短答式試験突破に絶大な効力を発揮するものと確信します。

皆様が本書を利用されることにより，司法試験最終合格という目標を効率的に達成されることを祈念いたします。

2020年10月

早稲田経営出版　編集部

▶▶▶▶ 民法における学習の指針 ◀◀◀◀

1 令和2年度の問題分析

　令和2年度の問題の傾向としては，前年度までと比べ難化傾向が見られます。以下，これを詳しく見てみます。

　令和2年度は平均43.8点（令和元年度：57.4点）であり，科目別最低ライン（得点率40％未満）に該当した受験生の数は435人（令和元年度：82人）と，前年と比べて平均点は約14点下がり，いわゆる足切りラインを下回った人数は大幅に増加しました。民法の平均点が約14点と大幅に下がったのは，令和2年度試験から債権法改正・相続法改正を踏まえた出題がされたことが大いに影響していると考えられます。令和2年度は，新型ウイルスの影響で，司法試験，司法試験予備試験日程が例年の5月から8月に延期になった年でした。客観的に見れば試験対策期間が3か月伸びたように見えますが，実際は，ウイルス感染や生活の不安を抱えたまま勉強する必要がありました。また，延期後の日程や会場がなかなか発表にならず試験日というゴールを見据えた学習がしづらいという環境にありました。そのためか，試験が延期となったからといって平均点が上がるということはなかったようです。むしろ，債権法改正・相続法改正の影響が民法短答式の平均点低下に大きく影響したことがうかがえます。

　令和2年度の民法の問題形式を詳しく見ると，試験問題は37問で，すべてが正誤の組み合わせ問題による出題でした。今後も，組み合わせ問題が中心に出題されることが予想されます。配点については，37問中36問が2点，残りの1問が3点の問題でした。

　全体として，ほとんどが民法の基本条文・重要判例をほぼそのまま問うものであり，ひねりのある問題は見受けられません。そのため，基礎知識の定着度合いが点数に直結するのが民法の特徴であるといえます。

2 どのような学習をすればいいのか

　令和2年度は，初めて債権法改正・相続法改正を踏まえた出題がされた年でした。前年までは改正前民法の出題であったため，特に債権法・相続法部分の過去問は，そもそも問題として成立しなくなってしまう設問があったり，解答の正誤や理由付けが元々の正誤や理由付けと異なる設問があったりしました。単純に過去問を解き知識を定着させるというだけでは，新しい条文に触れないことになりますし，改正を意識した学習ができないことになります。改正部分については，改正部分のみをまとめた本を読んだり，改正前の条文と改正後の条文を見比べたりすることで，どの部分が，なぜ，どのように変わったのかを意識して押さえることが必要です。令和元年度までに受験経験のある受験生は，改正前民法で学習していたため，頭を改正に切り替えるのが大変かもしれません。しかし，現在司法試験予備試験や法科大学院で学習している受験生は，債権法・相続法改正後の知識を身につけています。そのため，民法改正対策がおろそかであったため得点が伸びなかったと感じる場合は，改正部分を特に重点的に学習する必要があります。

　とはいえ，過去に問われた問題意識が頻繁に再度出題されるのが司法試験の短答式の特徴ですので，過去問の演習はやはり最も有効な受験対策であるといえます。過去問の演習は司法試験の傾向を知るとともに，自分の弱点を把握できる絶好のチャンス

です。演習で間違えたところを自分の基本テキストで復習することで知識の定着度が高まり，正確に答えられる理式を確実に増やせるでしょう。また，テキストでの復習の際，自分が確認した知識の周辺の記述も読むことで，過去問に出題されていない部分や改正部分についても網羅的に理解することができるため，自身のテキストをじっくり読むことも有用であるといえます。

　加えて，条文の素読をすることも有効です。条文の素読は従来から短答式試験対策の有効な学習方法の１つといわれてきましたが，民法改正の多くは従来の判例法理を条文化したもので，条文の素読は司法試験対策に直結するといえます。

　「民法を制するものは司法試験を制する」という言葉があるように，民法は司法試験の最重要科目の１つであり，現在の司法試験短答式試験でも，満点175点のうち民法は40％を超える75点を占め，まさに民法の点数が短答式試験の足切りにかかるか否かあるいは最終的な司法試験に合格できるか否かの勝負の分かれ目になるといえます。

3 予備試験短答式について

　令和２年度の予備試験短答式問題は民事系45問のうち民法の出題は15問で，３問が予備試験独自の問題で，残り12問は司法試験問題と重複していました。予備試験独自の問題３問については，司法試験の短答式において出題された問題と比べ，内容や難易度に差はありません。そのため，予備試験の短答式対策としても，司法試験の短答式対策と同様に対策をすることで足りるといえます。予備試験短答式の民法は司法試験と異なり，270点満点中の30点であり，配点の割合が他の法律科目と同じです。また，予備試験の短答式は法律科目で７科目あるため学習量が多く，その中でも民法は範囲が広いため過去問学習を通して効率的に学習する必要がある科目であるといえます。民法の短答式は，司法試験では配点が高いので，予備試験の学習のうちに民法を得点源にできると司法試験で有利になります。

　司法試験短答式の合格も見据えて，学習の質と量を意識し，効率よく学習をすすめてください。

問題の表記について

　問題にある「令2-1」は令和2年度司法試験第1問を表します。「令2-5②」は令和2年度司法試験及び同年の予備試験でも出題された，司法試験・予備試験共通問題です。「5」が司法試験，「②」が予備試験での問題番号です。「予令2-3」は，令和2年度司法試験予備試験の独自問題で，令和2年度第3問を表します。

難易度の表記について

1　実施年度における各問題ごとの正答率を導き出し，これを基礎として独自の分析を行い，以下のように各問題の難易度を，各解説ページの上部に掲載しました。
　　　　★　概ね70％以上の受験生が正解している問題
　　　　☆　概ね60％以上（公法系では55％以上）70％未満の受験生が正解している問題
　　　　☆☆　概ね40％以上60％未満（公法系では55％未満）の受験生が正解している問題
　　　　☆☆☆　概ね40％未満の受験生が正解している問題

2　それぞれの分類は，学習上以下の意味を持ちます。
　　　　★　本試験受験生の大多数が正解に達する基本的な問題であり，法科大学院での学習や独習においてその分野の学習が終わった直後に，正解に達することが望ましいと考えられる問題です。
　　　　☆　本印の問題を全問正解するレベルになれば（★も全問正解することが前提），短答式試験において合格点を上回る点数を得る実力があるものと認められる問題です。
　　　　☆☆　本印の問題を全問正解するレベルになれば（★・☆も全問正解することが前提），本試験の総合評価においても圧倒的優位に立つ高得点を得る実力があるものと認められる問題です。
　　　　☆☆☆　他の問題を全問解けるレベルになってから学習すれば十分な問題です（本試験において，正解に達しなくても仕方のない問題ともいえます）。

3　難易度の分類は，以下の観点から行いました。
　司法試験短答式試験の過去問を学習するにあたっては，すべての問題について同等の時間と労力を費やすことは効率的とはいえません。
　すなわち，短答式試験においては満点を取ることを目標とする必要はなく（実際に短答式試験において満点を取った人はいません），短答式試験を突破することを第一目標とすべきです。これをクリアする実力を身につけたら，次の目標は，総合評価でも圧倒的優位に立つ高得点を取ることにあると考えてよいでしょう。
　本書においても，この目標を達成するための効率的な学習を行えるように難易度を設

定しました。

　すなわち，まず「多くの受験生が正解する問題は自分も正解しなければならない」という受験界で常識となっている命題をもとに，正答率ごとに各問題を分類し，どの正答率の問題を正解できれば第一目標たる短答式試験に合格できるか，また，次の目標たる上位合格レベルに達することができるかを，統計的手法に基づいて検討し難易度を設定しました。

　なお，この検討にあたっては，
① 本試験における「部分点」の存在をあえて無視しました。

　すなわち，学習段階では，本試験時に未確定で，事後的・政策的（当該年度の受験生の平均点と公表すべき合格点との関係で決定される）に配点される「部分点」に期待するより，その問題を全体として正解する実力を身につけることが望ましいことに基づきます。

② 次に，ほとんどの受験生が短答式試験の重要性を認識し，過去問を検討して本試験に臨むので，同一レベルの問題についての正答率は年を追うごとに上がってくるものと考えられます。そこで，来年度の受験レベル向上の予測も加味した上で，難易度を分類しました（難易度分類で「概ね」とあるのは以上の理由に基づきます）。

4　本書独自の難易度分類の活用により，受験生の皆様が効率的に短答式試験を突破し，最終合格にも資することを期待いたします。

「判例百選」の表記について

　本書では，受験生の方の学習の利便性を考慮して，ことわりのないものは「民法判例百選Ⅰ・Ⅱ〈第8版〉，Ⅲ〈第2版〉」（有斐閣）の事件番号を掲載しました。判例学習の際にご活用ください。

── 目　　次 ──

民　法　I

第1編　民法総則

第1章　通則

第2章　人

第3章　法人

第4章　物

第5章　意思表示

第2編　物権

第1章　物権総論

第1節　物権総論

第2節　物権的請求権

第3節　物権変動

第2章　占有権

第3章　所有権

民事系

民法 I
（民法総則・物権）

平成18年度以降の司法試験短答式試験問題及び平成23年度以降の予備試験短答式試験問題のうち民事系・民法に該当する問題を収録。

平20 ― 1	No. 1							レベル ★

（配点：2）

　信義誠実の原則又は権利濫用禁止の原則に関する次のアからオまでの各記述のうち，権利濫用禁止の原則について述べているものを組み合わせたものは，後記1から5までのうちどれか。

ア．国は，公務員に対して，その生命及び健康等を危険から保護するように配慮すべき義務を負う。

イ．解除権を有する者が長期にわたりこれを行使せず，相手方においてその権利はもはや行使されないものと信頼すべき正当の事由を有するに至ったという特段の事情がある場合には，解除権の行使は許されない。

ウ．動産売買における引渡場所について，買主が売主に問い合わせをすれば知ることが容易であった場合には，問い合わせを怠った買主は，遅滞の責任を免れない。

エ．妨害により所有権が侵害されても，生じた損失が軽微であり，妨害を除去することが著しく困難で，多大の費用を要する場合には，不当な利益を獲得する目的で妨害の除去を求めることは許されない。

オ．権利の行使であっても，社会観念上被害者が認容しなければならない程度を超える場合には，不法行為が成立する。

1．ア　イ　　　2．ア　オ　　　3．イ　ウ　　　4．ウ　エ　　　5．エ　オ

No.1　信義誠実の原則と権利濫用禁止の原則　　正解 **5**

ア　×　信義誠実の原則について述べている

　判例（最判昭50.2.25＝民法百選Ⅱ No.2）は，国が公務員に対して負っている安全配慮義務は，ある法律関係に基づいて特別な社会的接触の関係に入った当事者間において，当該法律関係の付随義務として当事者の一方又は双方が相手方に対して信義則上負う義務として一般的に認められるべきものとしている。

イ　×　信義誠実の原則について述べている

　判例（最判昭30.11.22）は，解除権を有する者が，久しきにわたりこれを行使せず，相手方においてその権利はもはや行使されないものと信頼すべき正当な事由を有するに至ったため，その後これを行使することが信義誠実に反すると認められるような特段の事由がある場合には，解除は許されないとする。これは権利失効の原則といえる。

ウ　×　信義誠実の原則について述べている

　判例（大判大14.12.3）は，動産売買における引渡場所が漠然としていても買主は信義則上問い合わせるべきで，これを怠れば遅滞となるとしている。

エ　○　権利濫用禁止の原則について述べている

　判例（大判昭10.10.5＝民法百選Ⅰ No.1）は，所有権の侵害があっても，それによる損失の程度がいうに足りない程軽微であり，しかもこれを除去するのに莫大な費用を要する場合に，第三者が不当な利得を企図し別段の必要がないのに侵害に係る物件を買収し，所有者としての侵害の除去を要求することは，権利濫用になるとしている。

オ　○　権利濫用禁止の原則について述べている

　判例（大判大8.3.3）は，権利の行使が社会観念上被害者が認容すべきものと一般的に認められる程度を超えたときは，権利行使の適当な範囲内にあるものとはいえず，不法行為になるとしている。

平25—1　　**No. 2**　　　　　　　　　　　　　　　　レベル　★

（配点：2）

　次の各記述のうち公序良俗に違反することを根拠とするものは，後記1から4までのうちどれか。

1．土地の売買契約により，買主が所有権を取得し，その引渡しを受けた後に，売主がその土地に第三者のため地上権の設定登記をした場合には，売主が買主に対して残代金の支払を催告し，その不払を理由に売買契約を解除する旨の意思表示をしても，解除の効力は生じない。

2．食品の製造業者Aが，有害性物質甲の混入した食品の販売を法令が禁止していることを知りながら，あえて甲の混入した食品を製造し，これをその混入の事実を知る販売者Bに継続的に売り渡す契約を締結した場合，この売買契約は無効であるから，BはAに対してその代金支払の義務を負わない。

3．消費貸借契約の貸主が積極的に借主の誤信を招くような対応をしたため，借主が期限の利益を喪失していないものと信じて各期の支払を継続し，貸主も借主が誤信していることを知りながらその誤信を解くことなく弁済金を受領し続けたという事情がある場合，貸主は，借主に対し，期限の利益を喪失した旨の主張をすることはできない。

4．不動産の共同相続人の一人が，単独相続の登記をして，これに抵当権を設定し，その設定登記をしながら，自己の持分を超える部分の抵当権の無効を主張して，その抹消登記手続を請求することはできない。

No. 2 公序良俗と信義誠実の原則 正解 **2**

1 × 根拠としない

判例（最判昭43.5.30）は，本記述と同様の事案において，売買契約の解除の前提となる催告は，信義則に反する無効のものであるとしている。その理由として判例は，買主が「催告に応じて残代金を支払っても，右根抵当権および地上権が設定されているため，将来所有権を失う等不測の損害を蒙るおそれがある」ことを挙げている。よって，本肢は公序良俗に違反することを根拠としていない。

2 ○ 根拠とする

判例（最判昭39.1.23）は，本記述と同様の事案において売買契約を民法90条違反により無効としている。その理由として判例は，「アラレの製造販売を業とする者が硼砂の有毒性物質であり，これを混入したアラレを販売することが食品衛生法の禁止しているものであることを知りながら，敢えてこれを製造の上，同じ販売業者である者の要請に応じて売り渡し，その取引を継続したという場合には，一般大衆の購買のルートに乗せたものと認められ，その結果公衆衛生を害するに至るであろうことはみやすき道理である」ということを挙げている。よって，本肢は公序良俗に違反することを根拠とする。

3 × 根拠としない

判例（最判平21.9.11）は，本記述と同様の事案において，貸主の借主に対する期限の利益を喪失した旨の主張は信義則に反し許されないとしている。その理由として判例は，「このような上告人の期限の利益喪失の主張は，誤信を招くような上告人の対応のために，期限の利益を喪失していないものと信じて支払を継続してきた被上告人の信頼を裏切るもの」であることを挙げている。よって，本肢は公序良俗に違反することを根拠としていない。

4 × 根拠としない

判例（最判昭42.4.7）は，本記述と同様の事案において，抹消登記手続を請求することは信義則に照らして許されないとしている。よって，本肢は公序良俗に違反することを根拠としていない。

解答のポイント！

本問のように，信義則と権利濫用の峻別を判例を素材として聞いてくる問題も過去に出題されている。信義則，権利濫用，そして公序良俗といった一般原則の峻別ができるよう，各概念の中身をしっかりとおさえてほしい。

予平23―1　**No.3** ⬛⬛⬛⬛⬛⬛　レベル ★

（配点：2）

　制限行為能力者に関する次のアからオまでの各記述のうち，誤っているものを組み合わせたものは，後記1から5までのうちどれか。

ア．未成年者は，単に義務を免れる法律行為について，その法定代理人の同意を得ないですることができる。

イ．未成年者又は成年被後見人を相手方として意思表示をした者は，法定代理人がその意思表示を知る前は，その未成年者又は成年被後見人に対してその意思表示に係る法律効果を主張することができない。

ウ．代理人が保佐開始の審判を受けたときは，代理権は消滅する。

エ．成年被後見人は，行為能力者であることを信じさせるため詐術を用いたときであっても，その行為を取り消すことができる。

オ．未成年の子が婚姻をするには，原則として父母の同意を得なければならないが，成年被後見人が婚姻をするには，その成年後見人の同意を要しない。

1．ア　イ　　　2．ア　オ　　　3．イ　ウ　　　4．ウ　エ　　　5．エ　オ

No. 3　　制限行為能力者　　正解 **4**

ア　○　正しい

　未成年者が法律行為を行うためには，原則として法定代理人の同意を得なければならないが（民法§5-Ⅰ本文），単に権利を得，又は義務を免れる法律行為については法定代理人の同意は不要である（同項ただし書）。このような場合には，未成年者が判断能力の未熟のために不利益を受けるおそれがないからである。

イ　○　正しい

　意思表示の相手方が意思表示を受けた時に意思能力を有しなかったとき又は未成年者若しくは成年被後見人であったときは，その法定代理人が意思表示を知る前か，相手方が行為能力者となってからその意思表示を知る前は，その意思表示をもって相手方に対抗することができない（§98の2①②）。未成年者と成年被後見人を，意思表示の受領能力を欠く者として，特に保護するものである。

ウ　×　誤っている

　代理人の代理権の消滅事由は民法111条に列挙されているが，代理人が保佐開始の審判を受けたことは，代理権の消滅事由とされていない。なお，代理人が後見開始の審判を受けたことは代理権の消滅事由となる（§111-Ⅰ②）。

エ　×　誤っている

　制限行為能力者が行為能力者であることを信じさせるため詐術を用いたときは，その行為を取り消すことができない（§21）。制限行為能力者の相手方を保護する趣旨である。

オ　○　正しい

　未成年の子が婚姻をするには，原則として父母の同意を得なければならない（§737-Ⅰ）。これに対し，成年被後見人が婚姻をするには，成年後見人の同意を要しない（§738）。婚姻などの身分行為は他人の代理や同意になじみにくいものだからである。未成年者の父母の同意は未成年者が性的に未熟な点や婚姻に関する判断能力が十分でないなどの理由で特別に定められたものである。

解答のポイント！

　本問は，制限行為能力者に関する条文知識を問う問題である。制限行為能力に関しては単純な条文知識を問う問題が出題されやすいので，未成年者・後見制度・保佐制度・補助制度の異同を意識しつつ条文学習を行うことが重要である。

平24—2改　No. 4　　　　　　　　レベル　☆

（配点：2）

　制限行為能力者に関する次の1から4までの各記述のうち，正しいものはどれか。

1．制限行為能力者のした契約について，制限行為能力者及びその法定代理人が取消権を有するときは，契約の相手方も取消権を有する。

2．契約を締結した成年者がその後に後見開始の審判を受けたとき，成年後見人は，その契約の当時，既にその成年者につき後見開始の事由が存在していたことを証明して，その成年者のした契約を取り消すことができる。

3．未成年者は，その契約を取り消すことができることを知って契約を締結したときでも，その契約を取り消すことができる。

4．制限行為能力者が，自己を行為能力者であると信じさせるために相手方に対して詐術を用いて法律行為をした場合は，その法律行為の意思表示に対応する意思を欠く錯誤があり，その錯誤が法律行為の目的に照らして重要であるときでも，錯誤による取消しを主張することはできない。

| No. 4 | 制限行為能力者 | 正解 **3** |

1　×　誤っている

　民法120条1項は，「行為能力の制限によって取り消すことができる行為は，制限行為能力者又はその代理人，承継人若しくは同意をすることができる者に限り，取り消すことができる。」として，取消権者に制限行為能力者との契約の相手方を挙げていない。したがって，制限行為能力者のした契約について，制限行為能力者及びその法定代理人が取消権を有するときに，契約の相手方も取消権を有するわけではない。

2　×　誤っている

　「後見開始の審判を受けた者は，成年被後見人と」され（民法§8），「成年被後見人の法律行為は，取り消すことができる。」（§9本文）。すなわち，後見開始の審判を受けて成年被後見人とされてはじめて法律行為の取消権を有するようになる。したがって，契約を締結した成年者がその後に後見開始の審判を受けたとき，成年被後見人は，その契約の当時，既にその成年者につき後見開始の事由が存在していたことを証明しても，その成年者のした契約を取り消すことはできない。

3　○　正しい

　「未成年者が法律行為をするには，その法定代理人の同意を得なければなら」ず（§5－Ⅰ本文），同意を得ないでした「法律行為は，取り消すことができる。」（同－Ⅱ）。そして，「行為能力の制限によって取り消すことができる行為は，制限行為能力者」が「取り消すことができる」（§120－Ⅰ）とされ，その善意悪意を問わず取消権が認められている。したがって，未成年者は，その契約を取り消すことができることを知って契約を締結したときでも，その契約を取り消すことができる。

4　×　誤っている

　「制限行為能力者が行為能力者であることを信じさせるため詐術を用いたときは，その行為を取り消すことができない。」（§21）。これは，詐術を用いた不誠実な制限行為能力者の取消権を制限することで，その相手方を保護して取引の安全を図った規定であり，表意者保護を目的とする錯誤の規定（§95）とは無関係である。したがって，制限行為能力者が詐術を用いて法律行為をした場合でも，95条の錯誤取消しの要件を満たせば，錯誤による取消しを主張することができる。なお，行為能力者であると信じさせるため詐術を用いたことが制限行為能力者の重過失に当たる特段の事情がある場合には，取消しの主張が制限される（§95－Ⅲ）が，そのような特段の事情は本肢で認められない。

| 平26 ― 1 | №. 5 | | | | | | | レベル ★ |

（配点：2）

制限行為能力に関する次のアからオまでの各記述のうち，誤っているものを組み合わせたものは，後記1から5までのうちどれか。

ア．未成年者が婚姻をする場合に，未成年後見人があるときは，その同意を得なければならない。

イ．成年被後見人がした遺言は，成年後見人が取り消すことができる。

ウ．保佐開始の審判は，本人の同意がなくてもすることができる。

エ．保佐人の同意を得なければならない行為について，保佐人が被保佐人の利益を害するおそれがないにもかかわらず同意をしないときは，家庭裁判所は，被保佐人の請求により，保佐人の同意に代わる許可を与えることができる。

オ．本人以外の者の請求により補助開始の審判をするには，本人の同意が必要である。

1．ア　イ　　　2．ア　エ　　　3．イ　ウ　　　4．ウ　オ　　　5．エ　オ

No.5 　制限行為能力者　　正解 1

ア　×　誤っている

　未成年の子が婚姻をするには，父母の同意を得なければならない（民法§737-Ⅰ）。これは十分な社会的経験のない未成年者を保護する趣旨である。この趣旨からすると未成年の子に未成年後見人のいる場合にはその同意を得なければならないようにも思われるが，同意主体は父母に限られていると考えられている。これは憲法24条1項が婚姻の成立を両性の合意にのみ基づいて成立することを要求していることから，その趣旨を民法にも及ぼし，なるべく婚姻の制限を取り除こうとしたものと考えられている。よって，未成年後見人の同意を得なければならないとする肢アは誤っている。

イ　×　誤っている

　成年被後見人の法律行為は，取り消すことができる（民法§9）。ただし遺言に関しては，その規定は適用されない（民法§962）。行為能力制度の趣旨は，行為者の保護と相手方が不測の損害を受けることの防止である。このうち前者の趣旨は，遺言の効力は遺言者の死後に生ずるために遺言に及ばない。また後者の趣旨も，遺言が相手方のない単独行為であり，死後に効力が生じて相手方を拘束しても遺言事項が法定され，受遺者の放棄や遺言認知に対する拒否など，利害関係人の意思を尊重する制度になっていることから遺言に及ばない。したがって，成年被後見人がした遺言を成年後見人が取り消すことはできない。よって，成年被後見人がした遺言を成年後見人が取り消すことができるとする肢イは誤っている。

ウ　○　正しい

　保佐開始の審判は，補助開始の審判と異なり，本人以外の者の請求により保佐開始の審判をするのに，本人の同意は必要とされていない（民法§11）。事理弁識能力が著しく不十分なことが要件である保佐開始の審判においては，事理弁識能力が不十分な程度にとどまる場合の補助開始の審判と異なり，本人の同意は必要とされていない。よって，肢ウは正しい。

エ　○　正しい

　保佐人の同意を得なければならない行為について，保佐人が被保佐人の利益を害するおそれがないにも関わらず同意をしないときは，家庭裁判所は，被保佐人の請求により，保佐人の同意に代わる許可を与えることができる（民法§13-Ⅲ）。保佐人が必要もないのに同意を拒んだ場合における救済措置として設けられた規定である。よって，肢エは正しい。

オ　○　正しい

　本人以外の者の請求により補助開始の審判をするには，本人の同意がなければならない（民法§15-Ⅱ）。事理弁識能力が不十分な程度にとどまる補助人の意思を尊重する趣旨である。よって，肢オは正しい。

令元－1 [1]　No. 6　レベル ★

（配点：2）

　制限行為能力者の行為であることを理由とする取消しに関する次のアからオまでの各記述のうち，誤っているものを組み合わせたものは，後記1から5までのうちどれか。

ア．未成年者がした売買契約は，親権者の同意を得ないでした場合であっても，その契約が日常生活に関するものであるときは，取り消すことができない。

イ．成年被後見人がした売買契約は，成年後見人の同意を得てした場合であっても，その契約が日常生活に関するものであるときを除き，取り消すことができる。

ウ．被保佐人がした保証契約は，保佐人の同意を得てした場合には，取り消すことができない。

エ．被補助人が，補助人の同意を得なければならない行為を，その同意又はこれに代わる家庭裁判所の許可を得ないでしたときは，その行為は取り消すことができる。

オ．成年被後見人の行為であることを理由とする取消権の消滅時効の起算点は，成年被後見人が行為能力者となった時である。

1．アイ　　2．アオ　　3．イウ　　4．ウエ　　5．エオ

No.6　　　　　　　制限行為能力者　　　　　正解 **2**

ア　×　誤っている

　未成年者が法律行為を行うには，その法定代理人の同意を得なければならない（民法 §5－Ⅰ本文）。そして，同意を得ないでした法律行為は，取り消すことができる（同－ Ⅱ）。これは法定代理人に包括代理権を与える趣旨であり，日常生活に関する行為であっ ても同意は必要となる。本肢は契約が日常生活に関するものであれば取り消すことができ ないとする点が誤りである。

イ　○　正しい

　成年被後見人は精神上の障害により事理弁識能力を欠く常況にあり（§7），同意を与 えても同意どおりの行為をすることが期待できないので，同意の有無を問わずに行為を取 り消せるのが原則である（§9本文参照）。ただし，日常生活に関する行為は取り消すこ とができない（同ただし書）。これは日用品の購入について例外的に成年被後見人の自己 決定権を尊重する趣旨である。よって本肢は正しい。

ウ　○　正しい

　被保佐人の保証契約には保佐人の同意が必要である（§13－Ⅰ②）。被保佐人は著しく 不十分とはいえ事理弁識能力を有する（§11）ので，13条1項各号に掲げる複雑な法律行 為を単独で行った場合に取り消しうる（§13－Ⅰ）とするとともに，保佐人の同意があれ ば法律行為を有効とする趣旨である。したがって，保佐人の同意を得た場合，保証契約は 確定的に有効となるので，取り消しできない。よって本肢は正しい。

エ　○　正しい

　被補助人は，補助人の同意を得なければならない行為を行うには，補助人の同意（§17 －Ⅰ）又は家庭裁判所による補助人の同意に代わる審判（同－Ⅲ）を得なければならな い。そして，同意なしに行われた行為は取り消すことができる（同－Ⅳ）。被補助人は不 十分ながらも事理弁識能力を有する（§15）ので，自ら行為を行う余地を残す趣旨であ る。よって本肢は正しい。

オ　×　誤っている

　取消権は，追認をすることができる時から5年間行使しない時は時効によって消滅す る（§126前段）。そして，**追認の要件は取消しの原因となっていた状況が消滅し，かつ， 取消権を有することを知ることである**（§124－Ⅰ）。これは制限行為能力者の保護を徹底 する趣旨である。したがって，本問では成年被後見人が行為能力者となった時とするのみ で，取消権を有することを知ったことを要件とせずに消滅時効の起算点を判断している点 が誤りである。

　本問は，制限行為能力者の基本的な条文知識を問うものである。学習に際して常に 条文を意識的に引くようにすれば，十分回答可能な問題である。

| 平20－2 | No. 7 | | | | | | | レベル ★ |

（配点：2）

　　未成年者に関する次のアからオまでの各記述のうち，正しいものを組み合わせたもの
は，後記1から5までのうちどれか。
ア．未成年者は代理人になれない。
イ．未成年者に対して親権を行う者がいないときは，後見が開始する。
ウ．未成年者が他人に損害を与えた場合には，未成年者は不法行為責任を負わず，その監
　　督義務者が不法行為責任を負う。
エ．未成年者が婚姻をするには，法定代理人の同意を得なくてはならない。
オ．未成年者であっても，許可された特定の営業に関しては，行為能力を有する。
1．ア　イ　　　2．ア　エ　　　3．イ　オ　　　4．ウ　エ　　　5．ウ　オ

No. 7　未成年者の行為能力　　正解 **3**

ア　×　誤っている

　代理人は，制限行為能力者の法定代理人となる場合以外，行為能力者であることを必要
としないので（民法§102），制限行為能力者である未成年者も代理人となることができ
る。

イ　○　正しい

　後見は，①未成年者に対して後見を行うものがないとき，または親権を行うものが管理
権を有しないとき，②後見開始の審判があったときに開始する（§838）。

ウ　×　誤っている

　未成年者が他人に損害を加えた場合，責任能力がなければ不法行為責任を負わないが
（§712），責任能力があれば，不法行為責任を負う。また，監督義務者が民法714条の責任
を負うのは，未成年者に責任能力なく不法行為責任を負わない場合であり，未成年者が他
人に損害を加えた場合に常に不法行為責任を負うわけではない。

エ　×　誤っている

　未成年の子が婚姻をするには，父母の同意が必要であるが（§737－Ⅰ），必ずしも父母
が法定代理人とは限らない。

オ　○　正しい

　未成年者は原則として制限行為能力者であるが（§5－Ⅰ本文），一種又は数種の営業を
許された未成年者は，その営業に関して，成年者と同一の行為能力を有する（§6－Ⅰ）。

平22－1　　**No. 8**　　レベル　★

（配点：2）

　　未成年者に関する次のアからオまでの各記述のうち，誤っているものを組み合わせたものは，後記1から5までのうちどれか。

ア．未成年者は，その法定代理人が目的を定めないで処分を許した財産を自由に処分することができる。

イ．意思表示の相手方が意思表示を受けた時に未成年者であったときは，その意思表示は効力を生じない。

ウ．未成年者は，養親となることができない。

エ．未成年者は，遺言をすることができない。

オ．未成年者Aの子に対する親権は，Aの親権者がAに代わって行使する。

1．ア　イ　　　2．ア　オ　　　3．イ　エ　　　4．ウ　エ　　　5．ウ　オ

No. 8　未成年者の行為能力　　正解 **3**

ア　○　正しい

　未成年者は法定代理人が目的を定めて処分を許した財産を，その目的の範囲内において自由に処分することができる（民法§5-Ⅲ前段）。また，**目的を定めないで処分を許した財産の処分についても同様とされている**（同項後段）。目的を定めないで処分を許した財産の例としては，おこづかいなどが挙げられる。

イ　×　誤っている

　意思表示の相手方が意思表示を受けた時に未成年者であったときは，その意思表示をもって相手方に対抗することができない（§98の2柱書本文）。これは，未成年者に対しては，意思表示をしたことを主張できないという意味であり，意思表示自体の効力は生じていることを前提としている。したがって，**未成年者側から意思表示の到達を主張することはできる**。なお，未成年者が例外的に単独で行為ができる場合には，受領能力が認められる。

ウ　○　正しい

　民法792条は，「成年に達した者は，養子をすることができる」と定めている。したがって，**未成年者は養親となることができない**。

エ　×　誤っている

　民法961条は，「15歳に達した者は，**遺言をすることができる**」と定めている。これは，本人の意思を尊重すべき身分行為においては，未成年者であっても例外的に法定代理人の同意を不要とすべきことを趣旨とする。

オ　○　正しい

　民法833条は，「親権を行う者は，その親権に服する子に代わって親権を行う」と定めている。これは，親権に服する成年に達しない子（§818-Ⅰ）には，十分な親権の行使が期待できないことを考慮した規定である。

解答のポイント！

　未成年者の行為について，条文知識を中心に広く問う問題。未成年者の行為については，民法4条以降の知識のみならず，本問のように親族，相続の知識もあわせて整理しておくことが準備として大切である。いずれの肢も基本的知識であり，確実に正解したい問題である。

平28－1	№ 9							レベル ★

（配点：2）

　未成年者に関する次のアからオまでの各記述のうち，誤っているものを組み合わせたものは，後記1から5までのうちどれか。なお，本問では，婚姻による成年擬制を考慮する必要はない。

ア．未成年者は，養親となることができない。

イ．15歳に達した未成年者は，遺言の証人となることができる。

ウ．一種又は数種の営業を許された未成年者は，その営業に関しては，成年者と同一の行為能力を有する。

エ．未成年者は，法定代理人の同意を得ずにした法律行為を単独で取り消すことができる。

オ．未成年者は，代理人となることができない。

1．ア　ウ　　　2．ア　オ　　　3．イ　エ　　　4．イ　オ　　　5．ウ　エ

| No. 9 | 未成年者の行為能力 | 正解 **4** |

ア　○　正しい

民法792条は「成年に達した者は，養子をすることができる」と規定するので，成年に達していない者は養親となることができない。これは，行為能力に制限がかからない年齢に達していなければ，養子となる者を成育するにあたって不都合が生じるおそれがあることを理由とする。したがって，本記述は正しい。

イ　×　誤っている

民法974条1号は，遺言の証人となることができない者として未成年者を規定している。公正証書遺言や秘密証書遺言の作成に証人が必要とされている趣旨は，遺言者本人に間違いがないことや遺言者が自己の意思に基づき遺言をしたことを確認する点にあるところ，未成年者にはそのような確認を十分に行うことが期待できないため，証人となることができないものとされている。したがって，本記述は誤っている。

ウ　○　正しい

民法6条1項は「一種又は数種の営業を許された未成年者は，その営業に関しては，成年者と同一の行為能力を有する」と規定する。未成年者が営業をなすにあたって，個々の取引毎に常に法定代理人の同意を要求してしまうと，迅速な営業活動に大きな支障を来すことから本条が設けられている。取引の相手方としても，営業の許可の存在は登記により確認することができるため（商法§5，商業登記法§35〜§39），取引の安全が著しく損なわれないことも考慮されている。したがって，本記述は正しい。

エ　○　正しい

法定代理人の同意を得ない未成年者の法律行為は，取り消すことができる（民法§5-Ⅱ）。そして，民法120条1項は，取消しをすることができる者として「制限行為能力者」を単独で規定していることから，**法律行為の取消しは，制限行為能力者である未成年者も単独ですることができる。**したがって，本記述は正しい。

オ　×　誤っている

民法102条本文は，制限行為能力者である未成年者であっても代理人となりうることを前提に「制限行為能力者が代理人としてした行為は，行為能力の制限によっては取り消すことができない。」と規定している。制限行為能力制度は，制限行為能力者を保護するための制度であるところ，代理の効果は代理人ではなく本人に生ずるため（民法§99-Ⅰ），未成年者を代理人に選任できるとしても，未成年者を害することにはならないからである。したがって，本記述は，未成年者は代理人となることができないとする点で，誤っている。

平29−1 [1] 改　No.10 レベル ★

（配点：2）

　Aが19歳で，親権に服する男性であることを前提として，次のアからオまでの各記述のうち，正しいものを組み合わせたものは，後記1から5までのうちどれか。

ア．Aがその親権者から営業を行うことを許可された後に親権者の同意を得ずに売買契約を締結した場合には，その売買契約がその営業に関しないものであっても，Aは，その売買契約を取り消すことができない。

イ．Aの親権者が，新聞配達のアルバイトによりAが得る金銭の処分をAに許していた場合において，Aがそのアルバイトによって得た金銭で自転車を購入したときは，Aがその売買契約を締結する際に親権者の同意を得ていないときであっても，Aは，その売買契約を取り消すことができない。

ウ．Aがその親権者の同意を得ずにAB間に生まれた子を認知した場合であっても，Aは，その認知を取り消すことができない。

エ．Aが精神上の障害により事理を弁識する能力を欠く常況にある場合でも，Aが成年に達するまでは，家庭裁判所は，Aについて後見開始の審判をすることができない。

オ．Aが相続によって得た財産から100万円をBに贈与する旨の契約を書面によらずに締結した場合において，書面によらない贈与であることを理由にAがその贈与を解除したときでも，Aが贈与の解除について親権者の同意を得ていなかったときは，Aは，贈与の解除を取り消すことができる。

1．ア　ウ　　　2．ア　エ　　　3．イ　ウ　　　4．イ　オ　　　5．エ　オ

No.10　　　未成年者の行為能力　　　正解 **3**

ア　×　誤っている

　一種又は数種の営業を許された未成年者は，その営業に関しては，**成年者と同一の権利能力を有する**（民法§6-Ⅰ）。これは，未成年者が法律行為を行うのに十分な判断能力を有していないことから，単独で営業するにあたり許可を要することで未成年者を保護するとともに，許可を得た営業を登記事項とする（商法§5）ことで，取引の相手方も保護することにある。そして，営業として許可された事項以外については，「制限行為能力者」である未成年者は，依然として取消権者である（民法§120-Ⅰ）。したがって，本記述は，取り消すことができないとする点で，誤っている。

イ　○　正しい

　法定代理人が目的を定めて処分を許した財産は，その**目的の範囲内**において，未成年者が自由に処分することができ，目的を定めないで処分を許した財産の処分も同様である（民法§5-Ⅲ）。本記述では，新聞配達のアルバイトによりＡが得る金銭の処分をＡに許しており，この金銭は目的を定めないで処分を許した財産にあたる。したがって，Ａはこの金銭を自由に処分でき，自転車を購入することもできる。よって，本記述は正しい。

ウ　○　正しい

　認知をするには，父又は母が未成年者又は成年被後見人であるときであっても，**その法定代理人の同意を要しない**（民法§780）。この趣旨は，認知は身分行為であって本人の意思を尊重すべきということにある。したがって，本記述は正しい。

エ　×　誤っている

　精神上の障害により事理を弁識する能力を欠く常況にある者については，家庭裁判所は，本人，配偶者，四親等内の親族，未成年後見人，未成年後見監督人，保佐人，保佐監督人，補助人，補助監督人又は検察官の請求により，後見開始の審判をすることができる（民法§7）。また，この**後見開始の審判の要件として，未成年者が成年に達することは要求されていない**。したがって，本記述は，Ａが成年に達するまではとする点で，誤っている。

オ　×　誤っている

　未成年者は，単に権利を得，又は義務を免れる法律行為以外は，法律行為を行うにつき，法定代理人の同意を得なければならない（民法§5-Ⅰ）。そして，書面によらない贈与の解除（民法§550本文）は，「単に義務を免れる法律行為」であるから，未成年者が単独で行うことができる。したがって，本記述は，贈与の解除の取消しができるとする点で，誤っている。

解答のポイント！

　未成年者の法律行為に関する条文を問う問題である。すべての肢がこれまでにおいても頻出の箇所であるため，確実に正解したいところである。民法総則分野は，過去問を解き，条文のどの部分が問われているかを把握することが必要である。問われうる知識は限られ，また，同じ知識が繰り返し出題されているため，過去問を繰り返すことで確実な得点源となるであろう。正解できないと他の受験生に差をつけられてしまう問題である。

| 平18—20 | №11 | | | | | | | | レベル | ☆☆☆ |

(配点：2)

　成年後見制度に関する次の1から5までの記述のうち，誤っているものを2個選びなさい。

1．成年被後見人が建物の贈与を受けた場合，成年被後見人は，当該贈与契約を取り消すことができない。

2．成年被後見人が日常生活に関する行為以外の法律行為を行った場合，あらかじめ当該法律行為について成年後見人の同意を得ていたときでも，成年被後見人は，当該法律行為を取り消すことができる。

3．未成年後見人が選任されている未成年者については，後見開始の審判をして成年後見人を付することはできない。

4．被保佐人が，貸金返還請求の訴えを提起するには保佐人の同意を要するが，被保佐人を被告として提起された貸金返還請求訴訟に応訴するには保佐人の同意は要しない。

5．任意後見契約が登記されている場合に後見開始の審判をすることができるのは，本人の利益のために特に必要があると裁判所が認めるときに限られる。

No.11　　　　　　　成年後見制度　　　　　　　正解 **1・3**

1　× 誤っている

　成年被後見人のした日常生活に関する行為以外のすべての財産行為はこれを取り消すことができ（民法§9），取消権者（民法§120）には意思能力ある限り，**制限行為能力者自身も含まれる**。よって，成年被後見人も当該契約の取消しが可能である。

2　○ 正しい

　成年被後見人は日常に関する行為以外のすべての財産行為について行為能力を有せず，成年後見人の同意を得て行った行為であっても，**常に取り消すことができる**（民法§9参照）。

3　× 誤っている

　後見開始の審判の要件として未成年者が成年に達することは要求されておらず（民法§7），未成年者が後見開始の審判を受けた場合も，成年者と同様に民法838条2号により**後見人が付される**。

4　○ 正しい

　被保佐人が民法13条1項各号に挙げた行為を行うには保佐人の同意が必要なところ，同条項4号の「訴訟行為」とは，民事訴訟上原告となって訴訟を追行する一切の行為を意味し，相手方の提訴に対する**応訴は含まない**（民事訴訟法§32−Ⅰ参照）。

5　○ 正しい

　任意後見契約に関する法律10条1項は，「任意後見契約が登記されている場合には，家庭裁判所は，本人の利益のため特に必要があると認めるときに限り，後見開始の審判等をすることができる」と定めている。

平23－33　**No.12**　　レベル　☆☆☆

（配点：2）

後見に関する次の1から5までの各記述のうち，正しいものを2個選びなさい。

1．未成年後見及び成年後見は，いずれも，家庭裁判所が後見開始の審判をしたときに開始される。

2．法人は，成年後見人となることができない。

3．未成年後見人は，自己のためにするのと同一の注意をもって，後見の事務を行わなければならない。

4．成年後見人が欠けたときは，家庭裁判所は，成年被後見人若しくはその親族その他の利害関係人の請求により又は職権で，成年後見人を選任する。

5．未成年者は，後見人となることができない。

No.12　　　　成年後見制度　　　　正解 **4・5**

1　×　誤っている
　成年後見は，家庭裁判所の後見開始の審判があったときに開始する（民法§838②）。これに対して，未成年後見は，家庭裁判所の後見の審判があったときの他，未成年者に対して親権を行う者がないとき，または親権を行う者が管理権を有しないときにも開始する（同①）。

2　×　誤っている
　成年後見人は，法人であっても差し支えない（§843－Ⅳ参照）。

3　×　誤っている
　未成年後見人は，善良な管理者の注意義務をもって後見事務を行わなければならない（§869，§644）。

4　○　正しい
　民法843条2項は，成年後見人が欠けた場合には，成年被後見人若しくはその親族その他の利害関係人の請求により又は職権で，成年後見人を選任すると規定する。

5　○　正しい
　民法847条1号は，成年後見人の欠格事由として，未成年者を挙げている。

解答のポイント！

　後見制度についての条文知識を尋ねる問題で単純知識問題であるにもかかわらず，正答率はかなり低い。各自の基本書等から条文を整理しておくだけで正解できる問題であるので，是非穴のない勉強を心がけてほしい。

| 平20 — 3 | No.13 | | | | | | | レベル ★ |

(配点：2)

　行為能力に関する次の1から5までの各記述のうち，誤っているものはどれか。

1．共に18歳の夫婦が自分たちだけで決めて行った離婚は，取り消すことができない。

2．成年被後見人が，後見人の同意を得ずに電気料金を支払った行為は，取り消すことができない。

3．被保佐人が，保佐人の同意を得ずに，貸付金の弁済を受けた行為は，取り消すことができる。

4．補助開始の審判がされる場合においても，補助人は当然に代理権を付与されるわけではない。

5．被保佐人が取り消すことができる行為を行った場合，その相手方は，被保佐人に対して，保佐人の追認を得るべき旨の催告をすることができるが，保佐人に直接追認するか否かの回答を求める催告をすることはできない。

No.13　　　　　　　行為能力　　　　　　　正解 **5**

1　○　正しい

　民法764条は，婚姻取消を認める規定のうち，詐欺又は強迫による婚姻について定める747条のみを準用しているから，ともに18歳以上の夫婦が行った協議離婚は取り消すことができない。

2　○　正しい

　成年被後見人の法律行為は，同意の有無を問わず，原則として取り消すことができる。もっとも，日常生活に関する行為については例外的に取り消すことができない（民法§9ただし書）。電気料金の支払は「日常生活に関する行為」といえる。

3　○　正しい

　被保佐人が「元本を領収」するには，保佐人の同意を得なければならない（§13－Ⅰ①）。貸付金の弁済を受けることは「元本の領収」にあたり，保佐人の同意がない場合，取り消すことができる（同－Ⅳ）。

4　○　正しい

　家庭裁判所は，補助人等の所定の者により請求があった場合に，特定の法律行為について補助人に代理権を付与する審判をすることができるが（§876の9），補助開始の審判によって，当然に補助人に代理権が付与されるわけではない。

5　×　誤っている

　取り消すことができる行為の相手方は，被保佐人に対し追認を得るべき旨の催告ができるだけでなく（§20－Ⅰ），保佐人に対しても催告をすることができる（同－Ⅱ）。

| 平21－1 | No.14 | | | | | | | レベル ★ |

（配点：2）

　行為能力に関する次の1から5までの各記述のうち，正しいものを2個選びなさい。

1．負担のない贈与をする旨の申込みを受けた未成年者が法定代理人の同意を得ないでした承諾は，取り消すことができない。

2．未成年者が，法定代理人から営業の許可を得た後，法定代理人の同意を得ないで当該営業に関しない行為をした場合には，その行為は取り消すことができない。

3．成年被後見人がした行為であっても，日用品の購入は，取り消すことができない。

4．被保佐人が保佐人の同意を得ることを要する行為をその同意を得ないでした場合には，保佐人は，その行為を追認することはできるが，その行為を取り消すことはできない。

5．後見開始の審判は本人が請求することはできないが，保佐開始の審判は本人も請求することができる。

No.14　　　　　　　　行為能力　　　　　　　正解 1・3

1　○　正しい
　未成年者が法律行為をするには，法定代理人の同意を得なければならないのが原則であるが（民法 §5−Ⅰ本文），「単に権利を得，又は義務を免れる法律行為」を行う場合には，例外的に法定代理人の同意を得なくても単独に行うことができ（同項ただし書），その場合，制限行為能力を理由に取り消すことはできなくなる。負担のない贈与の申込みを受ける行為は，「単に権利を得」る法律行為に該当し，制限行為能力を理由に取り消すことはできない。

2　×　誤っている
　営業の許可を受けた未成年者は，「その営業に関しては，成年者と同一の行為能力を有する」（§6−Ⅰ）。未成年者が，成年者と同一の行為能力を有するのは，あくまで許可を受けた当該営業に関してであり，当該営業に関しない行為については，原則通り，取り消すことができる。したがって，法定代理人から営業の許可を得た後でも，当該営業に関しない行為をした場合には，制限行為能力を理由に当該法律行為を取り消すことができる。

3　○　正しい
　成年被後見人の法律行為は取り消すことができるのが原則であるが（§9本文），日用品の購入その他日常生活に関する行為については，本人の自己決定権の尊重の観点から，単独で行うことができ，これを取り消すことはできない（同ただし書）。

4　×　誤っている
　被保佐人が保佐人の同意を得ることを要する行為を，保佐人の同意を得ないでした場合，当該法律行為は取り消すことができる（§13−Ⅳ）。取消権者には，制限行為能力者（被保佐人）のみならず，同意権を有する者も含まれる（§120−Ⅰ）。したがって，同意権を有する保佐人も，当該法律行為を取り消すことができる。

5　×　誤っている
　後見開始の審判及び保佐開始の審判は，ともに本人も請求することができる（§7，§11）。

| 平24 — 1 | No.15 | | | | | | | レベル ☆ |

（配点：2）

　行為能力に関する次のアからオまでの各記述のうち，正しいものを組み合わせたものは，後記1から5までのうちどれか。

ア．精神上の障害により事理を弁識する能力が不十分である者は，自ら補助開始の審判を請求することができない。

イ．成年被後見人が認知をする場合，成年後見人の同意は不要である。

ウ．保佐人の同意を得なければならない行為について，被保佐人の利益を害するおそれがないにもかかわらず保佐人が同意をしないとき，被保佐人は，家庭裁判所に対し，保佐人の同意に代わる許可を請求することができる。

エ．被補助人について後見開始の審判をする場合，家庭裁判所は，その者に係る補助開始の審判を取り消さずに後見開始の審判をすることができる。

オ．精神上の障害により事理を弁識する能力が不十分である者について，家庭裁判所は，同意権も代理権も付与されない補助人を選任することができる。

1．ア　ウ　　　2．ア　エ　　　3．イ　ウ　　　4．イ　オ　　　5．エ　オ

No.15 　　　　　　行為能力　　　　　　正解 **3**

ア　×　誤っている

「精神上の障害により事理を弁識する能力が不十分である者については，家庭裁判所は，**本人…の請求により**，補助開始の審判をすることができる。」(民法§15-Ⅰ本文)とある。この規定によれば，精神上の障害により事理を弁識する能力が不十分である本人は，自ら補助開始の審判を請求することができる。

イ　○　正しい

「認知をするには，父又は母が未成年者又は成年被後見人であるときであっても，その法定代理人の同意を要しない。」(§780)。未成年者や成年被後見人には行為能力が欠けるが，**行為能力は財産的損失から制限行為能力者を守るための制度**であるから，真意に基づくことが強く要求される**身分法上の行為では要求されない**。したがって，成年被後見人が身分法の行為である認知を行う場合，成年後見人の同意は不要である。

ウ　○　正しい

「保佐人の同意を得なければならない行為について，**保佐人が被保佐人の利益を害するおそれがないにもかかわらず同意をしないとき**は，家庭裁判所は，被保佐人の請求により，**保佐人の同意に代わる許可を与えることができる。**」(§13-Ⅲ)とある。

エ　×　誤っている

「後見開始の審判をする場合において，本人が…被補助人であるときは，家庭裁判所は，その本人に係る…補助開始の審判を取り消さなければならない。」(§19-Ⅰ)とある。被補助人について後見開始の審判をする場合，家庭裁判所は，その者に係る補助開始の審判を取り消さなければならず，**取り消さずに後見開始の審判をすることはできない**。

オ　×　誤っている

「補助開始の審判は，第17条第1項の審判（補助人の同意を要する旨の審判）又は第876条の9第1項の審判（補助人に代理権を付与する旨の審判）とともにしなければならない。」(§15-Ⅲ)とある。精神上の障害により事理を弁識する能力が不十分である者について，家庭裁判所は，**補助人に同意権又は代理権のいずれかを付与しなければならず**，同意権も代理権も付与されない補助人を選任することはできない。

解答のポイント！

　本問は行為能力制度に関する基礎的な知識を問う問題である。行為能力制度については，民法総則のはじめに学習すると思うが，民法典との関係では総則と親族法にまたがっている。親族法の条文は枝番号（○○条の○）が多く，条文を引くのが面倒といって引かない受験生が多いが，行為能力制度について理解するためには親族法の条文知識も不可欠である。面倒くさがらずに条文を引く習慣を身につけて欲しい。

令2-1　No.16　＼＼＼＼＼　レベル　☆

（配点：2）

　　補助に関する次のアからオまでの各記述のうち，正しいものを組み合わせたものは，後記1から5までのうちどれか。

ア．家庭裁判所は，精神上の障害により事理を弁識する能力が著しく不十分であり保佐開始の原因がある者についても，補助開始の審判をすることができる。

イ．本人以外の者の請求により補助開始の審判をするには，家庭裁判所が相当と認める場合を除き，本人の同意がなければならない。

ウ．補助開始の原因が消滅したときは，家庭裁判所は，職権で補助開始の審判を取り消すことができる。

エ．補助人の同意を得なければならない行為について，補助人が被補助人の利益を害するおそれがないにもかかわらず同意をしないときは，家庭裁判所は，被補助人の請求により，補助人の同意に代わる許可を与えることができる。

オ．家庭裁判所が特定の法律行為について補助人に代理権を付与する旨の審判をした場合であっても，被補助人は，その法律行為を自らすることができる。

1．ア　イ　　　2．ア　オ　　　3．イ　ウ　　　4．ウ　エ　　　5．エ　オ

No.16　行為能力　正解 **5**

ア　×　誤っている

　民法15条1項は、「精神上の障害により**事理を弁識する能力が不十分である者について**」補助開始の審判をすることができると規定する。そして、同条ただし書きは、保佐開始（§11本文）の原因「精神上の障害により**事理を弁識する能力が著しく不十分**」である者について補助開始の審判をすることを認めない。したがって、本肢は、保佐開始の原因がある者についても補助開始の審判をすることができるとする点で、誤っている。

イ　×　誤っている

　民法15条2項は、「**本人以外の者の請求により補助開始の審判をするには、本人の同意がなければならない**」と規定する。したがって、本肢は、補助開始の審判の際に家庭裁判所が相当と認める場合を除き本人の同意がなければならないとする点で、誤っている。

ウ　×　誤っている

　民法18条1項は、補助開始の審判の取消しについて、「**本人、配偶者、四親等内の親族、未成年後見人、未成年後見監督人、補助人、補助監督人又は検察官の請求により**」取り消す、と規定する。したがって、本肢は、家庭裁判所が職権で補助開始の審判を取り消すことができるとする点で、誤っている。

エ　○　正しい

　民法17条3項は、「**補助人の同意を得なければならない行為について、補助人が被補助人の利益を害するおそれがないにもかかわらず同意をしないときは、家庭裁判所は、被補助人の請求により、補助人の同意に代わる許可を与えることができる**」と規定する。したがって、本肢は正しい。

オ　○　正しい

　民法17条4項は、「**補助人の同意を得なければならない行為であって、その同意又はこれに代わる許可を得ないでしたものは、取り消すことができる**」と規定する。被補助人が法律行為を自らすることは可能であり、のちに補助人により取り消される可能性はあるものの、被補助人が法律行為をすることができないとする趣旨ではない。したがって、本肢は正しい。

平25-2 **1** 改　No.17 ⎢⎢⎢⎢⎢⎢　レベル　★

（配点：2）

　意思表示に関する次のアからオまでの各記述のうち，正しいものを組み合わせたものは，後記1から5までのうちどれか。

ア．意思能力が欠けた状態で契約を締結した者は，後見開始の審判を受けていなくても，その契約の無効を主張することができる。

イ．被保佐人が，保佐人の同意を得て，自己の不動産につき第三者との間で売買契約を締結したときは，被保佐人がその売買契約に関する表示行為について錯誤に陥っており，かつ，そのことにつき重大な過失がない場合でも，その契約の取消しを主張することができない。

ウ．第三者の詐欺によって相手方に対する意思表示をした者は，相手方が第三者による詐欺の事実を過失なくして知らなかった場合にも，その詐欺によって生じた錯誤が錯誤取消しの要件を満たすときは，相手方に対し，その意思表示の取消しを主張することができる。

エ．被保佐人は，保証契約を締結する前にその行為をすることについて保佐人の同意を得たときは，自己の判断でその保証契約の締結を取りやめることはできない。

オ．被保佐人と契約を締結しようとする者は，家庭裁判所に対し，利害関係人として，被保佐人に十分な判断能力があることを理由に保佐開始の審判の取消しを請求することができる。

1．ア　ウ　　　2．ア　エ　　　3．イ　エ　　　4．イ　オ　　　5．ウ　オ

No.17　　　　　　　　意思表示　　　　　　　　正解 **1**

ア　○　正しい
　「法律行為の当事者が意思表示をした時に意思能力を有しなかったときは，その法律行為は，無効とする。」（民法§3の2）。よって，行為時に意思無能力であれば，後見開始の審判を受けていなくても契約の無効を主張できるから，本肢は正しい。

イ　×　誤っている
　いわゆる二重効の問題である。これにつき通説は，後見開始の審判を受けたことでかえって瑕疵のある意思表示をした者が不利になるのはバランスを失するということを考慮し，いずれの取消しを主張してもよいと解している。したがって，被保佐人について制限行為能力による取消し（§13-Ⅰ③，§120-Ⅰ）の要件を満たさない本肢でも，錯誤取消し（§95）の要件をみたす以上，錯誤取消しを主張することができる。よって，本肢は誤っている。

ウ　○　正しい
　本肢では96条2項による取消しは認められないが，他の取消事由に該当するときは，それに基づく取消しは可能である。よって，本肢でも錯誤取消し（§95）の要件を満たすときは，取消しが可能である。

エ　×　誤っている
　民法13条1項柱書本文は，「被保佐人が次に掲げる行為をするには，その保佐人の同意を得なければならない。」とするのみで，同意を得た行為を取りやめることはできないとしていない。また，保佐を含む現行法の成年後見制度は，自己決定の尊重と本人保護の要請の調和を趣旨としているところ，同意を得た行為を取りやめることはできないとすることは被保佐人の自己決定の尊重という法の趣旨に反する。したがって，13条1項2号に該当する行為について保佐人の同意を得た本問においても，被保佐人は自己の判断でその保証契約の締結を取りやめることができる。よって，本肢は誤っている。

オ　×　誤っている
　保佐開始の審判の取消しの請求権者は，本人，配偶者，4親等内の親族，未成年後見人，未成年後見監督人，保佐人，保佐監督人又は検察官に限られている（§14）。したがって，被保佐人と契約を締結しようとする者はこれに含まれないので，保佐開始の審判の取消しを請求することはできない。よって，本肢は誤っている。

| 平19 — 3 | №.18 | | | | | | | | レベル ☆ |

（配点：2）

　　Aは，Bとの間で，B所有の不動産を代金1000万円で購入する旨の契約を締結した。この事例に関する次のアからエまでの各記述のうち，誤っているものはどれか。

ア．Aが契約時に未成年であった場合，Aが成年に達した後，BがAに対して1か月の期間内にAの行為を追認するか否かを確答すべきことを催告し，Aがこの期間内に確答を発しなかったときは，Aの行為を追認したものとみなされる。

イ．Aが被保佐人であった場合，BがAに対して1か月の期間内にAの保佐人Cの追認を得るように催告し，Aがこの期間内にその追認を得た旨の通知を発しないときは，Aの行為を取り消したものとみなされる。

ウ．Aが本人Cを無権代理して契約を締結した場合，BがCに対し，相当の期間を定めて，その期間内にAの行為を追認するか否かを確答すべきことを催告し，Cがこの期間内に確答をしないときは，追認を拒絶したものとみなされる。

エ．Aが成年被後見人であった場合，BがAの成年後見人Cに対して1か月の期間内にAの行為を追認するか否かを確答すべきことを催告し，Cがこの期間内に確答を発しなかったときは，Aの行為を取り消したものとみなされる。

1．ア　　　2．イ　　　3．ウ　　　4．エ　　　5．誤っているものはない

No.18　　相手方の催告権　　正解 **4**

ア　○　正しい

　未成年者等の制限行為能力者の相手方は，その制限行為能力者が行為能力者となった後，その者に対し，1か月以上の期間を定めて，その期間内にその取り消すことができる行為を追認するかどうかを確答すべき旨の催告をすることができる（民法§20-Ⅰ前段）。この趣旨は，制限行為能力の相手方に催告権を与え，取り消されるかも知れないという不安定な状態を解消させて相手方を保護することにある。この場合において，その期間内に確答を発しないときは，その行為を追認したものとみなされる（同項後段）。民法20条は単独で追認し得る者に対して催告をし，確答が得られなかった場合には追認したものとみなしている。

イ　○　正しい

　制限行為能力者の相手方は，被保佐人に対しては，1か月以上の期間を定めて，追認するかどうかを確答すべき旨の催告をすることができる（§20-Ⅳ前段）。その期間内に確答を発しないときは，その行為を取り消したものとみなされる（同項後段）。

ウ　○　正しい

　無権代理の場合において，相手方は，本人に対し，相当の期間を定めて，その期間内に追認をするかどうかを確答すべき旨の催告をすることができる（§114前段）。この趣旨は，本人の追認・拒絶があるまで相手方は不安定な地位にあるので，その解消手段として催告権を与えることにある。この場合において，本人がその期間内に確答しないときは，追認を拒絶したものとみなされる（同後段）。この趣旨は，無権代理に関与していない本人の利益保護のために，本人から確答がない場合には追認拒絶を擬制することにある。

エ　×　誤っている

　制限行為能力者の相手方が，制限行為能力者が行為能力者とならない間に，その法定代理人に対してその権限内の行為について，1か月以上の期間を定めて，追認するかどうかを確答すべき旨の催告をした場合において，これらの者がその期間内に確答を発しないときは，その行為を追認したものとみなされる（§20-Ⅱ）。

| 平22 ― 4 | №.19 | | | | | | | レベル | ☆☆ |

(配点：2)

　催告に関する次のアからエまでの各記述のうち，正しいものは，後記1から5までのうちどれか。

ア．被保佐人の締結した契約について，相手方が被保佐人に対して1か月以上の期間を定めて，保佐人の追認を得るべき旨の催告をしたにもかかわらず，被保佐人がその期間内にその追認を得た旨の通知を発しないときは，以後，その相手方は被保佐人が締結した契約であることを理由に契約を取り消されることはない。

イ．売買の一方の予約における完結の意思表示について期間を定めなかったときに，予約者が相手方に対し，相当の期間を定めて，売買を完結するかどうかを確答すべき旨の催告をしたにもかかわらず確答がなかったときは，予約者は，相手方に対し，売買契約の履行を請求することはできない。

ウ．債務不履行責任を負う契約当事者が，相手方に対し契約を解除するかどうかを確答すべき旨の催告をしたにもかかわらず確答がなかったときは，以後，その当事者は，相手方から損害賠償の請求を受けることはない。

エ．無権代理人の締結した契約について，相手方が本人に対して，相当の期間を定めて，追認するかどうかを確答すべき旨の催告をしたにもかかわらず確答がなかったときは，その相手方は，本人に対して，契約の履行を請求することができる。

1．ア　　　2．イ　　　3．ウ　　　4．エ　　　5．正しいものはない

No.19　　　　　　　　催　　　告　　　　　　　正解 **2**

ア　×　誤っている

　制限行為能力者の相手方は，被保佐人又は被補助人に対しては，民法20条1項の期間内に，その保佐人又は補助人の追認を得るべき旨の催告をすることができる。この場合に，被保佐人が期間内に追認を得た旨の通知を発しないときは，その行為を取り消したものとみなされる（民法§20-Ⅳ）。20条は単独で追認し得ない者に対して催告をし，確答が得られなかった場合には取り消したものとみなしている。

イ　○　正しい

　売買完結の意思表示につき，期間を定めなかったときは，予約者は相手方に対し，相当の期間を定め，その期間内に売買を完結するかどうかを確答すべき旨の催告をすることができる。この場合，相手方がその期間内に確答をしないときは，売買の一方の予約はその効力を失う（§556-Ⅱ）。いつ売買が完結されるかわからないという不安定な地位にたたされる予約者の保護と，期間内に確答しない相手方の合理的意思を考慮した規定である。

ウ　×　誤っている

　解除権の行使について期間の定めがないときは，相手方は，解除権を有する者に対し，相当の期間を定めて，その期間内に解除をするかどうかを確答すべき旨を催告することができる。この場合において，その期間内に解除の通知を受けないときは，解除権は消滅する（§547）。いつ解除されるかわからないという不安定な法的地位にたたされる相手方の保護を趣旨とする。もっとも，消滅するのは解除権のみであり，損害賠償請求権が消滅する旨は規定されていない。

エ　×　誤っている

　無権代理行為がなされた場合，相手方は，本人に対し，相当の期間を定め，その期間内に追認をするかどうかを確答すべき旨の催告をすることができる。そして，本人がその期間内に確答をしないときは，追認を拒絶したものとみなされる（§114）。無権代理行為は本人に効果帰属しないのが原則であることを考慮した規定である（§113-Ⅰ）。

◆解答のポイント！◆

　催告について横断的な知識を問う問題。催告に関しては，催告をすべき相手方や，確答すべき期間の定め，確答しなかったときの効果についてそれぞれ異同があることから，きちんと整理した上で押さえておきたいところである。本試験では，本問のように一つのテーマに沿って横断的に知識を問う問題がよく出題されるので，日頃から知識の整理をしておくことが重要である。

（配点：2）

　被保佐人Aが保佐人の同意又はこれに代わる家庭裁判所の許可を得ずにBに対してA所有の甲土地を売り渡したことを前提として，当該売買契約の効力に関する次のアからオまでの各記述のうち，誤っているものを組み合わせたものは，後記1から5までのうちどれか。

ア．BがAの保佐人に対し当該売買契約を追認するかどうか確答することを1か月の期間を定めて催告した場合において，保佐監督人があるときは，保佐人が保佐監督人の同意を得てその期間内に追認の確答を発しなければ，当該売買契約を取り消したものとみなされる。

イ．BがAに対し当該売買契約について保佐人の追認を得ることを1か月の期間を定めて催告した場合において，Aがその期間内にその追認を得た旨の通知を発しないときは，当該売買契約を取り消したものとみなされる。

ウ．Aが行為能力者となった後に，BがAに対し当該売買契約を追認するかどうか確答することを1か月の期間を定めて催告した場合において，Aがその期間内に確答を発しないときは，当該売買契約を追認したものとみなされる。

エ．Aが行為能力者となった後に，AがBから甲土地の所有権移転登記手続の請求を受けたときは，当該売買契約を追認したものとみなされる。

オ．Aが行為能力者となった後に，Aが甲土地の売買代金債権を他人に譲渡したときは，当該売買契約を追認したものとみなされる。

1．ア　エ　　　2．ア　オ　　　3．イ　ウ　　　4．イ　エ　　　5．ウ　オ

No.20　　　　　催　　告　　　　　正解 **1**

ア　×　誤っている

　制限行為能力者の相手方が，制限行為能力者が行為能力者とならない間に，その法定代理人，保佐人又は補助人に対し，その権限内の行為について前項〔注：20条1項〕に規定する催告をした場合において，これらの者が同項〔注：20条1項〕の期間内に確答を発しないときには，その行為を追認したものとみなす（民法§20−Ⅱ）。なお，**保佐監督人があっても，保佐監督人の同意を必要とする規定はないので，民法20条3項の適用はない。**したがって，本記述は保佐監督人の同意を得て確答しないと取り消したものとみなすとする点で，誤っている。

イ　○　正しい

　制限行為能力者の相手方は，被保佐人に対して，1か月以上の期間を定めて，その期間内にその取り消すことができる行為についてその保佐人の追認を得るべき旨の催告をすることができ，その被保佐人がその期間内にその追認を得た旨の通知を発しないときは，**その行為を取り消したものとみなす**（§20−Ⅳ）。したがって，本記述は正しい。

ウ　○　正しい

　制限行為能力者の相手方は，その制限行為能力者が行為能力者となった後，その者に対し，1か月以上の期間を定めて，その期間内にその取り消すことができる行為を追認するかどうかを確答すべき旨の催告をすることができる。この場合において，その者がその期間内に確答を発しないときは，**その行為を追認したものとみなす**（§20−Ⅰ）。したがって，本記述は正しい。

エ　×　誤っている

　Aは行為能力者となっているので，追認をなしうる（§124−Ⅰ）。そして，**取消権者が履行の請求を行った場合には，債権者は追認をしたものとみなされる**（§125②，法定追認）が，本肢では，履行の請求を行ったのはBであり，取消権者Aは履行の請求を受けたのみであるから法定追認の要件を満たさない。

オ　○　正しい

　Aは行為能力者となっているので，追認をなしうる（§124−Ⅰ）。そして，**取消権者が取得した権利の全部又は一部の譲渡を行った場合には，追認をしたものとみなされる**（§125⑤：法定追認）。したがって，本記述は正しい。

　制限行為能力者に関する知識を条文にあてはめることが求められる問題である。肢ア・イ・ウはこれまでにおいても複数回出題されており，確実に正解することが要求される。そして，民法の規定としては，取消権を有しないものに対する催告では，追認がなされたとはみなされないことをおさえておかなければならない。肢エ・オは，まず，法定追認という制度に気づくことができるかが問題である。肢エ・オは論文式問題においても，問われうる部分であるため，いかなる条文があるかを日頃から把握しておく必要がある。そのためには，過去問を解くのみでなく，条文を確認することも必要である。

平27 — 35　No.21　　　　　　　　　　　レベル　★

（配点：2）

　催告に関する次のアからオまでの各記述のうち，誤っているものを組み合わせたものは，後記1から5までのうちどれか。

ア．被保佐人との間で不動産の売買契約を締結した者が，保佐人に対し，1か月以上の期間を定めて，その期間内にその売買契約を追認するかどうかを確答すべき旨の催告をし，保佐人がその期間内に確答を発しなかった場合には，その売買契約を追認したものとみなされる。

イ．無権代理人がした売買契約について，その売買契約の相手方が，本人に対し，相当の期間を定めて，その期間内にその売買契約を追認するかどうかを確答すべき旨の催告をし，本人がその期間内に確答をしなかった場合には，その売買契約を追認したものとみなされる。

ウ．債権者があらかじめ弁済の受領を拒んでいるときは，債務者は，弁済の準備をしたことを通知してその受領の催告をすれば，債務不履行責任を免れる。

エ．債務不履行に基づく解除権が発生した場合，その相手方が，解除権を有する者に対し，相当の期間を定めて，その期間内に解除をするかどうかを確答すべき旨の催告をし，その期間内に解除の通知を受けなかったときは，解除権は，消滅する。

オ．遺贈義務者が，受遺者に対し，相当の期間を定めて，その期間内にその遺贈の承認又は放棄をすべき旨の催告をし，受遺者がその期間内に遺贈義務者に対してその意思を表示しなかった場合には，その遺贈を放棄したものとみなされる。

1．アイ　　　2．アエ　　　3．イオ　　　4．ウエ　　　5．ウオ

No.21　　　　催　　告　　　　正解 **3**

ア　○　正しい

不動産の売買契約は，保佐人の同意を得なければならない行為（民法§13-Ⅰ③）であり，保佐人や被保佐人は，保佐人の同意を得ないで被保佐人がした行為を取り消すことができる（§13-Ⅳ）。これに対して，被保佐人の相手方は，保佐人に対し，1か月以上の期間を定めて，その期間内にその取り消すことができる行為を追認するかどうかを確答すべき旨の催告をすることができ，その期間内に保佐人が確答を発しないときは，その行為を**追認した**ものとみなされる（§20-Ⅱ・Ⅰ）。したがって，本肢は正しい。

イ　×　誤っている

無権代理行為がなされた場合，相手方は，本人に対し，相当の期間を定め，その期間内に追認をするかどうかを確答すべき旨を催告することができる。そして，**本人がその期間内に確答をしないときは，追認を拒絶した**ものとみなされる（§114）。無権代理行為は本人に効果帰属しないのが原則であることを考慮した規定である（§113-Ⅰ）。

ウ　○　正しい

「弁済の提供は，債務の本旨に従って現実にしなければならない。ただし，債権者があらかじめその**受領を拒み**，又は債務の履行について債権者の行為を要するときは，弁済の**準備をしたことを通知してその受領の催告をすれば足りる**。」（§493）。したがって，本肢でも弁済の提供の要件（§493ただし書）を満たすので，債務者は債務不履行責任を負わない。

エ　○　正しい

「解除権の行使について期間の定めがないときは，相手方は，解除権を有する者に対し，相当の期間を定めて，その**期間内に解除をするかどうかを確答すべき旨の催告をする**ことができる。この場合において，その期間内に解除の通知を受けないときは，解除権は，**消滅する**。」（§547）。したがって，本肢でも解除権が消滅する。

オ　×　誤っている

遺贈義務者が，受遺者に対し，相当の期間を定めて催告をし，**受遺者がその期間内に遺贈義務者に対してその意思を表示しないときは，遺贈を承認した**ものとみなす（§987後段）。承認したとみなしても，受遺者に不利益は無いからである。したがって，放棄したものとみなされるとする点で，本肢は誤っている。

🎯 解答のポイント！

本問は，催告についての条文知識を問うものである。催告関連は紛らわしい条文が多いため，催告の効果等はまとめて理解しておくとよい。過去問で繰り返し問われている分野であることから，正確に理解し，確実に正解したい。

平22 ― 2改　**No.22**

レベル ☆☆☆

（配点：2）

　　Aから動産甲を購入する旨の契約を締結したBが，契約締結時に代金のうち一部を支払い，その後，残代金の弁済を提供して動産甲の引渡しを求めたにもかかわらずAがこれに応ぜず，それから相当期間が経過した後にAがその住所を去って行方が分からなくなった場合に関する次のアからエまでの各記述のうち，正しいものを組み合わせたものは，後記1から6までのうちどれか。

ア．Aがその財産の管理人を置かないで行方不明になった場合において，家庭裁判所は，Bの請求により，Aの財産の管理について必要な処分を命ずることができる。

イ．Bは，債権者を確知することができないとの理由により，残代金を供託してその債務を免れることができる。

ウ．BがAとの売買契約を解除する旨の意思表示は，公示の方法によってすることができるが，BがAの所在を知らないことについて過失があったときは，公示による意思表示は到達の効力を生じない。

エ．Aがその住所を去った後国外にいた場合，Aの債務不履行を理由とする動産甲に係る売買契約の解除権の消滅時効は，その国外にいる期間その進行の完成を猶予する。

1．ア　イ　　　2．ア　ウ　　　3．ア　エ　　　4．イ　ウ　　　5．イ　エ

6．ウ　エ

No.22　不在者に対する行為の効力　　正解 **2**

ア　○　正しい

　従来の住所又は居所を去った者がその財産の管理人を置かなかったときは，家庭裁判所は，利害関係人又は検察官の請求により，その財産の管理について必要な処分を命ずることができる（民法§25−Ⅰ前段）。不在者が帰来するまでその財産の管理をする必要があることを考慮した規定である。BはAに対して甲の引渡請求権を有しているから，「利害関係人」にあたり，上記の請求ができる。

イ　×　誤っている

　弁済者に過失なく債権者を確知することができないときは，供託が認められる（§494−Ⅱ）。ここにいう「確知することができない」とは，債権者が誰であるかを確知することができないことをいう。Bは債権者がAであることを知っており，単にどこにいるか確知することができない場合であるから同条の要件を満たさず，供託することはできない。

ウ　○　正しい

　意思表示は，表意者が相手方の所在を知ることができないときは，公示の方法によってすることができる（§98−Ⅰ）。これにより，相手方が行方不明の場合にも意思表示を到達させることができる。しかし，所在を知らないことにつき表意者に過失があるときには，公示による意思表示の到達の効力は生じない（§98−Ⅲただし書）。

エ　×　誤っている

　民法158条から161条に定められている時効の完成猶予事由については，時効の更新手続がとりにくい一定の事由がある場合に，一定の期間時効の完成を猶予したものである。これらの完成猶予事由は公益上の理由に基づいて認められることから，特約によって完成猶予事由を追加することは許されない。国外にいるという事由は158条から161条には規定されていないので，Aが国外にいても解除権の消滅時効の完成は猶予しない。

◆解答のポイント！◆

　本問は，不在者に対する行為の効力を広く問う問題。肢アで問われている不在者の財産管理についての条文や，肢エの時効の完成猶予事由に関する条文は，あまりなじみのない条文であることから，本問はやや難易度の高い問題といえる。しかし，供託に関する肢イと公示送達に関する肢ウは基本的知識に属するといえるので，これら2つの肢については正確に正誤を判断できることが望まれる。

令元—2　　**№.23**　レベル　☆☆☆

（配点：2）

　　Aがその財産の管理人を置かないで行方不明となったことから，家庭裁判所は，Bを不在者Aの財産の管理人として選任した。この事例に関する次のアからオまでの各記述のうち，誤っているものを組み合わせたものは，後記1から5までのうちどれか。

ア．Aが甲土地を所有している場合，BがAを代理して甲土地をCに売却するためには，家庭裁判所の許可を得る必要がある。

イ．Aが所有する現金が発見された場合，BがAを代理してその現金をD銀行のA名義普通預金口座に預け入れるためには，家庭裁判所の許可を得る必要はない。

ウ．AがEに対して借入金債務を負っており，その債務が弁済期にある場合，BがAのためにEに対しその債務の弁済をするためには，家庭裁判所の許可を得る必要はない。

エ．Aが被相続人Fの共同相続人の一人である場合，BがAを代理してFの他の共同相続人との間でFの遺産について協議による遺産分割をするためには，家庭裁判所の許可を得る必要はない。

オ．Aに子Gがいる場合，BがAを代理してGに対し結婚資金を贈与するためには，家庭裁判所の許可を得る必要はない。

1．ア　ウ　　　2．ア　エ　　　3．イ　ウ　　　4．イ　オ　　　5．エ　オ

No.23　不在者の財産管理　　正解 **5**

ア　○　正しい

　不在者の財産管理人は，管理行為を超える権限を行使するためには家庭裁判所の許可を得なければならない（民法§103，§28）。不在者の残した財産が不当に散逸するのを防ぐ趣旨である。本問では，甲土地をCに売却する行為は処分行為であり，管理行為の範囲を超えるものなので家庭裁判所の許可を得る必要があり，正しい。

イ　○　正しい

　不在者の財産管理人は，管理行為の範囲内の権限を行使する場合には家庭裁判所の許可を得る必要がない（§103，§28反対解釈）。現金を銀行に預ける行為は，「性質を変えない範囲内において，その利用…を目的とする行為」（§103②）たる利用行為に当たる。本問では，BがAを代理して現金をD銀行のA名義普通預金口座に預け入れるためには，家庭裁判所の許可を得る必要はないので，正しい。

ウ　○　正しい

　不在者の財産管理人は，管理行為の範囲内の権限を行使する場合には家庭裁判所の許可を得る必要がない（§103，§28反対解釈）。弁済期が到来した債務を弁済する行為は，不在者の財産の経済的な現状維持を行うものであり，保存行為（§103①）に該当する。本問では，BがAのためにEに対して債務の弁済をするために家庭裁判所の許可を得る必要がないので，正しい。

エ　×　誤っている

　不在者の財産管理人は，管理行為を超える権限を行使するためには家庭裁判所の許可を得なければならない（§103，§28）。不在者の残した財産が不当に散逸するのを防ぐ趣旨である。遺産分割は，相続人たる不在者の具体的な相続持分を変動させるものであり，処分行為なので家庭裁判所の許可を得なければならない。本問では，家庭裁判所の許可を得る必要がないとしている点が誤り。

オ　×　誤っている

　不在者の財産管理人は，管理行為を超える権限を行使するためには家庭裁判所の許可を得なければならない（§103，§28）。不在者の残した財産が不当に散逸するのを防ぐ趣旨である。本問では，Gへの贈与はAの財産を減少させる行為であり，処分行為に該当するので，家庭裁判所の許可を得る必要がある。それにもかかわらず，家庭裁判所の許可を得る必要がないとしている点が誤り。

解答のポイント！

　不在者の財産管理は日常的には触れる機会の少ない分野であろう。問題演習に触れるごとに意識的に条文を引いて復習しておくことが望ましい。

| 平29 — 3 ② | No.24 |

（配点：2）

　失踪宣告に関する次のアからオまでの各記述のうち，判例の趣旨に照らし正しいものを組み合わせたものは，後記1から5までのうちどれか。

ア．沈没した船舶の中に在ったAについて失踪宣告がされた場合には，Aはその沈没事故の後1年が経過した時に死亡したものとみなされる。

イ．Aの生死が7年間明らかでなかったことから，Aについて失踪宣告がされた場合には，Aは，7年間の期間が満了した時に死亡したものとみなされる。

ウ．Aの生死が7年間明らかでなかったことから，Aについて失踪宣告がされ，Aが死亡したものとみなされた後にAの生存が判明した場合でも，失踪宣告がされた後にAがした売買契約は，失踪宣告が取り消されなければ有効とはならない。

エ．Aの生死が7年間明らかでなかったことから，Aについて失踪宣告がされ，Aが死亡したものとみなされた後に，Aの子であるBがA所有の甲土地を遺産分割により取得した。その後，Bは，Cに甲土地を売却したが，その売却後にAの生存が判明し，Aの失踪宣告は取り消された。その売買契約の時点で，Aの生存についてBが善意であっても，Cが悪意であるときは，Cは，甲土地の所有権を取得することができない。

オ．Aの生死が7年間明らかでなかったことから，Aについて失踪宣告がされ，Aが死亡したものとみなされた後に，Aの生存が判明したが，失踪宣告が取り消されずにAが死亡した場合には，もはやその失踪宣告を取り消すことができない。

1．アイ　　　2．アオ　　　3．イエ　　　4．ウエ　　　5．ウオ

| No.24 | 失踪宣告 | 正解 **3** |

ア　✕　誤っている

　戦地に臨んだ者，沈没した船舶の中に在った者その他死亡の原因となるべき危難に遭遇した者の生死が，それぞれ，**戦争が止んだ後，船舶が沈没した後又はその他の危難が去った後1年間明らかでないときも**，家庭裁判所は，利害関係人の請求により，失踪の宣告をすることができる（民法§30-Ⅱ：特別失踪）。また，特別失踪の宣告を受けた者はその**危難が去った時に，死亡したものとみなされ**（§31），沈没した船舶の中に在ったAは，特別失踪として，民法30条2項により処理される。

イ　○　正しい

　不在者の生死が**7年間明らかでないときは**，家庭裁判所は，利害関係人の請求により，失踪の宣告をすることができる（§30-Ⅰ：普通失踪）。普通失踪の宣告を受けた者は，7年間の期間が満了した時に，死亡したものとみなす（§31）。

ウ　✕　誤っている

　失踪宣告の制度は，失踪した者の従前の生活環境の法律関係を安定させ，利害関係人を保護するために，その限度で失踪した者を死亡したものとみなすものであって，現実には生存している失踪した者の権利能力を奪うものではない。したがって，失踪宣告がされた後にAがした売買契約は，失踪宣告が取り消されなくとも有効である。

エ　○　正しい

　判例（大判昭13.2.7）は，本記述と同様の事案について，「善意」（§32-Ⅰ）とは，行為の当事者がともに善意であることをいい，一方が悪意であるときは，「善意」にあたらないとした。この理由として，学説は，本来の権利者が権利を失う以上，その原因である契約は本来の権利者の権利を奪ってよいほどに保護に値するものでなければならないことを挙げる。したがって，本記述は正しい。

オ　✕　誤っている

　失踪者が生存すること又は**前条〔注：31条〕に規定する時と異なる時に死亡したことの証明があったときは**，家庭裁判所は，本人又は利害関係人の請求により，失踪の宣告を取り消さなければならない（§32-Ⅰ前段）。したがって，死亡したものとみなされた時に死亡していなかったことの証明があれば，その失踪宣告を取り消すことができる。

◆◇◆ 解答のポイント！ ◆◇◆

　本問は，短答で頻出の分野である失踪宣告からの出題で，確実に正解することが求められる。知識としては，過去問で問われた知識を教科書等で確認することで，必要十分な知識を身につけることができるであろう。肢エについては，論文式試験においても出題の可能性があるため，要注意である。

平20 — 4　　No.25　　　　　　　　　　　　　レベル　★

（配点：2）

　権利能力なき社団に関する次の1から5までの各記述のうち，判例の趣旨に照らし誤っているものを2個選びなさい。

1．権利能力なき社団の成立要件は，団体としての組織を備え，多数決の原理が行われ，構成員の変更にかかわらず団体そのものが存続し，その組織において代表の方法，総会の運営，財産の管理等団体としての主要な点が確定していることである。

2．権利能力なき社団が取得した不動産については，権利能力なき社団名義で所有権の登記をすることはできず，権利能力なき社団の代表者たる肩書を付した代表者名義で所有権の登記をすることができるにすぎない。

3．代表者の定めのある権利能力なき社団は，その名において訴え，又は訴えられることができる。

4．権利能力なき社団の財産は，その構成員に総有的に帰属するから，構成員の一人に対して金銭債権を有する債権者は，当該構成員の有する総有持分に限りこれを差し押さえることができる。

5．権利能力なき社団はその代表者により社団の名で取引をすることができるが，その取引により社団が負担した債務については，構成員各自は取引の相手方に対して直接には個人的債務ないし責任を負わない。

No.25　権利能力なき社団　　正解 2・4

1　○　正しい

　判例（最判昭39.10.15＝民法百選Ⅰ№8）は，権利能力なき社団というためには，団体としての組織を備え，多数決の原則が行われ，構成員の変更にもかかわらず団体そのものが存続し，その組織によって代表の方法，総会の運営，財産の管理その他団体としての主要な点が確定していなければならないとしている。

2　×　誤っている

　判例（最判昭47.6.2）は，権利能力なき社団は，社団名義のみならず，代表者たる肩書き付きの代表者名義でも，所有権登記をすることができないとする。

3　○　正しい

　法人でない社団又は財団で代表者又は管理人の定めがあるものは，その名において訴え，又は訴えられることができる（民事訴訟法§29）。

4　×　誤っている

　権利能力なき社団の財産は，実質的には社団を構成する構成員の総有に帰属する。総有においては潜在的にも持分を有さないものとされている（最判昭39.10.15＝民法百選Ⅰ№8，最判昭32.11.14参照）。よって，総有的持分の差押えを観念することができず，これを認めることはできない。

5　○　正しい

　判例（最判昭48.10.9＝民法百選Ⅰ№9）は，権利能力なき社団の代表者が社団名義でした取引上の債務は，社団の構成員全員に総有的に帰属し，社団財産だけがその責任財産となり，構成員各自は，個人的債務ないし責任を負わないとする。

| 平21 ― 2 | No.26 | / / / / / / | レベル　☆☆ |

（配点：2）

　法人の剰余金又は残余財産に関する次の1から5までの各記述のうち，誤っているものはどれか。

1．株主に剰余金の配当を受ける権利及び残余財産の分配を受ける権利の全部を与えない旨の株式会社の定款の定めは，その効力を有しない。

2．社員に残余財産の分配を受ける権利を与える旨の一般社団法人の定款の定めは，その効力を有しない。

3．一般社団法人の社員総会は，社員に剰余金を分配する旨の決議をすることができない。

4．解散をして清算をすることになった一般社団法人の残余財産の帰属が定款で定まらない場合において，その一般社団法人の社員総会は，その残余財産を社員に分配する旨の決議をすることができない。

5．設立者に残余財産の分配を受ける権利を与える旨の一般財団法人の定款の定めは，その効力を有しない。

| No.26 | 法人の剰余金・残余財産 | 正解 **4** |

1　○　正しい
　株式会社においては，株主に剰余金の配当を受ける権利及び残余財産の分配を受ける権利の全部を与えない旨の定款の定めは効力を有しない（会社法§105-Ⅱ）。

2　○　正しい
　一般社団法人においては，社員に剰余金又は残余財産の分配を受ける権利を与える旨の定款の定めは効力を有しない（一般社団法人及び一般財団法人に関する法律§11-Ⅱ）。

3　○　正しい
　一般社団法人においては，社員総会は一般社団法人及び一般財団法人に関する法律に規定する事項及び一般社団法人の組織・運営・管理その他一般社団法人に関する一切の事項について決議することができるのが原則であるが（一般社団法人及び一般財団法人に関する法律§35-Ⅰ），社員に剰余金を分配する旨の決議をすることはできない（同-Ⅲ）。

4　×　誤っている
　一般社団法人においては，残余財産の帰属は定款で定めるのが原則であるが（一般社団法人及び一般財団法人に関する法律§239-Ⅰ），これによっても残余財産の帰属が定まらない場合，その帰属は清算法人の社員総会又は評議員会の決議によって定めることになる（同-Ⅱ）。

5　○　正しい
　一般財団法人においては，設立者に剰余金又は残余財産の分配を受ける権利を与える旨の定款の定めは効力を有しない（一般社団法人及び一般財団法人に関する法律§153-Ⅲ②）。

| 平25 — 7 | №.27 | | | | | | レベル ★ |

（配点：2）

　　一般社団法人に関する次のアからオまでの各記述のうち，正しいものを組み合わせたものは，後記1から5までのうちどれか。

ア．代表理事その他一般社団法人を代表する者を定めていない場合には，各理事は，単独で一般社団法人を代表する。

イ．一般社団法人は，代表者でない者が職務を行うについて第三者に加えた損害を賠償する責任を負うことはない。

ウ．一般社団法人に理事が複数ある場合には，必ず理事会を置かなければならない。

エ．一般社団法人が代表理事を定めた場合には，必ず理事会を置かなければならない。

オ．一般社団法人が理事会を設置した場合には，必ず監事を置かなければならない。

1．アイ　　　2．アオ　　　3．イエ　　　4．ウエ　　　5．ウオ

No.27　　　　　　　　　　一般社団法人　　　　　　　正解 **2**

ア　○　正しい

　一般社団法人及び一般財団法人に関する法律77条1項・2項。代表理事その他一般社団法人を代表する者を定めた場合を除き，**理事が二人以上ある場合には，理事は，各自，**一般社団法人を**代表**する。よって，本肢は正しい。

イ　×　誤っている

　一般社団法人の責任については，一般社団法人及び一般財団法人法78条が，代表者が職務に関して第三者に与えた損害について責任を負う旨規定しているが，代表者でない者に関する規定はない。しかし，**使用者責任**（民法§715）の要件を満たす場合には，一般社団法人は，代表者でない者が職務を行うについて第三者に与えた損害を賠償する責任を負うことになる。したがって，責任を負うことはないとする点で，本肢は誤っている。

ウ　×　誤っている

　一般社団法人及び一般財団法人に関する法律においては，そのような規定はない（§60～§62参照）。よって，本肢は誤っている。

エ　×　誤っている

　一般社団法人及び一般財団法人に関する法律においては，そのような規定はない（§60～§62参照）。よって，本肢は誤っている。

オ　○　正しい

　一般社団法人及び一般財団法人に関する法律61条は，**理事会設置一般社団法人は，監事**を置かなければならないとする。その趣旨は，法人制度の悪用防止・法人内外の利害関係人の保護にある。よって，本肢は正しい。

解答のポイント！

　本問は，一般社団法人についての基本的知識を問うものである。条文を読んだことのなかった受験生も多かったものと思われるが，聞かれているのは単純な条文知識であり，会社法の応用が効く部分も大きい。そこで，まずは会社法の機関についてしっかりおさえ，その上で一般社団・財団では何が異なるかをおさえるようにするのが効率的な勉強法といえよう。

平30－2 1　No.28　　　　　　　　　レベル　☆☆

（配点：2）

　　法人に関する次のアからオまでの各記述のうち，判例の趣旨に照らし正しいものを組み合わせたものは，後記1から5までのうちどれか。
ア．法人は成年後見人になることができない。
イ．法人は民法上の組合の組合員になることができない。
ウ．法人は財産以外の損害について不法行為に基づき損害賠償を請求することができない。
エ．法人は遺言執行者になることができる。
オ．法人は特別縁故者として相続財産の分与を受けることができる。
1．ア　イ　　　2．ア　オ　　　3．イ　ウ　　　4．ウ　エ　　　5．エ　オ

| No.28 | 法　　人 | 正解 **5** |

ア　×　誤っている

民法843条4項は，「成年後見人を選任するには，成年被後見人の心身の状態並びに生活及び財産の状況，成年後見人となる者の職業及び経歴並びに成年被後見人との利害関係の有無（成年後見人となる者が法人であるときは，その事業の種類及び内容並びにその法人及びその代表者と成年被後見人との利害関係の有無），成年被後見人の意見その他一切の事情を考慮しなければならない。」と規定しており，法人が成年後見人となることを前提としている。したがって，法人は成年後見人となることができないとしている点で誤っている。

イ　×　誤っている

法人は民法上の組合の組合員となることも認められており，法人が民法上の組合の組合員となる例として，複数の建設業者間の建設工事共同事業（ジョイントベンチャー＝JV）があげられる。したがって，法人は民法上の組合員とはなることができないとしている点で誤っている。

ウ　×　誤っている

判例（最判昭39.1.28）は，法人の名誉が侵害され，無形の損害が発生した時点でも，金銭評価が可能である限り，民法710条が適用される旨判示している。その理由として学説は，金銭評価が可能である限り，損害の賠償を認めることが社会通念に沿うことを挙げている。したがって，法人は財産以外の損害について不法行為に基づき損害賠償することができないとしている点で誤っている。

エ　○　正しい

民法1009条は，「未成年者及び破産者は，遺言執行者となることができない。」と規定しており，遺言執行者となれない者に法人を挙げていない。したがって，法人は遺言執行者となることができる。

オ　○　正しい

民法958条の3第1項は，「前条〔注：958条の2〕の場合において，相当と認めるときは，家庭裁判所は，被相続人と生計を同じくしていた者，被相続人の療養看護に努めた者その他被相続人と特別の縁故があった者の請求によって，これらの者に，清算後残存すべき相続財産の全部又は一部を与えることができる。」と規定している。そして，判例（神戸家審昭51.4.24）は，「被相続人により長年経営されていた学校法人が特別の縁故があった者」に当たる旨判示している。したがって，正しい。

令2－2　No.29 ☐☐☐☐☐☐ レベル ★

（配点：2）

　　法人に関する次のアからオまでの各記述のうち，判例の趣旨に照らし正しいものを組み合わせたものは，後記1から5までのうちどれか。

ア．法人は，その定款に記載された目的に含まれない行為であっても，その目的遂行に必要な行為については，権利能力を有する。

イ．理事が法人の機関として不法行為を行い，法人が不法行為責任を負う場合には，その理事は，個人として不法行為責任を負うことはない。

ウ．法人の代表者が職務権限外の取引行為をし，当該行為が外形的に当該法人の職務行為に属すると認められる場合であっても，相手方がその職務行為に属さないことを知っていたときは，法人は，代表者の当該行為に基づいて相手方に生じた損害の賠償責任を負わない。

エ．外国人が享有することのできない権利であっても，認許された外国法人は，日本において成立する同種の法人と同様に，その権利を取得することができる。

オ．設立登記が成立要件となっている法人について，設立登記がされていなくても，法人としての活動の実態がある場合には，予定されている定款の目的の範囲内での権利能力が認められる。

1．ア　ウ　　　2．ア　オ　　　3．イ　ウ　　　4．イ　エ　　　5．エ　オ

No.29　　　　　　　　　　法　　人　　　　　　　正解 1

ア　○　正しい

　民法34条は，「法人は，法令の規定に従い，定款その他の基本約款で定められた**目的の範囲内において，権利を有し，義務を負う。**」と規定する。本条の趣旨は，法人の権利能力の範囲を明確にする点にある。そして，判例（最判昭45.6.24（八幡製鉄政治献金事件））は，「会社は定款に定められた目的の範囲内において権利能力を有するわけであるが，目的の範囲内の行為とは，定款に明示された目的自体に限局されるものではなく，**その目的を遂行するうえに直接または間接に必要な行為であれば，すべてこれに包含されるもの**と解するのを相当とする。」したがって，本肢は正しい。

イ　×　誤っている

　理事が法人の機関として不法行為を行い，**法人が不法行為責任を負う場合**（一般社団法人及び一般財団法人に関する法律（以下，一般法人法）§78），**代表機関も個人として民法709条の責任を負い，法人とともに全額負担の責任がある**（大判昭7.5.27）。なお，公権力の行使について国または公共団体が責任を負う場合（国家賠償法§1）に，公務員個人は責任を負わないとされている（最判昭30.4.19）。したがって，本肢は，法人が不法行為責任を負う場合にはその理事は，個人として不法行為責任を負うことはないとする点で，誤っている。

ウ　○　正しい

　法人の代表者が職務権限外の取引行為をし，当該行為が外形的に当該法人の職務行為に属すると認められる場合，一般法人法78条でも，民法715条でも**外形理論**（民法715条について大判大15.10.13）で**法人が責任を負う**と解されるが，外形理論では**相手方がその職務行為に属さないことを知っていたときは，法人は，代表者の当該行為に基づいて相手方に生じた損害の賠償責任を負わない。**代表者の職務内容は外部から容易に知り得ないため，相手方保護の必要がある一方，悪意・重過失ある相手方は保護する必要がないからである。したがって，本肢は正しい。

エ　×　誤っている

　民法35条2項は，同条1項の規定により認許された外国法人について，「**外国人が享有することのできない権利及び法律又は条約中に特別の規定がある権利**」を除き，日本において成立する同種の法人と**同一の私権を有する**，と規定する。したがって，本肢は，認許された外国法人が日本において成立する同種の法人と同様にその権利を取得することができるとする点で，誤っている。

オ　×　誤っている

　法人は，自然人ではなく，法人格を認められたものである。法人は重要な社会の構成要素であり，社会的実在として取引を行うことから法人そのものに権利能力を帰属させる必要があり，権利能力が認められる。そして，**設立登記が会社の成立要件の場合**（一般法人法§22，会社法§49等），**登記しなければ法人格は認められない。**また，法人においては「**目的の範囲内**」（民法§34）において権利能力を有すると考えられ，かつ「**目的**」が**必要的登記事項**とされている（一般法人法§301－Ⅱ①，会社法§911－Ⅲ①等）。これらの規定は，**会社の権利能力の範囲を登記によって広く明確にするためである。**このことから，設立登記がされていない場合には，たとえ活動実態があっても，目的の範囲も明確でなく，会社も成立していないので，法人としての権利能力が認められないと解される。したがって，本肢は，設立登記が成立要件となっている法人について，設立登記がされていなくても，法人としての活動の実態がある場合には，予定されている定款の目的の範囲内での権利能力が認められるとする点で，誤っている。

（配点：2）

次の図のアからエまでには，後記1から4までのいずれかの用語が入る。アからエまでにそれぞれ入るべき用語を選びなさい。

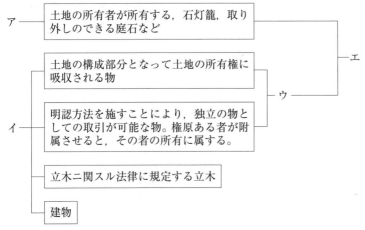

ア ― 土地の所有者が所有する，石灯籠，取り外しのできる庭石など

土地の構成部分となって土地の所有権に吸収される物

イ ― 明認方法を施すことにより，独立の物としての取引が可能な物。権原ある者が附属させると，その者の所有に属する。

立木ニ関スル法律に規定する立木

建物

エ

ウ

1．定着物　　2．従物　　3．不動産に従として付合した物
4．不動産に付加して一体となっている物

No.30	民法上の物の分類	正解 ア-2・イ-1・ウ-3・エ-4

　まず，2従物（民法§87）は主物から独立したものでなければならないから，アに2が入る。そして，主物から独立した従物を含みうる概念は，4不動産に付加して一体となっている物（§370）のみであるから，エに4が入る。そして，3不動産に従として付合した物（§242）とは，不動産から分離復旧することが社会経済上著しく不利な状態となった動産をいうから，ウに3が入る。残ったイに1が入る。

平19—7改　No.31　レベル ☆☆

（配点：2）

次の1から5までの各記述のうち，正しいものを2個選びなさい。

1．判例によれば，建物は，屋根瓦を葺き荒壁を塗り床及び天井を張る等して初めて独立した不動産となる。

2．建物の増築部分は，既存建物の従物である。

3．家具の所有者AがBに賃貸中の当該家具をCに売却した場合，特約がなければ，Cは，直ちにその所有権を取得するから，Bに対する賃料債権も，Cが売買契約時に取得することになる。

4．一筆の土地を贈与する契約において，物権行為の独自性を認める立場では，2つの法律行為が存在することになる。

5．物の売買契約を結ぶ以前の段階において，将来の売買代金債権を売却し，対抗要件を備えることは可能である。

No.31　物の独立性・従たる権利・物権行為の独自性　正解 **4・5**

1　×　誤っている
　判例（大判昭10.10.1＝民法百選Ⅰ № 11，大判大15.2.22）は，木材を組み立てて地上に定着させ屋根を葺き上げただけでは，まだ法律上の建物とはいえないが，建物はその使用目的に応じて構造を異にするものであるから，建物の目的からみて使用に適する構造部分を具備する程度になれば，建物ということができ，住宅用でないものは，屋根及び囲壁ができれば床や天井ができていなくても建物とみることができるとしている。

2　×　誤っている
　判例（最判昭31.10.9）は，増築部分を除くと既設部分が経済上の独立性を失う場合には，増築部分を独立の不動産とすることはできないとしている。この場合，増築部分は独立の不動産ではないので，従物とはなり得ない。

3　×　誤っている
　賃貸中の物の譲受人はその物の所有権は取得するが（民法 §176），既に発生している賃料債権も取得するとは限らない。したがって，Bに対する賃料債権をCが当然に取得するわけではない。

4　○　正しい
　物権行為の独自性を肯定する立場は，物権変動の効果を発生させるためには，当事者間の契約（債権契約）と物権変動をする意思表示としての物権行為が必要であるとする。この立場によると，一筆の土地を贈与する契約において，債権契約と物権行為が存在することになる。

5　○　正しい
　民法466条の6第1項は「債権の譲渡は，その意思表示の時に債権が現に発生していることを要しない。」として，債権発生の可能性を要件とせずに**将来債権の譲渡性**を認めた。また，同条3項は将来債権譲渡の対抗要件を備えることができることを前提とする。

| 平21 — 4 | No.32 | | | | | | | レベル ★ |

（配点：2）

　虚偽表示に当たる法律行為がされた場合における次のアからオまでの者のうち，判例の趣旨に照らし「相手方と通じてした虚偽の意思表示の無効を対抗することができない第三者」に該当するものを組み合わせたものは，後記1から5までのうちどれか。

ア．虚偽の意思表示により目的物を譲り受けた者からその目的物について抵当権の設定を受けた者

イ．土地の賃借人が所有する地上建物を他に仮装譲渡した場合の土地賃貸人

ウ．財産の仮装譲渡を受けた者の相続人

エ．虚偽の意思表示により譲り受けた目的物を差し押さえた仮装譲受人の一般債権者

オ．土地の仮装譲受人から当該土地上の建物を賃借した者

1．ア　ウ　　　2．ア　エ　　　3．イ　エ　　　4．イ　オ　　　5．ウ　オ

| No.32 | 虚偽表示 | 正解 2 |

ア　○　第三者に該当する

　判例（大判大4.12.17）は，虚偽表示により目的物を譲り受けた者からその目的物について抵当権の設定を受けた者につき，「第三者」（民法§94-Ⅱ）に該当するとしている。

イ　×　第三者に該当しない

　判例（最判昭38.11.28）は，土地の賃借人が所有する地上建物を他に仮装譲渡した場合の土地の賃貸人につき，「第三者」（§94-Ⅱ）に該当しないとしている。

ウ　×　第三者に該当しない

　判例（大判大9.7.23）は，「第三者」の意義につき，虚偽表示の当事者又はその一般承継人以外の者であって，その表示の目的につき法律上利害関係を有するに至った者を指すとしている。財産の仮装譲渡を受けた者の相続人は，虚偽表示の当事者の一般承継人に該当するため，「第三者」（§94-Ⅱ）に該当しない。

エ　○　第三者に該当する

　判例（最判昭48.6.28）は，虚偽表示の目的物を差し押さえた相手方の一般債権者につき，「第三者」（§94-Ⅱ）に該当するとしている。

オ　×　第三者に該当しない

　判例（最判昭57.6.8）は，土地の仮装譲受人から当該土地上の建物を賃借した者につき，「第三者」（§94-Ⅱ）に該当しないとしている。

平28 ― 36　No.33　／／／／／／／　レベル　☆

（配点：3）

　A所有の甲土地に関する次のアからオまでの各記述のうち，判例の趣旨に照らし正しいものを組み合わせたものは，後記1から5までのうちどれか。

ア．Aは，BからBの取引上の信用のために，甲土地の所有権を仮装譲渡するように依頼を受け，Bへの所有権移転登記を了した。この場合において，Bから甲土地を譲り受けたCが，仮装譲渡について善意のときは，登記を備えていなくてもAに対して甲土地の所有権取得を主張することができる。

イ．Aは，BからBの取引上の信用のために，甲土地の所有権を仮装譲渡するように依頼を受け，Bへの所有権移転登記を了した。この場合において，Bの死亡によりその単独相続人として所有権移転登記を了したCが，仮装譲渡について善意のときは，Aに対して甲土地の所有権を主張することができる。

ウ．Dは，建物所有を目的としてAから甲土地を賃借し，甲土地上に乙建物を建築してD名義で乙建物の所有権保存登記を有している。Aは，BからBの取引上の信用のために，甲土地の所有権を仮装譲渡するように依頼を受け，Bへの所有権移転登記を了した。この場合において，Bから甲土地を仮装譲渡であることについて善意で譲り受けて登記を備えたCは，仮装譲渡であることをDが知っていたときは，甲土地の賃借権を否定することができる。

エ．Aは，BからBの取引上の信用のために，甲土地の所有権を仮装譲渡するように依頼を受け，Bへの所有権移転登記を了した。この場合において，Bから甲土地を仮装譲渡であることについて善意で譲り受けたCから更に甲土地を譲り受けて登記を備えたDは，仮装譲渡について悪意であったとしても甲土地の所有権を取得する。

オ．Dは，建物所有を目的としてAから甲土地を賃借し，甲土地上に乙建物を建築してD名義で乙建物の所有権保存登記を有している。Dは，BからBの取引上の信用のために，乙建物の所有権を仮装譲渡するように依頼を受け，Bへの所有権移転登記を了した。この場合において，仮装譲渡であることを知らなかったAは，Bに対して，賃借権の譲渡を承諾し，地代の支払を求めることができる。

1．ア　ウ　　　2．ア　エ　　　3．イ　エ　　　4．イ　オ　　　5．ウ　オ

No.33　　　　　　　　虚偽表示　　　　　　　正解 **2**

ア　○　正しい
　民法94条2項の「第三者」とは，虚偽表示の当事者又はその一般承継人以外の者であって，その表示の目的につき法律上利害関係を有するに至った者をいい（大判大9.7.23），不動産の仮装譲受人からさらに譲り受けた者は，ここでいう「第三者」に該当する。また，かかる第三者は「善意」であれば足り，対抗要件たる登記は不要である（最判昭44.5.27）。したがって，Cは94条2項の「第三者」に該当し，善意である以上，対抗要件なくしてAに対し甲土地の所有権取得を主張することができる。よって，本肢は正しい。

イ　×　誤っている
　民法94条2項の「第三者」とは，虚偽表示の当事者又はその一般承継人以外の者であって，その表示の目的につき法律上利害関係を有するに至った者をいうところ（大判大9.7.23），虚偽表示の当事者たるBの単独相続人Cは，一般承継人としての地位を有するため（民法§896本文），かかる「第三者」に該当しない。したがって，本肢は，CがAに対して甲土地の所有権を主張することができるとする点で，誤っている。

ウ　×　誤っている
　民法94条2項の「第三者」とは，虚偽表示の当事者又はその一般承継人以外の者であって，その表示の目的につき法律上利害関係を有するに至った者をいうところ（大判大9.7.23），Dは，AB間における虚偽表示の前から甲土地の賃借権を有していたのであるから，甲土地につき法律上利害関係を有するに至った者とはいえず，かかる「第三者」に該当しない。なお，本肢では善意の第三者Cがいるため，Dは甲土地の賃借権を失うように思えるが，Dは，Cが甲土地の所有権を取得する前から，D本人名義で乙建物の所有権保存登記を有しているため，甲土地の賃借権をCに対抗することができる（借地借家法§10－Ⅰ）。そのため，CはDの甲土地の賃借権を否定することはできない。したがって，本肢は，CがDの甲土地の賃借権を否定することができるとする点で，誤っている。

エ　○　正しい
　民法94条2項の「第三者」とは，虚偽表示の当事者又はその一般承継人以外の者であって，その表示の目的につき法律上利害関係を有するに至った者をいうところ（大判大9.7.23），いったん善意の第三者が現れると，当該第三者が確定的に権利を取得し，転得者は当該第三者の地位を承継するので，善意悪意を問わず権利取得が認められる（絶対的構成，大判昭6.10.24）。したがって，本肢は正しい。

オ　×　誤っている

　民法94条2項の「第三者」とは，虚偽表示の当事者又はその一般承継人以外の者であって，その表示の目的につき法律上利害関係を有するに至った者をいうところ（大判大9.7.23），土地の賃借人が地上建物を他に仮装譲渡した場合の土地賃貸人は，かかる「第三者」に当たらない（最判昭38.11.28）。そのため，BはAに対し仮装譲渡であり無効であることを対抗することができるから，AはBに対し賃借権の譲渡を承諾し，地代の支払を求めることはできない。したがって，本肢は，AがBに対し賃借権の譲渡を承諾し，地代の支払を求めることができるとする点で，誤っている。

平29 — 4　**No.34** ＼＼＼＼＼　レベル　★

(配点：2)

　虚偽表示に関する次のアからオまでの各記述のうち，判例の趣旨に照らし誤っているものを組み合わせたものは，後記1から5までのうちどれか。

ア．甲土地を所有するAがBと通謀して甲土地をBに仮装譲渡し，AからBへの所有権移転登記がされた後，Bの債権者Cが甲土地を差し押さえた場合において，その差押えの時にCが仮装譲渡について善意であったときは，Aは，Cに対し，Bへの譲渡が無効であることを主張することができない。

イ．甲土地を所有するAがBと通謀して甲土地をBに仮装譲渡した後に，CがBとの間で甲土地についてCを予約者とする売買予約を締結した場合，仮装譲渡についてCが予約成立の時に善意であっても，予約完結権行使の時に悪意であれば，Cは，Aに対し，甲土地の所有権を主張することができない。

ウ．甲土地を所有するAがBと通謀して甲土地にBのための抵当権設定を仮装した後，その抵当権設定が仮装であることについて善意のCがBから転抵当権の設定を受け，その旨の登記がされた場合には，Aは，Cに対し，原抵当権の設定が無効であることを主張することができない。

エ．甲土地を所有するAがBと通謀して甲土地をBに仮装譲渡し，AからBへの所有権移転登記がされた後に，Bが死亡した場合において，Bが死亡した時にBの相続人であるCが仮装譲渡について善意であったときは，Aは，Cに対し，甲土地の所有権を主張することができない。

オ．甲土地を所有するAがBと通謀して甲土地をBに仮装譲渡し，AからBへの所有権移転登記がされた後に，BがCに甲土地を譲渡し，さらに，CがDに甲土地を譲渡した場合において，Cが仮装譲渡について悪意であったときは，Dが仮装譲渡について善意であったとしても，Aは，Dに対し，甲土地の所有権を主張することができる。

1．ア　イ　　　2．ア　エ　　　3．イ　ウ　　　4．ウ　オ　　　5．エ　オ

No.34　　　　　　　虚偽表示　　　　　　　正解 **5**

ア　○　正しい

　民法94条2項により保護されるためには，「第三者」に該当する必要がある。そして，判例（最判昭48.6.28）は，虚偽表示により，譲り受けた目的物を差し押さえた仮装譲受人の一般債権者は「第三者」に該当するとする。この理由として，差押えをした一般債権者は，単なる一般債権者と異なり，新たに独立した利害関係を有することを挙げる。甲土地の仮装譲渡につき，善意で差し押さえしたCは「第三者」にあたる。

イ　○　正しい

　判例（最判昭38.6.7）は，通謀虚偽表示による売買契約における買主が当該契約の目的物について第三者との売買予約を締結した場合，予約権利者が善意であるかどうかは，その売買予約成立の時でなく，当該予約完結権の行使により売買契約が成立する時を基準として定めるとする。この理由として，学説は，予約完結権の行使時に再売買と言う形で買い戻しがなされ，権利が変動することを理由とする。したがって，本記述は正しい。

ウ　○　正しい

　判例（大判昭6.10.24）は，虚偽表示により目的物を譲り受けた者からその目的物について抵当権の設定を受けた者は，「第三者」にあたるとする。抵当権の設定により新たな独立した利害関係を得たと解されるからである。したがって，本記述は正しい。

エ　×　誤っている

　判例（最判昭45.7.24）は，「第三者」（民法§94-Ⅱ）とは，虚偽表示の当事者又はその一般承継人以外の者であって，その表示の目的につき法律上利害関係を有するに至った者をいうとする。相続は一般承継であって，相続人は「第三者」にあたらない。したがって，本記述は，甲土地の所有権を主張することはできないとする点で，誤っている。

オ　×　誤っている

　判例（最判昭45.7.24）は，悪意の第三者からの転得者が善意であれば，転得者は94条2項にいう「第三者」にあたるとする。この理由として，学説は，転得者であっても利益状況に異なることはないことを挙げる。したがって，本記述は，甲土地の所有権を主張できるとする点で，誤っている。

解答のポイント！

　「第三者」（§94-Ⅱ）の理解に関わる問題である。基本的な知識であり，短答，論文式試験両方において，出題頻度が非常に高い。したがって，確実に正解しなければ，他の受験生に差をつけられてしまう問題である。百選掲載判例を確認し，教科書等を踏まえ，なぜ「第三者」あたるのかを理由と共に理解すべきである。すべての肢について，成否の判断をつけられることが必須である。

平20 — 5改	No.35							レベル ★

（配点：3）

　錯誤に関する次のアからオまでの各記述のうち，判例の趣旨に照らし誤っているものを組み合わせたものは，後記1から5までのうちどれか。

ア．第三者が表意者に対する債権を保全する必要がある場合において，表意者が民法95条1項1号の錯誤にあたることを認めているときは，表意者自らは取消しを主張する意思がなくても，その第三者は，意思表示の取消しを主張することができる。

イ．和解契約において，代物弁済の目的とした商品の性質に瑕疵があり，和解契約の意思表示に対応する意思を欠く社会通念上重要な錯誤がある場合，錯誤取消しの主張も，和解契約の確定効に反し許されない。

ウ．重過失ある表意者が自ら錯誤を理由とする取消しを主張し得ない以上，相手方又は第三者は，その取消しを主張することができない。

エ．協議離婚に伴う財産分与契約において，分与者が，自己に譲渡所得税が課されることを知らず，課税されないとの理解を当然の前提とし，かつ，その旨を黙示的に表示していた場合であっても，財産分与契約の取消しを主張することはできない。

オ．他に連帯保証人があるとの債務者の説明を誤信して連帯保証契約を結んだ者は，特にその旨を表示し保証契約の内容としたのでなければ，錯誤取消しを主張することができない。

1．ア　イ　　　2．ア　オ　　　3．イ　エ　　　4．ウ　エ　　　5．ウ　オ

No.35　　　　　　　錯　　誤　　　　　　正解 **3**

ア　○　正しい

　判例（最判45.3.26）は，第三者が表意者に対する債権を保全する必要がある場合に，表意者が意思表示の瑕疵を認めているときは，表意者自ら無効〔現95条1項の取消し〕を主張する意思がなくても，第三者は無効〔現95条1項の取消し〕を主張することができるとしている。

　現行法が錯誤の効果を無効から取消しに変更したことにより，上記判例のように例外的に錯誤の主張を第三者がなしうる場合が120条2項に抵触するものとして存在しなくなったのか，それとも現行法の下でも存在しうるのかは明らかでない。とりあえず，現行法がこれまでの判例の集積などをもとにして改正されたことに鑑み，現段階では，解説は，上記判例に従い，暫定的にアのような事例では第三者が錯誤の主張をなしうるとする。

イ　×　誤っている

　判例（最判昭33.6.14）は，仮差押えの目的となっているジャムが一定の品質を有することを前提として和解契約をなしたところ，右ジャムが粗悪品であったときは，右和解は要素に錯誤があるものとして無効〔現95条1項の取消し〕であると解すべきであるとする。したがって，錯誤取消しの主張は和解の確定効に遮断されない。

ウ　○　正しい

　判例（最判昭40.6.4）は，95条ただし書〔現95条3項1号・2号〕により表意者みずから無効〔現「取消し」〕を主張しない場合は，相手方および第三者も無効〔現「取消し」〕を主張しえないとする。また，120条2項によれば，錯誤等による取消権者は「瑕疵ある意思表示をした者又はその代理人若しくは承継人」に限定されている。

エ　×　誤っている

　判例（最判平元.9.14）は，協議離婚に伴い夫が自己の不動産全てを妻に譲渡する旨の財産分与契約をし，後日夫に2億円余の譲渡所得税が課されることが判明した場合において，契約の当時，妻のみに課税されるものと誤解した夫が心配してこれを気遣う発言をしていて，妻も自己に課税されるものと理解していたときには，他に特段の事情がない限り，夫の課税負担の錯誤に係る動機は，妻に黙示的に表示されて意思表示の内容をなしたものというべきであるとし，財産分与契約の錯誤無効〔現95条1項2号の取消し〕の主張を認めた。

オ　○　正しい

　判例（最判昭32.12.19）は，他に連帯保証人がある旨の債務者のことばを誤信した結果，連帯保証をした場合は，動機の錯誤〔現95条1項2号・2項〕であって，当然には要素の錯誤ではないとした。

平21 — 5改	No.36								レベル ☆

（配点：2）

　錯誤に関する次の1から5までの各記述のうち，正しいものを3個選びなさい。

1．婚姻の相手が人違いである場合は，そのことに重大な過失があっても，婚姻の無効を主張することができる。

2．判例によれば，錯誤による意思表示の表意者に重大な過失があった場合には，表意者は取消しを主張することができないが，相手方は取消しを主張することができる。

3．債務者でない者が錯誤によって債務の弁済をした場合において，債権者が善意で担保を放棄したときは，弁済をした者は，重大な過失がなくても返還の請求をすることができない。

4．錯誤により取消し得る契約であっても，表意者がその行為の取消し得ることを知って追認をしたときは，行為の時にさかのぼってその効力を生ずる。

5．判例によれば，家庭裁判所が相続放棄の申述を受理した後は，相続放棄について錯誤による取消しを主張することはできない。

No.36　　　　錯　　　誤　　　　正解 1・3・4

1　○　正しい
　一般に，身分上の行為の錯誤については，本人の意思を尊重すべく，民法95条3項の適用はないと考えられている。婚姻については明文の規定（民法§742①）があり，これにより95条3項の適用は排除される。したがって，婚姻については錯誤につき重大な過失があっても，742条1号により表意者は無効を主張することができる。

2　×　誤っている
　錯誤取消しは表意者保護のための制度であるから，表意者に重大な過失があり表意者において錯誤取消しを主張できない場合（§95-Ⅲ）には，相手方又は第三者においても取消しを主張することは原則として許されない（最判昭40.9.10）。また，120条2項によれば，錯誤等による取消権者は「瑕疵ある意思表示をした者又はその代理人若しくは承継人」に限定されている。

3　○　正しい
　債務者でない者が錯誤によって債務の弁済をした場合において，債権者が善意で担保を放棄した場合，債権者保護の観点から，弁済をした者は返還を請求することができなくなる（§707-Ⅰ）。

4　○　正しい
　取り消し得る法律行為の追認は，取消しの原因となっていた状況が消滅し，かつ，取消権を有することを知った後にしなければ，その効力を生じない（§124-Ⅰ）。したがって，表意者が取り消し得るものであることを知って追認した場合には，有効な追認となり，追認の効果として，法律行為は行為の時にさかのぼって有効となる。

5　×　誤っている
　身分上の行為であっても，財産上の行為にかかるときは95条の適用がある。判例は，相続放棄は私法上の財産法の法律行為であるから同条の適用があるとしている（最判昭40.5.27）。

| 平24－3改 | No.37 | | | | | | レベル ☆ |

（配点：2）

　錯誤に関する次の1から5までの各記述のうち，判例の趣旨に照らし正しいものはどれか。

1．意思表示の相手方が表意者の錯誤を認識していた場合であっても，表意者において錯誤に陥ったことについて重大な過失があったときは，表意者は，錯誤による取消しを主張することができない。

2．売買の目的物の性質に契約内容不適合があり，この点について買主が錯誤に陥っていた場合は，錯誤の規定に優先して，担保責任の規定が適用されることになる。

3．裁判上の和解は，裁判所の関与の下にされるものであるから，これについて錯誤による取消しを主張することはできない。

4．表意者に対して債権を有する者は，その債権を保全する必要がある場合，表意者がその意思表示の重要部分に関し錯誤のあることを認めているときは，その意思表示の取消しを主張し，その結果生ずる表意者の債権を代位行使することができる。

5．意思表示の動機に錯誤があった場合，その意思表示の錯誤による取消しを主張するためには，その動機が表示されていれば足り，その動機が法律行為の内容となっていることを表示する必要まではない。

| No.37 | 錯　　誤 | 正解 **4** |

1　×　誤っている

　錯誤に陥ったことについて表意者に重大な過失があった場合，相手方の取引の安全を保護するため，表意者は，原則としてその取消しを主張することができない（§95−Ⅲ柱書）。もっとも，相手方が表意者の錯誤を認識し，または重大な過失によって認識していなかった場合や，相手方も表意者と同一の錯誤に陥っていた場合には，取引の安全を保護する要請がないので，表意者は錯誤取消しを主張することができる（§95−Ⅲ①②）。

2　×　誤っている

　契約の要素に錯誤があって95条1項の要件を満たすときは，錯誤の主張をすることができる（最判昭33.6.14＝民法百選Ⅱ№76）。したがって，売買の目的物の性質に契約内容不適合があり，この点について買主が錯誤に陥っていた場合は，錯誤の規定に優先して，担保責任の規定が適用されることはない。

3　×　誤っている

　判例（最判昭33.6.14）は，仮差押えの目的となっているジャムが一定の品質を有することを前提として訴訟上の和解をなしたところ，そのジャムが粗悪品であったときは，訴訟上の和解は要素に錯誤があるものとして取り消し得るものであると解すべきであるとする。したがって，**裁判上の和解であっても要素に錯誤があれば，錯誤による取消しを主張することができる。**

4　○　正しい

　意思表示の重要部分の錯誤については，表意者がその意思表示の瑕疵を認めず，錯誤を理由として意思表示の取消しを主張する意思がないときは，原則として，第三者がその意思表示の取消しを主張することは許されないが，**表意者に対する債権を保全するため必要がある場合**において，**表意者が意思表示の瑕疵を認めているときは，**表意者自身はその意思表示の取消しを主張する意思がなくても，第三者である債権者は表意者の意思表示の錯誤による取消しを主張することが許される（最判昭45.3.26）。この判例によれば，表意者に対して債権を有する者は，その債権を保全する必要がある場合，表意者がその意思表示の重要部分に関し錯誤のあることを認めているときは，その意思表示の取消しを主張し（§95−Ⅰ），その結果生ずる表意者の債権を代位行使（§423−Ⅰ本文）することができる。

5　×　誤っている

　動機は意思表示の構成要素ではないが，動機は，民法上「法律行為の基礎とした事情」にあたり，この「表意者が法律行為の基礎とした事情についてのその認識が真実に反する錯誤」（動機の錯誤）については社会通念上重要なものであるときには取り消し得る（§95−Ⅰ②）。なお，このような動機の錯誤の取消し主張にあたっては，取引の安全を図るため，「その事情が法律行為の基礎とされていることが表示されていたときに限り」（同−Ⅱ），すなわち，**動機を表示して意思表示の内容とした場合に限り，取り消すことができる。**

| 平28－2改 | No.38 | | | | | | | レベル　☆ |

（配点：2）

　錯誤に関する次のアからオまでの各記述のうち，判例の趣旨に照らし正しいものを組み合わせたものは，後記1から5までのうちどれか。

ア．法律行為の重要部分に錯誤が生じ，その錯誤により意思表示をした場合，その意思表示の時から20年が経過しても，表意者は，錯誤による意思表示の取消しを主張することができる。

イ．相手方の詐欺により法律行為の要素に錯誤が生じ，その錯誤により意思表示をした場合であっても，表意者は，錯誤による意思表示の取消しを主張することができる。

ウ．Aを売主，Bを買主とする売買契約に基づく商品の売買代金をCが立替払する旨の契約がBC間で締結され，BのCに対する立替金償還債務をDが連帯保証した場合において，Dが，CD間の連帯保証契約締結当時，実際にはAB間の売買契約が存在しないことを知らなかったときは，Dは，CD間の連帯保証契約について錯誤による取消しを主張することができる。

エ．他にも連帯保証人となる者がいるとの債務者の説明を信じて連帯保証人となった者は，特にその旨が表示され連帯保証契約の内容とされていたとしても，連帯保証契約について錯誤による取消しを主張することができない。

オ．Aの所有する甲土地の売買契約が，Bを売主，Cを買主として成立した場合において，Cは，BC間の売買契約締結当時，甲土地がBの所有するものでなければ売買をしない旨の意思表示をしたとしても，BC間の売買契約について錯誤による取消しを主張することができない。

1．ア　ウ　　　2．ア　オ　　　3．イ　ウ　　　4．イ　エ　　　5．エ　オ

No.38　　　　　　　錯　　誤　　　　　　正解 **3**

ア　✕　誤っている

　錯誤の法的効果は，意思表示の取消しである（§95−Ⅰ）。したがって，**取消権の消滅時効に関する民法126条の適用があり，錯誤取消しの主張は意思表示の時から20年を経過した後ではできないため**，本記述は誤っている。

イ　○　正しい

　詐欺と錯誤の双方の要件が満たされる場合の適用条文については諸説あるものの，結論として当事者はどちらの条文の効果も主張できるとするのが多数説である。両規定の趣旨がいずれも表意者の保護にあることから，表意者が任意に選択できるとするのが最も趣旨に合致した解釈であることを理由とする。したがって，本記述は正しい。

ウ　○　正しい

　判例（最判平14.7.11）は，本件と同様の事例において，「特定の商品の代金について立替払契約が締結され，同契約に基づく債務について保証契約が締結された場合において，立替払契約は商品の売買契約が存在しないいわゆる空クレジット契約であって，保証人は，保証契約を締結した際，そのことを知らなかったなどの判示の事実関係の下においては，保証人の意思表示には法律行為の要素に錯誤がある」としている。判例は，その理由として，主たる債務が実体のある正規のクレジット契約である場合と，売買契約の実体がない空クレジットによる場合とでは，主たる債務者の信用力に実際上差があることは否定できず，保証人が負うべきリスクも異なってくることから，両者には看過しえない重要な相違があることを要素の錯誤を肯定する一つの事情として挙げている。したがって，本記述は正しい。

エ　✕　誤っている

　判例（最判昭32.12.19）は，本事例と同様の事例において，保証契約は，保証人と債権者との間に成立する契約であって，他に連帯保証人があるかどうかは，通常は保証契約をなす単なる縁由にすぎず，**他にも連帯保証人となる者がいることを保証契約の内容としていない限りは，当然に錯誤無効（現：錯誤取消し）が認められるものではない**としている。この判例に照らせば，他の連帯保証人となる者の存在が表示され，保証契約の内容とされていた場合には，動機の錯誤であっても錯誤取消しの主張が認められうる（§95−Ⅰ・Ⅱ）ことになる。したがって，本記述は，誤っている。

オ　×　誤っている

　一般に，他人物売買契約も有効に成立することから（§561），売買の目的物が他人の所有するものであったとしても95条1項の「重要な」錯誤にはあたらないものと考えられている。もっとも，表意者が他人物であれば購入しないことを積極的に表示しているような場合には，そのことが意思表示の内容となり，錯誤がなかったならば意思表示をしなかったであろうことが認められるため，95条1項の重要な錯誤となる余地が出てくる。したがって，本記述は，甲土地がBの所有するものでなければ売買をしない旨の意思表示がされていた場合にも錯誤取消しの主張をできないとする点で，誤っている。

解答のポイント！

　本問は，肢イの正誤の判断は容易であるが，肢ウ・エで迷ってしまった受験生が多いように思われる。動機の錯誤が95条の錯誤と認められるのかについては，判例上，「その動機が相手方に表示されて法律行為の内容となり，もし錯誤がなかったならば表意者がその意思表示をしなかったであろうと認められる場合であることを要する」（最判平28.1.12）ことが確立されている。これをうけて，改正民法95条2項は，動機の錯誤について「その事情が法律行為の基礎とされていることが表示されていたときに限り」取消しできるとしている。肢エの正誤の判断は難しいが，「契約の内容とされていたとしても…錯誤による取消しを主張することができない」という点に着目すれば，判例法理と異なっていることに気付き，誤りであると判断することが可能であったと思われる。

令2—3 1　№.39　　　　　　　　　レベル　☆☆

（配点：2）

　錯誤に関する次のアからオまでの各記述のうち，正しいものを組み合わせたものは，後記1から5までのうちどれか。

ア．錯誤を理由とする意思表示の取消しの可否について，錯誤の重要性は，表意者を基準として判断される。

イ．AのBに対する意思表示がAの錯誤を理由として取り消すことができるものである場合，Bも，Aの錯誤を理由としてAの意思表示を取り消すことができる。

ウ．負担のない贈与について贈与者であるAの錯誤を理由とする取消しがされたが，受贈者であるBが既に当該贈与契約に基づいて給付を受けていた場合，Bは，給付を受けた時に当該贈与契約が取り消すことができるものであることを知らなかったときは，現に利益を受けている限度において返還の義務を負う。

エ．AのBに対する意思表示が錯誤を理由として取り消された場合，Aは，その取消し前に利害関係を有するに至った善意無過失のCに，その取消しを対抗することができない。

オ．AのBに対する意思表示が錯誤に基づくものであって，その錯誤がAの重大な過失によるものであった場合，Aは，BがAに錯誤があることを知り，又は重大な過失によって知らなかったときを除いて，錯誤を理由としてその意思表示を取り消すことができない。

1．アイ　　　2．アオ　　　3．イウ　　　4．ウエ　　　5．エオ

No.39　　　　錯　　誤　　　　正解 **4**

ア　×　誤っている

　民法95条1項柱書は，錯誤は，「法律行為の目的及び取引上の社会通念に照らして重要なものであるときは，取り消すことができる」と規定し，錯誤の重要性について客観面に着目している。したがって，本肢は，錯誤の重要性について表意者を基準として判断するとする点で，誤っている。

イ　×　誤っている

　民法120条2項は，錯誤，詐欺又は強迫があった場合の取消権者を「瑕疵ある意思表示をした者又はその代理人若しくは承継人」に限定する。これらは表意者保護の規定であるから表意者サイドに取消権を与えれば十分と考えられたことによる。他方，表示の相手方は表意者の錯誤取消しを主張することができない。したがって，本肢は，表示の相手方であるBが表意者Aの錯誤を理由としてAの意思表示を取り消すことができるとする点で，誤っている。

ウ　○　正しい

　贈与（§549）のような無償行為が取消しによって無効となった場合，贈与を受けた者が，当該贈与が取消し得るものであることを知らなかったときは，その行為によって現に利益を受けている限度において，返還の義務を負う（§121の2-Ⅱ）。したがって，本肢は正しい。

エ　○　正しい

　民法95条4項は，錯誤による意思表示の取消しについて，「善意でかつ過失がない第三者に対抗することができない」と規定する。したがって，本肢は正しい。

オ　×　誤っている

　民法95条3項は，表意者の錯誤が表意者の重大な過失によるものであった場合でも，「相手方が表意者に錯誤があることを知り，又は重大な過失によって知らなかったとき」（§95-Ⅲ①）又は「相手方が表意者と同一の錯誤に陥っていたとき」（§95-Ⅲ②）には表意者が錯誤による意思表示の取消しをすることができると規定する。その趣旨は，表意者の保護にある。したがって，本肢は，表意者Aの意思表示が重大な過失による錯誤によるものであった場合について，「相手方が表意者に錯誤があることを知り，又は重大な過失によって知らなかったとき」にのみ錯誤を理由としてAが意思表示を取り消すことができるとする点で，誤っている。

平23 ― 1	№40							レベル　☆

（配点：2）

　詐欺又は強迫による意思表示に関する次の1から5までの各記述のうち，正しいものを2個選びなさい。

1．強迫が認められるためには，表意者が，畏怖を感じ，完全に意思の自由を失ったといえなければならない。

2．第三者によって強迫がされた場合において，意思表示の相手方がその事実を知らないときは，表意者は，その意思表示を取り消すことができない。

3．表意者が相手方による虚偽の説明を信じて意思表示をした場合において，相手方に詐欺の故意がないときは，表意者は，民事上の救済を受けることはない。

4．表意者が相手方の詐欺により意思表示をして契約が成立した場合，その契約によって生ずる相手方の債務が未履行であっても，表意者は，その意思表示を取り消さない限り，詐欺を理由として自らの債務の履行を拒絶することができない。

5．買主が売主を欺罔して土地の所有権を譲り受けた場合，売主が詐欺による意思表示の取消しをする前に，詐欺の事実を知らないでその土地について抵当権の設定を受けた者がいるときであっても，売主は，その意思表示を取り消すことができる。

No.40　詐欺・強迫　正解 **4・5**

1　×　誤っている

「強迫」とは，相手方に畏怖を生じさせる一切の行為をいう。もっとも，判例（最判昭33.7.1）は，「完全に意思の自由を失った場合はむしろその意思表示は当然無効であり，民法96条適用の余地はないのである」としている。よって，強迫が認められるためには，畏怖のため完全に意思の自由を失ったことまでは要しない。

2　×　誤っている

第三者による強迫については，詐欺の場合（民法 §96-Ⅱ）と異なり，**相手方が善意・無過失であっても，常に取り消すことができる**（§96-Ⅰ）。強迫の場合，詐欺の場合よりも表意者保護の要請が強いからである。

3　×　誤っている

「詐欺」（§96-Ⅰ）というには，**詐欺の故意が必要である**（大判大6.9.6）。もっとも，詐欺の故意がない場合であっても，錯誤（§95）や不法行為（§709）は成立しうる。よって，表意者が民事上の救済を受けることはできる。

4　○　正しい

詐欺によってなされた意思表示も，**取り消されるまでは一応効果を生じ，取消権者が取り消したときに初めて無効となる**（§121）。よって，表意者は，その意思表示を取り消さない限り，意思表示に基づく債務を免れない。

5　○　正しい

買主の詐欺による土地の売買において，売主が意思表示の取消しをする前に，詐欺の事実につき善意でその土地につき抵当権の設定を受けた者は，96条3項の「第三者」にあたる。「第三者」がいる場合であっても，意思表示を取り消すことはできる。売主は取消しの効果を善意でかつ過失がない第三者に対抗できないにすぎない。

解答のポイント！

本問は，詐欺・強迫による意思表示について条文・判例・基本の知識を問う問題である。若干細かい判例知識を問う肢もあるが，基本的な条文や知識を有していれば，正解となる肢を選び出すことは可能であろう。

平26−2 [1] 改　No.41　レベル　★

（配点：2）

　詐欺又は強迫による意思表示に関する次のアからオまでの各記述のうち，判例の趣旨に照らし誤っているものを組み合わせたものは，後記1から5までのうちどれか。

ア．相手方に対する意思表示について第三者が詐欺を行った場合において，相手方がその事実を知り又は知り得たときには，その意思表示を取り消すことができるが，第三者が強迫を行った場合においては，相手方がその事実を無過失で知らなかったときでも，その意思表示を取り消すことができる。

イ．Aがその所有する不動産をBに売却する旨の契約が締結され，これに基づきAからBへの所有権移転登記がされた場合において，Aが詐欺を理由としてその意思表示を取り消したときには，その旨の登記をしなければ，その取消し後にBからその不動産を買い受けたCに対抗することができないが，Aが強迫を理由としてその意思表示を取り消したときには，その旨の登記をしなくても，その取消し後にBからその不動産を買い受けたCに対抗することができる。

ウ．強迫による意思表示の取消しが認められるためには，表意者が完全に意思の自由を失って意思表示をしたことを要する。

エ．相手方に欺罔された結果，法律行為の要素に錯誤が生じ，その錯誤により意思表示をした場合には，錯誤による意思表示の取消しを主張することも，詐欺による意思表示の取消しをすることもできる。

オ．連帯債務者の一人であるAが代物弁済をした後，その代物弁済を詐欺を理由として取り消した場合，他の連帯債務者は，Aの代物弁済が詐欺によるものであることを知らなかったときであっても，債権者に対し，代物弁済による債務の消滅を主張することはできない。

1．ア　ウ　　　2．ア　エ　　　3．イ　ウ　　　4．イ　オ　　　5．エ　オ

| No.41 | 詐欺・強迫 | 正解 **3** |

ア　○　正しい

　相手方に対する意思表示について第三者が詐欺を行った場合においては，相手方がその事実を知り，又は知ることができたときに限り，その意思表示を取り消すことができる（民法§96－Ⅱ）。前半部分はこれとほぼ同義であり，前半部分は正しい。また，民法96条2項は強迫の場合について規定していないため，相手方の善意悪意を問わず，その意思表示を取り消すことができると考えられている。これは意思決定の自由に関する干渉の程度の違いから，よりその自由が制約される被強迫者を被詐欺者よりも保護しようとする趣旨である。よって，後半部分は正しい。以上より，肢アは正しい。

イ　×　誤っている

　前半部分は，詐欺取消後に現れた第三者に詐欺取消しを対抗できるかが問われている。詐欺による意思表示の取消しは，善意・無過失の第三者に対抗することができない（§96－Ⅲ）。ここで民法96条3項の「第三者」とは，詐欺取消前に現れた第三者に限られると考えられる。本規定の趣旨は詐欺によって生じた事実関係を信頼して利害関係を生じた詐欺に関係のない第三者を保護することにあるところ，取消後に現れた第三者は既に詐欺取消しによって事実関係が修復された後に新たな利害関係を生じた者であるからである。したがって詐欺取消後に現れたCは本規定では保護されない。そして，判例は，取消後にあらわれた第三者と取消者の関係を対抗関係ととらえる（大判昭17.9.30＝民法百選ⅠNo.55）。したがって，不動産物権変動の対抗要件にあたる登記（§177）を早く備えた者が勝つこととなる。前半部分はこのことを説明したものであり，正しい。後半部分は，強迫による意思表示の取消後に現れた第三者に，取消しを対抗できるかが問われている。強迫による意思表示は，取り消すことができる（§96－Ⅰ）。詐欺よりも帰責性の弱い強迫の被害者を保護すべく，詐欺と異なり強迫の場合には第三者保護規定はない。しかし，取消後の場合は，取消後に現れた第三者はすでに強迫取消しによって事実関係が修復された後に新たな利害関係を有するのに至ったのだから，この点で強迫の場合も詐欺の場合と利害状況が同様である。よって前半部分でした説明と同様に，登記を早く備えた者が勝つことになる。後半部分は，Aが強迫による意思表示を取り消した後に現れたCに対して，登記なくして対抗できるとしている点で誤っている。以上より，後半部分に誤りのある肢イは誤っている。

ウ　×　誤っている

　強迫とは，害悪を示して他人を畏怖させる違法な行為である。この畏怖によってする意思表示（瑕疵ある意思表示）が強迫による意思表示であって，完全に意思の自由を失って（意思の欠缺）意思表示することは必要ではない。そもそも完全に意思の自由を失ってした意思表示は，表意者の「意思表示」とはいえず，当然に無効（§3の2参照）であって民法96条の適用はない（最判昭33.7.1）。よって，強迫による意思表示の取消しが認められるためには，表意者が完全に意思の自由を失って意思表示したことを要する，とする肢ウは誤っている。

エ　○　正しい

　錯誤とは，意思表示によって示された意思と表意者の真に意図するところが食い違っていることであり，詐欺とは，欺罔行為をし，これにより他人を錯誤に陥った状態で意思表示させる行為である。そして，詐欺においては，この定義から分かるように詐欺に該当するためには，表意者が錯誤（多くの場合は動機の錯誤）に陥っていることが前提となる。そして，その錯誤が95条1項・2項の錯誤に当たる場合には，錯誤と詐欺の両方の要件を満たすことになる（§95，§96-Ⅰ）。両者の要件を満たす場合の適用条文については諸説あるものの，結論として当事者はどちらの条文でも主張できるとするのが多数説である。両規定の趣旨がいずれも表意者の保護にあることから，当事者が主張し易い方を主張させることが良いと考えられるからである。よって，肢エは正しい。

オ　○　正しい

　民法96条3項。詐欺取消しにおいて善意の第三者として保護されるためには，詐欺によって生じた事実関係に基づいて新たな利害関係を生じた者である必要がある。A以外の連帯債務者は，Aの代物弁済の前からAらと利害関係にあったのであり，代物弁済によって生じた事実関係に基づいて新たな利害関係を生じた者ではない。よって，他の連帯債務者がAによって取り消された代物弁済による債務の消滅を主張することはできないとする肢オは正しい。

解答のポイント！

　民法96条を理解していなければ，解けない問題である。学習に当たっては，ただ条文をなぞるのではなく，「詐欺」「強迫」「善意・無過失の第三者」などの言葉の意味をしっかりと理解する必要があるということが示されている問題であると言える。民法96条以外にも，民法95条や177条の理解も必要とされており，これらについて理解不足の場合にはしっかりと復習しておきたい。

平19－1改　**No.42**　　レベル　★

（配点：2）

　意思表示に関する次の1から5までの各記述のうち，判例の趣旨に照らし正しいものはどれか。

1．隔地者に対する解除の意思表示は，相手方が了知したときにその効力を生ずる。

2．意思表示の動機の錯誤は，その動機が法律行為の基礎とされていることが相手方に表示されていて，もしその錯誤がなかったならばその意思表示をしなかったであろうと認められる場合に95条1項の錯誤となるが，表意者に重大な過失があったときには，たとえ相手方が表意者と同一の錯誤に陥っていたときでも，表意者は錯誤による取消しを主張することができない。

3．第三者の強迫によって意思表示をした場合，意思表示の相手方が強迫の事実を知っているか，知らなかったことについて過失があった場合に限り，表意者は，強迫を理由としてその意思表示を取り消すことができる。

4．表示と内心の意思とが異なる意味に解されることを表意者自身が知りながらそのことを告げないで意思表示をした場合，それがたとえ婚姻に関するものであっても，意思表示の相手方を保護するため，その意思表示は無効とならない。

5．当事者が相談の上で売買契約を偽装した場合，買主の相続人が偽装の事実を知らなかったとしても，売主はこの者に対して意思表示の無効を主張することができる。

No.42	意思表示	正解 **5**

1 × 誤っている
　隔地者に対する意思表示は，その通知が相手方に「到達」した時からその効力を生ずる（民法§97−Ⅰ）。「到達」は，意思表示が相手方の支配圏内に入ること，すなわち，社会通念上一般に相手方の了知しうる客観的状態を生じたと認められることで足り，**相手方が通知の有無・内容を了知することを必要としない**（最判昭36.4.20）。

2 × 誤っている
　意思表示の動機の錯誤は，その動機が法律行為の基礎となっていることが表示され（§95−Ⅱ），もしその錯誤がなかったならば，その意思表示をしなかったであろうと認められる場合に取り消し得る錯誤となる（§95−Ⅰ②）。なお，**表意者に重過失があったときには，原則として表意者は錯誤による取消しを主張できない**（§95−Ⅲ柱書）。しかし，相手方が表意者と同一の錯誤に陥っていた場合等には例外的に取り消し得る（§95−Ⅲ②）。

3 × 誤っている
　強迫による意思表示は，取り消すことができる（§96−Ⅰ）。**第三者による強迫の場合でも，相手方の知・不知にかかわらず常に取り消すことができる**（第三者による詐欺の場合についての§96−Ⅱの反対解釈）。

4 × 誤っている
　婚姻等の身分行為については，当事者の意思を尊重すべき要請が強い。そこで，**身分行為には総則における心裡留保の規定（§93−Ⅰ本文）は適用されず，婚姻における心裡留保の規定（§742①）が適用され，婚姻は無効となる**。したがって，婚姻に関する表示と内心の意思とが異なる意味に解されることを表意者自身が知りながらそのことを告げないで意思表示をした場合，その意思表示は無効となる。

5 ○ 正しい
　民法94条2項の「第三者」とは，虚偽表示の当事者及びその一般承継人以外の者で，その虚偽表示に基づいて**新たに**当事者から独立した利益を有する法律関係に入ったために，虚偽表示の有効無効について**法律上の利害関係を有する者**をいう（最判昭45.7.24）。買主の相続人は，相続開始の時から，被相続人の財産に属した一切の権利義務を承継する（§896本文）のであるから，包括承継人にあたり，そのため第三者にはあたらない。したがって，買主の相続人が偽装の事実を知らなかったとしても，売主はこの者に対して意思表示の無効を主張することができる。

平27−2 1 改　No.43 ☐☐☐☐☐☐　レベル ★

（配点：2）

　意思表示に関する次の1から4までの各記述のうち，判例の趣旨に照らし誤っているものはどれか。

1．Aは，その所有する甲土地についてBと仮装の売買契約を締結し，その旨の所有権移転登記をした。その後，Bがこの事情を知らないCに甲土地を売却した場合，BからCへの所有権移転登記がされていないときでも，Aは，Cに対し，AB間の売買契約の無効を主張することができない。

2．Aは，その所有する甲土地についてBと仮装の売買契約を締結し，その旨の所有権移転登記をした。その後，Bがこの事情を知らないCから500万円を借り入れたが，その返済を怠ったことから，Cが甲土地を差し押さえた場合，甲土地の差押えの前にCがこの事情を知ったとしても，Aは，Cに対し，AB間の売買契約の無効を主張することができない。

3．Aの代理人であるBは，その代理権の範囲内でAを代理してCから1000万円を借り入れる旨の契約を締結したが，その契約締結の当時，Bは，Cから借り入れた金銭を着服する意図を有しており，実際に1000万円を着服した。この場合において，Cが，その契約締結の当時，Bの意図を知ることができたときは，Aは，Cに対し，その契約の効力が自己に及ばないことを主張することができる。

4．AのBに対する甲土地の売買契約の意思表示について，それに対応する意思を欠く錯誤があった場合でも，Aに自らの錯誤を理由としてその意思表示の取消しを主張する意思がないときには，Bは，Aの意思表示の取消しを主張することはできない。

| No.43 | 意思表示 | 正解 **2** |

1 ○ 正しい

本肢のAB間の譲渡は，仮装の売買契約として無効である（§94－Ⅰ）。もっともCは民法94条2項の第三者として保護される。すなわち，判例（最判昭45.7.24）は94条2項の第三者とは当事者及びその包括承継人以外の虚偽の外形に基づき新たな法律上の利害関係を有するに至った者を指すとする。そして本問Cは当該仮装売買を前提に，Bからの甲土地買受けにより新たに法律上の利害関係を有するに至った者にあたる。また第三者として保護されるには登記は不要である（最判昭44.5.27）。したがって，AはCに登記がないときであっても，AB間の契約の無効を主張することはできない。よって，本肢は正しい。

2 × 誤っている

判例（最判昭48.6.28）は，虚偽表示の目的物の差押えをした一般債権者は94条2項の第三者にあたるとしている。もっとも94条2項の第三者にあたるためには善意である必要がある。ここでの善意とは効果不発生の合意を知らなかったことをいう。善意であるかどうかは第三者が利害関係を有するに至った時期を基準に判断される（最判昭55.9.11）。本肢では差押えの前にCは事情を知っていたのであるから，第三者になった時点では悪意であるといえる。つまり，Cは94条2項の第三者としては保護されない。したがってAはCに対してAB間の無効を主張することができる。よって，本肢は誤っている。

3 ○ 正しい

民法107条は，「代理人が自己又は第三者の利益を図る目的で代理権の範囲内の行為をした場合において，相手方がその目的を知り，又は知ることができたときは，その行為」を無権代理行為とみなすとしている。また，旧民法下の判例（最判昭42.4.20）は，107条と同様の要件を満たす場合に，本人はその行為について責任を負わないとした。

4 ○ 正しい

表意者に取消しの主張をする意思がない場合は，原則として第三者は取消しを主張することができない（§120－Ⅱ，最判昭40.9.10）。錯誤取消しは表意者を保護するために認められるのでその保護を受けるかどうかは表意者の意思に任せるべきと考えられているからである。本肢では表意者であるAに自ら錯誤を理由として意思表示の取消しを主張する意思がないため，第三者たるBは取消しを主張することはできない。なお，例外として第三者による取消しを認める例としては，別の判例（最判昭45.3.26）が「第三者において表意者に対する債権を保全するため必要がある場合において，表意者が意思表示の瑕疵を認めているときは，表意者みずからは当該意思表示の無効〔改正後は取消し〕を主張する意思がなくても，第三者たる債権者は表意者の意思表示の錯誤による無効〔改正後は取消し〕を主張することが許されるものと解するのが相当である」としている。しかし，本肢では，このような事情も認められないため，例外は認められない。よって，本肢は正しい。

平28-3 ① 改　No.44 ◺◺◺◺◺◺◺　レベル　☆☆☆

(配点：2)

　意思表示に関する次のアからオまでの各記述のうち，誤っているものを組み合わせたものは，後記1から5までのうちどれか。

ア．成年被後見人であるAがBから日用品を買い受けた場合，Aが成年被後見人であることをBが知らなかったとしても，Aの成年後見人Cは，当該日用品の売買契約を取り消すことができる。

イ．AがBから契約解除の意思表示を受けた時にAが成年被後見人であった場合，Aの成年後見人CがBの契約解除の意思表示を知るまで，当該契約解除の効力は生じない。

ウ．AがBに対し契約申込みの通知を発した後，Aが行為能力を喪失した場合，Bが承諾の通知を発するまでにその事実を知っていたとしても，当該契約申込みの効力は生じる。

エ．AがBに対し契約解除の通知を発した後，Aが行為能力を喪失した場合，Bがその事実を知っていたとしても，当該契約解除の効力は生じる。

オ．AがBに対し契約承諾の通知を発した後，Aが行為能力を喪失した場合，Bがその事実を知っていたとしても，当該契約は成立する。

1．ア　イ　　　2．ア　ウ　　　3．イ　エ　　　4．ウ　オ　　　5．エ　オ

No.44	意思表示	正解 **2**

ア　×　誤っている

　民法9条ただし書。同条は，「成年被後見人の法律行為は，取り消すことができる。ただし，日用品の購入その他日常生活に関する行為については，この限りでない」と規定する。これは，成年被後見人の自己決定の尊重と残存能力の活用，及び，従来の本人保護の理念との調和を図ろうとした規定である。本事例においても，成年被後見人が締結した日用品の売買契約については，本条により，制限行為能力者であることを理由に取り消すことができないものとされる。したがって，本肢は，成年後見人Cは当該日用品の売買契約を取り消すことができるとする点で，誤っている。

イ　○　正しい

　民法98条の2は，「意思表示の相手方がその意思表示を受けた時に意思能力を有しなかったとき又は未成年者若しくは成年被後見人であったときは，その意思表示をもってその相手方に対抗することができない。ただし，次に掲げる者がその意思表示を知った後は，この限りでない。」として，1号で「相手方の法定代理人」をあげていることから，成年被後見人Aに対してなされた解除の意思表示は，Aの法定代理人であるCが知るまではその効力を生じない。したがって，本肢は正しい。

ウ　×　誤っている

　民法97条3項は，「意思表示は，表意者が通知を発した後に死亡し，意思能力を喪失し，又は行為能力の制限を受けたときであっても，そのためにその効力を妨げられない」と規定するが，契約の申込みに関して，526条は「申込者が申込みの通知を発した後に死亡し，意思能力を有しない常況にある者となり，又は行為能力の制限を受けた場合において，…その相手方が承諾の通知を発するまでにその事実が生じたことを知ったときは，その申込みは，その効力を有しない。」とする。そのため，本事例においても，Aが行為能力を喪失した事実をBが承諾の通知を発するまでに知っていれば，Aによる契約申込みの効力は発生しない。したがって，本肢は誤っている。

エ　○　正しい

　民法526条は，契約の申込みについての規定であるため，契約の解除の意思表示には適用されない。そのため，BがAの行為能力喪失の事実を知っていたとしても民法97条3項の適用は排除されず，同条項により，Aの行為能力の喪失にかかわらずAの解除の意思表示は効力を生じる。したがって，本肢は正しい。

オ　○　正しい

　契約の承諾については契約の申込みについての526条のような規定はなく，97条3項により，表意者（承諾者）が承諾の通知を発したのちに死亡・意思能力喪失・行為能力制限があっても意思表示の効力は妨げられないから，Aが承諾の通知を発したのち行為能力を喪失し，Bがその事実を知っていたとしても契約は成立する。

平30 — 3改	№45									レベル ★

（配点：2）

　意思表示に関する次のアからオまでの各記述のうち，判例の趣旨に照らし正しいものを組み合わせたものは，後記1から5までのうちどれか。

ア．土地の仮装譲受人が当該土地上に建物を建築してこれを他人に賃貸した場合，その建物賃借人は，民法第94条第2項の「第三者」に当たらない。

イ．強迫による意思表示の取消しが認められるためには，表意者が，畏怖の結果，完全意思の自由を失ったことを要する。

ウ．Aを欺罔してその農地を買い受けたBが，農地法上の許可を停止条件とする所有権移転の仮登記を得た上で，当該売買契約上の権利をCに譲渡して当該仮登記移転の付記登記をした場合には，Cは民法第96条第3項の「第三者」に当たる。

エ．協議離婚に伴う財産分与契約において，分与者は，自己に譲渡所得税が課されることを知らず，課税されないとの理解を当然の前提とし，かつ，その旨を黙示的に表示していた場合であっても，財産分与契約について錯誤による取消しを主張することはできない。

オ．特定の意思表示が記載された内容証明郵便が受取人不在のために配達することができず，留置期間の経過により差出人に還付された場合，受取人がその内容を十分に推知することができ，受領も困難でなかったとしても，当該意思表示が受取人に到達したものと認められることはない。

1．アイ　　　　2．アウ　　　　3．イオ　　　　4．ウエ　　　　5．エオ

（参照条文）民法
　（虚偽表示）
　第94条（略）
　2　前項の規定による意思表示の無効は，善意の第三者に対抗することができない。
　（詐欺又は強迫）
　第96条1，2（略）
　3　前二項の規定による詐欺による意思表示の取消しは，善意でかつ過失がない第三者に対抗することができない。

No.45	意思表示	正解 **2**

ア　○　正しい

　判例（最判昭57.6.8）は，土地の仮装譲受人が右土地上に建物を建築してこれを他人に賃貸した場合，…民法94条 2 項所定の第三者にはあたらない旨判示している。その理由として，判例は，建物賃借人は，仮装譲渡された土地については法律上の利害関係を有するものとは認められないということを挙げている。したがって，正しい。

イ　×　誤っている

　判例（最判昭33.7.1）は，強迫ないし畏怖とは，明示若しくは暗黙に告知される害悪が客観的に重大か軽微かを問わず，これによって表意者が畏怖し，畏怖の結果意思表示をしたという関係が主観的に存すれば足り，完全に意思の自由を失ったことを意味するものではない旨判示している。したがって，完全に意思の自由を失ったことを要するとしている点で誤っている。

ウ　○　正しい

　判例（最判昭49.9.26＝民法百選Ⅰ No.23）は，所有者を欺罔してその農地を買い受け，農地法 5 条の許可を条件とする所有権移転登記を得た者から，売渡担保としてその権利を譲り受け，仮登記移転の付記登記を経由した者は，96条 3 項の「第三者」に当たるとしている。したがって，正しい。

エ　×　誤っている

　判例（最判平元 .9.14）は，離婚に伴う財産分与では分与者に課税されることを知らず，かつ，それを当然の前提としてむしろ被分与者に課税されることを案じる会話を交わしていた等の事情の下では，課税負担の錯誤に関わる分与者の動機は相手方に黙示的に表示され，意思表示の内容をなしていたと解すべきであり，分与者は課税に関し錯誤があったものとして財産分与の意思表示の無効〔改正後における取消し〕を主張できるとしている。したがって，錯誤による取消しを主張することはできないとする点で誤っている。

オ　×　誤っている

　判例（最判平10.6.11＝民法百選Ⅰ No.25）は，遺留分侵害額請求の意思表示を記載した内容証明郵便が受取人不在のため配達されず，受取人が受領しないまま留置期間を経過したため差出人に還付された場合に，受取人が郵便内容を十分に推知できたであろうこと，受領の意思があれば容易に受領できたことの事情があるときには，郵便の内容である遺留分侵害額請求の意思表示は，社会通念上，了知可能な状態に置かれ，遅くとも留置期間が満了した時点で受取人に到達したものと認められるとしている。したがって，当該意思表示が受取人に到達したものと認められることはないとしている点で誤っている。

| 平23—2改 | No.46 | | | | | | | レベル ☆ |

(配点：2)

　隔地者に対する意思表示に関する次のアからオまでの各記述のうち，正しいものを組み合わせたものは，後記1から5までのうちどれか。

ア．意思表示の効力は，相手方に到達した時に生ずるが，契約の承諾についてはその発信によって効果が生ずるので，隔地者間の契約が成立するのは，承諾の意思表示を発信した時である。

イ．制限行為能力者の行為を追認するかどうかの催告に対し，法定代理人が定められた期間内に追認拒絶の通知を発し，期間経過後に到達した場合，追認したものとみなされる。

ウ．判例によれば，Aに対する意思表示が記載された書面がAの事務所兼自宅に発送され，その書面が配達された時にAが買物に出掛けていてたまたま不在であっても，Aと同居している内縁の妻が受領した場合，意思表示の効力は生ずる。

エ．契約の申込みに対し承諾の意思表示を発した後，到達前に承諾者が死亡した場合，相手方が承諾者死亡の事実を知っていれば契約は成立しない。

オ．承諾期間の定めのある契約の申込みであっても，申込みの到達前又は到達と同時であれば撤回することができる。

1．ア　ウ　　　　2．ア　エ　　　　3．イ　エ　　　　4．イ　オ　　　　5．ウ　オ

No.46	隔地者に対する意思表示	正解 **5**

ア　✕　誤っている

　隔地者間の契約の承諾についても，意思表示の原則通り，到達主義が採られている（民法§97−Ⅰ）。

イ　✕　誤っている

　民法20条2項は，制限行為能力者の相手方が法定代理人に対し催告した場合において，「同項〔20条1項〕の期間内に確答を発しないときも，同項後段と同様とする」と規定しており，発信主義を採っている。すなわち，追認拒絶の通知を発信した時点でその効果が生じることとなる。よって，追認拒絶の通知が催告期間内に発信されていれば，催告期間経過後に到着しても，追認拒絶の効果が生じる。

ウ　○　正しい

　判例（最判昭36.4.20）によれば，「到達」（§97−Ⅰ）とは，意思表示が受領者にとって了知可能な状態におかれることをいう。書面が配達された場合にたまたま意思表示の相手方Aが不在であっても，同居の内縁の妻が受領すれば，Aにとって了知可能な状態におかれたといえるため，意思表示は到達したといえる（大判明45.3.13）。

エ　✕　誤っている

　契約の承諾についても原則通り到達主義が採られる（§97−Ⅰ）が，表意者が通知を発信した後に死亡した場合であっても効力を妨げられない（§97−Ⅲ）。なお，本肢と異なり，申込者が申込みの通知を発した後に死亡した場合において，相手方が承諾の通知を発するまでに申込者の死亡の事実を知った場合には申込者の意思表示は失効する（§526）。

オ　○　正しい

　承諾期間を定めてした契約の申込みは撤回することができない（§523−Ⅰ）。しかし，申込みの効力が発生するのは，相手方に到達した時から（§97−Ⅰ）であるから，到達前においては523条1項の適用はなく，撤回が認められる。また，相手方に不測の損害が生じることを防止する523条1項の趣旨からは，申込みの到達と同時であれば相手方に損害が生じる可能性はないので，523条1項の適用はなく，撤回が認められる。

解答のポイント！

　本問は，隔地者に対する意思表示について条文・判例・基本の知識を問う問題である。肢オは，一般的な基本書に直接的な記述もなく，難問であるが，その他の肢については基本的な条文，判例知識が問われており，正解にたどり着くこと自体はさほど困難ではないと思われる。

平25 — 3	№47							レベル　★

（配点：2）

単独行為に関する次の1から5までの各記述のうち，誤っているものはどれか。

1．行為能力の制限を理由に取り消すことができる行為について，制限行為能力者の相手方は，その制限行為能力者が行為能力者となった後，その者に対し，1か月以上の期間を定めて，その期間内に追認するかどうかを確答すべき旨の催告をすることができ，その場合に，その者がその期間内に確答を発しないときは，その行為を追認したものとみなされる。

2．遺贈に停止条件を付した場合において，その条件が遺言者の死亡後に成就したときは，遺贈は，条件が成就した時からその効力を生ずる。

3．時効によって消滅した債権がその消滅以前に相殺に適するようになっていた場合には，その債権者は，消滅時効が完成した後であっても，相殺をすることができる。

4．表意者の法定代理人が，詐欺を理由に取り消すことができる法律行為を追認した場合であっても，その追認があったことを表意者本人が知らなかったときは，表意者本人は，その法律行為を取り消すことができる。

5．代理権を有しない者がした契約の本人による追認は，その契約を相手方が取り消した後は，することができない。

| No.47 | 単独行為 | 正解 **4** |

1　○　正しい

　民法20条1項の趣旨は，制限行為能力者の保護と不安定な地位に立たされる相手方の保護の調和にある。よって，本肢は正しい。

2　○　正しい

　遺贈とは，遺言による贈与をいう。そして，遺言は，遺言者の死亡の時からその効力を生ずる（民法§985－Ⅰ）のが原則だが，**遺言に停止条件を付した場合において，その条件が遺言者の死亡後に成就したときは，遺言は，条件が成就した時からその効力を生ずる**（同－Ⅱ）。よって，本肢は正しい。

3　○　正しい

　時効によって消滅した債権がその消滅以前に相殺に適するようになっていた場合には，その債権者は，相殺をすることができる（§508）。これは，相殺適状になったことにより生じた債権者の相殺への期待を保護するためである。よって，本肢は正しい。

4　×　誤っている

　取り消すことができる行為は，120条に規定する者が追認したときは，以後，取り消すことができない（§122）。そして，120条2項で，**詐欺によって取り消すことができる行為の取消権者は，表意者，その代理人，若しくは承継人**としている。したがって，法定代理人が追認した場合，たとえそれを表意者本人が知らなくても行為の有効が確定し，表意者本人はこれを取り消すことはできない。よって，本肢は誤っている。

5　○　正しい

　相手方が無権代理契約を取り消した場合（§115本文），これによって契約は遡及的に無効になる。したがって，本人が追認することもできなくなる。よって，本肢は正しい。

解答のポイント！

　本問は，基本的な条文問題であり，基本条文をおさえられているかどうかで正解か不正解かが分かれたといえる。日ごろから，特に基本条文は覚えるくらい逐一引くことは，短答・論文に共通して有効な試験対策といえよう。

平27 — 1　No.48　レベル　☆

（配点：2）

　法律行為に関する次のアからオまでの各記述のうち，誤っているものを組み合わせたものは，後記1から5までのうちどれか。

ア．代理権を有しない者が本人のためにすることを示して契約を締結した場合，本人がその契約の相手方に対して追認を拒絶する旨を表示することは，法律行為に当たる。

イ．債権者が債務者に対してその債務を免除する旨を表示することは，法律行為に当たる。

ウ．債権者が債務者に対してあらかじめ弁済の受領を拒絶する旨を表示することは，法律行為に当たる。

エ．2人が互いに同種の目的を有する債務を負担する場合において，双方の債務が弁済期にあるときに，債務者の一方が相手方に対してその対当額について相殺をする旨を表示することは，法律行為に当たる。

オ．債務の消滅時効が完成する前に，債務者が債権者に対してその債務の承認をする旨を表示することは，法律行為に当たる。

1．ア　ウ　　　2．ア　エ　　　3．イ　エ　　　4．イ　オ　　　5．ウ　オ

| No.48 | 法律行為 | 正解 5 |

ア　○　正しい

　民法116条。法律行為とは，一定の法律効果の発生を意図する意思の表示（意思表示）を不可欠の要素とし，原則としてその表示通りの法律効果が認められる行為をいう。そして法律行為は大まかに単独行為，契約，合同行為という3つに分類する事ができる。単独行為とは，一方当事者の単独の意思表示だけで成立する法律行為をいう。本肢の契約の追認や追認の拒絶は，その意思の表示者の表示内容通りの効果を生ずるもので，意思表示を要素とする法律行為である。また，1個の意思表示だけで成立する単独行為である。

イ　○　正しい

　民法519条。債務の免除は，債務の消滅という免除者の意思表示通りの効果を有する法律行為である。また，1個の意思表示だけで成立する単独行為である。

ウ　×　誤っている

　弁済の受領を拒絶する旨の表示は，債務者に，現実の提供でなく，口頭の提供で弁済の提供の効果を生じさせ（民法§493）たり，弁済供託を可能にさせる（§494）という，受領拒絶の表示をした者の表示内容とは異なる法律効果を持つもので，意思表示にあたらない。したがって，これは法律行為ではなく，準法律行為（意思表示を要素とせず，一定の事実・意思の通知などに，法律などで一定の法律効果が付与されるもの）である。

エ　○　正しい

　相殺の意思の表示は，どちらか一方の一方的な意思表示によってその表示通りの相殺の法律効果が生じるものであるため，意思表示（単独行為）にあたり，法律行為といえる。

オ　×　誤っている

　債務の承認は，それによって時効の更新（§152）という法定の法律効果が発生するものであり，表意者の表示内容通りの効果が発生する意思表示を要素とするものとは認められない。これは，一定の事実の通知に一定の法律効果が付与される観念の通知であり，準法律行為にあたる。

解答のポイント！

　本問は見慣れない問題で焦った人もいるだろう。このような問題は基本的なことでありながら，意外に手薄になっている人も多い部分であるといえる。この問題を解くポイントは，各肢が表意者の意思通りの効果を生ずるものか，それとも法定の効果を生ずるものかを考えることである。

平27－3 2 No.49 レベル ★

（配点：2）

　代理に関する次のアからオまでの各記述のうち，正しいものを組み合わせたものは，後記1から5までのうちどれか。

ア．Aの代理人として土地を購入する権限を与えられたBが，Cとの間で甲土地の売買契約を締結する際に，Bの従業員Dに命じて甲土地の売買契約書に「Aの代理人B」という署名をさせた場合でも，AC間に売買契約の効力が生ずる。

イ．Aの代理人として土地を購入する権限を与えられたBが，Aの許諾を得て復代理人Cを選任し，CがDとの間で甲土地の売買契約を締結した場合，CがDに対しAのために売買契約を締結することを示しただけで，自らが代理人Bによって選任された復代理人であることを示さなかったときは，AD間に売買契約の効力は生じない。

ウ．Aの代理人として土地を購入する権限を与えられたBが，CのBに対する詐欺により，Aのためにすることを示してCとの間で甲土地の売買契約を締結した場合，Aは，その売買契約を取り消すことができない。

エ．Aの代理人として土地を購入する権限を与えられたBが，Cから甲土地を売却する権限を与えられてCの代理人にもなり，A及びCを代理してAC間の甲土地の売買契約を締結した場合，Bが双方代理であることをA及びCの双方にあらかじめ通知したときは，AC間に売買契約の効力が生ずる。

オ．Aの代理人として土地を購入する権限を与えられたBが，Aのためにすることを示さずにCとの間で甲土地の売買契約を締結した場合，BがAのために売買契約を締結することをCが知ることができたときは，AC間に売買契約の効力が生ずる。

1．ア　イ　　　2．ア　オ　　　3．イ　ウ　　　4．ウ　エ　　　5．エ　オ

No.49　　　　　代　　理　　　　　正解 **2**

ア ○ 正しい

　Dは，代理人のように意思決定の権限を有せず，Bの決定した意思を相手方に表示した表示機関であったといえ，Bの使者と解されるから，Dの行為はBの行為と同視することができる。そして，BはAから土地を購入する権限を与えられている。そしてBは従業員Dに命じて甲土地の売買契約書に署名をさせているところ，本肢ではDが「A代理人B」という署名をしていることから，顕名も認められ（民法§99−Ⅰ），有効な代理行為としてAC間に売買契約の効力が生ずる。

イ × 誤っている

　民法106条2項によれば，復代理人は，本人および第三者に対して，その権限の範囲内において，代理人と同一の権利義務を負う。このように，復代理人は，本人の代理人として権利義務を負うのであるから，本人の代理人として行動していることになる。本人の代理人として行動する以上，復代理人が代理行為をするには，本人のためにすることを示せば十分である。本肢では，復代理人Cが本人Aのためにすることを示すのみでは足りず，代理人Bによって選任された復代理人であることまで示す必要があるとしている点で誤っている。

ウ × 誤っている

　代理人が相手方に対してした意思表示の効力が詐欺によって影響を受ける場合には，その事実の有無は，代理人によって決せられる（§101−Ⅰ）。したがって本問で詐欺によって影響を受けるか否かの事実は代理人Bについて決せられることになる。そしてBはCの詐欺によって甲土地の売買契約を結んだのであるから，Aは売買契約を96条1項によって取り消すことができる。

エ × 誤っている

　民法108条1項ただし書。双方代理は原則として行うことができない（§108−Ⅰ本文）。もっとも債務の履行および本人が承諾した場合はこの限りではない（同項ただし書）。本肢ではBが双方代理であることをAおよびCに通知にしたにすぎず，本人たるA，Cが承諾したわけではない。したがって108条1項ただし書にはあたらないため双方代理が有効となることはない。

オ ○ 正しい

　代理人が本人のためにすることを示さないで（顕名しないで）した意思表示は代理人にしか効果が生じないのが原則であるが（§100本文），100条ただし書によれば，代理人が本人のためにすることを示さないでした意思表示においても，相手方が，代理人が本人のためにすることを知り，又は知ることができたときは，99条1項が準用され，その意思表示は本人に対して直接にその効力を生ずる。本肢では，相手方たるCが，代理人であるBが本人Aのために売買契約を締結することを知ることができたから，Bの意思表示は本人Aに対して効力が生じる。

| 平28−4 [2] 改 | No.50 | / | / | / | / | / | レベル　☆ |

(配点：2)

　代理に関する次のアからオまでの各記述のうち，判例の趣旨に照らし正しいものを組み合わせたものは，後記1から5までのうちどれか。

ア．無権代理人が自己の代理権の不存在について知らない場合，無権代理行為の相手方は，代理人が代理権を有しないことを過失によって知らなかったときは，民法上の無権代理人の責任を追及することができない。

イ．代理権は，代理人が後見開始の審判を受けたときは消滅する。

ウ．成年後見人は，やむを得ない事由があるときでなければ，復代理人を選任することができない。

エ．委任による代理人がやむを得ない事由があるため復代理人を選任した場合，復代理人は，復代理の委任事務を処理するのに必要と認められる費用を支出したときであっても，本人に対し，その費用の償還を直接請求することはできない。

オ．Aの代理人BがCの詐欺により売買契約を締結した場合，Bは当該売買契約を取り消すことができるが，Aは当該売買契約を取り消すことができない。

1．ア　イ　　　2．ア　エ　　　3．イ　ウ　　　4．ウ　オ　　　5．エ　オ

No.50　　　　　　代　　理　　　　　正解 **1**

ア　○　正しい

民法117条2項2号本文は，無権代理行為の相手方は代理人が代理権を有しないことにつき**善意無過失でなければ，無権代理人の責任を追及することができない**ことを規定する。そして，本肢では同号ただし書の適用もない。したがって，本記述は正しい。

イ　○　正しい

民法111条1項2号は，**代理権の消滅事由として，代理人が後見開始の審判を受けたこと**を挙げている。代理人は行為能力者であることを要しないとされているが（§102），選任のときから制限行為能力者であった場合と異なり，後発的に行為能力を失った場合には，代理人を選任した本人がそれを覚知していない可能性が高いため，本人を保護する必要があることから代理権の消滅事由とされている。したがって，本記述は正しい。

ウ　×　誤っている

民法105条は，**法定代理人は，自己の責任で復代理人を選任することができ，この場合において，やむを得ない事由があるときは，本人に対して復代理人の選任および監督についての責任のみを負う**と規定する。法定代理人の代理権は包括的なため，事実上すべて法定代理人が行動することは不可能で，復代理人を選任する必要性が高いこと，また，委任による代理人と異なり，本人にあたる者の許諾を得ることは困難であるため，自己の責任で復代理人を選任することが認められた。成年後見人は法定代理人にあたるため，やむを得ない事由がなくとも自己の責任で復代理人を選任することができる。したがって，本記述は誤っている。

エ　×　誤っている

委任による代理人が，代理の委任事務を処理するのに必要と認められる費用を支出したときには，本人に対しその費用の償還を請求することができる（§650-Ⅰ）。そして，**適法な復代理人の選任がなされた場合には，その復代理人は代理人と同一の権利を有する**（§106-Ⅱ）ので，適法に選任された復代理人は本人に対して費用償還請求権を有する。任意代理人は，やむを得ない事由があるときは復代理人を選任することが法律上認められているため（§104），本事例においてなされた復代理人の選任も適法なものといえる。したがって，本記述は，復代理人は本人に対し費用の償還を直接請求することができないとする点で，誤っている。

オ　×　誤っている

民法120条2項は，詐欺取消しをすることができる者について，「瑕疵ある意思表示をした者」と「その代理人」，及び「承継人」を挙げている。代理人が欺罔されて意思表示を行った場合，その代理人の意思表示の効力は本人に生ずるため（§99-Ⅰ），**「瑕疵ある意思表示をした者」とは本人を指す**ことになる。したがって，本人も詐欺を理由として契約を取り消すことができるため，Aは売買契約を取り消すことができないとする点で，本記述は誤っている。

令元—3　No.51　　　　　　　　　　レベル ★

（配点：2）

　代理に関する次のアからオまでの各記述のうち，判例の趣旨に照らし正しいものを組み合わせたものは，後記1から5までのうちどれか。

ア．Aの代理人Bがその代理権の範囲内でAのためにすることを示さずにCと契約を締結した場合，Cにおいて，BがAのために契約を締結することを知っていたのでなければ，AC間に契約の効力が生じることはない。

イ．Aは，B及びCからあらかじめ許諾を得た場合，B及びCの双方を代理してBC間の契約を締結することができる。

ウ．委任による代理人が本人の指名に従って復代理人を選任した場合，代理人は，選任時に復代理人が不適任であることを知っていたとしても，本人に対して復代理人の選任についての責任を負うことはない。

エ．法定代理人がやむを得ない事由があるために復代理人を選任した場合，代理人は，本人に対して復代理人の選任及び監督についての責任のみを負う。

オ．無権代理人は，本人の追認を得られなかったとしても，自己に代理権があると過失なく信じて行為をしたときは，相手方に対して履行又は損害賠償の責任を負わない。

1．ア イ　　　2．ア オ　　　3．イ エ　　　4．ウ エ　　　5．ウ オ

No.51　　　　代　　理　　　　正解 **3**

ア　×　誤っている

　代理人が本人のためにすることを示さないでした意思表示は，自己のためにしたものとみなす（民法§100本文）。ただし，**相手方が，代理人が本人のためにすることを知り，又は知ることができたときは代理行為の効果は本人に帰属する**（同ただし書）。顕名がなければ，相手方は当該代理人が法律行為の当事者であると信頼するのが通常であり，このような相手方の信頼を保護する必要がある。一方，顕名がなくても，代理行為が本人のためになされていることにつき相手方が悪意有過失ならば，そのような信頼は保護に値しないので，代理行為の本人への効果帰属を認めてよい。本肢では，BがAのために契約を締結することを知っていたのでなければAC間に契約の効力が生じることはないとしているのが誤り。

イ　○　正しい

　当事者双方の代理人としてした行為は，代理権を有しない者がした行為とみなす（§108－Ⅰ本文）。利益相反行為を禁止する趣旨である。もっとも，**本人があらかじめ許諾した行為は双方代理も許される**（同項ただし書）。本人が自己への不利益を覚悟した上で許諾するなら保護する必要がないからである。よって，本肢は正しい。

ウ　×　誤っている

　復代理人が不適当な行為をした場合には，**復代理人を選任した代理人は，他人を用いて代理契約による事務処理義務を履行しようとしたとして，履行補助者を用いた場合に関する債務不履行の一般法理に基づく責任を負う**。この場合において，代理人の責任を軽減する規定はない。本肢では，本人に対して復代理人の選任につき責任を負うことはないとしているのが誤り。

エ　○　正しい

　法定代理人は，自己の責任で復代理人を選任することができる。この場合において，**やむを得ない事由があるときは，本人に対してその選任及び監督についての責任のみ負う**（§105）。法定代理人は自らの意思で代理人になったわけではないので，自由に復代理人を選任できることを原則とする。そして，本人の利益保護の観点から，法定代理人は復代理人の行為の結果につき全責任を負うことを原則とし，やむを得ない事由があった場合のみ責任を軽減した。

オ　×　誤っている

　無権代理人は，自己の代理権を証明したとき，又は本人の追認を得たときを除き，相手方の選択に従い，相手方に対して履行又は損害賠償の責任を負う（§117－Ⅰ）。**無権代理行為の相手方保護の趣旨から無権代理人の責任は無過失責任である**。本肢では，自己に代理権があると過失なく信じて行為をしたときは相手方に対して履行又は損害賠償の責任を負わないとしているのが誤り。

令2―4　No.52　　　　　　　　　　レベル　★

（配点：2）

　　Aは，Bの代理人と称して，Cとの間でBの所有する土地をCに売却する旨の売買契約を締結したが，実際にはその契約を締結する代理権を有していなかった。この事例に関する次のアからオまでの各記述のうち，判例の趣旨に照らし誤っているものを組み合わせたものは，後記1から5までのうちどれか。

ア．AがCに対する無権代理人の責任を負う場合，Aは売買契約の履行をするか，又は損害賠償責任を負うかを自ら選択することができる。

イ．Bが売買契約を追認した場合，AはCに対する無権代理人の責任を負わない。

ウ．代理権を有しないことを知らないことにつきCに過失がある場合，Aは，自己に代理権がないことを知っていたときであっても，Cに対する無権代理人の責任を負わない。

エ．売買契約の締結後にAがDと共にBを相続した場合，Dの追認がない限り，Aの相続分に相当する部分においても，売買契約は当然に有効となるものではない。

オ．売買契約の締結後にBがAを単独で相続した場合，売買契約は当該相続により当然に有効となるものではない。

1．ア　イ　　　2．ア　ウ　　　3．イ　エ　　　4．ウ　オ　　　5．エ　オ

No.52　　　　　　　　　　　代　　理　　　　　　　　正解 **2**

ア　×　誤っている

民法117条1項は，「他人の代理人として契約をした者は，自己の代理権を証明したとき，又は本人の追認を得たときを除き，**相手方の選択に従い，相手方に対して履行又は損害賠償の責任を負う**」と規定し，無権代理人の責任追及について，契約の相手方が選択するとしている。この趣旨は，契約の相手方の保護にある。したがって，本肢は，無権代理人の責任について，無権代理人が自ら選択できるとする点で，誤っている。

イ　○　正しい

無権代理行為において本人の追認があった場合，無権代理人は契約の相手方に対する無権代理人の責任を負わない（§117－Ⅰ柱書「本人の追認を得たとき」）。民法116条1項は，「追認は，別段の意思表示がないときは，契約の時にさかのぼってその効力を生ずる」とし，無権代理行為が有効となった以上，相手方にそれ以上の保護を与える必要はないからである。したがって，本肢は正しい。

ウ　×　誤っている

民法117条2項2号は，無権代理人が**無権代理人の責任を負わない場合**について，「**他人の代理人として契約をした者が代理権を有しないことを相手方が過失によって知らなかったとき。ただし，他人の代理人として契約をした者が自己に代理権がないことを知っていたときは，この限りでない**」と規定する。本問は，契約の相手方CはAが代理権を有しないことを知らないことにつき過失があるが，他人の代理人として契約をしたAが自己に代理権がないことを知っていたため，民法117条2項2号の場合であるといえ，Aは無権代理人の責任を負う。したがって，本肢は，Aが無権代理人の責任を負わないとする点で，誤っている。

エ　○　正しい

判例（最判平5.1.21＝民法百選ⅠNo.36）は，無権代理人が相続により本人の地位を共同相続した場合について，「無権代理行為を追認する権利は，その性質上相続人全員に不可分的に帰属するところ，無権代理行為の追認は，本人に対して効力を生じていなかった法律行為を本人に対する関係において有効なものにするという効果を生じさせるものであるから，**共同相続人全員が共同してこれを行使しない限り，無権代理行為が有効となるものではないと解すべきである**」と判示した。無権代理人Aは共同相続人Dと共にBを相続したため，共同相続人Dの追認がない限りAの相続分に相当する部分において売買契約は当然に有効とならない。したがって，本肢は正しい。

オ　○　正しい

　判例（最判昭37.4.20＝民法百選Ⅰ No. 35）は，「相続人たる本人が被相続人の無権代理行為の追認を拒絶しても，何ら信義に反するところはないから，被相続人の無権代理行為は一般に本人の相続により当然有効となるものではないと解するのが相当である」と判示した。判例に賛成する学説は，その理由として無権代理人が死亡する前は追認拒絶ができるとした本人保護の意味を，無権代理人の死亡により失わせるべきではないことにあるとした。そのため，本人Bが無権代理人Aを単独で相続した場合でも，Bは追認を拒絶することができる。したがって，本肢は正しい。

| 平23－4改 | No.53 | | | | | | | レベル　★ |

（配点：2）

　　代理人の権限に関する次のアからオまでの各記述のうち，正しいものを組み合わせたものは，後記1から5までのうちどれか。

ア．成年後見人は，成年被後見人の意思を尊重しなければならないが，成年被後見人の財産に関する法律行為を代理するに当たって，成年被後見人の意思に反した場合であっても，無権代理とはならない。

イ．父母が共同して親権を行う場合，父母の一方が，共同の名義で子に代わって法律行為をしたとしても，その行為が他の一方の意思に反していることをその行為の相手方が知っているときは，他の一方は，その行為の効力が生じないことを主張することができる。

ウ．委任による代理人が，やむを得ない事由があるため復代理人を選任した場合には，復代理人はあくまで代理人との法律関係しか有しないので，復代理人の行為が本人のための代理行為となることはない。

エ．親権者が子の財産を第三者に売却する行為を代理するに当たって，親権者がその子に損害を及ぼし，第三者の利益を図る目的を有していたときは，その子の利益に反する行為であるから，無権代理となる。

オ．委任による代理人は，未成年者でもよいが，未成年者のした代理行為は，その法定代理人が取り消すことができる。

1．ア　イ　　　2．ア　エ　　　3．イ　オ　　　4．ウ　エ　　　5．ウ　オ

No.53　代理人の権限　正解 1

ア　○　正しい

　成年後見人は，成年被後見人の生活，療養看護及び財産の管理に関する事務を行うに当たっては，成年被後見人の意思を尊重しなければならない（民法§858）。もっとも，後見人は，被後見人の財産に関する法律行為について被後見人を代表するものとされ包括的な代理権を与えられているため（§859－Ⅰ），成年被後見人の意思に反する行為を行っても，無権代理とはならない。

イ　○　正しい

　父母が親権を共同して行う場合（§818－Ⅲ本文）において，父母の一方が共同の名義で子に代わって法律行為をしたときは，その行為が他の一方の意思に反した場合であっても，原則として当該法律行為は効力を妨げられないが（§825本文），相手方が悪意の場合にはこの限りではない（同ただし書）。よって，相手方が悪意である場合は，父母の他の一方は行為の効力が生じないことを主張することができる。

ウ　×　誤っている

　復代理人は，本人及び第三者に対して，その権限の範囲内において，代理人と同一の権利を有し，義務を負う（§106－Ⅱ）。したがって，復代理人は本人との関係で代理人としての地位に立つこととなる。

エ　×　誤っている

　「代理人が自己又は第三者の利益を図る目的で代理権の範囲内の行為をした場合において，相手方がその目的を知り，又は知ることができたときは，その行為は，代理権を有しない者がした行為とみなす。」とされる（§107）。よって，親権者がその子に損害を及ぼし，第三者の利益を図る目的を有していたとしても，直ちに無権代理となるわけではない。

オ　×　誤っている

　制限行為能力者が代理人としてした行為は，行為能力の制限によっては取り消すことができない（§102本文）。行為能力の制限は制限行為能力者の保護のためにあるところ，代理行為の効果は制限行為能力者である代理人ではなく，本人に帰属するからである。したがって，代理人が制限行為能力者であったとしても，その意思表示によって成立した契約を，行為能力の制限を理由として取り消すことはできない。

解答のポイント！

　本問は，代理人の権限について条文・判例・一般の知識を問う問題である。応用的知識を要する肢もあるものの，仮に知識がなかったとしても，現場思考によって正解にたどり着くことは可能であろう。

平26—3　No.54　　　　　　　　　　　レベル　★

（配点：2）

　代理人の権限に関する次のアからオまでの各記述のうち，判例の趣旨に照らし誤っているものを組み合わせたものは，後記1から5までのうちどれか。

ア．売買契約を締結する権限を与えられて代理人となった者は，相手方からその売買契約を取り消す旨の意思表示を受ける権限を有する。

イ．成年被後見人が日常生活に関する行為をすることができる場合，成年後見人は，成年被後見人の日常生活に関する法律行為について成年被後見人を代理することはできない。

ウ．家庭裁判所が選任した不在者の財産の管理人は，不在者を被告とする土地明渡請求訴訟の第一審において不在者が敗訴した場合，家庭裁判所の許可を得ないで控訴をすることができる。

エ．委任による代理人は，本人の許諾を得たときのほか，やむを得ない事由があるときにも，復代理人を選任することができる。

オ．個別に代理権の授権がなければ，日常の家事に関する事項についても，夫婦の一方は，他の一方のために法律行為をすることはできない。

1．ア　イ　　　2．ア　ウ　　　3．イ　オ　　　4．ウ　エ　　　5．エ　オ

No.54　代理人の権限　正解 **3**

ア　○　正しい

　代理人の権限内において，本人のためにすることを示して第三者が代理人に対してした意思表示は本人に対して直接その効力を生ずる（民法§99-Ⅰ・Ⅱ）。本肢で代理人は売買契約締結の権限を与えられているから，代理人が相手方から当該売買契約について取消しの意思表示を受けた場合には，本人に効果が帰属することになる。すなわち**代理人には取消しの意思表示の受領権限が存在する**（最判昭34.2.13参照）。

イ　×　誤っている

　成年被後見人の法律行為は，取り消すことができる。ただし，日用品の購入その他日常生活に関する行為については，この限りではない（§9）。よって，成年被後見人は，日常生活に関する行為についてのみ，行為能力が認められる。他方，**後見人は，被後見人の財産を管理し，かつ，その財産に関する法律行為について被後見人を代表する**（§859-Ⅰ）。したがって成年被後見人の日常生活に関する行為であっても，財産に関する法律行為について，成年後見人は被後見人を代表することができる。

ウ　○　正しい

　不在者の財産の管理人はその権限として，保存行為，利用行為，改良行為を行い得ることに加え，家庭裁判所の許可を得た行為を行い得る（§28，§103）。保存行為とは財産の現状を維持する行為のことを指し，利用行為とは物または権利の性質を変じない範囲でそれを利用して収益を図る行為のことを指し，改良行為とは物または権利の性質を変じない範囲で使用価値または交換価値を増加する行為のことを指す。**土地明渡請求訴訟の第一審に敗訴した場合において，控訴をすることは上記のうち保存行為に当たる**（最判昭47.9.1）。

エ　○　正しい

　委任による代理人は，本人の許諾を得たとき，又はやむを得ない事由があるときでなければ，復代理人を選任することができない（§104）。代理人が自由に復代理人を選任することができるとすると，代理人にとっては便利であるが，本人が不利益を受ける場合があり得る。そこで本人の信任を受けた任意代理においては，復代理人選任権（復任権）を制限することで，本人を保護する趣旨である。

オ　×　誤っている

　夫婦の一方が日常の家事に関して第三者と法律行為をしたときは，他の一方は，これによって生じた債務について，連帯してその責任を負う（§761）。この規定自体は夫婦の代理権について定めたものとは読めない。しかし夫婦が相互に代理権を有しないと日常の家事を処理するのに不便が生ずる。そこで判例（最判昭44.12.18＝民法百選Ⅲ №9）は，同条は，右のような効果の生じる前提として，**夫婦は相互に日常の家事に関する法律行為につき他方を代理する権限を有することをも規定しているものと解するのが相当である**，と判示した。よって，日常の家事に関する事項であれば，夫婦は相互に代理権を有する。

| 平20 — 6 | No.55 | | | | | | | レベル ★ |

（配点：2）

　民法上の代理に関する次の1から5までの各記述のうち，誤っているものはどれか。

1. 代理人が本人のためにすることを示さないでした意思表示であっても，代理人が本人のためにすることを相手方において知ることができた場合には，意思表示は本人に帰属する。

2. 自己契約及び双方代理は，債務の履行行為及び本人があらかじめ許諾した行為を除き原則として効力を生じないが，本人の保護のための制度であるから，無権代理行為として，本人が追認すれば有効になる。

3. 代理人が自己又は第三者のために代理権を濫用しても，それが客観的に代理権の範囲にあり，相手方が代理人の意図を知らず，知らないことに過失がないときは，代理人がした意思表示は本人に帰属する。

4. 何らの代理権がない者が代理人と称してした契約であっても，相手方が代理人と称した者に当該契約を締結する権限があると信じ，そのように信じたことにつき正当な理由がある場合には，本人に対してその効力を生じる。

5. 復代理人は，本人の代理人であって代理人の代理人ではないから，復代理人が代理行為をするに当たっては，本人のためにすることを示せば十分である。

No.55 双方代理・代理権の濫用・表見代理 正解 **4**

1 ○ 正しい

　代理人が本人のためにすることを示さないでした意思表示は，代理人のためにしたものとみなされるが，相手方が，代理人が本人のためにすることを知ることを知り，又は知ることができたときは，本人に対し直接意思表示の効力が帰属する（民法§100）。

2 ○ 正しい

　民法108条1項本文によれば，代理人が相手方の代理人として（自己契約），または当事者双方の代理人として（双方代理）した行為は，無権代理となる。しかし，この規定は本人保護のための規定なので，本人が事前の承諾を与えた場合には，有権代理として本人に効力を生ずるとされ（同項ただし書），また，本人が事後に追認した場合にも113条1項により本人との関係で有効になると解されている。

3 ○ 正しい

　民法107条は，「代理人が自己又は第三者の利益を図る目的で代理権の範囲内の行為をした場合において，相手方がその目的を知り，又は知ることができたときは，その行為」を無権代理行為とみなすとしている。本肢では，相手方が代理人の意図を知らず，知らないことに過失もないので，代理人のした意思表示は本人に効果帰属する。

4 × 誤っている

　表見代理が成立し，代理人がした意思表示の効果が本人に帰属するためには，代理権授与の表示（§109），基本代理権の付与（§110），過去に基本代理権があったこと（§112）のいずれかが必要である。これらは権利外観法理の一種である表見代理の要件として，本人の帰責性が必要であることに基づく。そこで，何らの代理権がない者が代理人と称しただけの場合には，本人の帰責性を基礎づける事情は認められないから，表見代理は成立しない。

5 ○ 正しい

　判例（大判明38.10.5）は，復代理人は本人を代理するのであるから，本人の名において行為をするべきであり，代理人の名においてするべきではないとしている。したがって，復代理人は代理行為をするにあたって，本人のためにすることを示せば十分であると解される。

| 平19—2 | №56 | | | | | | | レベル ★ |

(配点：2)

　双方代理又は利益相反行為に関する次の1から5までの各記述のうち，判例の趣旨に照らし誤っているものはどれか。

1．不動産の売買契約に基づく所有権移転登記申請手続について，司法書士が売主及び買主の双方を代理することは，双方代理の禁止に関する規定に違反しない。

2．共同相続人の一人が他の共同相続人の全部又は一部の者の後見をしている場合，後見人が被後見人全員を代理してする相続の放棄は，後見人自らが相続の放棄をした後にされたときは，後見人と被後見人との間において利益相反行為に当たらない。

3．親権者が未成年の子を代理して子の所有する不動産を第三者の債務の担保に供する行為は，親権者による利益相反行為に当たる。

4．未成年の子と親権者である父母の一方に利益相反関係があるときは，利益相反関係のない親権者と家庭裁判所で選任された特別代理人とが共同して子のための代理行為をなすべきである。

5．親権者が共同相続人である数人の子を代理して遺産分割の協議をすることは，仮に親権者において数人の子のいずれに対しても衡平を欠く意図がなく，親権者の代理行為の結果，数人の子の間に利害対立が現実化されていなかったとしても，利益相反行為に当たる。

No.56　双方代理・利益相反行為　　正解 3

1　○　正しい
　同一の法律行為については，当事者双方の代理人となると無権代理となるが，債務の履行については，この限りではない（民法 §108 - Ⅰただし書）。債務の履行は既に確定した法律関係の決済にすぎないのでその代理行為により，新たに本人の利益を害するおそれがないからである。この「債務の履行」には，登記の申請行為も含まれる（最判昭43.3.8）。登記を申請する行為は，当事者間に新たな利害関係を生じさせないからである。

2　○　正しい
　親権者と子の利益が相反する行為については，親権者は，その子のために特別代理人を選任することを家庭裁判所に請求しなければならない（§826 - Ⅰ）。利益相反行為に該当するかは，取引の安全の見地より，親権者の行為自体を形式的客観的にみて，親権者の利益と子の利益が相反するかを基準に判断すべきであり，親権者の動機意図等の実質面を考慮すべきではない（最判昭49.9.27）。共同相続人の1人が他の共同相続人の全部又は一部の者の後見をしている場合，後見人が被後見人全員を代理してする相続の放棄は，後見人自らが相続の放棄をした後にされたときは，行為の外形から形式的客観的にみると子の利益と親権者の利益が相反しないので，利益相反行為にあたらない（最判昭53.2.24）。

3　×　誤っている
　親権者が未成年の子を代理して子の所有する不動産を第三者の債務の担保に供する行為は，行為の外形から形式的客観的にみると，子の利益と親権者の利益が相反しないので，利益相反行為にあたらない（最判平4.12.10 = 民法百選Ⅲ No. 49）。

4　○　正しい
　判例（最判昭35.2.25 = 民法百選Ⅲ No. 48）は，一方の親権者とのみ利益相反する場合は，特別代理人及び利益相反関係にない親権者が共同して代理すべきであるとする。

5　○　正しい
　親権者が共同代理人である数人の子を代理して遺産分割の協議をすることは，行為の外形から形式的客観的にみると，子の利益と親権者の利益が相反するので，利益相反行為にあたる（最判昭49.7.22 = 民法百選Ⅲ No. 47）。

平23―3 ②　No.57　　　　　　　　　　　　　　　レベル　★

（配点：2）

　無権代理に関する次のアからオまでの各記述のうち，判例の趣旨に照らし正しいものを組み合わせたものは，後記1から5までのうちどれか。

ア．本人が無権代理人に対して無権代理行為を追認した場合でも，相手方は，その事実を知らなければ取消権を行使することができる。

イ．無権代理行為の相手方は，本人に対して相当の期間を定めて，その期間内に追認するか否かを催告することができ，本人がその期間内に確答をしないときは，追認したものとみなされる。

ウ．無権代理行為の相手方は，表見代理の主張をしないで，無権代理人に対し履行又は損害賠償の請求をすることができるが，これに対し無権代理人は，表見代理の成立を主張してその責任を免れることができる。

エ．無権代理人が本人を代理して第三者の貸金債務につき本人名義で連帯保証契約を締結した後，本人が追認も追認拒絶もしないまま死亡し，無権代理人が他の者と共に本人を相続した場合，他の共同相続人全員の追認がなくても，無権代理人が本人から相続により承継した部分について，無権代理行為は有効となる。

オ．無権代理人が本人所有の土地に抵当権を設定したため，本人が抵当権設定登記の抹消登記請求訴訟を提起した後死亡し，無権代理人が本人を相続したとしても，無権代理行為は，有効とならない。

1．ア　エ　　　2．ア　オ　　　3．イ　ウ　　　4．イ　オ　　　5．ウ　エ

No.57　無権代理　正解 2

ア　○　正しい

　無権代理の追認又はその拒絶は，相手方に対してしなければ，その相手方に対抗することができない。ただし，相手方がその事実を知ったときは，この限りでない（§113-Ⅱ）。したがって，無権代理人に対して追認したにすぎず，相手方に追認の意思表示をしていない場合，相手方が追認の事実を知らなければ本人は追認を対抗できず，相手方は取消権（§115）を行使することができる。

イ　×　誤っている

　無権代理の相手方は，本人に対し相当の期間を定めて追認するか否かを確答すべき旨を催告できる（§114前段）。本人がその期間内に確答しないときは，追認を拒絶したものとみなされる（同後段）。

ウ　×　誤っている

　判例（最判昭62.7.7＝民法百選Ⅰ No. 34）は，「右両者〔無権代理人の責任と表見代理〕は，互いに独立した制度であると解するのが相当である。したがって，無権代理人の責任の要件と表見代理の要件がともに存在する場合においても，表見代理の主張をすると否とは相手方の自由であると解すべきである」とした上で，無権代理人は，表見代理の成立を主張して責任を免れることができないとした。

エ　×　誤っている

　判例（最判平5.1.21＝民法百選Ⅰ No. 36）は，「無権代理人が本人を他の相続人と共に共同相続した場合において，無権代理行為を追認する権利は，その性質上相続人全員に不可分的に帰属するところ，無権代理行為の追認は，本人に対して効力を生じていなかった法律行為を本人に対する関係において有効なものにするという効果を生じさせるものであるから，共同相続人全員が共同してこれを行使しない限り，無権代理行為が有効となるものではないと解すべきである」としている。

オ　○　正しい

　判例（最判平10.7.17）は，「本人が無権代理行為の追認を拒絶した場合には，その後に無権代理人が本人を相続したとしても，無権代理行為が有効になるものではないと解するのが相当である」としている。本人が抵当権設定登記の抹消登記請求訴訟を提起したことは，追認拒絶にあたるから，その後に無権代理人が本人を相続しても，無権代理が有効となるものではない。

解答のポイント！

　本問は，無権代理についての条文・判例知識を問う問題である。基本知識を習得していれば，正解にたどり着くことは困難ではないであろう。

| 平24 — 5 | No.58 | | | | | | | レベル ☆ |

(配点：2)

　無権代理に関する次の1から5までの各記述のうち，誤っているものはどれか。

1．Aは，見知らぬ他人であるB宅に侵入し，Bの印章と登記関係の書類を盗み出し，それを用いて，BがAにB所有の甲不動産を売却する代理権を与えた旨の委任状を偽造し，Bの代理人として，Cに対して甲不動産を売却する契約を締結した。この場合において，CがAに代理権がないことについて善意無過失であっても，表見代理は成立しない。

2．判例によれば，Aの親権者Bは，Cから金銭を借り入れるに当たり，Aを代理してA所有の不動産にCのBに対する債権を担保するために抵当権を設定することはできないし，その設定行為を追認することもできない。

3．代理権を有しない者が代理行為として契約をした場合，その契約の時に代理権のないことを知っていた相手方は，本人が追認をする以前でもこれを取り消すことができない。

4．無権代理人が本人の追認を得ることができなかったときは，代理権の不存在につき善意無過失の相手方は，無権代理人に損害賠償を請求することができる。

5．判例によれば，AがBに代理権を与えないまま「A」という名称の使用を許し，BがAの取引であるように見える外形を作り出して取引をした場合，この取引の効果がAに帰属することはない。

No.58	無権代理	正解 **5**

1　○　正しい

　表見代理が成立するには，真実与えられていない代理権に対する相手方の信頼（善意無過失）があるだけでは足りず，**本人に帰責性があることが必要**である（民法§109－Ⅰ本文，§110，§112－Ⅰ本文）。印章等を盗まれ委任状を与り知らぬところで作成されたBには帰責性がないので，Cが善意無過失であっても表見代理は成立しない。

2　○　正しい

　親権者が他人から金銭を借り入れるに当たり子の不動産に抵当権を設定する行為は，利益相反行為にあたり（§826，大判大3.9.28），単独で行えば無権代理行為となる（大判昭11.8.7）。そして，**子の利益保護という利益相反行為規制の趣旨から，親権者が追認することはできない**（最判昭57.11.26参照）。

3　○　正しい

　代理権を有しない者がした契約は，本人が追認をしない間は，相手方が取り消すことができるのが原則であるが，契約の時において**代理権を有しないことを相手方が知っていたときは，取り消すことができない**（§115）。

4　○　正しい

　無権代理人は，自己の代理権を証明し，又は本人の追認を得たときを除き，相手方の選択に従い，**善意無過失の相手方に対して履行又は損害賠償の責任を負う**（§117－Ⅰ・Ⅱ①②）。

5　×　誤っている

　判例（最判昭44.12.19）は，代理人が直接本人の名において権限外の行為をした場合において，相手方がその行為を本人自身の行為と信じたときは，そのように信じたことについて**正当な理由があるかぎり，民法110条の規定を類推して，本人はその責めに任ずる**ものと解するのが相当であるとする。この判例によれば，AがBに代理権を与えないまま「A」という名称の使用を許し，BがAの取引であるように見える外形を作り出して取引をした場合でも，110条の類推適用により取引の効果はAに帰属しうる。

平26 ― 4 2　No.59　レベル ★

（配点：2）

　無権代理に関する次のアからオまでの各記述のうち，判例の趣旨に照らし正しいものを組み合わせたものは，後記1から5までのうちどれか。

ア．本人に代わって弁済を受領する権限がない者が本人の有する債権について本人に代わって弁済を受領した後に，第三者が当該債権を差し押さえて転付命令を得た場合において，その後に本人がその弁済受領行為を追認したときは，当該第三者は，転付命令により当該債権を取得することはできない。

イ．本人が無権代理行為の追認を拒絶した場合であっても，その後に無権代理人が本人を相続したときは，無権代理行為は有効になる。

ウ．無権代理人を相続した本人は，無権代理行為について追認を拒絶することができる地位にあったことを理由として，無権代理人の責任を免れることができない。

エ．本人が無権代理人に対して無権代理行為を追認したとしても，相手方がこれを知るまでの間は，本人は，無権代理人に対しても追認の効果を主張することができない。

オ．無権代理人が本人を他の相続人と共に共同相続した場合において，他の共同相続人の一人が追認を拒絶したときは，無権代理行為は有効にならない。

1．ア　エ　　　2．ア　オ　　　3．イ　ウ　　　4．イ　エ　　　5．ウ　オ

No.59　　　　　　　　　　　無権代理　　　　　　　　　　　正解 **5**

ア　×　誤っている

　追認は，別段の意思表示がないときは，契約の時にさかのぼってその効力を生ずる。ただし，第三者の権利を害することはできない（民法 §116）。第三者を保護する趣旨である。本肢において仮に追認が認められた場合，債権は弁済受領時にさかのぼって消滅し，第三者が差押えをした時には，差し押さえるべき債権が消滅していたことになり，差押えはできないこととなる。民法116条ただし書はこのような事態を防ぐ趣旨である（大判昭5.3.4）。したがって民法116条ただし書によって，本肢の追認は第三者による差押え，転付命令の取得に影響を及ぼさない。

イ　×　誤っている

　判例（最判平10.7.17）は，本人が無権代理行為の追認を拒絶した場合には，その後に無権代理人が本人を相続したとしても，無権代理行為が有効になるものではないと解するのが相当と述べる。その理由として，無権代理人がした行為は本人がその追認をしなければ本人に対してその効力を生ぜず（§113-Ⅰ），本人が追認を拒絶すれば無権代理行為の効力が本人に及ばないことが確定し，追認拒絶の後は本人であっても追認によって無権代理行為を有効とすることができず，右追認拒絶の後に無権代理人が本人を相続したとしても，右追認拒絶の効果に何ら影響を及ぼすものではないからである，としている。

ウ　○　正しい

　判例（最判昭48.7.3）は，民法117条による無権代理人の債務が相続の対象となることは明らかであって，このことは本人が無権代理人を相続した場合でも異ならないから，本人は相続により無権代理人の右債務を承継するのであり，本人として無権代理行為の追認を拒絶できる地位にあったからといって右債務を免れることはできないと解すべきであると述べる。

エ　×　誤っている

　追認は相手方または無権代理人のどちらに対してもすることができるが，無権代理人に対して追認した場合には，相手方が追認の事実を知るまでは相手方に対して追認の効果を主張できない（§113-Ⅱ）。しかし追認の相手方となった無権代理人に対しては，追認の効果を主張することができることは当然である。

オ　○　正しい

　判例（最判平5.1.21＝民法百選Ⅰ No. 36）は本肢のような事例において，無権代理行為を追認する権利は，その性質上相続人全員に不可分的に帰属するところ，無権代理行為の追認は，本人に対して効力を生じていなかった法律行為を本人に対する関係において有効なものにするという効果を生じさせるものであるから，共同相続人全員が共同してこれを行使しない限り，無権代理行為が有効となるものではないと解するべきであると述べる。

平18－33	No.60							レベル ★

（配点：2）

　無権代理と相続に関する次の1から5までの記述のうち，判例の趣旨に照らし誤っているものを2個選びなさい。

1．無権代理人が本人の地位を単独相続した場合，本人が追認を拒絶した後に死亡したときでも，無権代理行為は有効になる。

2．無権代理人が本人の地位を共同相続した場合，他の共同相続人のだれかが追認をすることに反対すれば，無権代理行為は有効にならない。

3．本人は，無権代理人の地位を単独相続した場合，無権代理行為の追認を拒絶することができる。

4．本人は，無権代理人の地位を単独相続した場合，無権代理人の相手方に対する責任を承継する。

5．無権代理人の地位を相続した後に本人の地位をも相続した第三者は，無権代理行為の追認を拒絶することができる。

No.60	無権代理と相続	正解 **1·5**

1 × 誤っている

　無権代理人が本人の地位を単独相続した場合，無権代理は当然有効になるが（最判昭40.6.18），本人が死亡前に追認拒絶をしていた場合には，無権代理は当然有効にならない（最判平10.7.17）。

2 ○ 正しい

　判例（最判平5.1.21＝民法百選Ⅰ No. 36）は，無権代理人が本人の地位を共同相続した場合，他の共同相続人全員の追認がない限り，無権代理行為は無権代理人の相続分においても当然には有効とならないとする。

3 ○ 正しい

　本人が無権代理人の地位を単独相続した場合，本人が追認を拒絶することは何ら信義に反するものではなく，許される（最判昭48.7.3）。

4 ○ 正しい

　無権代理人としての債務も相続の対象となるので，本人が無権代理人の地位を単独相続すれば，無権代理人の相手方に対する責任も当然承継する（最判昭48.7.3）。

5 × 誤っている

　判例（最判昭63.3.1）は，無権代理人の地位を相続した後に本人の地位をも相続した第三者は，本人が自ら法律行為をしたのと同様の法律上の地位・効果を生ずるとして，かかる第三者の追認拒絶は許されないとする。

| 平30 — 5 | №61 | | | | | | レベル ★ |

（配点：2）

　　追認に関する次のアからオまでの各記述のうち，判例の趣旨に照らし誤っているものを組み合わせたものは，後記1から5までのうちどれか。

ア．無権代理行為について本人が追認を拒絶した後は，本人であっても追認によってその行為を有効とすることができない。

イ．事実上の夫婦の一方が他方の意思に基づかないで婚姻届を作成して提出した場合において，当時両名に夫婦としての実質的生活関係が存在し，かつ，後に他方が届出の事実を知ってこれを追認したときは，その婚姻は追認時から将来に向かって効力を生ずる。

ウ．代理権を有しない者がした契約を本人が相手方に対して追認した場合であっても，契約の時においてその者が代理権を有しないことを相手方が知らなかったときは，相手方は契約を取り消すことができる。

エ．親権者の代理行為が利益相反行為に当たる場合，本人は，成年に達すれば，追認することができる。

オ．養子縁組が法定代理人でない者の代諾によるために無効である場合であっても，養子本人は，縁組の承諾をすることができる満15歳に達すれば，追認することができる。

1．ア　ウ　　　2．ア　オ　　　3．イ　ウ　　　4．イ　エ　　　5．エ　オ

No.61　　　　追　　認　　　　正解 **3**

ア　○　正しい

　追認拒絶という法律行為があると，無権代理人の行為は，本人に帰属しないことが確定するという法律効果が生ずる。いったん法律効果が生ずると，法的安定性の観点から，その法律行為と矛盾する法律行為は許されないのが原則であり，追認拒絶においても，追認拒絶の意思表示に取消し事由などの瑕疵がある例外的な場合以外，追認することは許されない。本肢でも，本人が有効に追認を拒絶した時点で追認拒絶の効力が生じており，その後追認したとしてもそれにより無権代理行為が有効となることはない。

イ　×　誤っている

　両当事者に婚姻の意思のない婚姻は無効である（民法§742①）。無効な行為の追認は，追認の時から有効になる（§119ただし書）のが原則である。しかし，本肢のような事例で，判例（最判昭47.7.25）は，「事実上の夫婦の一方が他方の意思に基づかないで婚姻届を作成提出した場合においても，…婚姻は追認により届出の当初に遡って有効となる。」としている。これは，事実上の婚姻生活が続いていた場合には婚姻生活を前提とする様々な法律関係が生じているから，民法119条にしたがって追認前の法律関係を無効とすることが法律関係の安定性を損なうことに着目し，また，他人の権利をその意思に基づくことなく自己の名において処分する行為について，116条本文の規定の類推適用により処分行為当時に遡って有効になるとした他の判例との類似性を挙げたものと考えられる。したがって，本肢は婚姻は追認時から将来に向かって効力を生ずるとしている点で誤っている。

ウ　×　誤っている

　民法115条は，「代理権を有しない者がした契約は，本人が追認をしない間は，相手方が取り消すことができる。ただし，契約の時において代理権を有しないことを相手方が知っていたときは，この限りでない。」と規定している。本条は，相手方が無権代理を知っていた場合には，取消権がないことと，無権代理を知らなかった場合には，本人の追認まで相手方に取消権があることを規定している。したがって，契約の時において相手方が無権代理を知らなかったとしても，本人が相手方に対して追認した場合には，もはや，相手方は契約を取り消すことができなくなる。

エ　○　正しい

　親権者と子の利益相反行為について，826条1項は，「親権を行う父又は母とその子との利益が相反する行為については，親権を行う者は，その子のために特別代理人を選任することを家庭裁判所に請求しなければならない。」と規定している。この趣旨は，利益相反取引により，子の利益が害されることを防ぐ点にあるので，**これに反する親権者の代理行為は，無権代理行為となる**（最判昭46.4.20参照）。したがって，未成年者は，これを追認または追認拒絶し得る（§113-Ⅱ）。そして，子の利益が害されることを防ぐため，**追認は，取消しの原因となっていた状況が消滅し，かつ取消権を有することを知った後にし**なければ，その効力を生じないと解される（§124-Ⅰ参照）。したがって，子が成年となれば，取消権を有することを知った上で自ら有効に追認できる（大判昭11.8.7，最判昭49.7.22参照）。

オ　○　正しい

　判例（最判昭27.10.3）は，真実の親でない戸籍上の親の代諾は一種の無権代理と解されるから，養子は満15歳に達した後は，縁組を有効に追認することができ，その意思表示は明示又は黙示をもって養親の双方，養親の一方の死亡後は他の一方に対してすれば足りる旨判示している。そのため，無効な養子縁組であっても，養子本人が満15歳に達すれば，縁組の承諾を追認できる。したがって，正しい。

平18 ― 25改　No.62　レベル ★

（配点：2）

　表見代理についての民法の規定に関する次のアからオまでの記述のうち，判例の趣旨に照らし誤っているものを組み合わせたものは，後記1から5までのうちどれか。

ア．民法改正前の判例は，法定代理に112条が適用されるとしておらず，改正民法では，この点を明確化すべく，「他人に代理権を与えた者は，代理権の消滅後にその代理権の範囲内においてその他人が第三者との間でした行為について，代理権の消滅の事実を知らなかった第三者に対してその責任を負う。ただし，第三者が過失によってその事実を知らなかったときは，この限りでない。」とされている。

イ．権限外の行為の表見代理の規定は，本人から一定の代理権を授与された者が本人自身であると称して権限外の法律行為をした場合に類推適用することができる。

ウ．権限外の行為の表見代理の規定は，公法上の行為を委託された場合であっても，それが私法上の契約による義務の履行のためのものであるときは，適用することができる。

エ．第三者に対して他人に代理権を与えた旨を表示した者は，その他人が代理権を与えられていないことを当該第三者が知り又は過失により知らなかったことを証明して，表見代理の責任を免れることができる。

オ．権限外の行為の表見代理の規定は，自己の利益を図るためにその権限を行使した場合にも適用することができる。

1．ア　イ　　　2．ア　オ　　　3．イ　ウ　　　4．ウ　エ　　　5．エ　オ

No.62　表見代理　　正解 **2**

ア　×　誤っている

　民法改正前の判例において，代理権消滅後の表見代理の規定である民法112条は法定代理への適用が認められていたが（大判昭2.12.24），民法改正によって，112条は「他人に代理権を与えた者は」と改められた。本肢の条文の文言は同条1項のとおりであり，正しい。

　この点について，民法改正部会では，「いずれの表見代理の類型につきましても，法定代理に適用がないということを可能な限り，明確にする方向で見直しをしていただくことがよろしいと私は考えます。本人が不利益を受けるのは，それを正当化する理由がなければならないという表見法理の出発点に立ち帰って，このことは強調されるべきでありますし，取引の安全ばかりが一方的に強調される社会が好ましい社会の在り方であると見ることは到底できません。」という意見があった。

イ　○　正しい

　判例（最判昭44.12.19）は，代理人が本人の名で代理権の範囲外の行為をした場合，相手方がその行為を本人自身の行為と信じたことに正当な理由があるときは，権限外の行為の表見代理の規定である110条類推適用により本人が責任を負うとする。

ウ　○　正しい

　権限外の行為の表見代理について規定した110条の「その権限」（基本権限）は，原則として私法上の代理権に限られる。もっとも，登記申請行為は，私法上の契約に基づく義務の履行のためになされるときは，例外的に基本権限にあたる（最判昭46.6.3）。

エ　○　正しい

　民法109条1項については，表見代理の成立を否定したい表示者の側が，相手方の悪意又は過失を立証しなければならない（最判昭41.4.22）。

オ　×　誤っている

　権限外の行為の表見代理の規定（§109，§110，§112）は，権限がない場合の規定であり，自己の利益を図るために権限を行使した場合，すなわち，権限内の権限濫用行為の場合には適用されない。この場合には，「代理人が自己又は第三者の利益を図る目的で代理権の範囲内の行為をした場合」（§107）にあたり，107条が適用される。

平25 — 4 ②　No.63　　　　　　　　　　　　　　　　レベル　★

（配点：2）

　表見代理に関する次のアからオまでの各記述のうち，判例の趣旨に照らし正しいものを組み合わせたものは，後記1から5までのうちどれか。

ア．本人から登記申請を委任された者が，その権限を越えて，本人を代理して第三者と取引行為をした場合において，その登記申請の権限が本人の私法上の契約による義務を履行するために付与されたものであり，第三者が代理人に権限があると信ずべき正当な理由があるときは，委任された登記申請の権限を基本代理権とする表見代理が成立する。

イ．原材料甲を仕入れる代理権を本人から付与された者が，その代理権を利用して利益を図ろうと考え，本人を代理して第三者から甲を買い受け，これを他に転売しその利益を着服した場合，権限外の行為についての表見代理に関する規定が類推され，第三者は，本人に対し，甲の代金の支払を求めることができる。

ウ．子が父から何らの代理権も与えられていないのに，父の代理人として相手方に対し父所有の不動産を売却した場合，相手方において，子に売買契約を締結する代理権があると信じ，そのように信じたことに正当な理由があるときは，表見代理が成立する。

エ．本人からその所有する不動産に抵当権を設定する代理権を与えられた者が，本人を代理して当該不動産を売却した場合，売買契約の相手方がその権限の逸脱の事実を知り，又はそれを知らないことについて過失があったときでも，転得者が善意無過失であるときは，表見代理が成立する。

オ．夫が，日常の家事の範囲を越えて，妻を代理して法律行為をした場合，相手方において，その行為がその夫婦の日常の家事に関する法律行為に属すると信ずるにつき正当の理由があるときは，権限外の行為についての表見代理に関する規定の趣旨が類推され，妻は夫がした法律行為によって生じた債務について，連帯してその責任を負う。

1．ア　ウ　　　2．ア　オ　　　3．イ　ウ　　　4．イ　エ　　　5．エ　オ

| No.63 | 表見代理 | 正解 **2** |

ア ○ 正しい

　判例（最判昭46.6.3）は，本記述と同様の事案において登記申請の権限を基本代理権とする民法110条の適用を認めている。その理由として，公法上の行為であっても特定の私法上の取引行為の一環としてなされるものであるときは，その行為の私法上の作用を看過することはできないのであって，第三者の信頼を保護する必要があることは，委任者が一般の私法上の行為の代理権を与えた場合におけるのと異なるところがないことを挙げている。よって，本肢は正しい。

イ × 誤っている

　本肢のように代理権を与えられた者が代理権を濫用した事例においては，権限外の行為の表見代理の規定（§109，§110，§112）は適用ないし類推適用されず，「代理人が自己又は第三者の利益を図る目的で代理権の範囲内の行為をした場合」（§107）として，107条が適用される。また，107条改正前の判例（最判昭42.4.20）は，本肢のような事例において表見代理規定を類推適用せず，相手方が代理人の意図を知りまたは知りうべきであった場合には93条ただし書の規定を類推適用していた。

ウ × 誤っている

　子が未成年の場合，父は一般に親権者（§818−Ⅰ）として母と共同して（同−Ⅲ），法定代理権（§824）を有する。しかし，本肢では子が未成年であると限定されていない。そこで，成年の場合，父が子の不動産を代理人として売却するには父に代理権が必要とされるが，本肢では代理権が与えられていないので，表見代理規定（§109，§110，§112）の適用が問題となる。しかし，これらの規定においては，本人が責任を負うための類型化された帰責事由（「第三者に対して他人に代理権を与えた旨を表示した者」（§109），「他人に代理権を与えた」者（§110），「他人に代理権を与えた者」（§112））が要件とされるが，本肢ではこのような帰責事由が認められないので，表見代理は成立しない。

エ × 誤っている

　判例（最判昭36.12.12）は，直接の受取人ではない手形所持人が，手形を振り出した代理人に権限あるものと信ずべき正当な理由を有していても，110条は適用されないとしている。判例に賛成する学説は，110条の趣旨が代理権存在に対する信頼の保護にあるところ，転得者は前主が権利を有することを信頼しているにとどまり代理権存在に対する信頼を有しているわけではないため，同条で保護されるものではないと解し，110条で保護される第三者は直接の相手方に限られるとしている。したがって，転得者は同条で保護されない。よって，転得者が善意無過失であるときは表見代理が成立するとする点で，本記述は誤っている。

オ　○　正しい

　判例（最判昭44.12.18＝民法百選Ⅲ№9）は，本記述と同様の事案において，第三者において，その行為が当該夫婦の日常の家事に関する法律行為の範囲内に属すると信ずるにつき正当の理由のあるときに限り，110条の趣旨を類推適用して，その第三者の保護をはかるものとしている。その理由として判例は，761条は，夫婦は相互に日常の家事に関する法律行為につき他方を代理する権限を有することをも規定しているものと解するのが相当であるが，夫婦の一方が日常の家事に関する代理権の範囲を越えて第三者と法律行為をした場合において，その代理権の存在を基礎として広く一般的に110条所定の表見代理の成立を肯定することは，夫婦の財産的独立を損なうおそれがあって，相当でないことを挙げている。よって，本記述は正しい。

| 平21 — 6 | №.64 | | | | | | | | レベル ★ |

（配点：2）

　代理に関する次のアからオまでの各記述のうち，判例の趣旨に照らし正しいものを組み合わせたものは，後記1から5までのうちどれか。

ア．代理権消滅後にその代理権を越えて代理行為を行った場合には，表見代理は成立しない。

イ．夫婦の日常家事に関する相互の代理権を基礎として権限外の行為の表見代理は成立しないが，相手方においてその夫婦の日常の家事に関する法律行為と信ずるにつき正当の理由のあるときに限り，権限外の行為についての表見代理の規定の趣旨が類推適用される。

ウ．代理権授与の表示による表見代理が成立するためには，相手方が，代理人と称する者が代理権を有すると信じ，かつ，そのように信じたことについて無過失であったことを，その相手方において主張立証しなければならない。

エ．本人が無権代理行為の追認を拒絶した場合には，その後無権代理人が本人を相続したとしても，無権代理行為が有効になるものではない。

オ．無権代理人が本人を共同相続した場合においては，無権代理人の相続分の限度で無権代理行為は当然に有効になる。

1．ア　ウ　　　2．ア　オ　　　3．イ　ウ　　　4．イ　エ　　　5．エ　オ

No.64　　無権代理・表見代理　　正解 **4**

ア　×　誤っている

　代理権消滅後にその代理権を越えて代理行為を行った場合，表見代理に関する民法112条2項が適用され，第三者がその行為について代理権があると信ずべき正当な理由がある場合に，本人がその行為について責任を負うとされる。なお，112条2項新設前の判例（大連判昭19.12.22）は，表見代理規定である民法110条と112条1項を重畳適用していた。

イ　○　正しい

　判例（最判昭44.12.18＝民法百選Ⅲ No.9）は，夫婦の日常家事に関する相互の代理権を基礎として，110条の表見代理が成立するものではないが，相手方においてその夫婦の日常家事に関する法律行為と信じるにつき正当な理由がある場合には，同条の趣旨が類推適用されるとしている。

ウ　×　誤っている

　判例（最判昭41.4.22）は，109条1項における表見代理の成否につき，本人が相手方の悪意又は過失を証明しない限り，責任を負うものとしている。学説も，109条1項ただし書の，第三者が悪意又は有過失の時はこの限りでないという規定の仕方を根拠として，法律要件分類説の見地から，判例の見解に賛同する。

エ　○　正しい

　判例（最判平10.7.17）は，本人が無権代理行為の追認を拒絶した場合には，その後に無権代理人が本人を相続しても，当該無権代理行為が有効になるものではないとしている。

オ　×　誤っている

　判例（最判平5.1.21＝民法百選Ⅰ No.36）は，無権代理人が本人を他の共同相続人とともに共同相続した場合，共同相続人全員が共同して追認しない限り，無権代理行為は無権代理人の相続分の限度においても当然に有効となるものではないとしている。

| 平29 — 5 | No.65 | | | | | | | レベル ★ |

(配点：2)

　代理に関する次のアからオまでの各記述のうち，判例の趣旨に照らし正しいものを組み合わせたものは，後記1から5までのうちどれか。

ア．代理人が自己又は第三者の利益を図るために契約をした場合において，それが代理人の権限内の行為であるときは，本人は，代理人の意図を知らなかったことについて相手方に過失があったとしても，その行為について責任を免れることができない。

イ．第三者に対して他人に代理権を与えた旨を表示した者は，その他人に代理権が与えられていないことをその第三者が知り，又は過失によって知らなかったことを主張立証すれば，その表示された代理権の範囲内においてされた行為について責任を免れる。

ウ．権限外の行為の表見代理は，代理人として行為をした者が当該行為をするための権限を有すると相手方が信じたことにつき本人に過失がなかったときは成立しない。

エ．代理権消滅後の表見代理は，相手方が代理人として行為をした者との間でその代理権の消滅前に取引をしたことがなかったときは成立しない。

オ．相手方から履行の請求を受けた無権代理人は，表見代理が成立することを理由として無権代理人の責任を免れることはできない。

1．ア　イ　　　2．ア　エ　　　3．イ　オ　　　4．ウ　エ　　　5．ウ　オ

| No.65 | 無権代理・表見代理 | 正解 **3** |

ア　✕　誤っている

　判例（最大判昭42.4.20＝民法百選Ⅰ№26）は，代理権濫用の場合，代理人の行為は，本人の利益のために行うという外形を有しながら内心は自己の利益を図ろうとする点で心裡留保に類似するとして，民法93条1項ただし書を類推適用し，相手方が代理人の真意につき悪意又は有過失である場合には代理人の行為を無効とするとした。また，改正法のもとでは，判例の趣旨を明文化した107条が適用される。

イ　○　正しい

　判例（最判昭41.4.22）は，民法109条1項にいう代理権授与表示者は，代理行為の相手方の悪意又は有過失を主張・立証することにより，109条所定の責任を免れることができるとした。学説も，109条1項ただし書の，第三者が悪意又は有過失の時はこの限りでないという規定の仕方を根拠として，法律要件分類説の見地から，判例の見解に賛同する。

ウ　✕　誤っている

　判例（最判昭34.2.5）は，権限外の行為の表見代理（民法§110）は，正当な理由が本人の過失によって生じたことを要件とするものではないと判示する。したがって，本記述は，本人に過失がなかったときは成立しないとする点で，誤っている。

エ　✕　誤っている

　判例（最判昭44.7.25）は，代理権消滅後の表見代理は，相手方が，代理権の消滅する前に代理人と取引をしたことがあることを要するものではないとする。この理由として，判例は，このような事実は，相手方の善意無過失に関する認定のための一資料となるにとどまることを挙げる。したがって，本記述は，取引をしたことがなかったときは成立しないとする点で，誤っている。

オ　○　正しい

　判例（最判昭62.7.7＝民法百選Ⅰ№34）は，無権代理人は，表見代理が成立することを主張立証して民法117条の責任を免れることはできないとしている。この理由として，判例は，表見代理は本来相手方保護のための制度であることを理由として挙げている。

解答のポイント！

　代理に関する知識を問う問題である。肢ア・イ・ウ・オは基本的な問題であり，過去問において頻出の知識でもあるため，これらの肢を確実に正解することが求められる。肢エは，細かい知識であるが，あてはめにおいての一要素となるため，論文式試験でも生きる知識であり，押さえておくとよい。正解できないと，他の受験生に差をつけられてしまう問題である。

平24−4 1 改　No.66　　　　　　　　　　レベル　☆

（配点：2）

　任意代理に関する次のアからオまでの各記述のうち，誤っているものを組み合わせたものは，後記1から5までのうちどれか。

ア．代理人に対して意思表示をした者が，本人に対する意思表示であることを示したときは，代理人において本人のために受領することを示さなくても，その意思表示は本人に対して効力を生ずる。

イ．代理権は，代理人が後見開始の審判を受けたときは消滅する。

ウ．意思表示の効力がある事情を知っていたことによって影響を受けるべき場合，その事実の有無は，本人の選択に従い，本人又は代理人のいずれかについて決する。

エ．代理権を有しない者がした契約を本人が追認する場合，その契約の効力は，別段の意思表示がない限り，追認をした時から将来に向かって生ずる。

オ．代理人が復代理人を選任した場合は，代理人は復代理人が必要な代理行為をしなかったことについて，本人に対して原則責任を負う。

1．ア　イ　　　2．ア　オ　　　3．イ　ウ　　　4．ウ　エ　　　5．エ　オ

| No.66 | 任意代理 | 正解 **4** |

ア　○　正しい

　第三者が代理人に対して本人のためにすることを示してした意思表示は，本人に対して直接にその効力を生ずる（民法§99−Ⅱ・Ⅰ）。この規定によれば，代理人に対して意思表示をした者が，本人に対する意思表示であることを示したときは，代理人において本人のために受領することを示さなくても，その意思表示は本人に対して効力を生ずる。

イ　○　正しい

　代理権は，任意代理でも法定代理でも，代理人が後見開始の審判を受けたときは消滅する（§111−Ⅰ②）。代理権の適正な行使を期待できないからである。

ウ　×　誤っている

　意思表示の効力が意思の不存在，詐欺，強迫又はある事情を知っていたこと若しくは知らなかったことにつき過失があったことによって影響を受けるべき場合には，その事実の有無は，代理人について決し（§101−Ⅰ・Ⅱ），本人の選択に従い，本人又は代理人のいずれかについて決することはない。

エ　×　誤っている

　代理権を有しない者がした契約を本人が追認する場合，その契約の効力は，別段の意思表示がない限り，契約の時にさかのぼってその効力を生ずるのであって（§116本文），追認をした時から将来に向かって生ずるわけではない。

オ　○　正しい

　代理人が復代理人を選任した場合の責任についての旧民法105条は削除され，代理人が代理人としての義務の履行について，履行補助者を選任した場合の一般的な債務不履行責任の問題とされた。すると，代理人は，復代理人を選任したときは，復代理人が必要な代理行為をしなかったことについて，本人に対して原則責任を負うことになる。

🔶解答のポイント！🔶

　本問は，代理に関する民法の条文の理解を素直に問う問題である。民法の基本書を使って学習してきた者であれば，誰もが解くことのできる良問である。この問題を間違えた受験生は自身の学習方法を真摯に反省し，本来のあるべき学習方法に変更する必要がある。

平30 ― 4 ② No.67 ／／／／／／　レベル ☆☆

（配点：2）

　任意代理に関する次のアからオまでの各記述のうち，誤っているものを組み合わせたものは，後記1から5までのうちどれか。

ア．特定の法律行為をすることを委託された代理人が本人の指図に従ってその行為をした場合，本人は，自ら過失によって知らなかった事情について代理人が過失なく知らなかったことを主張することができない。

イ．権限の定めのない代理人は，保存行為をする権限のみを有する。

ウ．代理人が相手方と通謀して売買契約の締結を仮装した場合，相手方は，本人がその通謀虚偽表示を知っていたか否かにかかわらず，当該売買契約の無効を主張することができる。

エ．代理人が保佐開始の審判を受けたときは，代理権は消滅する。

オ．代理人が相手方と売買契約を締結した後，その代理人が制限行為能力者であったことが判明した場合であっても，本人は当該売買契約を行為能力の制限によって取り消すことができない。

1．ア　イ　　　2．ア　オ　　　3．イ　エ　　　4．ウ　エ　　　5．ウ　オ

No.67　　　　　　　　　　　　任意代理　　　　　　　　　正解 **3**

ア　○　正しい

　民法101条3項は，「特定の法律行為をすることを委託された代理人がその行為をしたときは，本人は，自ら知っていた事情について代理人が知らなかったことを主張することができない。本人が過失によって知らなかった事情についても，同様とする。」と規定している。したがって，正しい。

イ　×　誤っている

　民法103条は，「権限の定めのない代理人は，次に掲げる行為のみをする権限を有する。」と規定している。そして，1号は「保存行為」，2号は「代理の目的である物又は権利の性質を変えない範囲内において，その利用又は改良を目的とする行為」と規定している。したがって，保存行為をする権限のみを有するとしている点で誤っている。

ウ　○　正しい

　代理人が相手方と通謀して売買契約の締結を仮装した場合の売買契約の効力は，民法94条1項「相手方と通じてした虚偽の意思表示は，無効とする。」の適用の有無で決せられ，本人に94条1項の適用があるか否かは，代理人の通謀が，本人の相手方との通謀と同様に評価されるかで決せられる。この点，101条1項は，「代理人が相手方に対してした意思表示の効力が意思の不存在，錯誤，詐欺，強迫又はある事情を知っていたこと若しくは知らなかったことにつき過失があったことによって影響を受けるべき場合には，その事実の有無は，代理人について決するものとする。」と規定しているので，代理人が通謀していれば，「ある事情を知っていた」ものとして，本人が通謀を知らなかったとしても，本人の通謀と同様に評価され，相手方は無効を主張できる。

エ　×　誤っている

　民法111条1項は，代理権の消滅事由について，1号「本人の死亡」，2号「代理人の死亡又は代理人が破産手続開始の決定若しくは後見開始の審判を受けたこと。」を挙げており，代理人が保佐開始の審判を受けたことは，代理権の消滅とされていない。

オ　○　正しい

　民法102条本文は，「制限行為能力者が代理人としてした行為は，行為能力の制限によっては取り消すことができない。」と規定している。これは，代理行為の効果が本人に帰属し，代理人には帰属しないことから，法律行為の効果帰属主体保護のための制限行為能力規定の適用がないことに基づく。したがって，代理人が制限行為能力者であったとしても，それをもって当該契約を取り消すことができない。

平27 — 4　　No.68　　　　　　　　　　　　　　レベル　☆

（配点：2）

　表見法理に関する次の1から4までの各記述のうち，判例の趣旨に照らし誤っているものはどれか。

1．AがBに対しA所有の甲土地を売却する代理権を与えていないのに，その代理権を与えた旨をCに表示し，BがAの代理人としてCとの間で甲土地の売買契約を締結した場合，Aは，CがBに代理権がないと知っていたこと，又は過失により知らなかったことを立証しなければ，甲土地の引渡債務を免れることができない。

2．AがBと通謀してA所有の甲土地につきAB間で売買予約がされた旨仮装し，Bへの所有権移転登記請求権保全の仮登記をした後，Bが偽造書類を用いて仮登記を本登記にした上で，善意無過失のCに甲土地を売却し，Cへの所有権移転登記をした場合，Cは，Aに対し，甲土地の所有権をCが有することを主張することができる。

3．AがBと通謀してA所有の甲土地につきAB間で売買契約がされた旨仮装し，Bへの所有権移転登記をした後，Bが甲土地をCに売却した場合，Aは，CがAB間の売買契約が虚偽表示であることを知っていたことを立証しなければ，Cに対し，甲土地の所有権をAが有することを主張することができない。

4．AがBに対しA所有の甲土地を売却する代理権を与えていないのに，Bが甲土地につきAからBへの所有権移転登記をした上で，その事情について善意無過失のCに甲土地を売却した場合，Aが甲土地の登記済証及びAの印鑑登録証明書をBに預けたままにし，Aの面前でBがAの実印を登記申請書に押捺するのを漫然と見ていたなど，Aの帰責性の程度が自ら外観の作出に積極的に関与した場合やこれを知りながらあえて放置した場合と同視し得るほど重いときは，Cは，Aに対し，甲土地の所有権をCが有することを主張することができる。

No.68　　表見法理　　正解 **3**

1　○　正しい

　判例（最判昭41.4.22）は代理権の授与を表示した者が「代理行為の相手方の悪意または過失を主張，立証することにより109条〔注：1項〕の責任を免れる」としている。学説も，民法109条1項ただし書の，第三者が悪意又は有過失のときはこの限りでないという規定の仕方を根拠として，法律要件分類説の見地から，判例の見解に賛同する。したがって，Aは，CがBに代理権がないと知っていたこと，又は過失により知らなかったことを立証しなければ，甲土地の引渡債務を免れることができない。

2　○　正しい

　AがBと通謀し行ったのは甲土地の売買予約をして仮登記にしたところまでであり，それ以上のBが勝手に仮登記を本登記にした行為についてはAに帰責性は及ばない。判例（最判昭43.10.17）は，このような本人が自覚せずに不実の外形をつくりだしていた場合について，第三者が保護されるためには，94条2項の第三者として保護される要件である善意のみだけでなく，無過失も必要としている。本問ではCは善意無過失であるため，94条2項の第三者として保護される。よって本肢は正しい。

3　×　誤っている

　善意については，94条2項の法律効果を求める者に主張立証責任があると考えられている（最判昭41.12.22）。その理由は同条2項によって虚偽表示の本来的効果である無効という効力を免れることができるという有利な法律効果がその者に生じるためである（**法律要件分類説**）。よって本肢は本来Cに主張立証責任があるところ，Aに責任があるとしている点で誤っている。

4　○　正しい

　判例（最判平18.2.23＝民法百選Ⅰ No.22）は，真の権利者が自ら不実の登記を作出していない場合でも不動産所有者が不必要に登記済証を預けたままにし，内容使途を確認することなく書類に署名や実印が押されるのを漫然と見ていた等，あまりにも不注意な行為によって不実の登記がなされた場合は，帰責性の程度は自ら外観作出に関与した場合と同視できるとして，94条2項及び110条の類推適用を認めている。本問は判例の事例と同様に評価できるるため，CはAに対して甲土地の所有権を主張できる。

解答のポイント！

　本問は表見法理について判例の知識を聞いている。表意者保護と取引の安全のバランスの観点から理解することと，表見法理の主張立証責任については条文の構造からどちらに有利な法律効果が発生するのかを考えて，どちらに主張責任があるか見極めることが本肢を解くポイントとなる。立証責任は聞かれやすいところであるため，知っておく必要がある。判例の知識も問われていることからきちんと理解しておくことも重要であろう。

| 平22 — 3改 | No.69 | | | | | | | レベル　★ |

（配点：2）

　取消しに関する次のアからオまでの各記述のうち，誤っているものを組み合わせたものは，後記1から5までのうちどれか。

ア．第三者の強迫によって不動産の売却を承諾した者は，売買の相手方が強迫の事実を知らなかった場合には，その承諾を取り消すことができない。

イ．相手方の詐欺によって不動産の売却を承諾した者は，その承諾を取り消す前に善意・無過失の第三者がその不動産を譲り受けて登記を備えた場合において，取消しをその第三者に対抗することができない。

ウ．民法上の詐欺に該当しない場合であっても，事業者が不動産の売買契約の締結について勧誘をするに際し，重要事項について事実と異なることを告げたことにより，消費者がその内容が事実であるとの誤認をして契約の申込みをしたときは，消費者は，その申込みを取り消すことができる。

エ．未成年の時における不動産の売買により代金債務を負担した者は，成年に達した後にその代金を支払った場合であっても，売買の当時未成年者であったことを理由としてその売買を取り消すことができる。

オ．取り消された行為は，初めから無効であったものとみなされるのが原則であるが，婚姻及び養子縁組の取消しは，いずれも将来に向かってのみその効力を生ずる。

1．ア　エ　　　2．ア　オ　　　3．イ　ウ　　　4．イ　エ　　　5．ウ　オ

| No.69 | 取　消　し | 正解 **1** |

ア　×　誤っている

　強迫の場合には，詐欺の場合と異なり，第三者の詐欺の規定（民法§96−Ⅱ）は適用されない。これは，民法が，強迫による被害を民法が詐欺よりも重視していることによる。よって，第三者の強迫があった場合，相手方が善意のときでも取り消すことができる。

イ　○　正しい

　詐欺による意思表示の取消しは，これをもって善意・無過失の第三者に対抗することができない（民法§96−Ⅲ）。被詐欺者の利益よりも，善意・無過失の第三者の利益を保護することによって，取引の安全を保護する趣旨である。そして，民法96条3項で保護される「第三者」とは，取消前にあらわれた第三者に限られると解されている（大判昭17.9.30＝民法百選Ⅰ No. 55）。

ウ　○　正しい

　消費者契約法4条1項1号は，消費者は，事業者が消費者契約の締結について勧誘をするに際し，当該消費者に対して重要事項について事実と異なることを告げることによって，当該告げられた内容が事実であるとの誤認をしたことによって当該消費者契約の申込み又はその承諾の意思表示をしたときは，これを取り消すことができると規定している。民法上の詐欺にあたらない場合にも取消権を認めることによって，消費者保護を図ることを趣旨とする。

エ　×　誤っている

　取り消すことのできる行為は，客観的に追認とみられる一定の事由があると法律上当然に追認したものとみなされ，確定的に有効となる（法定追認：民法§125）。相手方の信頼の保護と法律関係の安定を趣旨とする。そして，同条1号は，「全部又は一部の履行」を法定追認事由として挙げている。したがって，未成年者が成年に達した後に代金を支払った場合には，売買当時に未成年であったことを理由とした取消しはできなくなる。

オ　○　正しい

　民法121条は，取り消された行為は，初めより無効であったものとみなすと定めている。すなわち，取消しには遡及効が認められるのが原則である。しかし，婚姻や養子縁組のような身分行為の取消しについては，既成事実を尊重するという趣旨から，例外的に遡及効が否定され，将来に向かってのみ効力を生じるとされている（民法§748−Ⅰ，§808−Ⅰ）。

（配点：2）

　取消しに関する次の1から5までの各記述のうち，誤っているものを2個選びなさい。

1．未成年者がその法定代理人の同意を得ないで行った法律行為を取り消す場合において，行為の相手方が確定しているときは，その取消しは，相手方に対する意思表示によって行う。

2．契約により相手方以外の第三者に対してある給付をすることを約した者が，相手方の詐欺を理由にこれを取り消す場合において，既に第三者が受益の意思表示をしていたときは，その取消しは，その第三者に対する意思表示によって行う。

3．詐害行為の取消しは，債権者の請求に基づき，裁判所が行う。

4．婚姻適齢の規定に違反した婚姻の取消しは，各当事者，その親族又は検察官の請求に基づき，家庭裁判所が行う。

5．負担付遺贈を受けた者がその負担した義務を履行せず，相続人が相当の期間を定めてその履行を催告し，その期間内に履行がない場合には，その負担付遺贈に係る遺言の取消しは，受遺者に対する意思表示によって行う。

No.70　　　　　取　消　し　　　　正解 **2・5**

1　○　正しい

　法定代理人の同意を得ずに行った未成年者の法律行為は取り消すことができる（民法
§5-Ⅱ）。取り消すことができる行為の相手方が確定している場合には，その取消しは相
手方に対する意思表示によって行う（§123）。

2　×　誤っている

　第三者のためにする契約（§537-Ⅰ）が締結され，第三者が受益の意思表示を行って
いたとしても，契約の取消しは当事者間においてなされる。受益の意思表示をした第三者
は，契約当事者たる地位を取得するものではないからである。

3　○　正しい

　債権者は，債務者が債権者を害することを知ってした法律行為の取消しを裁判所に請求
することができる（§424-Ⅰ本文）。**詐害行為の取消しは，債権者の請求に基づいて裁判
所が行う。**

4　○　正しい

　婚姻適齢の規定（§731）に反した婚姻の取消しは，**各当事者，その親族又は検察官の
請求に基づいて家庭裁判所が行う**（§744-Ⅰ本文）。なお，検察官は，当事者の一方が死
亡した後は，取消しを請求することができない（同項ただし書）。

5　×　誤っている

　負担付遺贈を受けた者がその負担した義務を履行しないときは，相続人は，相当の期間
を定めてその履行を催告することができ（§1027前段），期間内に履行がなければ，遺言
の取消しを家庭裁判所に請求することができる（同後段）。遺言の取消しは受遺者に対す
る意思表示によって行うわけではない。

解答のポイント！

　本問は，取消しが問題となる場面について広く条文知識を問う問題である。若干細
かい知識を要求される肢もあるものの，条文や基本書レベルの知識を用いて正解にた
どり着くことは可能であろう。

平18 — 32改　No.71　　　　　　　　　レベル　☆☆

（配点：2）

　無効又は取消しに関する次の1から5までの記述のうち，正しいものはどれか。

1．被保佐人がした行為で取り消すことができるものについて，保佐開始の原因が消滅していない状況において，被保佐人がこれを取り消した場合，当該行為は遡及的に無効となる。

2．所有権に基づく土地明渡請求訴訟において，被告は，原告の所有権取得行為が原告の錯誤によって取り消しうるものであることを主張立証し，裁判上で取消しの意思表示をすれば，請求棄却判決を得ることができる。

3．詐欺による意思表示をした者が，相手方から，1か月以上の期間を定めて，その期間内に当該意思表示を追認するかどうかを確答すべき旨の催告を受けた場合，その期間内に確答を発しないときは，その行為を追認したものとみなされる。

4．仮装の売買契約の売主に対して金銭債権を有する者が善意で売買代金債権を差し押さえて取立訴訟を提起した場合，仮装の買主は，売買契約が虚偽表示であることを証明すれば，請求棄却判決を得ることができる。

5．強迫を受けてした動産売買契約を取り消した売主は，取消し前に買主から当該動産を善意かつ無過失で買い受けた者に対して，所有権に基づいて，当該動産の返還を求めることができる。

| No.71 | 無効・取消しの主張 | 正解 **1** |

1　○　正しい

　被保佐人も制限行為能力者として取消権者である（民法§120-Ⅰ）。したがって，被保佐人がした行為で取り消すことができるものについては，被保佐人も単独で有効に取り消すことができる。

2　×　誤っている

　錯誤取消しは表意者を保護するものであるから，表意者のみが主張でき，相手方・第三者は主張できない（§120-Ⅱ）。したがって，被告がする原告の錯誤取消しの主張は主張自体失当である。

3　×　誤っている

　詐欺における表意者には取消権がある（§96-Ⅰ）が，詐欺と同じく取消権を有する場合である，制限行為能力者の行為と異なり，相手方には**制限行為能力者の行為についての催告権**（§20）に相当する規定は存在しない。したがって，本問の相手方からの催告は，期間の経過により追認という効果を発生させるものではない。

4　×　誤っている

　判例（最判昭12.2.9）は，**虚偽表示による譲受人の債権者で，その目的物を善意で差し押さえた者**を民法94条2項の「第三者」にあたると判示している。同様のことは，譲渡人の債権者がその金銭債権を善意で差し押さえて，利害関係を有するに至った場合にもいえる。

5　×　誤っている

　詐欺と異なり強迫の場合，表意者は，取消前の善意無過失の第三者に対しても，意思表示の取消しを主張できる（§96-Ⅰ・Ⅲ）。しかし，本問で買主から善意無過失で買い受けた目的物は動産であり，**即時取得**（§192）により動産の所有権を取得する。したがって，売主は所有権に基づいて当該動産の返還を求めることができない。

令元－4 2　**No.72**　　レベル ★

（配点：2）

　条件に関する次のアからオまでの各記述のうち，正しいものを組み合わせたものは，後記1から5までのうちどれか。

ア．停止条件付法律行為は，当事者が条件が成就した場合の効果をその成就した時以前にさかのぼらせる意思を表示したとしても，条件が成就した時からその効果が生ずる。

イ．条件の成否が未定である間における当事者の権利義務は，一般の規定に従い，処分し，相続し，若しくは保存し，又はそのために担保を供することができる。

ウ．不能の解除条件を付した法律行為は，無効となる。

エ．条件が成就することによって不利益を受ける当事者が故意にその条件の成就を妨げたときは，相手方は，その条件が成就したものとみなすことができる。

オ．停止条件付法律行為は，その条件が単に債務者の意思のみに係るときは，無条件となる。

1．ア　ウ　　　2．ア　エ　　　3．イ　エ　　　4．イ　オ　　　5．ウ　オ

No.72 条 件 正解 **3**

ア × 誤っている

当事者が条件が成就した場合の効果をその成就した時以前にさかのぼらせる意思を表示したときは，その意思に従う（民法 §127‐Ⅲ）。当事者の意思の尊重が趣旨である。本問では，条件が成就した時から効果が生ずるとするのが誤り。

イ ○ 正しい

条件の成否が未定である間における当事者の権利義務は，一般の規定に従い，処分し，相続し，若しくは保存し，又はそのために担保を供することができる（§129）。条件付権利者が権利処分等の利益を保護する趣旨である。よって，本肢は正しい。

ウ × 誤っている

不能の解除条件を付した法律行為は，無条件とする（§133‐Ⅱ）。不能の条件は成就しえず，解除条件により法律行為の効力が消滅することがなくなるので，無条件として扱う趣旨である。本問では，無効となるとしている点が誤り。

エ ○ 正しい

条件が成就することによって不利益を受ける当事者が故意にその条件の成就を妨げたときは，相手方は，その条件が成就したものとみなすことができる（§130‐Ⅰ）。条件成就によって不利益を受ける当事者が，条件を不成就に終わらせて不利益を免れようとすることも十分考えられ，このような場合にもう一方の当事者が不利益を受けないようにする趣旨である。よって，本肢は正しい。

オ × 誤っている

停止条件付法律行為は，その条件が単に債務者の意思のみに係るときは，無効とする（§134）。このような場合は債権者が履行を求めても債務者がこれを断れば効力を生ぜず，当事者に法的拘束力を生じさせる意思がないと考えて法律行為を無効とする趣旨である。本問では，無条件となるとしているのが誤り。

解答のポイント！

　条件に関する基礎的な条文知識が問われている。肢イは見慣れないものかもしれないが，他の基礎知識を問う肢から正解を出すことは十分可能である。条件・期限は短答では頻出分野であるが，手薄になりがちな分野であるので，注意が必要である。

平19 ― 4改	№.73	レベル ★

（配点：2）

　条件及び期限に関する次のアからオまでの各記述のうち，判例の趣旨に照らし誤っているものを組み合わせたものは，後記1から5までのうちどれか。

ア．「100万円借りるが出世したら返す」という約束をした場合，出世しないことが確定したときには，借主は返還義務を免れる。

イ．停止条件付売買契約において，条件の成否が確定する前に故意に目的物を毀損した売主は，期待権を侵害された買主に対して損害賠償責任を負う。

ウ．条件が成就することによって利益を受ける当事者が，不正な手段を用いて条件を成就させたとしても，条件は成就しなかったものとみなすことができる。

エ．有償の金銭消費寄託契約においては，当事者の双方が期限の利益を有する。

オ．現在の配偶者との離婚を条件として他人との間で婚姻の予約をした場合，この条件は無効であるから，無条件で婚姻の予約が行われたものとみなされる。

1．ア　ウ　　　2．ア　オ　　　3．イ　ウ　　　4．イ　エ　　　5．エ　オ

No.73	条件・期限	正解 **2**

ア　×　誤っている

いわゆる**出世払債務は，不確定期限付きの債務と解されている**（大判大4.3.24）。これは，出世という不確定事実があったときのみ返還するという「条件」と解すると，出世しない限りいつまでも返還しなくてもよいことになってしまう。むしろ，当事者の意図は，出世して返還が可能な場合だけでなく，出世の見込みがなくなった場合にも弁済期日を到来させる趣旨と解される。そうすると，出世すること及び出世しないことは，いずれか一方が必ず発生することから，「条件」ではなく「不確定期限」と解すべきであることによる。したがって，**出世しないことが確定したときには，返還義務の期限が到来するのであり，借主は返還義務を免れるわけではない。**

イ　○　正しい

条件付法律行為の各当事者は，条件の成否が未定である間は，条件が成就した場合にその法律行為から生ずべき相手方の利益を害することはできない（民法§128）。停止条件付売買契約において，**条件の成否が確定する前に故意に目的物を毀損した売主は，期待権を侵害された買主に対して損害賠償責任を負う。**なお，**条件が成就しない間に，期待権が侵害されたとして，損害賠償を請求することはできない。**

ウ　○　正しい

「条件が成就することによって利益を受ける当事者が不正にその条件を成就させたときは，相手方は，その条件が成就しなかったものとみなすことができる」（§130－Ⅱ）。この規定は最判平6.5.31の趣旨を明文化したものである。

エ　○　正しい

期限の利益とは，期限が付されていることにより，その間に当事者が受ける利益をいう。**有償の金銭消費寄託**については，寄託者は，期限までの利息を得ることができるので，期限の利益を有する。また，**受寄者も，期限により資金を運用する利益を得ることができるので，期限の利益を有する。**

オ　×　誤っている

不法な条件を付した法律行為は無効とする（§132前段）。判例（大判大9.5.28）は，配偶者のあるYとの間で，将来その婚姻が解消する場合には，自分Xと婚姻することを内容とする婚姻予約及び婚姻入籍までYがXに扶養料を支払う旨の契約は，公序良俗に反し無効であるとした。**現在の配偶者との離婚を条件として他人との婚姻を予約することは，離婚を条件とする点で公序良俗に反するから，婚姻の予約自体が無効となる。**

| 平22 — 5 | №74 | | | | | | | レベル ★ |

（配点：2）

　条件及び期限に関する次のアからオまでの各記述のうち，誤っているものを組み合わせたものは，後記1から5までのうちどれか。

ア．判例によれば，条件の成就によって利益を受ける者が故意に条件を成就させた場合には，相手方は，条件が成就していないものとみなすことができる。

イ．相殺の意思表示には，期限を付することはできるが，条件を付することはできない。

ウ．金銭債務の債務者が担保を提供する義務を負う場合において，担保を提供しないときは，債務者は，期限の利益を主張することができない。

エ．相当の期間を定めて催告をするのと同時に，その期間内に履行されないことを停止条件として解除の意思表示をしても，その解除は無効である。

オ．停止条件付の法律行為は，その条件が単に債務者の意思のみに係るときは，無効である。

1．ア　ウ　　　2．ア　エ　　　3．イ　エ　　　4．イ　オ　　　5．ウ　オ

| No.74 | 条件・期限 | 正解 **3** |

ア　○　正しい

　判例（最判平6.5.31＝民法百選Ⅰ No. 40）は，「条件の成就によって利益を受ける当事者である上告人が故意に条件を成就させたものというべきであるから，民法130条〔注：130条1項〕の類推適用により，被上告人らは，本件和解条項第2項の条件が成就していないものとみなすことができると解するのが相当である」旨判示している。なお，改正民法は，この判例の趣旨を明文化した規定を新設した（民法 §130−Ⅱ）。

イ　×　誤っている

　相殺の意思表示には，条件又は期限を付することができない（§506−Ⅰ）。相殺は単独行為であり，単独行為は相手方を不安定な地位に置くことになるため，条件を付することができないとされるからである。また，相殺に期限をつけることは，相殺の遡及効（同−Ⅱ）からすると無意味であることから認められない。

ウ　○　正しい

　債務者が法律又は契約により担保提供義務を負うのに，その履行がないときには，債務者は，期限の利益を主張することができなくなる（§137③）。担保提供義務の履行がない場合には，債権者の権利の実現が困難となるからである。

エ　×　誤っている

　条件を付した解除の意思表示は，相手方の地位を不安定にさせるので，認められないのが原則である。もっとも，催告に際して，一定の期間内に履行されないときには，解除の意思表示をしないで契約の効果を失わせるという意思表示の効果は認められる。これは停止条件付解除権の行使であるが，相手方を不安定な地位に陥らせるものではないので，有効とされている（大判明43.12.9）。

オ　○　正しい

　停止条件付法律行為は，その条件が単に債務者の意思のみにかかるときは無効とされる（§134）。かかる契約は，本人の意思次第で履行してもしなくてもよいものであり，道徳的拘束力はともかく，法律的拘束力は認められず，無効とされる。

解答のポイント！

　条件及び期限について，条文と判例の知識を問う問題。いずれも基本的かつ重要な知識であり，合格レベルの受験生であれば，すべての肢について確実に正誤の判断ができる。確実に得点しなければならない問題の一つ。

| 平27 — 5 | No.75 | | | | | | | レベル　★ |

（配点：2）

　条件及び期限に関する次のアからオまでの各記述のうち，判例の趣旨に照らし誤っているものを組み合わせたものは，後記1から5までのうちどれか。

ア．医学部に入学したAがBから金銭を借り入れた際に「借入金は私が医師になった時に返済する。」と約束していたが，その後，Aの父親が急死し，Aがその父親の事業を継がざるを得なくなったため医学部を中途退学した場合，Aは，Bに対する借入金の返還債務を免れる。

イ．家屋の賃貸人Aがその家屋の賃借人Bに対し，Bが滞納している賃料を所定の期限までに支払わない場合にはその家屋の賃貸借契約を解除する旨の意思表示をすることは，単独行為に条件を付することになっても許される。

ウ．AがBに対し「将来気が向いたら，私が所有する甲自動車を贈与する。」と約束したとしても，その贈与契約は無効である。

エ．AがBに対し「Bが医学部の卒業試験に合格したら，私が所有する甲自動車を贈与する。」と約束した場合，卒業試験の前にAが甲自動車を第三者Cに売却したときは，Bは，Aに対し，それにより生じた損害の賠償を請求することができる。

オ．AがBに対し「私の所有する乙土地の購入希望者をBが見つけることができ，Bの仲介により売買契約に至れば，その仲介報酬を支払う。」と約束した場合，Aが，Bの見つけてきた乙土地の購入希望者との間で，Bの仲介によらずに直接乙土地の売買契約を結んだときは，Bは，Aに対し，仲介報酬を請求することができない。

1．ア　ウ　　　2．ア　オ　　　3．イ　ウ　　　4．イ　エ　　　5．エ　オ

No.75　　　　　　　条件・期限　　　　　正解 **2**

ア　×　誤っている

　本問のような金銭債務の約束はいわゆる**出世払債務**という。本肢の「借入金は医師に
なった時に返済する」という内容が「医師になるまでは返済を猶予するが，医師になる見
込みがなくなればもはや猶予しない」という場合には，到来することは確実であるが，そ
の時期がいつであるか分からないものにあたるため，不確定期限であるといえる。他方，
「医師にならなければ返済しなくてよい」といえれば，到来することが不確実な条件とい
えるため停止条件付と考えられる。結局のところ，意思表示の解釈の問題であるといえ
る。そして，判例（大判大4.3.24）は出世払債務については原則として不確定期限付債務
と判断している。したがって本問のABの合理的意思としては「Aが医師の資格を取得す
るまで猶予するが，医師とならないことが確実となった場合はもはや猶予しない」意図が
あると解されるため，「医師の資格を取得」するか否かに関わらず，必ず弁済期は到来す
ることになる。よってAはBに借入金の債務を弁済する必要があるところ，債務を免れる
としている点で誤っている。

イ　○　正しい

　判例（大判明43.12.9）は，催告と同時に催告期間内に適法な履行のないことを停止条件
とする解除（民法§541）の意思表示をすることは有効であるとしている。なぜなら，相
殺や解除のような単独行為については，相手方の地位を不安定にすることから，条件を付
けることができないとされている（§506-I）が，本問のような債務の弁済をしないこ
とを停止条件とする解除の意思表示は条件の成否が相手方の行為にかかってくるため，相
手方の地位を不安定にすることがないからである。したがって本肢は正しい。

ウ　○　正しい

　民法134条は，**停止条件付法律行為**は，その条件が単に債務者の意思にのみかかるとき
には，**無効**とする。このような行為は，本人の意思次第で履行してもしなくてもよいもの
であり，そこに法律の拘束力は認められないので，無効とされる。本肢はAの気が向いた
らBに甲自動車を贈与するものであるため，債務者たるAの意思のみにかかる場合にあた
る。したがって本肢の約束は停止条件付法律行為といえる。よってこの贈与契約は無効で
あるといえ，正しい。

エ　○　正しい

　AとBが本肢のような条件を付した場合，Bには**期待権**（§128）があるため，約束し
て引き渡すとしていた甲自動車を第三者Cに引き渡してしまった場合は当事者の一方た
るAが相手方Bの利益を害したものといえ，709条によって損害賠償請求することができ
る。よって本肢は正しい。

オ　×　誤っている

　民法130条1項。条件が成就することによって不利益を受ける当事者が故意にその条件の成就を妨げたときは，相手方は，その条件が成就したものとみなすことができる。そして，判例（最判昭39.1.23）は，条件の成就を妨害した場合にあたるものとして，山林売却のあっせんを依頼し一定の報酬を支払う旨の停止条件付契約が締結された場合に，受任者を介せずに第三者に売却したときは，委任者は報酬支払債務を免れないとしている。本肢はこれにあたるため，Bは報酬を請求できるところ，できないとしている点で誤っている。

解答のポイント！

　本問は全て基本的な判例と条文知識で解ける問題といえる。したがって落としてはいけない。過去にも条件・期限については何度も問われているところであるため，しっかりと条文知識は身につけておいてほしい。

| 平24 — 6 ② | No.76 | | | | | | | レベル ☆ |

（配点：2）

　　条件，期限及び期間の計算に関する次のアからオまでの各記述のうち，誤っているもの
を組み合わせたものは，後記1から5までのうちどれか。

ア．条件が成就しないことが法律行為の時に既に確定していた場合，その条件が解除条件
　であるときは無条件の法律行為となり，その条件が停止条件であるときは無効な法律行
　為となる。

イ．不法な条件を付した法律行為は無効であるが，不法な行為をしないことを条件とする
　法律行為は有効である。

ウ．条件の付された権利は，その条件の成否が未定である間は，相続することができな
　い。

エ．判例によれば，不法行為による損害の賠償を請求する債権の消滅時効の期間の計算に
　ついては，被害者が損害及び加害者を知った時が午前零時でない限り，初日は算入しな
　い。

オ．契約の一方当事者に債務不履行があった場合において，催告期間内に履行しなければ
　契約を解除する旨の意思表示を他方当事者がしたときは，その催告期間内に履行がなけ
　れば，改めて解除の意思表示をしなくても，解除の効果は発生する。

1．ア　イ　　　2．ア　オ　　　3．イ　ウ　　　4．ウ　エ　　　5．エ　オ

No.76　条件・期限・期間の計算　正解 **3**

ア　○　正しい

　条件が成就しないことが法律行為の時に既に確定していた場合において，その条件が停止条件であるときはその法律行為は無効とし，その条件が解除条件であるときはその法律行為は無条件とする（民法§131‐Ⅱ）。

イ　×　誤っている

　不法な条件を付した法律行為は無効となり，また，不法な行為をしないことを条件とする法律行為も同様に無効となる（§132）。前者は，不法な条件が実現されるのを防ぐためであり，後者は，不法な行為を背景に一定の法律関係を強制することを防ぐためである。

ウ　×　誤っている

　条件の成否が未定である間における当事者の権利義務は，一般の規定に従い，処分し，相続し，若しくは保存し，又はそのために担保を供することができる（§129）。したがって，条件の付された権利は，その条件の成否が未定である間でも，相続することができる。

エ　○　正しい

　不法行為による損害賠償の請求権は，被害者が損害及び加害者を知った時から3年間行使しないときは，時効によって消滅する（§724①。なお，生命又は身体を害する不法行為については724条の2が新設されて5年とされた）。この消滅時効の時効期間については，被害者が損害及び加害者を知った時が午前零時でない限り，初日は算入しないで計算する（最判昭57.10.19，§140参照）。

オ　○　正しい

　一般に，解除権のような形成権に条件をつけることは，相手方の地位を不安定にするので許されないとされる。もっとも，債務不履行があった場合に，催告期間内に履行しなければ契約を解除する旨の意思表示は，相手方の地位を不安定にしないので有効である（大判明43.12.9）。したがって，その意思表示後，催告期間内に履行がなければ，解除の効果が発生し，改めて解除の意思表示をする必要はない。

解答のポイント！

　本問は，条件，期限，期間の計算について定めた条文に関する問題である。受験生には比較的なじみの薄い分野だと思われるが，実務的には極めて重要なルールである。実務家登用試験である司法試験で実務的に重要なルールが問われるのは当然である。民法の学習に際しても，受験生の立場ではなく，実務上の重要度という観点からのメリハリ付けを忘れないで欲しい。

| 平20―7改 | No.77 | | レベル ★ |

(配点：2)

　時効に関する次のアからオまでの各記述のうち，判例の趣旨に照らし誤っているものを組み合わせたものは，後記1から5までのうちどれか。

ア．土地の継続的な用益という外形的事実が存在し，かつ，それが賃借の意思に基づくことが客観的に表現されているときは，土地賃借権の時効取得が可能である。

イ．債務につき消滅時効が完成した後に，債務者が債務の承認をした以上，時効完成の事実を知らなかったときでも，以後その完成した消滅時効を援用することは許されない。

ウ．取得時効を主張する時効援用権者は，占有を開始した以後の任意の時点を時効の起算点として選択することができる。

エ．相続人が，被相続人の死亡により，相続財産の占有を承継したばかりでなく，新たに相続財産を事実上支配することによって占有を開始して，その占有に所有の意思があるとみられる場合においては，被相続人の占有が所有の意思のないものであったときでも，相続人は新権原により所有の意思をもって占有を始めたものといえる。

オ．債務者兼抵当権設定者である原告が債務の不存在を理由として提起した抵当権設定登記の抹消登記手続請求訴訟において，債権者兼抵当権者である被告が請求棄却の判決を求め，被担保債権の存在を主張したとしても，その債権につき裁判上の請求に準ずる消滅時効の完成猶予の効力は生じない。

1．ア　イ　　　2．ア　エ　　　3．イ　ウ　　　4．ウ　オ　　　5．エ　オ

No.77　時効をめぐる法律関係　　正解 4

ア　○　正しい
　判例（最判昭43.10.8）は，土地の継続的な用益という外形的事実が存在し，かつ，それが賃借の意思に基づくことが客観的に表現されているときは，民法163条に従い，土地賃借権の時効取得が可能であるとする。

イ　○　正しい
　判例（最大判昭41.4.20＝民法百選Ⅰ№ 43）は，消滅時効が完成した後に債務を承認した債務者は，承認した時点において時効完成の事実を知らなくても，信義則上，消滅時効を援用できないとする。

ウ　×　誤っている
　判例（最判昭35.7.27）は，時効取得完成の時期は，必ず時効の基礎たる事実の開始した時期を起算点として決定すべきものであって，取得時効を援用する者が任意にその起算点を選択し，時効完成時期を早めたり遅らせたりすることができないとする。

エ　○　正しい
　判例（最判昭46.11.30）は，相続人が，被相続人の死亡により，相続財産の占有を承継したばかりでなく，新たに相続財産を事実上支配することによって占有を開始し，その占有に所有の意思があるとみられる場合においては，被相続人の占有が所有の意思のないものであったときでも，相続人は185条にいう「新たな権原」により所有の意思をもって占有を始めたものというべきであるとしている。これは，被相続人の占有が所有の意思のないものであった場合でも，185条の適用により相続人の占有が所有の意思あるものと認められるための要件を具体化したものである。

オ　×　誤っている
　判例（最判昭44.11.27）は，債務負担の事実のないことを理由とする根抵当権設定登記の抹消登記手続訴訟において，被告が請求棄却の判決を求め，被担保債権の存在を主張したときは，その主張は，裁判上の請求に準ずるものとして，被担保債権につき消滅時効の完成猶予の効力を生じるとする。

平29－6 ③ 改　No.78　　　　　　　　　　　レベル ★

(配点：2)

　時効に関する次のアからエまでの各記述のうち，判例の趣旨に照らし誤っているものを組み合わせたものは，後記1から5までのうちどれか。

ア．買主の売主に対する目的物の品質の契約内容不適合による損害賠償請求権の消滅時効は，買主がその不適合を知らなくても，買主が目的物の引渡しを受けた時から進行を始める。

イ．相続財産に関しては，相続財産管理人が選任された場合でも，相続人が確定するまでの間は，時効は完成しない。

ウ．主たる債務者がその債務について時効の利益を放棄した場合には，その保証人に対してもその効力を生ずる。

エ．債務者が，消滅時効完成後に債権者に対して債務を分割して支払う旨の申出をした場合には，時効完成の事実を知らなかったときでも，その後その時効を援用することは許されない。

1．ア　イ　　　2．ア　ウ　　　3．イ　ウ　　　4．イ　エ　　　5．ウ　エ

No.78	時効をめぐる法律関係	正解 **3**

ア　○　正しい

　買主の売主に対する目的物の品質の契約内容不適合による損害賠償請求権は，「買主が
その不適合を知った時から１年以内にその旨を売主に通知しないときは，買主は，その不
適合を理由として，履行の追完の請求，代金の減額の請求，損害賠償の請求及び契約の
解除をすることができない。」（§566－Ⅰ本文）とされるので，買主が不適合に気付かな
かった場合の規律が問題となる。この点，買主が不適合を知らないまま20年以上経過した
後に目的物の品質の契約内容不適合を理由に損害賠償請求した事例について，判例（最判
平13.11.27＝民法百選ⅡNo.53）は，目的物の品質の契約内容不適合による損害賠償請求権
には，消滅時効の規定の適用があり，この消滅時効は，買主が売買の目的物の引渡しを受
けたときから進行するとしている。この理由として，判例は，この損害賠償請求権は，民
法166条１項にいう「債権」であること，「買主が売買の目的物の引渡しを受けた後であれ
ば，遅くとも通常の消滅時効期間の満了までの間に瑕疵〔注：契約内容不適合〕を発見し
て損害賠償請求権を行使することを買主に期待しても不合理でない」こと，損害賠償請求
権に「消滅時効の規定の適用がないとすると，買主が瑕疵〔注：契約内容不適合〕に気付
かない限り，買主の権利が永久に存続することになるが，これは売主に過大な負担を課す
るものであって，適当といえない」ことを挙げる。したがって，本肢は正しい。

イ　×　誤っている

　判例（最判昭35.9.2）は，①相続人の確定又は，②管理人の選任がない限り，相続財産
に属する権利及び相続財産に対する権利について，時効完成はないとした。判例の見解に
賛同する学説は，民法160条の適用場面であることを挙げる。したがって，本肢は，相続
財産管理人が選任された場合でも時効完成がないとする点で，誤っている。

ウ　×　誤っている

　判例（大判昭6.6.4）は，主たる債務者が時効の利益を放棄した場合でも，保証人は，主
たる債務の消滅時効を援用することができるとした。判例の見解に賛同する学説は，時効
利益の放棄の効果は相対的であり，放棄者以外には及ばないこと挙げる。また，放棄がな
されたからといって，時効の援用権が消滅するわけではないと解される。したがって，本
肢は保証人に対して効力を生ずるとする点で，誤っている。

エ　○　正しい

「承認」（§152）とは，時効の利益を受けるべき者が権利者に対して権利の存在を認識していることを表示することである。そして，消滅時効完成後に債権者に対して債務を分割して支払う旨の申出は，支払猶予申込み（大判昭4.5.20）と同様に，権利の存在を認識していることを表示するものであり，「承認」にあたる。また，判例（最大判昭41.4.20＝民法百選Ⅰ№.43）は，債務者につき，消滅時効が完成した後に，債務者が債務の承認をした以上，時効完成の事実を知らなかった場合でも，以後その完成した消滅時効を援用することは許されないとする。この理由として，判例は，時効完成後における債務の承認は，時効による債務消滅の主張と相容れない行為であること，相手方の期待を侵害するため，信義則に照らし相当であることを挙げる。したがって，本肢は正しい。

解答のポイント！

　本問は，時効に関する横断的知識を問う問題である。肢ア・イ・ウは過去問でも出題があり，確実に正解したい肢である。また，肢エは，若干細かい知識であるものの，類似の問題は過去問で出題されている。したがって，過去問を解き，理由をしっかり押さえておくことで，正解することは十分に可能である。正解することで他の受験生と差をつけることができる問題である。

| 平23 — 6 | №.79 | | | | | | | | レベル | ☆☆ |

（配点：2）

時効の援用に関する次の1から5までの各記述のうち，判例の趣旨に照らし誤っているものを2個選びなさい。

1．被相続人の占有により取得時効が完成した場合において，その共同相続人の一人は，自己の相続分の限度においてのみ，取得時効を援用することができる。

2．抵当不動産の第三取得者は，当該抵当権の被担保債権について，その消滅時効を援用することができる。

3．詐害行為の受益者は，詐害行為取消権を行使する債権者の債権について，その消滅時効を援用することができない。

4．後順位抵当権者は，先順位抵当権の被担保債権について，その消滅時効を援用することができる。

5．金銭債権の債権者は，債務者が無資力のときは，他の債権者が当該債務者に対して有する債権について，その消滅時効を，債権者代位権に基づいて援用することができる。

No.79　　時効の援用権者　　正解 **3・4**

1　○　正しい

　判例（最判平13.7.10）は，「被相続人の占有により取得時効が完成した場合において，その共同相続人の一人は，自己の相続分の限度においてのみ取得時効を援用することができるにすぎない」としている。

2　○　正しい

　判例（最判昭48.12.14）は，抵当権の第三取得者の時効援用を肯定し，改正民法も，時効の援用権者について，「当事者（消滅時効にあっては，保証人，物上保証人，第三取得者その他権利の消滅について正当な利益を有する者を含む。）」（民法§145）として，明文で，援用権者とするに至っている。

3　×　誤っている

　判例（最判平10.6.22）は，詐害行為の受益者は，詐害行為取消権の直接の相手方とされる上，これを行使されるか否かで詐害行為から得る利益の得喪について利害関係を有しているので，債権の消滅によって直接利益を受ける者にあたり，債権の消滅時効を援用できるとしている。改正民法においては，詐害行為の受益者は，「当事者（消滅時効にあっては，保証人，物上保証人，第三取得者その他権利の消滅について正当な利益を有する者を含む。）」（§145）のうちの，「第三取得者」ないし，「その他権利の消滅について正当な利益を有する者」にあたると解される。

4　×　誤っている

　判例（最判平11.10.21＝民法百選Ⅰ No.42）は，後順位抵当権者は，先順位抵当権の被担保債権が消滅すると，後順位抵当権者の抵当権の順位が上昇し，これによって被担保債権に対する配当額が増加することがありうるが，これは抵当権の順位上昇によってもたらされる反射的利益にすぎないとして，後順位抵当権者は「当事者」（§145）にあたらないとしている。

5　○　正しい

　判例（最判昭43.9.26）は，債務者の債権が消滅時効にかかっている場合でも，**代位債権者は債務者に代位して消滅時効を援用できる**としている。改正民法においては，代位債権者は，「当事者（消滅時効にあっては，保証人，物上保証人，第三取得者その他権利の消滅について正当な利益を有する者を含む。）」（§145）のうちの，「その他権利の消滅について正当な利益を有する者」にあたると解される。

　時効援用権者の範囲を横断的に問う問題である。時効援用権者に関する判例はある程度数も出ている。また，改正民法も，判例の価値判断を前提に，「当事者」にかっこ書を追記する形で，基準と具体例について明文化しており，改正民法で，判例の事例を否定するものではないと解されるので，判例の事案毎にまとめを作っておくとよいだろう。論文の勉強にも役立つところである。

| 平28 ― 5 ③ | No.80 | | | | | | | レベル ★ |

（配点：2）

　時効の援用に関する次のアからオまでの各記述のうち，判例の趣旨に照らし正しいものを組み合わせたものは，後記1から5までのうちどれか。

ア．抵当不動産の第三取得者は，その抵当権の被担保債権の消滅時効を援用することができる。

イ．先順位抵当権の被担保債権の消滅により後順位抵当権者に対する配当額が増加する場合，当該後順位抵当権者は，先順位抵当権の被担保債権の消滅時効を援用することができる。

ウ．詐害行為の受益者は，詐害行為取消権を行使している債権者の被保全債権について，その消滅時効を援用することができない。

エ．譲渡担保権者が被担保債権の弁済期後に譲渡担保の目的物を第三者に譲渡したときは，その第三者は譲渡担保権設定者が譲渡担保権者に対し有する清算金支払請求権の消滅時効を援用することができる。

オ．建物の敷地所有権の帰属につき争いがある場合において，その敷地上の建物の賃借人は，建物の賃貸人が敷地所有権を時効取得しなければ建物賃借権を失うときは，建物の賃貸人による敷地所有権の取得時効を援用することができる。

1．ア　イ　　　2．ア　エ　　　3．イ　ウ　　　4．ウ　オ　　　5．エ　オ

No.80　時効の援用権者　　　　正解 **2**

ア　○　正しい

　判例（最判昭48.12.14）は，消滅時効を援用できる「当事者」（民法§145）は，権利の消滅により直接に利益を受けるものに限定されるとしたうえで，抵当不動産の第三取得者はその抵当権の被担保債権の消滅時効を援用することができるとした。その理由として，判例は，「**不動産の譲渡を受けた第三者は，当該抵当権の被担保債権が消滅すれば抵当権の消滅を主張しうる関係にあるから，抵当債権の消滅により直接利益を受ける者にあたる**」ことを挙げている。また，改正民法では，第三取得者は民法145条の「当事者」にあたると明文で例示された。したがって，本肢は正しい。

　なお，396条は抵当権の消滅時効について定めた規定であるため，被担保債権の消滅時効についての本肢を解答するにあたって，同条の適用範囲を検討する必要はない。

イ　×　誤っている

　判例（最判平11.10.21＝民法百選Ⅰ No. 42）は，**後順位抵当権者は先順位抵当権の被担保債権の消滅時効を援用できない**とする。その理由として，判例は，「配当額の増加に対する期待は，抵当権の順位の上昇によってもたらされる**反射的な利益にすぎない**というべきである。そうすると，後順位抵当権者は，先順位抵当権の被担保債権の消滅により直接利益を受ける者に該当するものではな」いこと，及び，「消滅時効を援用することができないとしても，目的不動産の価格から抵当権の従前の順位に応じて弁済を受けるという後順位抵当権者の地位が害されることはない」ことを挙げている。したがって，本肢は，後順位抵当権者に消滅時効の援用を認めている点で，誤っている。

ウ　×　誤っている

　判例（最判平10.6.22）は，詐害行為の受益者は，詐害行為取消権を行使する債権者の債権について，その消滅時効を援用することができるとする。その理由として，判例は，「**詐害行為の受益者は，詐害行為取消権行使の直接の相手方とされている上，これが行使されると債権者との間で詐害行為が取り消され，同行為によって得ていた利益を失う関係にあり，その反面，詐害行為取消権を行使する債権者の債権が消滅すれば右の利益喪失を免れることができる地位にある**」ことを挙げている。したがって，本肢は，詐害行為の受益者は消滅時効を援用することができないとする点で，誤っている。

エ　○　正しい

　判例（最判平11.2.26）は，「譲渡担保権者から被担保債権の弁済期後に譲渡担保権の目的物を譲り受けた第三者は，譲渡担保権設定者が譲渡担保権者に対して有する清算金支払請求権につき，消滅時効を援用することができるものと解するのが相当である」とする。その理由として，判例は，譲受人である第三者は，所有権に基づき譲渡担保権設定者に対してその目的物の引渡しを求めても，**清算金支払請求権を被担保債権とする留置権が主張されたときには，無条件でその引渡しを受けることができず**，また，留置権に基づく競売がされたときにはこれにより目的物の所有権を失うことがあるという制約から免れうることを挙げている。したがって，本肢は正しい。

オ　×　誤っている

　判例（最判昭44.7.15）は，敷地上の建物の賃借人は，敷地所有権の帰属につき争いがある場合であっても，建物の賃貸人による敷地所有権の取得時効を援用することができないとする。判例の結論に賛成する学説は，その理由として，時効の援用が認められるためには時効により直接の利益を受けることが必要になるところ，敷地所有権の取得によって直接生じる法的効果は建物賃貸人の敷地所有権の取得であり，その法的効果を介在することによって，建物賃借人は賃借権の喪失を免れることができるため，建物賃借人の受ける利益は間接的なものにすぎないことを挙げている。したがって，本肢は誤っている。

　時効の援用権者の範囲は，多数の最高裁判例が存在しており，そのほとんどが出題可能性の高いものであるため，時効の援用が認められた事例と認められなかった事例とを整理しておくことが有用となってくる。改正民法では，当事者として援用権を有する者が例示されたが，これによって，判例の価値判断が覆ったわけではないと解される。したがって，出題された判例については適宜フォローしていくことも重要である。

| 平19 ― 5改 | No.81 | | | | | | | レベル ★ |

（配点：2）

　取得時効に関する次の1から5までの各記述のうち，判例の趣旨に照らし正しいものは
どれか。

1．他人の物を占有することが取得時効の要件であるので，所有権に基づいて不動産を占
　有していた場合には，取得時効は成立しない。

2．取得時効が成立するためには，占有が時効期間中継続していることが必要であり，侵
　奪行為によって目的物の占有が失われた場合には，その後，占有回収の訴えによってそ
　の占有を回復しても，取得時効は更新する。

3．占有者がその占有開始時に目的物について他人の物であることを知らず，かつ，その
　ことについて過失がなくても，その後，占有継続中に他人の物であることを知った場合
　には，悪意の占有者として時効期間が計算される。

4．所有権以外の財産権についても時効取得は可能であるが，財産権のうち債権に関して
　は占有を観念できないので，時効取得することはない。

5．A所有の不動産についてBの取得時効が完成した後，AからCに譲渡がなされCが対
　抗要件を備えたとしても，Bは，その後も引き続き当該不動産の占有を継続し，時効取
　得に必要な期間が経過すれば，新たに当該不動産を時効取得できる。

| No.81 | 取得時効 | 正解 **5** |

1　×　誤っている

　自己の所有物でも時効取得できるかが問題となるが，**判例・通説は，肯定的に解している**（二重譲渡の第一譲受人につき，最判昭46.11.5＝民法百選Ⅰ No. 57）。なぜなら，永続する事実状態の尊重という時効制度の趣旨は自己の所有物の占有にも妥当するし，所有権取得の立証の困難性の救済のために自己物の時効取得を認める必要があるからである。

2　×　誤っている

　判例（最判昭44.12.2）は，占有者が，民法203条ただし書により占有回収の訴えを提起して勝訴し，現実にその占有を回復したときには，**現実に占有しなかった間も占有を失わず占有が継続していたものと擬制される**とする。したがって，占有を失っても占有回収の訴えにより占有を回復すれば，時効取得は更新しない。

3　×　誤っている

　民法162条2項の善意無過失（＝自己所有の不動産と過失なく信じたこと）は**占有開始の時点に認められればよく，その後悪意になっても時効期間を経過すれば，時効取得を主張できる**（大判明44.4.7）。

4　×　誤っている

　土地の継続的な用益という外形的事実が存在し，かつ，それが賃借の意思に基づくことが客観的に表現されているときは，163条に従い土地賃借権の時効取得が可能である（最判昭43.10.8）。財産権における債権のうち不動産賃借権については占有が観念できるのであり，時効取得することができる。

5　○　正しい

　時効による不動産の所有権取得について，登記なくしては，時効完成後当該不動産につき旧所有者から所有権を取得し登記を経た第三者に対して対抗できない（最判昭33.8.28）。もっとも，**第三者の登記後に改めて取得時効に必要な期間の占有を継続したときには，その第三者に対しては，登記を経由しなくとも時効取得をもってこれに対抗しうる**（最判昭36.7.20）。

平26 ― 5 ③　№82　　　　　　　　　　　レベル　★

(配点：2)

　取得時効に関する次のアからオまでの各記述のうち，判例の趣旨に照らし誤っているものを組み合わせたものは，後記1から5までのうちどれか。

ア．10年の取得時効を援用して所有権の取得を主張する者は，占有を開始した時及びその時から10年を経過した時の2つの時点の占有を主張・立証すれば足り，所有の意思をもって，平穏に，かつ，公然と物を占有したこと，占有の開始時に善意無過失であったことについて主張・立証する必要はない。

イ．時効期間を計算する際には，その期間が午前零時から始まるときを除き，期間の初日は算入しない。

ウ．外形的客観的にみて占有者が他人の所有権を排斥して占有する意思を有していなかったと解される事情を証明すれば，所有の意思を否定することができる。

エ．Aが所有する不動産についてBが占有を継続したことにより取得時効が完成しても，Bは，その登記をしなければ，その後にAからその不動産を取得したCに対しては，時効による権利の取得を対抗することができない。

オ．他人が所有する土地を自己所有の土地として第三者に賃貸した者は，その第三者が20年間その土地を占有したとしても，取得時効によりその土地の所有権を取得することはできない。

1．ア　ウ　　　2．ア　オ　　　3．イ　ウ　　　4．イ　エ　　　5．エ　オ

No.82	取得時効	正解 **2**

ア　×　誤っている

　10年間，所有の意思をもって，平穏に，かつ，公然と他人の物を占有した者は，その占有の開始の時に，善意であり，かつ，過失がなかったときは，その所有権を取得する（民法§162－Ⅱ）。これらの要件につき，**占有者は，所有の意思をもって，善意で，平穏に，かつ，公然と占有をするものと推定される**ので（§186－Ⅰ），所有の意思をもって，善意で，平穏に，かつ，公然と占有したことを主張・立証する必要はない。また前後の両時点において占有をした証拠があるときは，占有は，その間継続したものと推定されるので（§186－Ⅱ），占有開始時とその時から10年を経過した時の2つの時点の占有を主張・立証すればよい。ただし**占有開始時の無過失を推定する規定はない**（即時取得の場合に無過失を推定する民法188条のような規定はない）ので，10年の取得時効を援用しようとする者は，無過失について主張・立証しなければならない。よって，無過失について主張・立証する必要はないとする肢アは誤っている。

イ　○　正しい

　日，週，月又は年によって期間を定めたときは，期間の初日は，算入しない。ただし，その期間が午前零時から始まるときは，この限りではない（初日不算入の原則：§140）。開始時から実質的に24時間に満たない日は切り捨てる趣旨である。時効期間の計算について，これと異なる特別の定めもないので，時効期間を計算する際には140条が適用される（§138）。よって，肢イは正しい。

ウ　○　正しい

　占有者は，所有の意思をもって，善意で，平穏に，かつ，公然と占有をするものと推定する（§186－Ⅰ）。したがって，占有者は所有の意思を有するものと推定される。この推定を覆すためにどのような事実を証明しなければならないかが争われた事案について判例（最判昭58.3.24）は，民法186条1項の所有の意思の推定は，占有者がその性質上所有の意思のないものとされる権原に基づき占有を取得した事実が証明されるか，又は占有者が占有中，真の所有者であれば通常はとらない態度を示し，若しくは所有者であれば当然とるべき行動に出なかったなど，外形的客観的にみて占有者が他人の所有権を排斥して占有する意思を有していなかったものと解される事情が証明されるときは，覆される，と判示した。よって，肢ウは正しい。

エ　○　正しい

　判例（最判昭33.8.28）は，時効により不動産の所有権を取得しても，その登記がないときは，時効完成後旧所有者から所有権を取得し登記を経た第三者に対し，その善意であると否とを問わず，所有権の取得を対抗できないと判示した。時効完成後に旧所有者が第三者に不動産を譲渡した場合，新所有者と第三者はあたかも二重譲渡類似の関係になり，また登記具備を新所有者に要求しても，時効完成後に新所有者は登記請求権を得るのであるから，新所有者にとって酷にはならない，と考えられるからである。よって，肢エは正しい。

オ　×　誤っている

　占有権は，**代理人によって取得することができる**（§181）。したがって，賃貸人も賃借人を通じて占有権を取得する（代理占有）。そして占有者は所有の意思をもって，平穏に，かつ公然と占有をするものと推定されるから（§186−Ⅰ），この推定が覆されない限り，賃借人が20年間土地を占有し続けた場合には20年の取得時効の要件を満たし，所有権を取得することができる（§162−Ⅰ）。よって，所有権を取得できないとする肢オは誤っている。

解答のポイント！

　肢ア・イ・オについては，条文の知識があれば正答を導くことができる。また肢ウ・エの判例についても，取得時効に関する基本的な判例であるから，正答を導くことは難しくない。仮に間違えた場合には，取得時効に関して基礎的な学習が不足していると考えられるので，条文や基本書に当たるなどして，十分に復習されたい。

令元 ― 5	No.83							レベル ★

（配点：2）

　取得時効に関する次のアからオまでの各記述のうち，判例の趣旨に照らし誤っているものを組み合わせたものは，後記1から5までのうちどれか。

ア．時効期間中に建物が第三者の不法行為により一部損傷した場合の損害賠償請求権は，その建物の所有権を時効により取得した者に帰属する。

イ．不動産の所有権を時効により取得した者は，時効完成後にその不動産を譲り受けた者に対し，登記をしなくてもその所有権の取得を対抗することができる。

ウ．被相続人の占有により不動産の取得時効が完成した場合，その共同相続人の一人は，自己の相続分の限度においてのみ取得時効を援用することができる。

エ．自己の所有物を占有する者は，その物について取得時効を援用することができない。

オ．占有主体に変更があって承継された二個以上の占有が併せて主張される場合，占有者の善意無過失は，最初の占有者の占有開始時に判定される。

1．ア　ウ　　　2．ア　オ　　　3．イ　ウ　　　4．イ　エ　　　5．エ　オ

| No.83 | 取得時効 | 正解 **4** |

ア　○　正しい

　時効の効力は，その起算日にさかのぼる（民法§144）。法律関係を簡明にすることが趣旨である。本肢では，所有権の時効取得により，時効起算点から所有者であったとみなされる。そうすると，時効期間中の不法行為に基づく損害賠償請求権は時効取得者に帰属するので，正しい。

イ　×　誤っている

　本記述と同様の事例において判例（最判昭36.7.20）は，「時効が完成しても，その登記がなければ，その後に登記を経由した第三者に対しては時効による権利の取得を対抗しえない」としている。判例の結論に賛成する学説は，時効完成後の第三者と時効取得者は二重譲渡における対抗関係と類似の関係にあり，実質的にも時効完成後に取得者は登記を経ることができたのにこれを行わない以上不利益を甘受すべきであると述べる。本肢では，時効完成後にその不動産を譲り受けた者に対し，登記をしなくてもその所有権の取得を対抗することができるとしているのが誤り。

ウ　○　正しい

　本記述と同様の事案において判例（最判平13.7.10）は，被相続人の占有により取得時効が完成した場合において，その共同相続人の1人は，自己の相続分の限度においてのみ取得時効を援用できるにすぎない旨判示した。判例は，その理由につき「時効の完成により利益を受ける者は自己が直接に受けるべき利益の存する限度で時効を援用することができる」と述べている。よって，本肢は正しい。

エ　×　誤っている

　本記述と同様の事案において判例（最判昭42.7.21＝民法百選Ⅰ№45）は，民法162条は「自己の物について取得時効の援用を許さない趣旨ではない」と判示した。その理由につき判例は「取得時効は，当該物件を永続して占有するという事実状態を，一定の場合に，権利関係にまで高めようとする制度趣旨であるから，所有権に基づいて不動産を永く占有するものであっても，その登記を経由していない等のために所有権取得の立証が困難であったり，または所有権の取得を第三者に対抗することができない等の場合において，取得時効による権利取得を主張できる」と述べた。本肢では，自己の所有物を占有する者は，その物について取得時効を援用することができないとするのが誤りである。

オ ○ 正しい

　本記述と同様の事案において判例（最判昭53.3.6＝民法百選Ⅰ № 46）は，「占有者の善意・無過失の存否については占有開始の時点においてこれを判定すべきものとする民法162条2項の規定は…占有主体に変更があって承継された2個以上の占有が併せて主張される場合についてもまた適用される」と判示する。その理由につき判例に同調する学説は，常に善意無過失であったことを要求すると，目的物を奪われた現在の占有者から，善意無過失であった前占有者に対して債務不履行責任を問えることになり妥当でないと述べている。よって本肢は正しい。

解答のポイント！

　取得時効の基本的な条文・判例知識が問われている。時効の判例知識は他分野とも連動した重要なものが多いので，まとめを作るなどして整理することが望ましい。

平18 ― 17　　**No.84** ／／／／／／／　　レベル ★

（配点：2）

　　甲土地の所有権を主張するAに対し，pという時点から長い期間にわたり同土地を占有してきたBが，訴訟において20年の時効による所有権の取得を主張する場合，時効の援用の意思表示のほかに，次のアからカまでの事実のうち，民法の規定及び判例を考慮してBが主張立証しなければならないものをすべて組み合わせたものは，後記1から5までのうちどれか。

ア．p時点においてBが甲土地を占有していたこと。

イ．p時点から20年後のq時点においてBが甲土地を占有していたこと。

ウ．p時点から，その20年後のq時点まで，Bが甲土地を継続して占有したこと。

エ．p時点における甲土地の所有者がAであったこと。

オ．p時点におけるBの占有が自主占有であったこと。

カ．p時点におけるBの占有が平穏かつ公然のものであったこと。

1．ア　イ　　　　2．ア　イ　エ　　　　3．ウ　オ　カ　　　　4．ア　イ　オ　カ

5．ウ　エ　オ　カ

No.84　取得時効の請求原因　正解 **1**

　本問でBが20年の時効により，甲土地の所有権を取得するためには，民法162条1項の各要件をみたす必要がある。このうち，p時点におけるBの占有が，**自主占有であったこと**（肢オ），及び**平穏かつ公然のものであったこと**（肢カ）は，186条1項で推定されるのでBは主張立証する必要はない。また，Bが20年間甲土地を**継続して占有してきたこと**（肢ウ）についても，186条2項の推定規定があるので，主張立証する必要はない。さらに，162条は「他人の」としているだけなので，占有の開始時の所有者が誰であるか（肢エ）ということの立証までは要求されない。

　結局Bとしては，186条2項の推定の基礎となる，pとqの両時点においてBが甲土地を占有していたこと（肢ア・イ）を主張立証すればよい。

平18 ─ 21改	№ 85							レベル ★

（配点：2）

消滅時効に関する次の1から5までの記述のうち，正しいものを2個選びなさい。

1．AのBに対する売買代金債権について時効期間が経過した後，Bが当該代金債務を承認した場合であっても，その債務を被担保債権とする抵当権を設定した物上保証人Cは，その債務について消滅時効を援用することができる。

2．AのBに対する債権について，連帯保証人Cが時効期間の経過前にAに対して承認したときは，時効更新の効力は主債務者Bに対しても及ぶ。

3．商行為によって生じた債権で履行遅滞になったものについて，債務者が分割弁済をする旨の民事調停が成立したときは，当該債権の時効期間は10年となる。

4．時効の完成後に，そのことに気付かないで債務を弁済した債務者は，債権者に対して，弁済金を不当利得として返還請求することができる。

5．AがBから土地を買い受け，所有権移転登記をしないまま20年が経過してから，AがBに対して所有権に基づき移転登記手続を請求した場合，Bは，その登記請求権の消滅時効を援用することができる。

No.85　　　　消滅時効　　　　正解 **1・3**

1　○　正しい

　Bの承認は時効利益の放棄にあたるが，時効利益の放棄の効果は**放棄した者との関係で**のみ生じると解されている。よって，物上保証人Cは当事者としてその債務について消滅時効を援用することができる（民法§145）。

2　×　誤っている

　連帯保証においては，**保証人について生じた事由**は，弁済等主債務を満足させる事由のほか，民法438条，439条1項，440条，441条に規定された事由ついて主債務者に対し絶対効を生じる（§458）。債務の承認はこのいずれの事由にもあたらないので，**相対効**を生ずるにとどまる。また，承認による時効の更新（§152）は，153条3項において「前条〔152条〕の規定による時効の更新は，更新の事由が生じた当事者及びその承継人の間においてのみ，その効力を有する」として**相対効**とされている。

3　○　正しい

　民法169条1項は，**確定判決又は確定判決と同一の効力を有するものによって確定した権利**については，10年より短い時効期間の定めがあるものであっても，その**時効期間**は，**10年**とする。そして，裁判上の和解や民事調停等は，確定判決と同一の効力を有するものの例である。

　なお，商行為によって生じた債権の消滅時効期間につき5年を原則としていた商法522条は，民法関連法の改正に伴い削除され，改正後は，民法の規律にしたがい，権利を行使することができることを知った時から5年，又は行使することができる時から10年とされる（民法§166−Ⅰ①②）。しかし，本肢の場合，169条の適用により10年となる点は変わらない。

4　×　誤っている

　時効完成を知らないで債務の承認をした場合でも，その後の援用は**信義則上許されない**（最大判昭41.4.20＝民法百選Ⅰ№43）。弁済は債務の承認にあたるので，これと同様に考えることができる。よって，債務者は債権者に対して弁済金を返還請求することはできない。

5　×　誤っている

　所有権自体が消滅時効にかからないことから，**所有権に基づく請求権は消滅時効にかか**らない。土地の売買契約から20年が経過していることからAのBに対する登記請求権は所有権に基づくものと考えられるので，Bが消滅時効を援用する余地はない。

平19 ― 6改	No.86							レベル ★

（配点：2）

　消滅時効に関する次のアからオまでの各記述のうち，判例の趣旨に照らし誤っているものを組み合わせたものは，後記1から5までのうちどれか。

ア．確定期限の定めのある債権の消滅時効は，その期限が到来した時から進行する。

イ．不確定期限の定めのある債権の消滅時効は，期限が到来しても，債務者が期限の到来を知らない限り進行しない。

ウ．債務不履行による損害賠償請求権の消滅時効は，本来の債務の履行を請求することができる時から進行する。

エ．割賦払債務について，債務者が割賦金の支払を怠ったときは債権者の請求により直ちに残債務全額を弁済すべき旨の約定がある場合には，債務者が割賦金の支払を怠った時から，残債務全額についての消滅時効が進行する。

オ．留置権者が留置物の占有を継続している間であっても，その被担保債権についての消滅時効は進行する。

1．ア　イ　　　2．ア　オ　　　3．イ　エ　　　4．ウ　エ　　　5．ウ　オ

No.86　　　消滅時効　　　正解 **3**

ア　○　正しい

　消滅時効は，法律上権利を行使できるにもかかわらずこれを行使しないという状態が一定の期間継続することによって完成するものである。したがって消滅時効は，権利を行使することができる時から進行する（民法§166－Ⅰ）。なお，同条項では，権利を行使することができることを知った時から5年という，権利行使できる時から10年という期間よりも短い時効期間も規定されているが，権利を行使することができる時には時効の進行が始まるのであって，権利を行使することができることを知った時まで時効の進行が始まらないわけではない。消滅時効制度の趣旨は，権利の上に眠る者は保護を受けるに値しないという点にあることから，消滅時効の起算点は，権利を行使できる時が基準となる。「権利を行使することができる時」とは，権利を行使するにつき法律上の障害がないことをいう（大判昭12.9.17）。確定期限の定めのある債権は，期限の到来した時から権利を行使するにつき法律上の障害がなくなる。

イ　×　誤っている

　不確定期限のある債権は，期限の到来により権利を行使するにつき**法律上の障害がなく**なるので，この時点が消滅時効の起算点となる（大判昭12.9.17）。債務者が期限の到来を知らなくても期限が到来すれば消滅時効は進行する（§166－Ⅰ②）。

ウ　○　正しい

　債務不履行に基づく**損害賠償債権**は，本来の債務の履行に代わるものである。本来の債務については，その履行を請求できるときに権利を行使するにつき法律上の障害がなくなっていたのだから，本来の債務の履行請求に代わる債務不履行に基づく損害賠償債権についても，この時点が消滅時効の起算点となると考えるべきである（最判平10.4.24）。

エ　×　誤っている

　割賦払いの金銭債務につき，債務者が割賦金の支払を怠ったときは債権者の請求により直ちに残債務全額を弁済すべき旨の約定がある場合においても，**債権者がとくに残額全部を請求した時から残債務の時効が進行する**（最判昭42.6.23）。その理由は，期限の利益を喪失させるか否かは債権者の自由であるから，債権者が請求しない限り，債務者は依然として期限の利益を有すること，また，不払いをした悪質な債務者が残債務全部の時効消滅という不当な利益を得ることを防止すべきことにある。

オ　○　正しい

　留置権の行使は，**債権の消滅時効の進行を妨げない**（§300）。留置権の行使は物の引渡しの拒絶であり，それにより被担保債権そのものを行使しているとはいえないことから，留置権を行使しても被担保債権の消滅時効の更新事由にあたらないとしたものである。

平24 ― 7改	No.87								レベル ☆☆

(配点：2)

　消滅時効に関する次のアからオまでの各記述のうち，判例の趣旨に照らし誤っているものを組み合わせたものは，後記1から5までのうちどれか。

ア．単独で金銭債務を負う債務者が死亡し，複数の相続人がいる場合，遺産分割によってその金銭債務を負う者が決定するまでの間は，その債務について消滅時効は完成しない。

イ．AのBに対する金銭債権を担保するためC所有の不動産に抵当権が設定された場合，その抵当権に基づく担保不動産競売の開始決定がされ，その決定正本が裁判所からBに送達されたときは，AのBに対する債権の消滅時効は完成を猶予し，競売が終了すると更新する。

ウ．主たる債務の消滅時効期間が10年である場合，連帯保証人が主たる債務の履行期から7年を経過した日に保証債務の履行として弁済をしても，主たる債務の履行期から10年が経過したときは，主たる債務が時効により消滅するので，弁済をした連帯保証人は，主たる債務者に対して求償権を行使することができない。

エ．AとBが連帯債務を負う場合において，Aが全部の負担部分を有するときは，Bが債権者に対して債務を承認しても，Aの債務について消滅時効は更新せず，Aの債務について消滅時効が完成した後に，Bが債務を一部でも支払えば，Bは支払った全額を，Aに求償しうる。

オ．AとBが夫婦の場合，Aが自己の単独名義でCと日常の家事に関して契約を締結して債務を負ったとき，CのAに対する債権の裁判上の請求があっても，CのBに対する債権の消滅時効は完成を猶予しない。

1．ア　イ　　　2．ア　ウ　　　3．イ　エ　　　4．ウ　オ　　　5．エ　オ

| No.87 | 消滅時効 | 正解 **2** |

ア　×　誤っている

　債務者の死亡は，時効の完成猶予及び更新事由とされている，裁判上の請求，支払督促，和解・調停又は破産手続等参加（民法§147−Ⅰ各号）にあたらないし，強制執行等（§148−Ⅰ各号）にもあたらない。したがって，単独で金銭債務を負う債務者が死亡し，複数の相続人がいる場合，遺産分割によってその金銭債務を負う者が決定する前であっても，その債務の消滅時効は進行する。

イ　○　正しい

　物上保証人に対する担保不動産競売の申立てにより，執行裁判所が競売開始決定をし，これが債務者に送達された場合，債権者の債務者に対する被担保債権について消滅時効は中断〔注：改正民法における「完成猶予」事由（§148−Ⅰ②）と主債務者への通知（§154）の要件を満たし，主債務者の債務の消滅時効は完成を猶予し，その後競売手続が終了することによって新たに時効の進行（更新）を始める（§148−Ⅱ）〕する（最判昭50.11.21）。

ウ　×　誤っている

　連帯保証人が保証債務を弁済しても主たる債務の消滅時効は更新しない（§458参照）。もっとも，時効の効果は，時効期間の経過とともに確定的に生ずるものではなく，**当事者により援用されたときに初めて確定的に生ずる**（最判昭61.3.17）ので，主たる債務の消滅時効期間が10年である場合，主たる債務の履行期から10年が経過しても，**当事者の援用のない限り**，主たる債務が時効により消滅することはなく，弁済をした連帯保証人は，主たる債務者に対して求償権を行使できる（これに対して，主債務者が消滅時効を援用し，抗弁としたときに求償権が否定されうるが，時効を援用していない本肢では求償権を行使しうることになる）。

エ　○　正しい

　連帯債務者の1人が債権者に債務の承認をしたとしても，**時効更新の効果は，他の連帯債務者には及ばない**（§441）。したがって，AとBが連帯債務を負う場合において，Bが債権者に対して債務を承認しても，Aの債務について消滅時効は更新しない。そして，改正民法では，連帯債務において，連帯債務者が時効の完成した他の連帯債務者の負担部分について債務を免れるとした旧439条が削除されたので，Bはたとえ他の連帯債務者Aの時効が完成してもAの負担部分についても弁済義務を免れることはなくなる。その後の利害調整は，時効が完成した連帯債務者に対しても求償権を行使することによってなされることとされた。これにより，たとえ全部の負担部分を有するAについて時効が完成しても，自己の負担部分がないBも，債務を免れないことになるが，Bがたとえ一部でも弁済した場合，負担部分のないBは，すべての負担部分を有するAに全額求償しうる（§445，§442−Ⅰ）。

オ　○　正しい

　夫婦の一方が日常の家事に関して第三者と法律行為をしたときは，他の一方は，これによって生じた債務について，連帯してその責任を負う（§761本文）。そして，**連帯債務者の一人に対する履行の請求は，他の連帯債務者に対しても，その効力を生ずる**として請求の絶対効を規定した旧434条が削除されたので，相対効の原則（§441）に従い，CのAに対する債権の裁判上の請求によっては，CのBに対する債権の消滅時効は完成を猶予しないことになる。

平25 ─ 6改	No.88								レベル ★

（配点：2）

消滅時効に関する次のアからエまでの各記述のうち，判例の趣旨に照らし正しいものを組み合わせたものは，後記1から6までのうちどれか。

ア．他人の代理人として契約をした者が無権代理人であり，かつ，本人の追認を得ることができなかった場合において，相手方の選択により無権代理人として履行に代わる損害賠償義務を負うときは，当該損害賠償義務は不法行為による損害賠償責任であるから，無権代理行為の時から3年の時効消滅にかかる。

イ．債務者が消滅時効の完成後に債権者に対して債務を承認した場合において，その後さらに消滅時効の期間が経過したときは，債務者は，その完成した消滅時効を援用することができる。

ウ．特定物売買の目的物の品質に契約内容不適合があった場合に，買主が売主に対して有する損害賠償請求権は，買主が契約内容不適合の存在に気付かなくても，目的物が買主に引き渡された時から10年の時効消滅にかかる。

エ．不法行為に基づく損害賠償請求権の存在が訴訟上の和解によって確定され，その弁済期が和解の時から1年後とされた場合であっても，その請求権は，その和解が調書に記載された時から10年の時効消滅にかかる。

1．アイ　　2．アウ　　3．アエ　　4．イウ　　5．イエ　　6．ウエ

No.88　消滅時効　　正解 **4**

ア　✕　誤っている

　判例（最判昭62.7.7＝民法百選Ⅰ№34）は，民法117条1項の無権代理人の責任について，相手方の保護と取引の安全並びに代理制度の信用保持のために法が特別に認めた無過失責任であるとしている。したがって，当該責任のうちの一つである履行に代わる損害賠償義務について不法行為による損害賠償責任とする点で本肢は誤っている。

　なお，同責任の消滅時効期間は，166条1項の原則に従い，権利を行使することができることを知った時から5年（1号），又は権利を行使することができる時から10年（2号）となる。

イ　○　正しい

　承認（民法§152）などの更新事由があると，時効は期間の進行が止まるのではなく初めからゼロになる。したがって，消滅時効を主張するにはさらに消滅時効の時効期間が経過することが必要であり，それで足りる。よって，本肢は正しい。

ウ　○　正しい

　買主の売主に対する目的物の品質の契約内容不適合による損害賠償請求権は，「買主がその不適合を知った時から1年以内にその旨を売主に通知しないときは，買主は，その不適合を理由として，履行の追完の請求，代金の減額の請求，損害賠償の請求及び契約の解除をすることができない。」（民法§566－Ⅰ本文）とされるので，買主が不適合に気付かなかった場合の規律が問題となる。この点，判例（最判平13.11.27＝民法百選Ⅱ№53）は，目的物の品質の契約内容不適合による損害賠償請求権には，消滅時効の規定の適用があり，この消滅時効は，買主が売買の目的物の引渡しを受けたときから進行するとしている。そして，債権の時効期間は，「権利行使できることを知った時から5年」（§166－Ⅰ①）ないし「権利を行使することができる時から10年」（同項②）であり，本肢では，不適合に気付かず，権利行使できることを知らなかったのだから，同項1号の適用はなく，同項2号にしたがって，目的物の引渡しを受けた時から10年の消滅時効にかかる。したがって，本肢は正しい。

エ　✕　誤っている

　民法169条1項は，「確定判決又は確定判決と同一の効力を有するものによって確定した権利については，」10年より短い時効期間の定めがあるものであってもその時効期間は10年としている。その趣旨は，存在が公的に確定された債権について再び短期の時効を適用するのは煩わしいことにある。そして，裁判上の和解は，確定判決と同一の効力を有する（民事訴訟法§267）から，民法169条1項の適用があるので，本肢でも10年の時効消滅にかかる。しかし，消滅時効は，権利を行使することができる時またはそれを知ったときから進行する（民法§166－Ⅰ）。そして，本問で権利を行使することができるのは，和解の1年後である。したがって，消滅時効の起算点は和解の1年後となる。よって，和解が調書に記載された時から，とする点で本肢は誤っている。

　本問は時効の知識について問うものである。肢イ・ウは基本的な知識といえるので，確実に正解したいところである。また，肢エについては，169条2項を知らない受験生もいると思われるが，多くの受験生がおさえている166条1項に思いを致すことができれば，自信を持って×だと判断することができる。一見難しそうな肢でも知っている知識で解くことができないかを冷静に判断することを心がけて問題を解いてみてほしい。

　　消滅時効に関する次のアからオまでの各記述のうち，誤っているものを組み合わせたものは，後記1から5までのうちどれか。

ア．債務不履行に基づく損害賠償請求権は，債権者が権利を行使することができることを知った時から5年間行使しない場合，時効によって消滅する。

イ．詐欺を理由とする取消権は，その行為の時から5年間行使しない場合，時効によって消滅する。

ウ．不法行為に基づく損害賠償請求権は，不法行為の時から20年間行使しない場合，時効によって消滅する。

エ．10年より短い時効期間の定めのある権利が確定判決によって確定した場合，その時効期間は，短い時効期間の定めによる。

オ．定期金の債権は，債権者が定期金の債権から生ずる金銭その他の物の給付を目的とする各債権を行使することができることを知った時から10年間行使しない場合，時効によって消滅する。

1．ア　ウ　　　2．ア　オ　　　3．イ　エ　　　4．イ　オ　　　5．ウ　エ

No.89　　　　　　　　　消滅時効　　　　　　　　正解 **3**

ア　○　正しい

　債務不履行による損害賠償請求権（§415-Ⅰ）は，債権として，債権者が権利を行使することができることを知った時から5年間行使しないときは，時効によって消滅する（§166-Ⅰ①）。したがって，本肢は正しい。

イ　×　誤っている

　「取消権は，追認をすることができる時から5年間行使しないときは，時効によって消滅する。行為の時から20年を経過したときも，同様とする」（§126）。したがって，本肢は，詐欺を理由とする取消権の消滅時効について，詐欺行為の時から5年間行使しない場合消滅するとする点で，誤っている。

ウ　○　正しい

　民法724条柱書及び同条2号は，不法行為による損害賠償請求権の消滅時効について，「不法行為の時から20年間行使しないとき」は，「時効によって消滅する」と規定する。その趣旨は，不法行為の場合，同条1号の場合と異なり，損害又は加害者を知らない被害者の救済の必要性があるため，消滅時効を長くする点にある。したがって，本肢は正しい。

エ　×　誤っている

　民法169条1項は，判決等で確定した権利の消滅時効について，「10年より短い時効期間の定めがあるものであっても，その時効期間は，10年とする」と規定する。したがって，本肢は，10年より短い時効期間の定めのある権利が確定判決によって確定した場合，その時効期間は，短い時効期間の定めによるとする点で，誤っている。

オ　○　正しい

　民法168条1項は，定期金債権の消滅時効期間について，「債権者が定期金の債権から生ずる金銭その他の物の給付を目的とする各債権を行使することができることを知った時から10年間行使しないとき」（§168-Ⅰ①），または「各債権を行使することができる時から20年間行使しないとき」（同項②）と規定する。したがって，本肢は正しい。

　消滅時効は民法改正により大きく変更された部分である。不法行為による損害賠償請求権の消滅時効については，条文の位置が離れているため，注意が必要である。

| 平26－6改 | No.90 | | | | | | | レベル ☆☆☆ |

（配点：2）

　消滅時効の起算点に関する次のアからオまでの各記述のうち，判例の趣旨に照らし正しいものを組み合わせたものは，後記1から5までのうちどれか。

ア．不確定期限の定めのある債権の消滅時効は，債権者が期限の到来を知るまで進行しない。

イ．契約解除に基づく原状回復義務が履行不能になった場合において，その履行不能による損害賠償請求権の消滅時効は，原状回復義務が履行不能になった時から進行する。

ウ．無断転貸を理由とする土地賃貸借契約の解除権の消滅時効は，転借人が転貸借契約に基づいて当該土地の使用収益を開始した時から進行する。

エ．安全配慮義務違反による損害賠償請求権の消滅時効は，損害が発生した時から進行する。

オ．10回に分割して弁済する旨の約定がある場合において，債務者が1回でも弁済を怠ったときは債権者の請求により直ちに残債務全額を弁済すべきものとする約定があるときには，残債権全額の消滅時効は，債務者が弁済を怠った時から進行する。

1．アイ　　　2．アオ　　　3．イエ　　　4．ウエ　　　5．ウオ

| No.90 | 消滅時効の起算点 | 正解 **4** |

ア　×　誤っている

　民法166条１項は，消滅時効に関して，①債権者が権利を行使することができることを知った時から５年間行使しない場合と，②権利を行使することができる時から10年間行使しない場合の２つを定めている。そして，「権利を行使することができる」とは，権利の行使に法律上の障害がないことを意味し（最判昭49.12.20），不確定期限付き債権の場合は期限の到来時をいうと解されている。そうすると，この場合，①債権者が期限が到来したことを知った時と，②客観的に期限が到来した時の２つの起算点が考えられることになるが，両者は両立するため，期限が到来したことを債権者が知ったとしても，それ以前に客観的に期限が到来したことによる②の時効は進行していることはありうる。よって，不確定期限の定めのある債権の時効に関して，債権者が期限の到来を知るまで進行しないとする肢アは誤っている。

イ　×　誤っている

　履行不能による損害賠償請求権は，本来の履行請求権が法的な同一性を維持しつつ変形したものだと考えることができるので，消滅時効の起算点すなわち法律上の障害がなくなった時は，本来の債務の履行を請求し得る時と考えられ，本肢においては，原状回復債務の履行を請求しうる時，すなわち当事者の一方がその解除権を行使した時（§545-Ⅰ）と考えることができる。同趣旨の判例として商事債務の短期消滅時効の事例（最判昭35.11.1）と，解除を伴わないが民事上の時効の事例（最判平10.4.24）がある。よって，原状回復義務が履行不能になった時から進行するとする肢イは誤っている。

ウ　○　正しい

　消滅時効は，権利を行使することができる時から進行する（§166-Ⅰ）。この権利を行使できる時とは，権利行使をするにつき法律上の障害がなくなった時と解される。賃借人が賃貸人に無断で，第三者に賃借物の使用または収益をさせたときは，賃貸人は，契約の解除をすることができるから（§612-Ⅱ），この時に解除権行使に法律上の障害がなくなったと解される。したがって，無断転貸を理由とする土地賃貸借契約の解除権の消滅時効は，転借人が転貸借契約に基づいて当該土地の使用収益を開始した時から進行することとなる（最判昭62.10.8）。よって，肢ウは正しい。

エ　○　正しい

　消滅時効は，権利を行使することができる時から進行する（§166-Ⅰ）。安全配慮義務違反による損害賠償請求権は，安全に配慮するという債務不履行に基づいて行われる。債務不履行に基づく損害賠償請求権を行使するには，相手方の債務不履行に加えて損害の発生が必要となる（§415）。権利行使をするにつき法律上の障害がなくなった時とは，安全配慮義務違反による損害賠償請求権においては，債務者が安全配慮義務に違反し，その結果として損害が発生した時である。

　なお，本肢の参考判例として，最判平6.2.22（＝民法百選Ⅰ№44）がある。この判例は，「じん肺」という，症状が徐々に進行し，症状が進行しないと全損害額が判明しない

性質の疾病についての雇用者の安全配慮義務違反の損害賠償請求権の消滅時効の起算点として，損害発生時という枠組みを維持しながら，じん肺訴訟の損害賠償請求の消滅時効の起算点について妥当な結論を導いている。「じん肺の病変の特質にかんがみると，管理二，管理三，管理四の各行政上の決定に相当する病状に基づく各損害には，質的に異なるものがあるといわざるを得ず，したがって，重い決定に相当する病状に基づく損害は，その決定を受けた時に発生し，その時点からその損害賠償請求権を行使することが法律上可能となるものというべきであり，最初の軽い行政上の決定を受けた時点で，その後の重い決定に相当する病状に基づく損害を含む全損害が発生していたとみることは，じん肺という疾病の実態に反するものとして是認し得ない。これを要するに，雇用者の安全配慮義務違反によりじん肺に罹患したことを理由とする損害賠償請求権の消滅時効は，最終の行政上の決定を受けた時から進行するものと解するのが相当である。」

　よって，肢エは正しい。

オ　×　誤っている

　消滅時効は，権利を行使することができる時から進行する（§166−Ⅰ）。そして，民法166条1項の権利行使可能な時とは，権利行使をするにつき法律上の障害がなくなった時と解される。本肢のような割賦払債務に期限の利益喪失の停止条件が付いている場合，その条件が成就した時に権利行使可能になったと言える。本肢のように，債務者が1回でも弁済を怠ったときは債権者の請求により直ちに残債務の全額を弁済すべきものという条件が付されている場合，不履行時から権利行使可能と考える立場と，債権者が残額全部の請求をした時から権利行使可能と考える立場の2つが考えられる。このような事例において判例（最判昭42.6.23）は，割賦金弁済契約において，割賦払の約定に違反したときに債務者は債権者の請求により償還期限にかかわらず直ちに残債務全額を弁済すべき旨の約定が存する場合には，1回の不履行があっても，各割賦金額につき約定弁済期の到来毎に順次消滅時効が進行し債権者が特に残債務全額の弁済を求める旨の意思表示をした場合に限り，その時から右全額について消滅時効が進行する，と判示した。よって，残債権全額の消滅時効が，債務者が弁済を怠った時から進行するとする肢オは誤っている。

解答のポイント！

　本問の正解を導くには，民法166条1項を理解していなければならない。この理解を前提としたうえで，各肢で与えられている事例について個別に考えることで，仮に判例を知らなかったとしても正答を導くことができる。本問では消滅時効だけでなく，債権の知識も正答を導くために必要とされている。肢ア・イ・ウ・オなどは典型事例であり，理解が不十分な分野のある場合には，しっかりと復習されたい。

| 平22－6改 | №91 | | | | | | | レベル | ☆☆ |

（配点：2）

　消滅時効の完成猶予及び更新に関する次のアからエまでの各記述のうち，判例の趣旨に照らし誤っているものを組み合わせたものは，後記1から6までのうちどれか。

ア．AがBに対して有する債権をCが連帯保証し，Cに対するAの連帯保証債権を担保するため，Dが物上保証人になった場合において，AがDに対して担保不動産競売を申し立て，その手続が進行することは，Bの主債務の消滅時効の完成猶予事由に該当する。

イ．物上保証人に対する担保不動産競売の申立てにより，執行裁判所が競売開始決定をし，これが債務者に送達された場合には，債権者の債務者に対する被担保債権について消滅時効は完成を猶予する。

ウ．強制競売の手続において執行力のある債務名義の正本を有する債権者がする配当要求は，差押えに準ずるものとして，配当要求に係る債権につき時効完成猶予の効力を生ずる。

エ．強制競売の手続において催告を受けた抵当権者がする債権の届出は，破産手続参加に準ずるものとして，その届出に係る債権につき時効完成猶予の効力を生ずる。

1．ア　イ　　2．ア　ウ　　3．ア　エ　　4．イ　ウ　　5．イ　エ　　6．ウ　エ

No.91　消滅時効の完成猶予及び更新　　正解 **3**

ア　×　誤っている

　判例（最判平8.9.27）は，「債権者甲が乙の主債務についての丙の連帯保証債務を担保するために抵当権を設定した物上保証人丁に対する競売を申し立て，その手続が進行することは，乙の主債務の消滅時効の中断〔現：完成猶予〕事由に該当しないと解するのが相当である」旨判示している。改正民法でも判例の価値判断は維持されていると解されるから，物上保証人に対する競売手続が進行するだけでは，主債務者に対する通知の要件（民法§154）を満たさず，主債務者の債務の消滅時効の完成猶予事由にならないと解される（§153－Ⅰ）。

イ　○　正しい

　判例（最判昭50.11.21）は，「債権者より物上保証人に対し，その被担保債権の実行として任意競売の申立がされ，競売裁判所がその競売開始決定をしたうえ，競売手続の利害関係人である債務者に対する告知方法として同決定正本を当該債務者に送達した場合には，債務者は，民法155条〔現：民法154条〕により，当該被担保債権の消滅時効の中断〔現：完成猶予〕の効果を受けると解するのが相当である」旨判示している。改正民法でも判例の価値判断は維持されていると解されるから，物上保証人に対する競売手続が進行するだけでなく，主債務者に対する告知方法としての競売手続開始決定正本が主債務者に送達された場合には，154条にいう主債務者に対する通知があったものとして，主債務者の債務の消滅時効の完成猶予事由になり（§153－Ⅰ，§154），その後競売手続が終了することによって新たに時効の進行（更新）を始める（§148－Ⅱ）。

ウ　○　正しい

　判例（最判平11.4.27）は，「執行力のある債務名義の正本を有する債権者は，これに基づいて強制執行の実施を求めることができるのであって，他の債権者の申立てにより実施されている競売の手続を利用して配当要求をする行為も，債務名義に基づいて能動的にその権利を実現しようとする点では，強制競売の申立てと異ならない」とした上で「不動産競売手続において執行力のある債務名義の正本を有する債権者がする配当要求は，差押え（民法147条2号〔現：民法148条1項2号〕）に準ずるものとして，配当要求に係る債権につき消滅時効を中断〔注：現行民法の「時効完成を猶予」〕する効力を生ずる」としている。

エ　×　誤っている

　判例（最判平元.10.13）は，「債権の届出は，執行裁判所に対して不動産の権利関係又は売却の可否に関する資料を提供することを目的とするものであって，届出に係る債権の確定を求めるものではなく…債務者に対してその旨の通知をすることも予定されていないことに照らせば，債権の届出をもって，強制競売手続において債権を主張して，その確定を求め，又は債務の履行を求める請求であると解することはできない」とした上で「民事執行法50条の規定に従い不動産に対する強制競売手続において催告を受けた抵当権者がする債権の届出は，その届出に係る債権に関する『裁判上の請求』〔注：現行民法147条1項1号の「裁判上の請求」〕又は『破産手続参加』〔注：現行民法147条1項3号〕に該当せず，また，これらに準ずる時効中断事由〔注：現行民法の時効完成猶予事由〕にも該当しないと解するのが相当である」としている。

解答のポイント！

　消滅時効の完成猶予及び更新に関する判例の知識を問う問題。肢ア・イに関しては比較的判断が容易と思われるが，肢ウ・エはあまり見慣れない判例であり，準備していなかった受験生も多かったであろう。このような場合は，消滅時効の完成猶予及び更新を認める根拠に立ち返り，これらを認める必要性の大きさという視点で判断をしてみるというのも一つの手段である。

平27－6 ③ 改　No.92　レベル ☆☆☆

（配点：2）

消滅時効の更新に関する次の1から4までの各記述のうち，判例の趣旨に照らし誤っているものはどれか。

1. 時効期間が経過する前に，被保佐人である債務者が保佐人の同意を得ることなくその債務を承認した場合，その債権の消滅時効は更新しない。
2. 時効期間が経過する前に，債権者が第三者に債権を譲渡し，債務者がその債権の譲渡について債権の譲受人に対し承諾をした場合，その債権の消滅時効は更新する。
3. 時効期間が経過する前に，債務者が債権者の代理人に対し支払猶予の申入れをした場合，その債権の消滅時効は更新する。
4. 時効期間が経過する前に，債務者が債権者に対し債務の承認をした場合，被担保債権について生じた消滅時効更新の効力を，その債権の物上保証人が否定することは許されない。

No.92　消滅時効の完成猶予及び更新　正解 **1**

1　✕　誤っている

　民法152条1項の「承認」をするには「相手方の権利についての処分につき行為能力の制限を受けていないこと又は権限があることを要しない」（民法§152-Ⅱ）ので，被保佐人は単独で「承認」することができ，これにより，消滅時効は更新する。

2　○　正しい

　「承認」とは，時効利益を受けるべき者が，権利の不存在や存在を権利者に対して表示することをいい，観念の通知にあたる。そして**債権譲渡**において，**債務者が債権の譲受人に対し承諾する行為**は，まさに時効利益を受けるべき者が債権の存在を権利者に対して表示することにあたるから152条1項の「**承認**」にあたる。よって本肢は正しい。

3　○　正しい

　支払猶予の申入れは152条1項の「承認」にあたる。そして「承認」は観念の通知であるため**準法律行為**にあたるが，準法律行為にはできるだけ法律行為や意思表示の規定が類推適用される。本肢では，債務者の代理人に対する支払猶予の申入れは，99条2項類推適用によって99条1項が適用されるから，本人に対して効果が生じる事になる。したがって消滅時効は更新する。よって本肢は正しい。

4　○　正しい

　判例（最判平7.3.10）は，物上保証人が債務者の承認により生じた更新の効力を否定することは許されないとしている。よって本肢は正しい。

解答のポイント！

　本問は消滅時効の更新事由にあたる「承認」にあたるかどうかを聞いた問題である。条文は知っているもののどのような場合に承認にあたるかどうか自信を持って答えられる者は少なかったかもしれない。このような問題も十分に再度出題される可能性はあるから，これを機にしっかり復習をしてほしい。

| 平30 ― 6改 | №93 | | | | | | | レベル ☆☆ |

（配点：2）

　消滅時効の完成猶予及び更新に関する次のアからオまでの各記述のうち，判例の趣旨に照らし正しいものを組み合わせたものは，後記1から5までのうちどれか。

ア．判決により確定した不法行為に基づく損害賠償請求権の消滅時効期間は10年である。

イ．訴訟上相殺の主張がされ，受働債権につき債務の承認がされたものと認められる場合において，その後相殺の主張が撤回されたときは，承認による時効更新の効力は失われる。

ウ．一個の債権の数量的な一部についてのみ判決を求める旨を明示して訴えの提起があった場合，裁判上の請求による時効完成猶予の効力は，その一部の範囲においてのみ生じ，残部に及ばない。

エ．不動産の仮差押えによる時効完成猶予の効力は，仮差押えの被保全債権について本案の勝訴判決が確定した時に消滅する。

オ．目的物の引渡請求訴訟において留置権の抗弁を主張したときは，その被担保債権について裁判上の請求による時効完成猶予の効力を生ずる。

1．ア　イ　　　2．ア　ウ　　　3．イ　エ　　　4．ウ　オ　　　5．エ　オ

No.93　消滅時効の完成猶予及び更新　　正解 **2**

ア　○　正しい

　民法169条第1項は，「確定判決又は確定判決と同一の効力を有するものによって確定した権利については，10年より短い時効期間の定めがあるものであっても，その時効期間は，10年とする。」としている。したがって，不法行為に基づく損害賠償請求権も判決により確定すれば，その消滅時効は10年となる。よって，正しい。

イ　×　誤っている

　判例（最判昭35.12.23）は，訴訟上の相殺の主張がなされ，受働債権について時効更新事由としての承認が存すると認められる場合には，その相殺主張が撤回されても，既に生じた承認の効力は失われない旨判示している。その理由として学説は，一度承認の効力が確定的に生じているので，撤回によりこれが遡及して消滅するわけではないことを挙げている。したがって，相殺の主張が撤回されたときは，承認による時効更新の効力は失われるとしている点で誤っている。

ウ　○　正しい

　判例（最判昭34.2.20）は，一個の債権の数量的な一部についてのみ判決を求める旨を明示して訴えが提起された場合には，訴え提起による消滅時効完成猶予の効力は，その一部の範囲についてのみ生じ，残部には及ばないとしている。その理由として学説は，一個の債権の一部を明示して請求している以上，審判対象はその一部に限られることを挙げている。したがって，正しい。

エ　×　誤っている

　判例（最判平10.11.24）は，「仮差押えによる時効中断〔現：完成猶予〕の効力は，仮差押えの執行保全の効力が存続する間〔注：現行民法では，149条により，仮差押え終了から6か月を経過するまでの間〕は継続し，民法147条〔注：現行民法149条1号と147条1項1号〕が，仮差押えと裁判上の請求を別個の時効中断〔現：完成猶予〕事由と規定しているところからすれば，被保全債権につき本案の勝訴判決が確定したとしても，仮差押えによる時効中断〔現：完成猶予〕の効力がこれに吸収されて消滅するものではない」旨判示している。したがって，不動産の仮差押えによる時効中断〔現：完成猶予〕の効力は，仮差押えの被保全債権について本案の勝訴判決が確定した時に消滅するとしている点で誤っている。

オ　×　誤っている

　判例（最大判昭38.10.30）は，被担保債権の債務者を原告とする留置物返還訴訟において留置権の抗弁が提出された場合，催告としてその債権の消滅時効中断〔現：時効の完成猶予〕の効力があり，その効力は訴訟継続中存続する旨判示している。したがって，催告としてとすべきところ，裁判上の請求によるとしている点で誤っている。

| 平18 ― 9 | №94 | | | | | | | | レベル ☆☆ |

（配点：2）

物権に関する次の1から5までの記述のうち，正しいものを2個選びなさい。

1．用益物権は，不動産にのみ成立する。

2．法定の担保物権は存在するが，法定の用益物権は存在しない。

3．対抗要件を備える必要がない物権の場合には，時間的に先に成立した物権が優先する。

4．物権法定主義の要請により，法律に規定された登記や引渡し以外には，物権変動の対抗要件は認められない。

5．法律や判例には，物の集合体に1個の物権を認めるものがある。

No.94　物権一般　正解 1・5

1　○　正しい

　民法が規定する用益物権には，地上権，永小作権，地役権，入会権があるが，いずれも**不動産**に成立するものである。

2　×　誤っている

　地上権（民法§388），地役権（§209）等は**法定の用益物権**である。

3　×　誤っている

　例えば一般先取特権については，民法329条により**優先する順序が法定**されている。

4　×　誤っている

　登記や引渡し以外にも，判例（大判大5.3.11）は**明認方法**を対抗要件として認めている。

5　○　正しい

　慣習法上の物権として譲渡担保権があるが，**判例**（最判昭54.2.15）は，個々の動産が常に流動するような**集合物**を目的とする場合であっても，何らかの方法により目的物の範囲が**特定**される場合には，一個の集合物として譲渡担保の目的物になりうるとしている。

予令元－3　**No.95**　　　　　　　　　　レベル　☆

（配点：2）

　物権に関する次のアからオまでの各記述のうち，判例の趣旨に照らし誤っているものを組み合わせたものは，後記1から5までのうちどれか。

ア．物権は，一筆の土地の一部について成立することはない。

イ．不特定物を売買契約の目的とした場合，その目的物が特定しない限り，所有権は買主に移転しない。

ウ．複数の物の上に一つの物権の効力が及ぶことはない。

エ．金銭の所有権者は，その占有者と一致しないことがある。

オ．物権は，権利を目的として成立することがある。

1．ア　ウ　　　2．ア　オ　　　3．イ　ウ　　　4．イ　エ　　　5．エ　オ

| No.95 | 物権一般 | 正解 **1** |

ア　×　誤っている
　一筆の土地の一部について，判例（大連判大13.10.7）は，時効による所有権取得の目的となるとしており，物権が成立することを前提としている。よって，本記述は，物権は，一筆の土地の一部について成立することはないとしている点で，誤っている。

イ　○　正しい
　種類債権において所有権の移転の効果が生ずるためには，目的物の特定がなされる必要がある。よって，本記述は，正しい。

ウ　×　誤っている
　一物一権主義の例外として，判例（最判昭54.2.15）は，構成部分の変動する集合動産であっても，何らかの方法で目的物の範囲が特定される場合には1個の集合物として譲渡担保の目的となり得るとしている。よって，複数の物の上に1つの物権の効力が及ぶこともありうるところ，本記述は，及ぶことはないとしている点で，誤っている。

エ　○　正しい
　判例（最判昭39.1.24＝民法百選Ⅰ No.77）は，金銭について，特別の場合を除いては，物としての個性を有せず，単なる価値そのものと考えるべきであるから，金銭の所有権者は特段の事情のない限り，その占有者と一致すると解すべきとしている。もっとも，「特段の事情」がある例外的な場合として，判例（最判平4.4.10＝民法百選Ⅲ No.63）**特定の相続人が相続財産として占有する金銭を，共同相続人の共有財産であるとしている。**よって，金銭の所有権者は特段の事情がある場合はその占有者と一致しないことがあるため，本記述は，正しい。

オ　○　正しい
　質権は，財産権をその目的とすることができる（民法§362-Ⅰ）としており，権利質を認めている。よって，物権は債権を目的とすることができるため，本記述は，正しい。

平18 — 10　**No.96**　　　　　　　　　　　レベル　★

(配点：2)

物権的請求権に関する次の1から5までの記述のうち，判例の趣旨に照らし正しいものはどれか。

1．所有者が占有者に対して占有物の返還を求める場合，原告は，被告の占有が権原に基づかないことを立証する必要はなく，被告が自己に正当な占有権原のあることを立証しなければならない。

2．物権的請求権は，確定日付のある証書による通知又は承諾を対抗要件として譲渡することができる。

3．第一順位の抵当権の被担保債権が弁済されて消滅した場合，付従性に基づいて抵当権は当然に消滅するから，第二順位の抵当権者が第一順位の抵当権の登記の抹消を求める必要はなく，その登記の抹消を内容とする物権的請求権は生じない。

4．建物を所有することによって土地を不法占有している者がいる場合，土地の所有者は建物の所有者を相手に訴えを起こさなければならず，建物の登記名義人がだれかは被告を選ぶ基準とはならない。

5．抵当権の設定された土地が不法に占有されている場合，抵当権者は，その占有者に対し，抵当権に基づいて妨害の排除を求めることができるばかりでなく，自己に明渡しを求めることもできる。

No.96 物権的請求権 　　　　正解 **1**

1 ○ 正しい

判例（最判昭35.3.1）は，被告である占有者に，自己に正当な占有権原があることについて立証責任を負わせている。

2 × 誤っている

物権的請求権は物権の円満な支配状態の回復を目的とする以上，**物と切り離してそれだけを譲渡することはできない。**

3 × 誤っている

抵当権に優先する外観を有する無効登記は，抵当権を実行して優先弁済を受けるのに事実上障害となるため，**抵当権者には無効登記の抹消請求権が認められる**（大判大8.10.8）。被担保債権が弁済された第一順位の抵当権の登記はこの無効登記にあたる。

4 × 誤っている

判例（最判平6.2.8＝民法百選Ⅰ№51）は，建物を所有することによって土地を不法占有している者がいる場合，土地の所有者が，**建物の所有者のみならず，建物の登記名義人に対しても返還請求をすることを認める。**

5 × 誤っている

判例（最大判平11.11.24の「なお」書）は，抵当権者に，抵当権に基づく妨害排除請求と自己への明渡しを認めたが，これは不法占有一般に認められるわけではなく，その占有が抵当権の侵害と認められる場合，すなわち抵当不動産の交換価値の実現が妨げられ，抵当権の侵害を認められる場合に限られる。

平24 ― 11 4 No.97　レベル　☆

（配点：2）

　物権的請求権に関する次の1から5までの各記述のうち，判例の趣旨に照らし正しいものはどれか。

1. 所有権に基づく物権的請求権は，所有権から派生する権利であるから，所有権と独立に物権的請求権のみを譲渡することはできないが，所有権とは別に消滅時効にかかる場合がある。

2. 建物の賃貸借契約が終了したとき，建物の所有者である賃貸人は，賃借人に対し，賃貸借契約の終了に基づいて建物の返還を求めることはできるが，所有権に基づいて建物の返還を請求することはできない。

3. Aは，B所有の土地に何らの権原なく建物を建て，この建物をCに賃貸した。この場合，建物を占有しているのはCであるから，Bは，Aに対して，建物を収去して土地を明け渡すことを請求することはできない。

4. 畑として使用されてきた土地をA，B及びCが持分3分の1ずつで共有していたところ，第三者が，Aの承諾を得て，その土地を造成して宅地にしようとした。この場合，Cは，単独で，その第三者に対し，共有持分権に基づく物権的請求権の行使として，土地全体について造成行為の禁止を求めることができる。

5. AがBに対して所有権に基づく妨害排除請求権を行使するには，Bに事理を弁識する能力があることは必要でないが，妨害状態が発生したことについてBに故意又は過失があることが必要である。

No.97　　　　物権的請求権　　　正解 **4**

1　×　誤っている

　所有権に基づく物権的請求権は，所有権の効果を円滑に享受するために認められる権利であり，**所有権から派生する権利**であるから，所有権とは別個独立に物権的請求権のみを譲渡することはできない。また，所有権に基づく物権的請求権に，民法166条2項の適用はなく，所有権とは別に消滅時効にかかることもない（大判大5.6.23）。

2　×　誤っている

　賃借人は，契約に定めた時期に，賃貸目的物の返還をしなければならないので（民法§601），建物の賃貸借契約が終了したとき，建物の所有者である賃貸人は，賃借人に対し，**賃貸借契約の終了に基づいて建物の返還を求めることはできる**。また，建物の所有者である賃貸人は，**所有権に基づく建物返還請求権**を有しており，これは，賃貸借契約の終了に基づく建物返還請求権と並存するので，所有権に基づいて建物の返還を請求することもできる。

3　×　誤っている

　物権的請求権の相手方は，物権の享受を妨げている者である。所有権に基づく建物収去土地明渡請求の場合，その相手方となるのは，建物の**占有者**であり，占有者には**直接占有者**のほか，**建物賃貸人のような間接占有者**も含まれる。したがって，Bは，建物賃貸人であるAに対しても，建物を収去して土地を明け渡すことを請求することができる。

4　○　正しい

　畑として使用されてきた土地を造成して宅地にすることは，共有物の変更にあたり，**共有者全員の同意**のもとで行われる必要がある（§251）。共有者の一部が他の共有者の同意を得ないで共有物の変更を行おうとしている場合，**他の共有者はその持分権に基づいて変更行為の禁止を求めることができる**（最判平10.3.24）。共有者の一部の承諾の下，第三者が共有物の変更行為を行う場合も同様である。Cは，Aの承諾の下造成行為を行っている第三者に対し，単独で，共有持分権に基づく物権的請求権の行使として，**土地全体について造成行為の禁止を求めることができる**。

5　×　誤っている

　所有権に基づく妨害排除請求権は，所有権の効果を円滑に享受するために認められる権利であるから，**客観的な所有権の侵害があれば成立し**，所有権に基づく妨害排除請求権が成立するために，相手方に事理を弁識する能力も，妨害状態が発生したことについて相手方の故意又は過失も必要ではない。

| 平28 — 7 | No.98 | | | | | | | レベル　★ |

（配点：2）

　登記請求権及び物権的請求権に関する次のアからオまでの各記述のうち，正しいものを組み合わせたものは，後記1から5までのうちどれか。

ア．AがB所有の甲土地をBから買い受け，BからAへの所有権移転登記を経由した後に，AB間の売買契約が解除された場合，Bは，Aに対し，甲土地の所有権移転登記の抹消登記手続を請求することができる。

イ．AがBとの間の売買契約に基づき買い受けた甲土地がBの所有でなかった場合，Aは，Bに対し，甲土地の所有権移転登記手続を請求することができない。

ウ．動産質権者は，第三者に質物の占有を奪われたときは，質権に基づきその質物の返還を請求することができる。

エ．判例によれば，抵当不動産の所有者Aから占有権原の設定を受けてこれを占有するBに対し，抵当権者Cが抵当権に基づく妨害排除請求権を行使することができる場合，Aにおいて抵当権に対する侵害が生じないように抵当不動産を適切に維持管理することが期待できないときには，Cは，Bに対し，直接自己への抵当不動産の明渡しを請求することができる。

オ．地役権者は，承役地を不法占拠している者に対し，地役権に基づき，自己への承役地の明渡しを請求することができる。

1．ア　ウ　　　2．ア　エ　　　3．イ　ウ　　　4．イ　オ　　　5．エ　オ

No.98　　　　　　物権的請求権　　　　　正解 **2**

ア　○　正しい

　民法545条1項本文の規定する原状回復義務には，所有権の登記名義の回復も含まれるため，BはAに対し，甲土地の所有権移転登記の抹消登記手続を求めることができる。また，契約の解除により，買主に移転していた所有権は遡及的に売主に復帰するため（最判昭34.9.22），売主であるBは，Aに対し，所有権に基づく妨害排除請求権の行使として抹消登記手続を請求することもできる。したがって，本記述は正しい。

イ　×　誤っている

　所有権移転登記手続を請求する場合の根拠としては，所有権に基づく物権的請求権と，契約に基づく債権的請求権の二つが挙げられる。そして，前者の権利は所有者でなければ行使できないため，他人物売買の買主であるAが行使することはできないが，後者については契約が有効であれば，所有者でない者であっても行使することができる。そして，他人物売買は有効な契約とされているため（民法§561参照），AはBに対し，売買契約に基づく債権的請求権の行使として，所有権移転登記手続を請求することができる。Bが登記を移転することが困難であることは，Bの債務不履行の成否にあたって考慮すべき事柄であって，Aの請求権の有無には影響しない。したがって，本記述は，Aが所有権移転登記手続を請求することができないとする点で，誤っている。

ウ　×　誤っている

　民法353条は，「動産質権者は，質物の占有を奪われたときは，占有回収の訴えによってのみ，その質物を回復することができる」と規定する。動産質権においては，質物の占有が第三者に対する対抗要件とされるため（§352），質物の占有を失った場合には，第三者に質権を対抗することができなくなる結果，質権に基づく返還請求をすることができなくなる。したがって，本記述は，占有を奪われたときでも質権に基づき質物の返還を請求することができるとする点で，誤っている。

エ　○　正しい

　判例（最判平17.3.10＝民法百選Ⅰ No.89）は，「抵当権に基づく妨害排除請求権の行使に当たり，抵当不動産の所有者において抵当権に対する侵害が生じないように抵当不動産を適切に維持管理することが期待できない場合には，抵当権者は，占有者に対し，直接自己への抵当不動産の明渡しを求めることができる」とする。判例の結論に賛成する学説は，その理由として，抵当権に基づく妨害排除請求権が認められる根拠は，抵当権の把握する交換価値の保全にあるところ，適切な維持管理が期待できない所有者の下に返還しても交換価値の保全は図られず，妨害排除請求権を認めた意義が失われてしまうため，直接抵当権者への明渡しを認めるべき必要性が高いことを挙げている。したがって，本記述は正しい。

オ　×　誤っている

　判例（最判平17.3.29）は，「通行地役権は，承役地を通行の目的の範囲内において使用することのできる権利にすぎない」と述べていることから，地役権に基づいて請求することができるのは，通行妨害行為の排除や予防にとどまり，自己への承役地の明渡しについては請求することができないものと解されている。したがって，本記述は誤っている。

　　肢ア・イ・ウ・エは，いずれも基本的な知識や重要判例を問うものである。物権的請求権の問題は，毎年のように出題される頻出分野であるため，自信をもって確実に正答できるだけの知識を備えておく必要がある。

| 平29 — 7 | No.99 | | | | | | | レベル ★ |

（配点：2）

　登記に関する次のアからオまでの各記述のうち，判例の趣旨に照らし正しいものを組み合わせたものは，後記1から5までのうちどれか。

ア．AからB，BからCに甲土地が順次売却され，それぞれその売買代金が支払われたが，所有権の登記名義がAのままである場合，Cは，Bに代位して，Aに対し，AからBへの所有権移転登記手続を請求することはできない。

イ．A所有の甲土地及び乙土地に抵当権を有するBは，甲土地の抵当権設定の登記の抹消をするつもりで，誤って乙土地の抵当権設定の登記の抹消を申請し，その旨の登記がされた。この場合でも，Bは，乙土地の抵当権設定の登記の抹消後に上記事情を知らずに乙土地に抵当権の設定を受けたCに対し，Bの抵当権が優先することを主張することができる。

ウ．Aは，Bから代理権を与えられていないのに，Bの代理人として，Cとの間で，B所有の甲土地にCの債権を担保するための抵当権設定契約を締結し，その旨の登記がされた。この場合において，Bがその抵当権設定契約を追認したときは，Bは，Cに対し，その抵当権設定の登記の無効を主張することはできない。

エ．Aは，B所有の土地上に権原なく建物を建築して居住しているが，Cと通謀してその建物についてAからCへの所有権移転登記をした。Cが実際にはその建物を所有したことがない場合でも，Cは，Bに対し，建物収去土地明渡の義務を負う。

オ．Aは，その所有する甲建物の滅失後に新築した乙建物について，新たな保存登記をせずに甲建物の登記を流用して，Bとの間で，停止条件付代物弁済契約に基づく所有権移転請求権保全の仮登記をし，その後，代物弁済を原因として仮登記に基づく本登記をした。この場合，その本登記は無効である。

1．ア　ウ　　　2．ア　エ　　　3．イ　エ　　　4．イ　オ　　　5．ウ　オ

No.99　　　　　　　　物権的請求権　　　　　正解 **5**

ア ✕ 誤っている

民法423条の7は，「登記又は登録をしなければ権利の得喪及び変更を第三者に対抗することができない財産を譲り受けた者は，その譲渡人が第三者に対して有する登記手続又は登録手続をすべきことを請求する権利を行使しないときは，その権利を行使することができる。」として，本肢のCが自己の甲土地の権利取得を第三者に対抗するために，BがAに対して移転登記手続請求権を行使しない場合に，CがBのAに対する移転登記手続請求権を代位行使しうるとする。したがって，Bが権利行使しないときでも代位行使できないことが前提の本肢は誤り。

イ ✕ 誤っている

判例（大連判明41.12.15＝民法百選Ⅰ№54）は，**抵当権の設定は，登記をしなければ，登記欠缺を主張する第三者に対抗することはできない**とする。判例に賛同する学説は，抵当権の設定も不動産に関する物件の得喪及び変更であり，民法177条の適用があることを挙げる。したがって，BとCは対抗関係に立つ。なお，本肢では，Bは誤って登記を抹消してしまったが，この点について，判例（最判昭42.9.1）は，取引安全保護の見地から，過誤による抹消について特別の保護を認めず，原則どおり第三者への対抗力を否定している。そして，判例（最判昭32.9.19）は，**単なる悪意者を超えて背信的悪意者にあたる場合には，「第三者」にあたらない**とする。判例に賛同する学説は，背信的悪意者は，自由競争の範囲外であり保護に値しないことを挙げる。本件では，CはBの事情を知らず，背信的悪意者ではない。したがって，本記述は，Bの抵当権が優先する主張することをできるとする点で，誤っている。

ウ ○ 正しい

判例（最判昭42.10.27）は，無権代理行為による抵当権設定登記がなされたとしても，権利者たる本人が無権代理行為を追認した場合は，抵当権の設定登記の記載が実体上の権利関係と符合するようになった以上，その抵当権の設定登記の無効を主張することができないとした。したがって，本肢は正しい。

エ ✕ 誤っている

判例（最判平6.2.8＝民法百選Ⅰ№51）は，建物を譲渡した者が，譲渡後も引き続き，登記名義を保存している場合，土地の所有者は，建物の所有者のみならず，建物の登記名義人も相手方とすることができるとした。この理由として，判例は，土地所有者が建物譲渡人に対して所有権に基づき建物収去・土地明渡しを請求する場合の両者の関係は，土地所有者が地上建物の譲渡による所有権の喪失を否定してその帰属を争う点で，あたかも建物についての物件変動における対抗関係にも似た関係であることを挙げる。本件では，仮装譲渡であり，当事者間において譲渡は無効となる（§94－Ⅰ）。したがって，Cが実際に建物を所有したことがない以上，判例の射程は及ばない。よって，建物収去土地明渡しの義務を負わず，本記述は誤っている。

オ　○　正しい

　判例（最判昭40.5.4）は，滅失した旧建物についての登記は，新建物についての登記としては無効であるとしている。判例に賛同する学説は，旧建物と新建物は別個の建物であるから，旧建物についての登記は，新建物についての登記とはなりえないことを挙げる。したがって，本登記を無効とする本記述は正しい。

　複数当事者間における物権変動に関する知識を問う問題である。肢ア・イについては，過去問で複数回出題されており，確実に正解することが求められる。また，肢エは，論文式試験の知識としても重要であり，理由を含めて押さえておくことが要求される。肢オについては，細かい知識ではあるが，判例そのものを知らなくとも基本的な理解に基づいて正解することが可能である。確実に正解し，他の受験生に差をつけられないようにしたい問題である。

令2−6　No.100 ╱╱╱╱╱╱╱╱╱╱ レベル ★

(配点：2)

　物権的請求権に関する次のアからオまでの各記述のうち，判例の趣旨に照らし正しいものを組み合わせたものは，後記１から５までのうちどれか。

ア．Aが地上権を有する甲土地に無断でBがその所有する自動車を放置した場合，Aは，Bに対し，地上権に基づく妨害排除請求権の行使として自動車を撤去するよう求めることはできない。

イ．Aが所有する鉄塔が自然災害により傾き，鉄塔に隣接するBの所有する甲建物を損傷させるおそれが生じた場合において，Bが所有権に基づく妨害予防請求権の行使として甲建物を損傷させないための措置を講ずるよう求めたときは，Aは，過去に実際に一度でも甲建物を損傷させたことがないことを理由としてBの請求を拒むことができる。

ウ．Aの所有する自動車がBの所有する山林に無断で放置され，20年が経過した場合において，BがAに対して所有権に基づく妨害排除請求権の行使として自動車の撤去を求めたときは，Aは，妨害排除請求権の消滅時効を援用してBの請求を拒むことができる。

エ．Aが，A所有の甲土地に洪水のため流されてきた自動車の所有者であるBに対し，所有権に基づく妨害排除請求権の行使として自動車を撤去するよう求めた場合，Bは，所有権侵害について故意過失がないことを主張立証しても，Aの請求を拒むことはできない。

オ．Aの所有する甲土地に無断でBがその所有する自転車を放置した場合において，AがBに対して所有権に基づく妨害排除請求権の行使として自転車を撤去するよう求めたときは，Bは，自己が未成年者であることを理由としてAの請求を拒むことはできない。

1．ア　イ　　　2．ア　ウ　　　3．イ　エ　　　4．ウ　オ　　　5．エ　オ

No.100　物権的請求権　　　　　　　正解 **5**

ア　×　誤っている

　妨害排除請求権とは，占有の喪失以外の態様で物権の実現が妨害されている場合に，その妨害状態の解消を求める権利をいう。Aは甲土地に地上権を有するが，地上権とは工作物又は竹木所有の目的で，他人の土地を使用する物権である（§265）。Bが甲土地に無断でその所有する自動車を放置した場合，占有の喪失以外の態様でAの甲土地を使用する地上権という物権が妨害されているといえるため，Aは侵害物の所有者Bに対し（最判平6.2.8＝民法百選ⅠNo.51），地上権に基づく妨害排除請求権の行使として自動車を撤去するよう求めることができる。したがって，本肢は，AがBに対し妨害排除請求権を行使することができないとする点で，誤っている。

イ　×　誤っている

　妨害予防請求権とは，物権の実現妨害のおそれがある場合にその予防を請求する権利のことをいう。将来物権の実現妨害のおそれがある場合であれば，過去に物権妨害の事実がない場合でも請求することができる。したがって，本肢は，Aが過去に実際に一度でも甲建物を損傷させたことがないことを理由としてBの請求を拒むことができるとする点で，誤っている。

ウ　×　誤っている

　妨害排除請求権は，物権の円満な支配状態が妨害され，又はそのおそれがある場合に，その妨害の原因となっている事実を支配している人に対してあるべき状態の回復又は妨害の予防を求める請求権である，これらの**物権的請求権は物権の一内容であり，物権が消滅時効により消滅しない以上，妨害排除請求権も物権の実現が妨害されている限りは消滅時効により消滅しない**。したがって，本肢は，Aが妨害排除請求権の消滅時効を援用してBの請求を拒むことができるとする点で，誤っている。

エ　○　正しい

　妨害排除請求権は，占有の喪失以外の態様で物権の実現が妨害されている場合に，その妨害状態の解消を求める権利であり，**妨害者の故意過失は問題とならない**。そのため，Bは，所有権侵害について故意過失がないことを主張立証しても，Aの請求を拒むことはできない。したがって，本肢は正しい。

オ　○　正しい

　妨害排除請求の対象となる妨害行為は，事実行為であって，未成年者が行為したときに保護の対象となる法律行為（§5）ではない。Bがその所有する自転車をAの所有する甲土地に無断で放置した行為も事実行為であり，Aの所有権を妨害する行為にあたる。したがって，BはAの請求を拒むことはできず，本肢は正しい。

平21－7　№101　｜／｜／｜／｜／｜／｜／｜　レベル　☆☆

(配点：2)

　所有権に基づく物権的請求権に関する次の1から5までの各記述のうち，判例の趣旨に照らし正しいものはどれか。

1．所有権に基づく返還請求権を行使する相手方の占有は，直接占有でなければならず，間接占有であってはならない。

2．所有権に基づく妨害排除請求権は，所有権の行使を妨害する他人が自己の行為の責任を弁識する能力を欠く状態にある場合，その他人を相手方として行使することができない。

3．土地の所有権を有するが，その所有権の取得を第三者に対抗することができない者は，その土地を権原なく占有する者に対して，所有権に基づく物権的請求権を行使することができない。

4．Aが所有する土地上にその土地を利用する権原なくBが建物を所有し，Cがその建物をBC間の賃貸借契約に基づいて占有する場合，Aは所有権に基づく物権的請求権として，Bに対して建物収去土地明渡しを求めることができ，Cに対して建物退去土地明渡しを求めることができる。

5．Aが所有する物について，Bが物の占有ではない方法によって所有権の行使を妨げる場合，AがBに対して所有権に基づき妨害の除去又は停止を請求することができるのは，Bの妨害によりAが重大にして著しく回復困難な損害を被るときに限られる。

No.101　所有権に基づく物権的請求権　　正解 **4**

1　×　誤っている
　判例（最判昭36.2.28）は，物権的請求権を行使する相手方の占有は，間接占有であって
もかまわないとしている。

2　×　誤っている
　物権的請求権についての規定は民法にはないが，判例（大判大5.6.23）は，所有権ある
いは広く物権の効力として，当然のこととして認められるとしている。物権的請求権は，
不法行為とは性質を異にするものであり，行使の相手方が責任能力を具備している必要は
ない。

3　×　誤っている
　判例（最判昭25.12.19＝民法百選Ⅰ No.62）は，不法占有者は民法177条の第三者にあた
らないとする。したがって，登記を備えないため土地の所有権取得を第三者に対抗できな
い者であっても，不法占有者に対しては所有権を対抗することができ，所有権の効力であ
る物権的請求権を行使することもできる。

4　○　正しい
　判例（大判大10.6.22，最判昭36.2.28）は，侵奪者が他人を通じて占有をする所有者は間
接占有者（賃貸人等）に対しても，直接占有者（賃借人等）に対しても返還請求権を行使
できるとしている。

5　×　誤っている
　判例（大判大5.6.23）は，物権的請求権につき，所有権あるいは広く物権の効力として
当然に認められるものであるとしており，侵害者の妨害により所有権者が重大にして著し
く回復困難な損害を被るというような要件を要求していない。

平28 ― 6 ④ No.102 ／／／／／／　　レベル ★

（配点：2）

　　物権的請求権に関する次の1から4までの各記述のうち，判例の趣旨に照らし正しいものはどれか。

1．A所有の甲土地上に権原なく乙建物を所有しているBがCに乙建物を売却した場合において，CがBからの乙建物の所有権移転登記を経由していないときは，Aは，Cに対し，乙建物の収去及び甲土地の明渡しを求めることができない。

2．A所有の甲土地上に権原なく乙建物を所有しているBがCに乙建物を売却し，CがBからの乙建物の所有権移転登記を経由した後，CがDに乙建物を売却した場合には，DがCからの乙建物の所有権移転登記を経由していないときであっても，Aは，Cに対し，乙建物の収去及び甲土地の明渡しを求めることができない。

3．Aがその所有する甲土地をBに賃貸し，Bが甲土地を自動車の駐車場として利用していたところ，甲土地の賃借権の登記がされない間に，AがCに対し甲土地を売却した場合において，CがAからの甲土地の所有権移転登記を経由していないときは，Bは，Cからの甲土地の明渡請求を拒むことができる。

4．A所有の甲土地に隣接する乙土地の所有者であるBが乙土地を掘り下げたために，両土地の間に高低差が生じ，甲土地が崩落する危険が生じている場合において，その危険が生じた時から20年を経過した後にAがBに対し甲土地の崩落防止措置を請求したときは，Bはその請求権の消滅時効を援用することができる。

No.102　　所有権に基づく物権的請求権　　正解 **3**

1　×　誤っている

　所有権に基づく物権的請求権は，物権の円満な実現が妨げられている場合に，その侵害を除去するための権利として認められたものである。そして，建物を所有することにより権原なく土地を占有している者は，そのことのみによって土地所有権の円満な実現を妨げているといえるため，たとえ所有権移転登記を経由していなくとも，**建物収去及び土地の明渡しを免れることはできない**。したがって，本記述は，建物の所有権移転登記を経由していない者に対して建物収去土地明渡しを求めることができないとする点で，誤っている。

2　×　誤っている

　判例（最判平6.2.8＝民法百選Ⅰ No. 51）は，「他人の土地上の建物の所有権を取得した者が自らの意思に基づいて所有権取得の登記を経由した場合には，たとい建物を他に譲渡したとしても，**引き続き右登記名義を保有する限り**，土地所有者に対し，右譲渡による建物所有権の喪失を主張して**建物収去・土地明渡しの義務を免れることはできない**ものと解するのが相当である」とする。判例は，その理由として，土地所有者は地上建物の所有権の帰属につき重大な利害関係を有することから，土地所有者と建物譲渡人との関係は，土地所有者が地上建物の譲渡による所有権の喪失を否定してその帰属を争う点で，あたかも建物についての物権変動における対抗関係にも似た関係であること等を挙げている。本事例においても，Ｃは自らの意思に基づいて所有権取得の登記を経由し，その登記名義を保有し続けているのであるから，ＡはＣに対し，建物収去土地明渡しを求めることができる。したがって，本記述は誤っている。

3　○　正しい

　Ｂの土地賃借権は登記されていないため，対抗力を有しない（民法§605）。また，駐車場利用であることから，借地借家法上の対抗力を有することもない（借地借家法§10－Ⅰ）。そのため，Ｂは，甲土地を売買により取得したＣに対し，その賃借権を対抗できない（売買は賃貸借を破る）。もっとも，**対抗力を有しない賃借権者は，土地の新所有者から，土地明渡請求をされうる地位に置かれるため，土地の所有権の帰趨につき重大な利害関係を有し，登記の欠缺を主張する正当な利益を有する者として「第三者」（民法§177）に含まれる**。そのため，土地の新所有者は，所有権移転登記を経由しなければ土地の取得を賃借人に対抗できず，土地の明渡しを求めることができない。したがって，本記述は正しい。

4　×　誤っている

　ＡのＢに対する請求は，所有権に基づく物権的妨害予防請求権の行使である。本記述と同様の事例において，判例（最判平12.11.19＝民法百選Ⅰ No. 50）も，物権的妨害予防請求権の存在を一般的な形で承認している。そして，所有権に基づく物権的請求権は，**所有権から派生する権利**であるため，民法166条２項によって**消滅時効にかかることはない**（大判大5.6.23）。したがって，本記述は，ＢがＡの請求権の消滅時効を援用することができるとする点で，誤っている。

| 平19 — 10 | №.103 | | | | | | | レベル　★ |

（配点：2）

　民法の規定にある「本権の訴え」の概念について，次のアからオまでの各記述のうち，正しいものを組み合わせたものは，後記1から5までのうちどれか。

ア．一般先取特権は，物を占有する権利を含まない物権であるから，それに基づく本権の訴えとして返還請求権を行使することはできない。

イ．留置権は，物を占有する権利を含む物権であるから，それに基づく本権の訴えとして返還請求権を行使することができる。

ウ．「本権」とは物権であるから，本権の訴えとして賃借権に基づく返還請求権を行使することはできない。

エ．地上権者は，本権の訴えとして地上権に基づく返還請求権を行使することができることが原則であるが，土地の所有者に対し返還請求権を行使することはできない。

オ．土地を賃貸して賃借人に引き渡した所有者は，第三者が土地の占有を侵奪した場合において，占有の訴えにより土地の返還を請求することができるほか，本権の訴えとして所有権に基づいても返還を請求することができる。

1．ア　イ　　　2．ア　オ　　　3．イ　エ　　　4．ウ　エ　　　5．ウ　オ

No.103　本権の訴え　正解 **2**

ア　○　正しい

　本権の訴えとしてなす返還請求権は，物権者が目的物の占有を喪失した場合，法律上の正当な根拠なくして物を占有する者に対し，その返還を請求する権利である。しかし，一般先取特権は物を占有する権利を含まない物権であるから，一般先取特権者は，占有喪失に基づく返還請求権を行使できない。

イ　×　誤っている

　留置権は，留置権者が留置物の占有を失うことによって消滅する（民法§302本文）。留置権は目的物を留置し間接的に弁済を強制する権利であり，物の占有を基礎とすることから，物の占有を失えば留置権が消滅する。占有は留置権の成立要件であるだけでなく，存続要件でもある。したがって，留置権者が目的物の占有を喪失すれば，留置権が消滅するので，留置権に基づく返還請求権は行使できない。なお，留置権者も占有回復の手段として占有回収の訴え（§200-Ⅰ，§203ただし書）は認められるが，これ自体は占有していたという事実に基づくもので，本権の訴えではないことに注意する必要がある。

ウ　×　誤っている

　不動産賃借権は債権であるが，不動産の利用権的側面を有しているので，**賃借権自体に基づく妨害排除請求権**が認められないかが問題となる。判例（最判昭28.12.18＝民法百選ⅡNo.57）は，**対抗要件を具備している場合に限り妨害排除請求権を認める**。物権的請求権は物権の排他性に由来するところ，不動産賃借権は物権化しており（§605），対抗要件を具備すれば排他性を取得するからである。この理は，返還請求権にも妥当する。

エ　×　誤っている

　地上権者は，他人の土地において工作物又は竹木を所有するため，その土地を使用する権利を有する（§265）。地上権者には，土地の使用権が認められるから，土地の所有者に対しても返還請求権は認められる。

オ　○　正しい

　占有者がその占有を奪われたときは，占有回収の訴えにより，その物の返還を請求できる（§200-Ⅰ）。賃貸人は賃借人を通して賃借物を間接占有する（§181）から，侵奪者に対して占有回収の訴えを提起できる。また，**賃貸人が所有権者である場合，所有権に基づいて土地の返還請求をすることもできる**。

平20 ― 10改　No.104　　　　　　　　　　　　レベル　☆

（配点：2）

　甲土地を所有するAが甲土地を占有するBに対し所有権に基づき甲土地の明渡しを請求する訴訟においてBが主張する抗弁の要件事実に関する次のアからオまでの各記述のうち，正しいものを組み合わせたものは，後記1から5までのうちどれか。

ア．Bは，甲土地を無償で借りる旨をAと合意した事実と甲土地の引渡しの事実を主張立証しなければ，請求棄却の判決を得ることができない。

イ．Bは，甲土地を賃借する旨をAと合意し，それに基づきAから甲土地の引渡しを受けた事実を主張立証すれば，請求棄却の判決を得ることができる。

ウ．Bは，甲土地に地上権の設定を受ける旨をAと合意し，それに基づき地上権設定登記をした事実を主張立証すれば，請求棄却の判決を得ることができる。

エ．Bは，甲土地について地上権設定登記を受けた事実を主張立証した場合においても，それにより適法に地上権の設定があったことは推定されず，請求棄却の判決を得ることができない。

オ．甲土地の造成工事をしたBは，この工事に基づく請負代金債権の弁済がない事実を主張立証すれば，請求棄却の判決を得ることができる。

1．ア　ウ　　　2．ア　エ　　　3．イ　エ　　　4．イ　オ　　　5．ウ　オ

No.104　　所有権に基づく土地明渡請求　　正解 **3**

ア　×　誤っている

使用貸借契約（民法 §593）は諾成契約であり，占有権原の抗弁として使用貸借契約の成立を主張するためには，無償で借りる旨の合意のみで足りる。

イ　○　正しい

占有権原の抗弁として賃貸借契約を主張するためには，**賃借する旨の合意と，合意に基づく引渡しの立証が必要である。**

ウ　×　誤っている

占有権原の抗弁として地上権を主張する場合には，地上権の設定を受ける旨の合意のほか，合意に基づいて引渡しを受けた事実を立証する必要があるのであって，**合意に基づいて設定登記をした事実の立証が必要なのではない。**

エ　○　正しい

登記の推定力につき，判例（最判昭34.1.8，最判昭38.10.15，最判昭46.6.29）上，**権利の所在自体又は登記記録に登記原因として記録された権利取得原因事実を事実上推定する効力を認められているにすぎず，登記によって適法に地上権の設定があったことは推定されない**（法律上の推定は認められない）。

オ　×　誤っている

請負代金と甲土地の引渡しは同時履行の関係（§633本文，§533）にあり，請負代金債権の弁済がない事実と同時履行の抗弁の権利主張の事実を立証することによって，引換給付判決を得ることができる。したがって，**請負代金債権の弁済がない事実を主張したとしても請求棄却の判決を得られない。**

平18 ― 11　**No.105**　　　　　　　　　　　　　レベル　☆☆

（配点：3）

　Aは，その所有する甲建物をBに売る契約を結び，代金の一部を受領した。この事例に関する次のアからオまでの問題のうち，Bに所有権が移転しているか否かによって結論が決まるものをすべてあげたものは，後記1から5までのうちどれか。なお，所有権の移転時期を1点に決めることはできず，所有権の移転時期を論ずることに意味はないとする見解は採らないことを前提とする。

ア．AB間の契約締結前に，Aが甲建物をCに賃貸し，引渡しを終えていた場合，AB間において，BはCに対する賃料をいつから取得することができるか。

イ．AB間の契約締結後，Bが甲建物について引渡しや移転登記を受ける前にDが不注意で甲建物の一部を壊した場合，BはDに対して修理費相当額の損害賠償を請求することができるか。

ウ．AB間の契約締結後，Eが甲建物をAから買う契約を結んだ場合，BとEのいずれが最終的に甲建物の所有者となるか。

エ．AB間の契約締結後，Bが甲建物について引渡しや移転登記を受ける前に地震で甲建物が全壊した場合，Bは残代金をAに支払う必要があるか。

オ．AB間の契約締結後，Bが甲建物について引渡しや移転登記を受ける前に，ABのいずれにも無断で甲建物に住み込んだFがいる場合，A自身がFに明渡しを求めていても，BはFに対して甲建物を自己に明け渡すように請求することができるか。

1．ア　イ　ウ　エ　　　2．ア　イ　オ　　　3．イ　オ　　　4．ウ　エ　　　5．エ

No.105　　所有権移転に基づく法律関係　　正解 **3**

ア　結論は決まらない

　Cが甲建物を賃借し引渡しまで受けているので，AからBへの甲建物の譲渡があると，甲土地の所有権とともに，賃貸人たる地位がBに移転する。しかし，**判例**（最判昭49.3.19＝民法百選Ⅱ No.59）及び**民法605条の2第3項**によると，Bが賃料を取得するには甲建物の**所有権移転の登記が必要**であるから，単に所有権が移転しているか否かによってだけではいつから賃料を取得するかという問題の結論は決まらない。

イ　結論が決まる

　Dには甲建物の所有者に対する不法行為が成立する。不法行為に基づいて損害賠償を請求できるのは甲建物の所有者である。したがって，Bに甲建物の**所有権が移転しているか否かによって決まる**。

ウ　結論は決まらない

　不動産の二重譲渡の場合，いずれが最終的な所有者となるかは，**登記の具備で決する**（§177）。したがって，二重譲渡の譲受人であるBとEのいずれが甲土地の所有権となるかは，登記の先後で決まる。

エ　結論は決まらない

　契約の目的物が債務者に帰責性なくして滅失した場合，反対債務の履行を拒めるかという危険負担（§536，§567等）が問題となっている。Bが残代金をAに支払う必要があるかどうかも，この危険負担の問題としてABいずれが危険を負担するかで決まる。よって，単に所有権が移転しているか否かによって結論が決まるわけではない。

オ　結論が決まる

　不動産の不法占拠者に対し，自己への明渡しを請求できるのは不動産の所有者であるから，Bがかかる請求をなし得るかは，Bに**所有権が移転しているか否かによって決まる**。なお，A自身がFに明渡しを求めている以上，BがAの明渡請求権を代位行使（§423）することはできない。

| 平20 — 8 | No.106 | | | | | | | レベル ★ |

(配点：2)

　Xが所有権に基づき占有者Yに対し土地の引渡しを請求した場合，判例の趣旨に照らしYが引渡しを拒絶することができるものは，次の1から5までのうちどれか。

1．土地を所有し占有するYが税金対策のために登記名義をAとしていたところ，Xは，Aが真実の所有者であると過失なく信じ，Aから同土地を買い受けて移転登記を受けた。

2．土地を所有し占有するYからAへ，AからXへと同土地が順次売買され，それぞれ代金の支払も了した。

3．土地を所有し占有するYは，Aに対し，同土地を売却して移転登記を行ったが，この売買にはAによる詐欺があったので，YはAに対して取消しの意思表示をした。その直後，Aは，同土地をXに売却して移転登記を行った。

4．XがYの代理人としてAから土地を買い受け，Yが同土地を所有し占有するようになったが，登記名義はAのままであった。その直後，Xは，Aから同土地を買い受けて移転登記を受けた。

5．Aの父はYに土地を売却し引き渡したが，移転登記をする前に急死してしまった。その後，この土地を単独で相続したAが，Xに対して同土地を売却して移転登記を行った。

No.106　物権変動と登記　　正解 **4**

1　×　拒絶できない

　本肢のように，土地の所有者Yが，自己の不動産の所有権をAに移転させるという真意がないのに乙に所有権移転登記するという外観を単独で作出した場合，93条2項が適用され，Yはこの外観を過失なく信じてAから土地を買い受けたXに対して自己が作出したAが所有者であるとの外観が無効であることを対抗できない。なお，93条2項新設前には93条に第三者保護規定がなかったので，94条2項を類推適用していた（最判昭45.7.24）が，第三者保護規定である93条2項の新設によって，類推適用の必要がなくなった。

2　×　拒絶できない

　判例（最判昭39.2.13）は，不動産が順次譲渡された場合の前主は後主に対する関係で177条の第三者に該当するかにつき，前主は土地払下げ後，右土地につき何等の権利を主張するものでないから，第三者に該当するものではなく，登記の欠缺を理由として後主の土地所有権取得を否認する正当な利益を有するものとはいえないとしている。したがって，Xは登記を有していなくともYに対し引渡しを請求できる。また，売買代金の支払も了している以上，留置権の主張もできないので，Yは引渡しを拒絶できない。

3　×　拒絶できない

　判例（大判昭17.9.30＝民法百選Ⅰ№.55）は，土地の売買が詐欺により取り消された場合に，土地所有権は売主に復帰し，初めから買主に移転しなかったことになるが，この物権変動は，177条により登記をしなければ第三者に対抗できないとする。したがって，Xが移転登記を経ている以上，Yは引渡しを拒絶できない。

4　○　拒絶できる

　判例（最判昭43.8.2 等）は，実体上物権変動があった事実を知る者において右物権変動についての登記の欠缺を主張することが信義則に反すると認められる事情がある場合には，かかる背信的悪意者は，登記の欠缺を主張するについて正当な利益を有しないものであって，177条にいう第三者には当たらないとする。YA間の契約を締結した代理人が本人を害する態様での権利取得をしているので，代理人は背信的悪意者に該当すると解される。したがって，本人であるYはXに対し登記なくして，所有権を主張して引渡しを拒絶することができる。

5　×　拒絶できない

　判例（最判昭33.10.14）は，被相続人が不動産の譲渡をなした場合，その相続人から同一不動産の譲渡を受けた者は，177条にいう第三者に該当するとする。したがって，Xが移転登記を経ている以上，Yは引渡しを拒絶できない。

平27－7 [4]　No.107　　　　　　　　　　　レベル　★

(配点：2)

　不動産登記に関する次のアからオまでの各記述のうち，判例の趣旨に照らし誤っている
ものを組み合わせたものは，後記１から５までのうちどれか。
ア．AがA所有の甲土地をBに売却し，その旨の所有権移転登記がされた後，Bは，甲土
　地をCに売却し，その旨の所有権移転登記がされた。その後，AがBの強迫を理由とし
　てBに対する売買の意思表示を取り消した場合，Aは，Cに対し，甲土地の所有権がA
　からBに移転していないことを主張することができる。
イ．AがA所有の甲土地をBに売却し，その旨の所有権移転登記がされた後，Aは，Bの
　詐欺を理由としてBに対する売買の意思表示を取り消した。その後，BがCに甲土地を
　売却し，Cへの所有権移転登記をした場合，Aは，Cに対し，甲土地の所有権がBから
　Aに復帰したことを主張することができない。
ウ．Aは亡Bから亡Bの所有していた乙土地の遺贈を受けたが，その旨の所有権移転登記
　をしていなかった。その後，亡Bの共同相続人の一人であるCの債権者Dが乙土地につ
　いてCの相続分に相当する持分を差し押さえ，その旨の登記がされた。この場合，A
　は，Dに対し，乙土地の所有権を亡Bから取得したことを主張することができる。
エ．AがB所有の乙土地を占有し，取得時効が完成した場合において，その取得時効が完
　成する前に，Cが乙土地をBから譲り受けると同時に乙土地の所有権移転登記をしたと
　きは，Aは，Cに対し，乙土地の所有権を時効取得したことを主張することができる。
オ．AがB所有の乙土地を占有し，取得時効が完成した場合において，その取得時効が完
　成する前に，Cが乙土地をBから譲り受け，その取得時効の完成後にCが乙土地の所有
　権移転登記をしたときは，Aは，Cに対し，乙土地の所有権を時効取得したことを主張
　することができない。
1．ア　イ　　　2．ア　ウ　　　3．イ　エ　　　4．ウ　オ　　　5．エ　オ

No.107　不動産登記　正解 **4**

ア　○　正しい

　強迫による意思表示は民法96条1項によって取り消すことができる。また強迫による取消しは詐欺の場合と異なり，取消前の第三者であっても対抗することができるとされている（96条3項の反対解釈，大判明39.12.13）。その理由として，強迫を受けた者の帰責性は，詐欺を受けた者より弱く，手厚く保護されるべきであるということが挙げられる。よってAはCに対して甲土地の所有権がAからBに移転していないことを主張することができる。

イ　○　正しい

　判例（大判昭17.9.30＝民法百選Ⅰ№55）は，96条3項の第三者は取消しの遡及効によって影響を受けるべき第三者，すなわち，取消前に利害関係を有するに至った第三者に限るべきとしている。そして96条3項の第三者は保護を受けるために登記は要しないとしている。その理由は，96条3項の趣旨が契約時における第三者の信頼を保護し，取消しの遡及効の制限をするものであるということが挙げられる。本肢のCは取消し後に現れた者であるから，96条3項の第三者には当たらないため，96条3項の趣旨は妥当せず，Cが第三者と対抗するには177条による登記が必要とされている。その理由は，取消しによっておこる復帰的物権変動によりACが二重譲渡類似の関係に立つことから対抗関係の問題として登記によって優劣を決せられることになるためである。したがって，本肢では，AとCは対抗関係に立つところ登記はCにあるため，登記のないAは甲土地の所有権があることをCに主張することができない。よって本肢は正しい。

ウ　×　誤っている

　判例（最判昭39.3.6）は，遺贈による不動産の取得にも177条が適用されるとしている。その理由として不動産の贈与はその登記をしない間は完全に排他性のある権利変動を生じることはないところ，遺贈は遺言によって受遺者に財産を与える意思表示に他ならないことからすると，意思表示によって物権変動の効果を生じる点では贈与と異なることはないのであるから，遺贈と贈与を別に解する必要はなく遺贈を原因とする所有権移転登記がない間は完全に排他的な権利変動は生じないと解すべきである。したがって遺贈の場合も不動産の二重譲渡と同様に177条の登記を対抗要件と解すべきであるといえる。よって，AはDに対して乙土地の所有権を対抗するには登記が必要であるところ，登記がなくとも主張できるとしている点で誤っている。

エ　○　正しい

　判例（最判昭41.11.22）は，第三者がなした登記の後に時効が完成した場合は，その第三者に対しては登記を経由しなくても取得時効をもって対抗することができるとしている。その理由として，学説は当事者であって第三者には当たらないということを挙げている。したがってAはCに対して乙土地の所有権を主張することができる。よって，本肢は正しい。

オ　×　誤っている

　判例（最判昭42.7.21）は，時効取得者は，その時効取得を，登記なくして時効完成前に原所有者から不動産を取得し時効完成後に移転登記を経由した者（上告人）に対抗でき，このことは上告人がその後所有権移転登記を経由することによっては消長を来さないものというべきとしている。その理由として，上告人はいわば当事者の立場にあたるといえるため，対抗関係には立たないことを挙げている。よってＡはＣに対して乙土地の所有権を取得したことを主張できるところ，できないとしている点で誤っている。

解答のポイント！

　対抗関係についての知識を聞いている問題である。どのような時に対抗関係に立つのか，そしてなぜそのように考えられるのかをきちんと理解していればそれほど困難な問題ではないだろう。間違えた人はこれを機にしっかり復習をしてほしい。

| 平26－8 | No.108 | | | | | | | レベル　☆ |

(配点：2)

　登記請求権に関する次のアからオまでの各記述のうち，判例の趣旨に照らし正しいものを組み合わせたものは，後記1から5までのうちどれか。

ア．Aは，BからB所有の土地を買う旨の契約をし，その代金を支払ったが，所有権移転登記をしていなかった。この売買契約を締結した後10年が経過した場合には，Aは，Bに対し，売買契約により取得した所有権に基づき所有権移転登記手続を請求することができない。

イ．AからB，BからCへ土地が順次売却された後，Bの同意なくAからCへの所有権移転登記がされた場合，現在の権利関係と登記の内容が一致する限り，Bはその所有権移転登記の抹消登記手続を請求することはできない。

ウ．AがBの所有する土地に第一順位の抵当権を有し，その抵当権の設定登記がされた後に，その抵当権の被担保債権が弁済により消滅した場合，第二順位の抵当権者であるCは，Aに対し，抵当権設定登記の抹消登記手続を請求することはできない。

エ．Aは，BからC所有の土地を買う旨の契約をした場合，その土地についてCを登記名義人とする登記がされていても，Bに対し，売買契約に基づき，その土地についてBからAへの所有権移転登記手続を請求することができる。

オ．Aはその所有する土地をBに遺贈する旨の遺言をしていたが，Aが死亡した後，Bがその土地の所有権移転登記をしない間に，Aの唯一の相続人であるCが，AからCへの相続を原因とする所有権移転登記をした上で，その土地をDに売却してCからDへの所有権移転登記をした場合，Bは，Dに対し，CからDへの所有権移転登記の抹消登記手続を請求することができない。

1．ア　ウ　　　2．ア　エ　　　3．イ　ウ　　　4．イ　オ　　　5．エ　オ

No.108　登記請求権　正解 5

　登記請求権は，一般に，①物権的登記請求権，②債権的登記請求権，③物権変動的登記請求権に分類されている。これを前提として，各肢について解答していく。

ア　×　誤っている

　Aは所有権に基づき所有権移転登記手続を請求しようとしているから，Aの登記請求権は①物権的登記請求権に当たる。この登記請求権は所有権に基づくものであり，**物権的請求権と同様に消滅時効にかからない。よって，消滅時効にかかるとする肢アは誤っている。**

イ　×　誤っている

　本肢では，Bの同意なくAからCへの所有権移転登記がなされている。このようにA→B→Cと順次物権移転が起こった場合において，中間者を登記上の反映させない形で移転登記を行うことを中間省略登記という。Bは旧所有者であるから，所有権がなく①物権的登記請求権を行使することはできない。また売買に由来する②債権的登記請求権は，Bにとって売り手であるAには既に登記は存しないので，これを行使することは意味がない。ここで③物権変動的登記請求権とは，物権変動の過程，態様と登記とが一致しない場合に，その不一致を除去するために，物権変動それ自体からこれに対応する請求権として発生する登記請求権のことをいう。この理解によると本肢において移転登記の順番を飛ばされているBは③物権変動的登記請求権の行使を検討することができる。このような事例において判例（最判昭35.4.21）は，家屋が，甲から乙，丙を経て丁に転々譲渡された後，乙の同意なしに丁のため右家屋について中間省略登記がなされたときであっても，原審認定のような事情（原判決参照）があって，乙が右中間省略登記の抹消登記を求める正当な利益を欠くときは，右抹消請求は許されない，と判示した。よって，**Bは中間省略登記の抹消登記を求める正当な利益があれば抹消請求をすることができるのであり，現在の権利関係と登記の内容が一致する限りBは所有権移転登記の抹消登記手続きをすることはできないとする肢イは誤っている。**

ウ　×　誤っている

　Aの第一順位の抵当権は，被担保債権が弁済により消滅したことによって，その付従性により消滅する。したがってCの第二順位の抵当権は，**第一順位の抵当権の消滅によって第一順位の抵当権に上昇するはずである。しかしAの第一順位の抵当権が登記されたままである。よってCとしては抵当権の侵害として，①物権的登記請求権による不法登記の抹消を請求することができる。**抵当権者が不法登記の抹消請求ができるとした判例として大判明治42年12月20日参照。以上より，**抹消登記手続きを請求することができないとする肢ウは誤っている。**

エ　○　正しい

　BはCの所有する土地について，Aと売買契約を結んでいるが，これのような契約も他人物売買として有効である（民法§561）。そしてAはBに対して，売買契約に基づいて所有権移転登記手続きを請求することを考えているから，その請求権は②債権的登記請求権である。債権は当事者を拘束するに過ぎないものであるから，本肢においてAが②債権的登記請求権によって所有権移転登記請求をすることができるのは，Aと売買契約を結んだBに対してのみとなる。よって，肢エは正しい。

オ　○　正しい

　判例（最判昭39.3.6＝民法百選Ⅲ№74）は，不動産の所有者が右不動産を他人に贈与しても，その旨の登記手続をしない間は完全に排他性ある権利変動を生ぜず，所有者は全くの無権利者とはならないと解すべきところ，遺贈は遺言によって受遺者に財産権を与える遺言者の意思表示にほかならず，遺言者の死亡を不確定期限とするものではあるが，意思表示によって物件変動の効果を生ずる点においては贈与と異なるところはないのであるから，遺贈が効力を生じた場合においても，遺贈を原因とする所有権移転登記のなされていない間は，完全に排他的な権利移動を生じないものと解すべきである。そして，民法177条が広く物件の得喪変更について登記をもって対抗要件としているところから見れば，遺贈をもってその例外とする理由はないから，遺贈の場合においても不動産の二重譲渡等における場合と同様，登記をもって物権変動の対抗要件とするものと解すべきである，と判示する。本肢において，Dは177条の第三者に当たるから，対抗要件を具備していないBは所有権移転登記の抹消登記手続きを請求することができない。よって，肢オは正しい。

解答のポイント！

　本問の解答に当たっては，最初に掲げた登記請求権の法的性質を理解することが肝要である。判例を引用した肢オにおいても，①物権的登記請求権が問題になっていることがわかれば，判例を知らなくても正答を導くことができるだろう。本問を間違えた場合には，登記請求権についてもう一度復習していただきたい。

| 平27—8 | № 109 | | | | | | | レベル ☆ |

（配点：2）

　登記請求権に関する次のアからオまでの各記述のうち，判例の趣旨に照らし正しいものを組み合わせたものは，後記1から5までのうちどれか。

ア．Aの所有する甲土地がAからB，BからCに順次譲渡された場合において，Bは，甲土地の所有権を喪失していても，Aに対し，AからBへの所有権移転登記手続を請求することができる。

イ．Aの所有する甲土地がAからB，BからCに順次譲渡されたにもかかわらず，登記名義がなおAに残っている場合，Cは，Aに対し，AからCに対する真正な登記名義の回復を原因とする所有権移転登記手続を請求することはできない。

ウ．Aの所有する甲土地についてAからB，BからCへの所有権移転登記がされている場合，それぞれの所有権移転登記に対応する権利変動がないときは，Aは，Cに対し，直接自己への所有権移転登記手続を請求することはできない。

エ．Aの所有する甲土地についてAからB，BからCへの各売買を原因とする所有権移転登記がされている場合，AからB，BからCへの各売買がいずれも無効であるときは，Aは，Cに対し，BからCへの所有権移転登記の抹消登記手続を請求することができるが，Bは，Cに対し，BからCへの所有権移転登記の抹消登記手続を請求することはできない。

オ．Aが，Bに売却した甲土地について所有権移転登記手続をしない間に死亡し，Aの共同相続人であるCとDがAの代金債権と所有権移転登記義務を相続した場合，Dがその所有権移転登記義務の履行を拒絶しているため，Bが同時履行の抗弁権を理由として代金を支払わないときは，Cは，Bに対する自己の代金債権を保全するため，Bに代位して，BのDに対する所有権移転登記手続請求権を行使することはできない。

1．アイ　　　2．アオ　　　3．イエ　　　4．ウエ　　　5．ウオ

No.109　登記請求権　　正解 **1**

ア　○　正しい
　判例（最判昭46.11.30）は不動産が順次譲渡され，順次移転登記を経由すべき場合に，中間者への登記を省略して，最初の売主から直接最後の買主に移転登記を経由すべき旨を三者間で合意しても，中間者の最初の売主に対する移転登記請求権は失われないとしている。本肢では，中間者たるBは所有権を喪失していたとしてもAに対してAからCに対する真正な登記名義の回復を請求することができる。よって本肢は正しい。

イ　○　正しい
　判例（最判平22.12.16）は，不動産の所有者が，元の所有者から中間者に，次いで中間者から現在の所有者に順次移転したにも関わらず，登記名義がなお元の所有者のもとに残っている場合に，現在の所有者が，元の所有者に対し，元の所有者から現在の所有者に対する真正な登記名義の回復を原因とする所有権移転登記を請求することは，物権変動の過程を忠実に登記記録に反映させようとする不動産登記法の原則に照らし，許されないとしている。本肢でも，AからB，BからCへ甲土地が順次譲渡されたにもかかわらず，AからCへ直接所有権移転登記をすることは実際の物権変動の過程に反するため，Cは請求することができない。よって本肢は正しい。

ウ　×　誤っている
　判例（最判昭36.11.24）は真実の権利関係に合致しない登記があるときは，その登記の当事者の一方は他の当事者に対して，いずれも登記を真実に合致せしめることを内容とする登記請求権を有するとともに，他の当事者は登記請求に応じて登記を真実に合致せしめることに協力する義務を負うとしている。本肢は実際にはAからB，BからCへ甲土地の権利変動がないのであるから，真実の権利変動に合致しない登記があるとして登記を真実に合致せしめるため，AはCに対して直接自己への所有権移転登記手続を請求することができる。よって本肢は誤っている。

エ　×　誤っている
　判例は（最判昭36.4.28），不動産について権利変動の当事者となった者は，その物権を他に移転し，現在においては不動産の実質的権利者でなくなっていても，その登記の是正に関して利害関係を有する限り，登記名義人に対し，抹消登記請求権を有するとしている。本肢では，BはCに対してBからCへの所有権移転登記の抹消登記請求手続をすることができるにも関わらず，できないとしている点で誤っている。

オ　×　誤っている

　判例（最判昭50.3.6）は，被相続人が生前に土地を売却したが被相続人の一人が買主に対する移転登記に協力しないときに，他の相続人が買主に代位して右の相続人に対し移転登記請求権を行使することができる（民法§423，なお，改正民法では，登記請求権の代位行使が明文（§423の7）で認められるに至った）としている。本肢では，共同相続人たるCとDのうち，Dが所有権移転登記義務の履行を拒絶しているということであるから，Cは買主Bに代位してDに対して移転登記請求権を行使することができる。よって，CはBに代位しDに請求することができないとしている点で誤っている。

解答のポイント！

　本問を解くにあたっては，登記請求権が登記を真実に合致せしめることを内容とするものであることを考慮しながら，各肢の登記と実体法上の権利関係が一致しているかどうか，関係者の利益を不当に害していないか等の観点から，正しい肢を判断すべきである。登記請求権については，再度出題される可能性は十分にあることから，正しい判例知識を身につけるためしっかり復習しておいてほしい。

平30―7改 **No.110** 〼〼〼〼〼〼　　レベル　★

(配点：2)

　Aは，Bとの間でAが所有する甲土地を売却する旨の売買契約（以下「本件第1売買契約」という。）を締結し，Bからその代金の支払を受けたが，AからBへの所有権移転登記手続をせず，Cとの間で甲土地を売却する旨の売買契約（以下「本件第2売買契約」という。）を締結し，AからCへの所有権移転登記手続をした。その後，Aは行方不明になり，Bは，Cに対し，所有権に基づいてCからBへの移転登記手続請求訴訟を提起した。この場合に関する次のアからオまでの各記述のうち，判例の趣旨に照らし正しいものを組み合わせたものは，後記1から5までのうちどれか。

ア．Bは，請求原因として，Aが甲土地を所有していたこと，本件第1売買契約の成立及びCの登記の存在を主張立証しなければならない。

イ．Cは，対抗要件の抗弁を主張する場合には，本件第2売買契約の成立及びCが本件第2売買契約締結当時，本件第1売買契約について善意無過失であったことを主張立証しなければならない。

ウ．Cは，BがBのCに対する登記請求権を行使することができる時から20年以上行使していなかったとしても，その登記請求権の時効による消滅をもって，抗弁とすることはできない。

エ．Cが抗弁として本件第2売買契約の成立及びCの登記がこれに基づくことを主張立証した場合，Bは，Cが本件第2売買契約締結当時，本件第1売買契約について悪意であったことをもって，再抗弁とすることができる。

オ．本件第2売買契約がAの錯誤取消しの要件を満たすものであった場合，Cが抗弁として本件第2売買契約の成立及びCの登記がこれに基づくことを主張立証したときは，Bは，本件第2売買契約についてAが錯誤の存在を認めていなくても，錯誤取消しの主張をもって，再抗弁とすることができる。

1．ア　ウ　　　2．ア　エ　　　3．イ　ウ　　　4．イ　オ　　　5．エ　オ

| No.110 | 物権変動と要件事実 | 正解 **1** |

ア ○ 正しい

　所有権に基づく移転登記手続請求をする場合，原告は自己に当該土地の所有権が存すること及び相手方名義の登記が存することを請求原因として主張しなければならない。そして，自己に当該土地の所有権が存することを主張するには，自己の前者が所有権を有していたこと，および，前者と自己の所有権移転原因（本肢では売買契約の請求原因事実）を主張しなければならない。そこで，Bは請求原因としてAが甲土地を所有していたこと，本件第1売買契約の成立，Cの登記の存在を主張する。したがって，正しい。

イ × 誤っている

　所有権に基づく移転登記手続請求訴訟において，登記名義人は，対抗要件の抗弁として自己が民法177条の「第三者」であることを主張する。そして，判例（最判昭40.12.21）は，背信的悪意者に当たらない単なる悪意者は177条の「第三者」として保護されるとしている。その理由として，学説は，民法177条が善意・悪意を区別していないこと，しかし，単なる悪意者を超えて，取引の信義則に反しする行為をした第三者は177条で保護するに値しないことをあげている。したがって，本件第1売買契約について善意無過失であったことを主張立証しなければならないとしている点で誤っている。

ウ ○ 正しい

　所有権は排他性を有し，絶対的な効力が認められるので，物権的請求権は時効により消滅することはない。そのため，物権的請求権としての性質を有する物権的登記請求権も登記請求権を行使することができる時から20年以上行使していなかったとしても，時効により消滅することはないので，時効による消滅を抗弁とすることはできない。したがって，正しい。

エ × 誤っている

　Cの抗弁は，対抗要件具備による所有権消滅の抗弁である。これは，所有権を主張する原告以外のものが対抗要件を具備することで，原告が所有権を確定的に喪失した旨の抗弁である。そして，肢イで述べたように，判例は，背信的悪意者に当たらない単なる悪意者は177条の「第三者」として保護されるとしている。したがって，悪意であったことをもって，再抗弁とすることができるとしている点で誤っている。

オ × 誤っている

　判例（最判昭45.3.26）は，表意者が意思表示の瑕疵を認めている場合，表意者自らは当該意思表示の無効〔現：取消し〕を主張する意思がなくても，第三者たる債権者は表意者に対する債権を保全するため表意者の意思表示の錯誤による無効〔現：取消し〕を主張できるとしている。この判例が民法95条の錯誤取消しへの改正後も維持されるかは，不明であるが，少なくとも，この判例のもとでも，Aが意思表示の瑕疵（錯誤の存在）を認めているとの事情がないにもかかわらず，Bが再抗弁とすることができることはないので，改正法のもとでも再抗弁が認められることはないと考えられる。

平19－11　No.111　　　　　　　　　　レベル ★

（配点：２）

　不動産物権変動に関する次の１から５までの各記述のうち，判例の趣旨に照らし正しいものはどれか。

１．ＡからＢ，ＢからＣへ土地が順次売却された後，ＡＢ間の売買契約が合意解除された場合，Ｃは，所有権移転登記を経由していなくても，その所有権の取得をＡに対し主張することができる。

２．Ａは，Ｂの詐欺により，その所有する土地をＢに売り渡し，所有権移転登記をした場合，Ａが売買契約を取り消す意思表示をした後，ＢがこれをＣに転売し登記を経由したとしても，Ｃは，Ａに対し，所有権の取得を対抗することができない。

３．ＡがＢの所有する未登記建物を買い受け，その後その建物についてＢ名義の所有権保存登記がなされた後，ＢがＣにこれを売却しその旨の登記をした場合，Ａは，Ｃに対しその所有権を取得したことを対抗することができない。

４．Ａがその所有する建物をＢに賃貸し，Ｂに引き渡した後，ＡがＣに建物を売り渡した場合，Ｃがその所有権移転登記を経由しなくとも，Ｂは，Ｃからの賃料の支払請求を拒むことができない。

５．Ａ，Ｂ及びＣが土地を共有している場合，Ａからその持分を譲り受けたＤは，その持分の取得につき登記を経由しないでＢ及びＣに対抗することができる。

No.111　　　不動産物権変動　　　正解 **3**

1　×　誤っている

　判例（最判昭35.11.29＝民法百選ⅠNo.56）は，**合意解除については，解除の前，後を問わず，常に対抗問題となる**とする。合意解除は契約後の当事者間の自由な意思での新たな合意に基づくもので，利害関係人保護の要請が法定解除の場合よりも高いからである。したがって，解除後のAは，民法177条の「第三者」にあたるので，Cは登記なくして土地所有権をAに対抗できない。

2　×　誤っている

　土地の売買が詐欺により取り消された場合に，土地所有権は売主に復帰し，初めから買主に移転しなかったことになるが，**この物権変動は，177条により登記をしなければ第三者に対抗できない**（大判昭17.9.30＝民法百選ⅠNo.55）。したがって，売買契約につき詐欺を理由として取り消す意思表示をした後，BがこれをCに転売し登記を経由した場合，登記を備えたCはAに対し，所有権の取得を対抗することができる。

3　○　正しい

　判例（大判大9.5.1）は，**二重譲渡の譲受人は第三者にあたる**とする。この理は，売主が未登記建物をまず売却し，その後，保存登記を行い第二譲受人に再度売却した場合も同様である。したがって，Aは，登記がない以上，Cに対しその所有権を取得したことを対抗できない。

4　×　誤っている

　判例（最判昭49.3.19＝民法百選ⅡNo.59）及び605条の2第3項によると，他人に**賃貸中の不動産の譲受人は，その所有権の移転につき登記を経由しなければ，賃貸人たる地位を取得したことを賃借人に対抗することができない**。Aが所有する建物をBに賃貸し，Bに引き渡した後，AがCに建物を売り渡した場合，Cはその所有権移転登記を経由しなければ，CはBに賃貸人たる地位を主張できないので，Bは，Cからの賃料請求を拒むことができる。

5　×　誤っている

　判例（大判大5.12.27）は，**共有持分譲渡の場合，他の共有者は177条の「第三者」にあたる**とする。したがって，土地の共有者であるB及びCは，「第三者」にあたり，Dは登記なくして土地の持分権をB及びCに対抗できない。

平21－11 **No.112** レベル ★

（配点：3）

　不動産の物権変動に関する次のアからオまでの各記述のうち，判例の趣旨に照らし正しいものを組み合わせたものは，後記1から5までのうちどれか。

ア．AとBを共同相続人とする相続において，Aは相続財産に属する甲不動産を遺産分割協議により取得したが，当該遺産分割後その旨の登記をする前に，Bの債権者Cの代位によって法定相続分に従った相続の登記がされ，CがBの法定相続分に係る持分に対し仮差押えをし，その旨の登記がされた。この場合，Aは，Cに対し法定相続分を超える権利の取得を対抗することができない。

イ．AがBの詐欺によりBに対し甲不動産を売り渡し，甲不動産の所有権移転登記がされた。その後，AはBの詐欺を理由に当該売買契約を取り消したが，Bはその取消し後に甲不動産をCに売り渡し，その所有権移転登記がされた。この場合，Aは，登記をしなくてもCに対し，所有権の復帰を対抗することができる。

ウ．AがBに甲不動産を売り渡した後，Bの債務不履行を理由に当該売買契約を解除して甲不動産の所有権がAに復帰した場合，Aは，その旨の登記をしなければ，当該解除後にBから甲不動産を取得したCに対し，所有権の復帰を対抗することができない。

エ．Aは時効により甲不動産の所有権を取得したが，時効完成前に，旧所有者BがCに対し甲不動産を売り渡し，その所有権移転登記がされた。この場合，Aは，Cに対し所有権の取得を対抗することができる。

オ．Aは被相続人Bの相続について相続放棄をしたが，相続財産である未登記の甲不動産について，Aの債権者Cが代位によって法定相続分に従って所有権保存登記をした上，Aの持分に対する仮差押えをし，その旨の登記がされた。この場合，Aによる相続放棄は，Cに対して効力を生じない。

1．ア　イ　ウ　　　2．ア　イ　オ　　　3．ウ　エ　　　4．イ　エ　オ
5．ウ　エ　オ

No.112　　不動産物権変動　　　　正解 **3**

ア　○　正しい

　判例（最判昭46.1.26）及び民法899条の2第1項によると，相続財産中の不動産につき，遺産分割により相続分と異なる権利を取得した相続人は，その旨の登記を経なければ，分割後に当該不動産につき権利を取得した第三者に対抗できない。したがって，Aは，Cによる仮差押えに基づく登記より前に自ら登記を具備しない限り，Cに対して法定相続分を超える権利の取得を対抗できない。

イ　×　誤っている

　判例（大判昭17.9.30＝民法百選Ⅰ No. 55）は，詐欺取消後の不動産物権変動につき，土地所有権は売主に復帰するが，これを取消し後の第三者に対抗するには，登記を具備することが必要であるとする。したがって，Aは登記なくしてCに対し所有権の復帰を対抗することはできない。

ウ　○　正しい

　判例（最判昭35.11.29＝民法百選Ⅰ No. 56）は，解除の効果につき直接効果説（解除により契約は遡及的に消滅）に立ったうえで，解除後の第三者との関係につき，あたかも二重譲渡類似の関係に立つことを理由に，売主は登記を具備しない限り所有権の復帰を第三者に対抗できないとする。したがって，Aは登記を具備しない限り，所有権の復帰をCに対抗できない。

エ　○　正しい

　判例（最判昭41.11.22）は，取得時効を主張する者は，時効完成時の登記名義人に対し登記なくして取得時効を主張できるとする。したがって，Aは時効完成時の登記名義人であるCに対し，登記なくして時効による所有権の取得を対抗できる。

オ　×　誤っている

　判例（最判昭42.1.20＝民法百選Ⅲ No. 73）は，相続放棄をした相続人は，相続開始時に遡って相続がなかったのと同じ地位に置かれるが，その効力は絶対的で何人に対しても登記なくしてその効力を対抗できるとする。したがって，Aによる相続放棄の効果はCに対しても効力を生じる。

平30 ― 10　**№113**　レベル　★

（配点：3）

　不動産物権変動に関する次のアからオまでの各記述のうち，判例の趣旨に照らし正しい
ものを組み合わせたものは，後記1から5までのうちどれか。

ア．未成年者AがA所有の甲土地をBに売却し，その旨の所有権移転登記がされた後，B
　が，Aの未成年の事実を過失なく知らないCに甲土地を売却し，その旨の所有権移転登
　記がされた場合において，AがBに対する売買の意思表示を取り消したときは，Cは，
　Aに対し，甲土地の所有権の取得を主張することができない。

イ．AがA所有の甲土地をBに売却し，その代金が未払である間に，AからBへ所有権移
　転登記がされた後，Bが，Bの代金未払の事実を知っているCに甲土地を売却し，その
　旨の所有権移転登記がされた場合において，AがBの履行遅滞によりAB間の売買契約
　を解除したときは，Cは，Aに対し，甲土地の所有権の取得を主張することができな
　い。

ウ．AがA所有の甲土地をBに売却したが，代金の支払をめぐってAB間で争いを生じ，
　その後，Bが甲土地の所有権を有することを確認する旨の示談が成立した場合におい
　て，当該示談に立会人として関与し，示談書に立会人として署名捺印していたCが，A
　からBに所有権移転登記がされる前に，Aに対する債権に基づいて，A名義の甲土地を
　差し押さえ，その旨の差押えの登記がされたときは，Bは，Cに対し，甲土地の所有権
　の取得を主張することができない。

エ．AがA所有の甲土地をBに売却した後，CがBを害する目的で甲土地をAから買い受
　け，その旨の所有権移転登記がされた場合において，Cが事情を知らないDに対して甲
　土地を売却し，その旨の所有権移転登記がされたときは，Bは，Dに対し，甲土地の所
　有権の取得を主張することができる。

オ．BがA所有のA名義の甲土地を占有し，取得時効が完成した後，CがAから甲土地に
　ついて抵当権の設定を受けて抵当権設定登記がされた場合において，Bがその抵当権の
　設定の事実を知らずにその後引き続き時効取得に必要な期間甲土地を占有し，その期間
　経過後に取得時効を援用したときは，Bは，Cに対し，抵当権の消滅を主張することが
　できる。

1．ア　エ　　　2．ア　オ　　　3．イ　ウ　　　4．イ　オ　　　5．ウ　エ

No.113　不動産物権変動　　正解 **2**

ア　○　正しい

　本肢のような土地売却を制限行為能力者が単独で行った場合，その法律行為は取り消しうる（民法§5-Ⅱ）。そして，121条は，取消しの効果を遡及的無効とし，判例（大判昭4.2.20）は，この未成年者の法律行為の取消しによる遡及的無効について，第三者に対抗しうる絶対的な効力が生じるとしている。したがって，正しい。

イ　×　誤っている

　判例は，545条１項ただし書の第三者とは，解除の対象となった契約により給付された物（契約上の債権ではなく）につき解除権行使より前に権利を取得した者を指すとし（大判明42.5.14），かつ，第三者として保護されるには，登記を備えることが必要とする（最判昭33.6.14）。なお，第三者として保護されるには，債務不履行の事実について善意であることを要しないと解されており，解除権行使に債務者の帰責事由を要しない立場を採用した改正法においても，この立場は維持されていると解される。Cは，甲土地を譲り受け，移転登記を得ているので545条１項ただし書の第三者として保護される。

ウ　×　誤っている

　Cが177条の「第三者」として保護されるかが問題となるが，本肢と同様の事例について，判例（最判昭43.11.15）は，贈与された事実を知悉していたというに止まらず，後に生じた右両名間の紛争について自ら立会人としてその解決に努めたうえ，右贈与の事実を確認し，すみやかにその旨の所有権移転登記手続をすべきことを内容とする和解を成立させ，自ら立会人として和解条項を記した書面に署名捺印した者が，自己の債権の満足を得るために，右和解の趣旨に反し，「所有権取得についてその登記の欠缺を主張することは著しく信義に反するものというべきであり」，同人は右「登記の欠缺を主張するについて正当の利益を有する第三者」には当たらないとしている。したがって，Bは，Cに対し，甲土地の所有権の取得を主張することができる。

エ　×　誤っている

　不動産がAからBとCに二重譲渡されたが，登記を経た譲受人Cが背信的悪意者として，177条の第三者として保護されない場合に，配信的悪意者Cからの転得者Dが登記を経れば177条の第三者として保護され，Bに対抗できるかが問題となる。判例（最判平8.10.29＝民法百選Ⅰ No.61）は，不動産が譲渡され，その登記が未了の間に，その不動産が二重に譲渡され，さらに転得者に転売され，登記が完了した場合に，たとえ第二の買主が背信的悪意者に当たるとしても，第一の買主に対する関係で転得者自身が背信的悪意者と評価されるのでない限り，転得者はその不動産の取得を第一の買主に対抗することができるとしている。したがって，DはBに甲土地の所有権取得を対抗できるので，Bは，Dに対し，甲土地の所有権の取得を主張することができるとしている点で誤っている。

オ　○　正しい

　判例（最判平24.3.16＝民法百選Ⅰ№58）は，不動産の取得時効完成後，第三者が原所有者から抵当権の設定を受けてその登記を了した場合，占有者は，抵当権設定登記後引き続き時効取得に必要な期間の占有を継続したときは，抵当権の存在を容認していたなどの事情がない限り，不動産を時効取得し，その結果，抵当権は消滅するとしている。したがって，正しい。

令2―7　**No.114**　　　　　　　　　　レベル　★

（配点：3）

　不動産の物権変動に関する次のアからオまでの各記述のうち，判例の趣旨に照らし正しいものを組み合わせたものは，後記1から5までのうちどれか。

ア．A所有の甲土地をAがBに売却し，その後Aが甲土地をCに対し売却してその旨の登記がされ，更にCが甲土地をDに対し売却してその旨の登記がされた場合において，CがBに対する関係で背信的悪意者に当たるときは，Bは，Dに対し，甲土地の所有権を登記がなくても主張することができる。

イ．A所有の甲土地をAがBに売却し，その旨の登記がされたが，AがBの詐欺を理由としてAB間の売買契約を取り消した後，この取消しについて善意無過失のCに対しBが甲土地を売却し，その旨の登記がされた場合，Aは，Cに対し，甲土地の所有権を登記がなくても主張することができる。

ウ．A所有の甲土地をAがBに売却し，更にBがCに売却し，それぞれその旨の登記がされた場合において，その後，AがAB間の売買契約をBの土地の代金不払を理由に解除したときは，Aは，Bの代金不払の事実を知らないCに対し，甲土地の所有権を主張することができない。

エ．A所有の甲土地をAがBに売却し，その旨の登記がされた場合において，その後，これより前から所有の意思をもって甲土地を占有していたCについて取得時効が完成したときは，Cは，Bに対し，甲土地の所有権を主張することができない。

オ．甲土地を所有していたAが遺言を残さずに死亡し，BとCがAを共同相続し，Cが甲土地をBCの共有とする共同相続登記をしてCの持分にDのために抵当権を設定し，その旨の登記がされた場合において，その後，BCの遺産分割協議により甲土地がBの単独所有とされたときは，Bは，Dに対し，抵当権設定登記の抹消を請求することができない。

1．ア　イ　　　2．ア　ウ　　　3．イ　エ　　　4．ウ　オ　　　5．エ　オ

No.114　　　　　　　　**不動産物権変動**　　　　　　正解 **4**

ア　×　誤っている

　不動産物権変動における対抗要件（§177）について，判例（最判平8.10.29＝民法百選 I No.61）は，第三者の背信的悪意の有無は個別的に判断している。その趣旨は，背信的悪意者は，信義則上権利を主張できないだけであり，まったくの無権利者ではないから，権利を譲り受けること自体は可能であること，また，信義則違反は個別に判断すべきことにある。したがって，本肢は，Dが背信的悪意者に当たるかどうかにかかわらずBがDに対し甲土地の所有権を登記がなくても主張することができるとする点で誤っている。

イ　×　誤っている

　判例（大判昭17.9.30＝民法百選 I No.55）は，**詐欺取消し後の第三者の保護について**，「**対抗問題とする**」とする。判例に賛成する学説は，判例の趣旨は，取消しの遡及効は法的な擬制にすぎないため，取消しによって復帰的物権変動が観念でき，相手方を中心とした二重譲渡類似の関係になること，取消し後は可及的速やかに登記を戻すべきであることであるとする。したがって，本肢は，AはCに対し，甲土地の所有権を登記がないと主張することができないところ，登記がなくても主張することができるとする点で，誤っている。

ウ　○　正しい

　「**第三者**」（§545 - I ただし書）とは，解除前の第三者をいう。その趣旨は，民法545条1項ただし書は，解除の遡及効によって影響を受ける第三者の保護を図ったものであるから，第三者とは解除の遡及効によって害されるものに限られるとする趣旨である。また，一般に第三者として保護されるための要件として，**登記が必要**とされる（大判大10.5.17）が，債務不履行についての善意は要しないとされる（債務不履行は履行される可能性もあることに基づく）。CはAB間の売買契約の解除前の第三者であり，所有権移転登記を経ているため，Aは，Bの代金不払の事実を知らないCに対し，甲土地の所有権を主張することができない。したがって，本肢は正しい。

エ　×　誤っている

　時効により当該土地の所有権を取得する者から見て，時効完成時に土地を所有している者は，物権変動の当事者といえ，177条の第三者にはあたらない。実質的にも，時効取得者が時効完成時の土地所有者に先んじて登記を備えることは事実上不可能である。したがって，時効取得者CはBに対して登記なくして当該土地の取得時効を主張することができる（大判大7.3.2）。本肢は，CがBに対し甲土地の所有権を主張することができないとする点で，誤っている。

オ　○　正しい

　民法899条の2第1項は，共同相続における権利の承継の対抗要件について，「**相続による権利の承継**は，遺産の分割によるものかどうかにかかわらず，次条〔900条〕及び第901条の規定により算定した**相続分を超える部分については**，登記，登録その他の**対抗要件を備えなければ**，**第三者に対抗することができない**」と規定する。この規定は，最判昭46.1.26の判断を明文化したものである。この規定によれば，Bは，Dに対し，抵当権設定登記の抹消を請求することができない。したがって，本肢は正しい。

平20 ― 9　**No.115**

レベル　★

（配点：3）

　不動産をめぐる権利主張において登記の要否が問題となる場面に関する次のアからオまでの各記述のうち，判例の趣旨に照らし正しいものを組み合わせたものは，後記1から5までのうちどれか。

ア．Aが所有する甲土地の上に権原なく乙建物を所有しているBに対し，Aから甲土地を譲り受けたCは，AからCへの所有権移転登記をしなければ，甲土地の所有権を主張して乙建物の収去を請求することができない。

イ．Aが所有する甲土地の上に権原なく乙建物を所有しているBから乙建物を譲り受けたDに対し，Aは，DがBからの乙建物の所有権移転登記を経由していない場合，Dが乙建物の所有者であることを主張して乙建物の収去を請求することができない。

ウ．Aが所有する甲土地の上に建物所有目的の賃借権の設定を受けたEに対し，Aから甲土地を譲り受けたCは，AからCへの所有権移転登記をしなければ，Eに対し賃料の支払を請求することができない。

エ．Aが，その所有する甲土地をFに遺贈する旨の遺言をして死亡した場合において，Aの唯一の相続人である配偶者から甲土地を贈与されたGに対し，Fは，所有権移転登記をしなくても，甲土地の所有権取得を対抗することができる。

オ．甲土地を所有するAが遺言をしないで死亡したことによりAの配偶者と子HがAの相続人となった場合において，Aの配偶者から甲土地を買ったIに対し，Hは，相続登記をしなくても，甲土地について有する法定相続分に応じた持分の帰属を主張することができる。

1．ア　イ　　　2．ア　ウ　　　3．イ　エ　　　4．ウ　オ　　　5．エ　オ

No.115　　　　　登記の要否　　　　　正解 **4**

ア　×　誤っている

　判例（最判昭25.12.19＝民法百選Ⅰ No. 62）は，不動産の不法占有者は，民法177条にいう「第三者」には当たらないとしている。したがって，不法占有者たるBに対し，Cは登記なくして所有権を主張することができる。

イ　×　誤っている

　判例（最判昭35.6.17）は，土地の所有権に基づく物上請求権は現実に家屋を所有することによって現実にその土地を占拠して土地の所有権を侵害しているものを被告としなければならないとしている。したがって，DがBから乙建物を譲り受けて甲土地を占有している以上，登記を備えていなくても，AはDに対して乙建物の収支を請求できる。

ウ　○　正しい

　判例（最判昭49.3.19＝民法百選Ⅱ No. 59）及び605条の2第3項によると，他人に賃貸中の建物の譲受人は，その所有権の移転につきその登記を経由しなければ，賃借人に対抗し得ず，賃貸人たる地位を取得したことも主張できない。したがって，Cは所有権移転登記を備えなければ，Eに対し賃料の支払を請求することができない。

エ　×　誤っている

　判例（最判昭39.3.6）は，遺贈による不動産の取得にも177条が適用されるとし，受遺者は登記がなければ，相続人の債権者に対抗できないとしている。したがって，Fは登記なくして，Gに対して所有権を主張できない。

オ　○　正しい

　判例（最判昭38.2.22＝民法百選Ⅰ No. 59）及び899条の2第1項反対解釈によると，共同相続人は，他の共同相続人が単独所有権移転登記を経由し，さらに第三者に移転登記をした場合，第三者に対し，自己の持分を登記なくして対抗し得る。したがって，HはIに対し，登記なくして甲土地について有する法定相続分に応じた持分の帰属を主張することができる。

平26 － 9　No.116　　　　　　　　レベル ★

(配点：2)

　登記に関する次のアからオまでの各記述のうち，判例の趣旨に照らし誤っているものを組み合わせたものは，後記１から５までのうちどれか。

ア．ＡがＢから売買によってＢ所有の甲土地を取得し，ＢからＡへの所有権移転登記がされた後に，ＡＢ間の売買契約が解除され，その後，ＡからＣへ甲土地が譲渡され，ＡからＣへの所有権移転登記がされた場合，Ｂは，Ｃに対し，ＡからＣへの所有権移転登記の抹消登記手続を請求することができる。

イ．ＡがＡ所有の甲土地をＢに譲渡した後，これをＣにも譲渡した場合，Ｃが背信的悪意者とされる場合であっても，Ｂは，Ｃからの譲受人Ｄが背信的悪意者でない限り，Ｄに対して自己の所有権を主張するためには登記が必要である。

ウ．ＡがＢに賃貸している甲土地をＣに譲渡した場合において，Ｃが所有権移転登記をしていない場合は，ＢはＣに対して賃料の支払を拒むことができる。

エ．ＡとＢは，被相続人Ｃが所有していた甲土地を共同相続したが，Ｂは，甲土地についてＡに無断で相続を原因としてＣからＢへの所有権移転登記をし，さらに，Ｄへ甲土地を譲渡した場合，Ａの持分について，ＡがＤに対して自己の権利を主張するためには登記が必要である。

オ．ＡとＢは，被相続人Ｃが所有していた甲土地を共同相続し，Ａが甲土地を単独で相続する旨の遺産分割を成立させた。その後，Ｂが，甲土地について相続を原因としてＡＢの共有とする登記をし，さらにＢの持分をＤへ譲渡した場合，Ｂの持分について，ＡがＤに対して自己の権利を主張するためには登記が必要である。

1．ア　ウ　　　2．ア　エ　　　3．イ　ウ　　　4．イ　オ　　　5．エ　オ

| No.116 | 登記の要否 | 正解 **2** |

ア　×　誤っている

　ＢＡ間で甲土地の売買契約が結ばれ，所有権移転登記がされた後，ＡＢ間の売買契約が解除され，その後，ＡＣ間で甲土地の売買契約が結ばれ，所有権移転登記がされた場合，ＢとＣの関係は，Ｃが解除後に利害関係を取得しているため，民法545条1項ただし書の問題ではなく，Ａを起点とした二重譲渡類似の関係に立つ。すなわちＢから見てＣは177条の第三者に当たり，登記を具備していないとＢはＣに対抗できない。本肢と同様の事例において判例（最判昭35.11.29＝民法百選Ⅰ No.56）は，不動産を目的とする売買契約に基づき買主のため所有権移転登記があった後，右売買契約が解除せられ，不動産の所有権が売主に復帰した場合でも，売主は，その所有権取得の登記を了しなければ，右契約解除後において買主から不動産を取得した第三者に対し，所有権の復帰をもって対抗し得ない，と判示した。よって，ＢがＣに対し所有権移転登記の抹消登記手続を請求することができるとする肢アは誤っている。

イ　○　正しい

　本件と同様の事案について判例（最判平8.10.29＝民法百選Ⅰ No.61）は，所有者甲から乙が不動産を買い受け，その登記が未了の間に，甲から丙が当該不動産を二重に買い受け，更に丙から転得者丁が買い受けて登記を完了した場合に，丙が背信的悪意者に当たるとしても，丁は，乙に対する関係で丁自身が背信的悪意者と評価されるのでない限り，当該不動産の所有権取得をもって乙に対抗することができる旨を判示した。よって，転得者Ｄが背信的悪意者でない限り，ＢがＤに対して自己の所有権を主張するためには登記が必要とする肢イは正しい。

ウ　○　正しい

　賃貸中の不動産が譲渡されたときにおいて，賃貸人の地位もそれに伴って移転する。賃借権に対抗要件が備わっている場合の判例（最判昭49.3.19＝民法百選Ⅱ No.59）及び対抗要件が備わっていない場合の判例（最判昭46.4.23）又は605条の2第1項参照。そして賃貸人の地位が移転されるとしても，賃貸人が賃料請求をするには債権譲渡の通知または承諾では足りず，所有権移転について対抗要件を具備することが必要とするのが判例である。土地の譲受人が賃貸人の地位を承継した旨の通知により，登記ある建物を所有する賃借人に賃料を請求した事案において判例（大判昭8.5.9）は，所有権の移転に随伴する賃貸人の地位の移転を賃借人に対して主張するためには所有権取得の対抗要件を備えることが必要とした。同判決はその理由として，登記を不要とすると所有者が二重譲渡した場合，未登記譲受人のいずれも賃借権を主張できることになり，賃借人の保護が不十分で不都合である点を挙げている（§605の2－Ⅲ参照）。よって，Ｃが所有権移転登記をしていない場合に，Ｃからの賃料請求を拒むことができるとする肢ウは正しい。

エ　×　誤っている

　相続による権利の承継において，「相続分を超える部分については，登記，登録その他の対抗要件を備えなければ，第三者に対抗することができない。」（§899の2－Ⅰ）。この反対解釈として，相続分に相当する部分については，登記等の対抗要件を備えなくても第三者に対抗できることになる。同条新設前の判例（最判昭38.2.22＝民法百選Ⅰ No.59）も相続財産に属する不動産について単独で所有権移転の登記をした共同相続人中のB並びにBから所有権移転登記を受けた第三取得者Dに対し，他の共同相続人Aは自己の持分を登記なくして対抗できるとしている。したがって，Aの持分について自己の権利を主張するには登記が必要とする本肢は誤り。

オ　○　正しい

　相続による権利の承継において，「相続分を超える部分については，登記，登録その他の対抗要件を備えなければ，第三者に対抗することができない。」（§899の2－Ⅰ）。これにより，Aが甲土地について相続分を超える部分（Bの相続分）を取得したことを第三者Dに対抗するには登記が必要になる。同条新設前の判例（最判昭46.1.26）も，遺産の分割は，相続開始の時にさかのぼってその効力を生ずるものではあるが，第三者に対する関係においては，相続人が相続によりいったん取得した権利につき分割時に新たな変更を生ずるのと実質的に異ならないことを理由に，同様の結論を導いている。

解答のポイント！

　本問は不動産物権変動に関する登記と対抗関係についての問いである。問いのベースには登記と対抗関係についての多くの判例があるので，正確に問いに答えるにはそれらの判例についての正しい知識が必要となるであろう。特に百選に挙げられている判例は基本的なものなので，間違えた場合にはもう一度読み直して確認してほしい。

予平26 — 4　**No.117**　　　　　　　　　レベル　★

(配点：２)

　　登記に関する次のアからオまでの各記述のうち，判例の趣旨に照らし正しいものを組み合わせたものは，後記１から５までのうちどれか。

ア．Aは，A所有の甲土地をBに売却し，AからBへの所有権移転登記をした後，Bから強迫されたことを理由として，AB間の甲土地の売買契約を取り消した。その後，Cが，Bによる強迫の事実も，Aによる取消しの事実も知らずに，Bから甲土地を買い受け，BからCへの所有権移転登記をした場合，Cは，Aに対し，甲土地の所有権の取得を主張することができる。

イ．Aが，A所有の甲建物をBとCに二重に売却し，AからBへの所有権移転登記も，AからCへの所有権移転登記もされていない時に，Dが甲建物を勝手に占拠した場合，Bは，AからBへの所有権移転登記をするまでは，Dに対し，所有権に基づき甲建物の明渡しを請求することはできない。

ウ．Aは，B所有の甲土地上に，勝手に乙建物を建築して所有権保存登記をした上，乙建物をCに売却した。その後，Bが，Aに対し，甲土地の所有権に基づき乙建物の収去を請求した場合，Aは，乙建物についてAからCへの所有権移転登記をする前であっても，乙建物の所有権を失ったことを理由としてBの請求を拒むことができる。

エ．Aは，Bの代理人として，C所有の甲土地をCから買い受けたが，CからBへの所有権移転登記がされる前に，自ら甲土地をCから買い受け，CからAへの所有権移転登記をし，さらに，Dに対して甲土地を売却し，AからDへの所有権移転登記をした場合，Bは，Dに対し，登記をしなくても甲土地の所有権の取得を主張することができる。

オ．Aは，A所有の甲土地をBに売却したが，AからBへの所有権移転登記をする前に死亡した。Aの法定相続人は，子C及び子Dの二人であり，その相続分は各２分の１であったが，遺産分割協議が調う前に，Cが勝手に甲土地について単独で相続した旨のAからCへの所有権移転登記をした上，甲土地をEに売却し，CからEへの所有権移転登記をした場合，Bは，Eに対し，２分の１の限度で甲土地の共有持分の取得を主張することができる。

1．ア　ウ　　　2．ア　オ　　　3．イ　エ　　　4．イ　オ　　　5．ウ　エ

No.117　　　　　　　登　　記　　　　　正解 **2**

ア　○　正しい

　強迫による取消しの場合，詐欺による取消しの場合と異なり，民法96条3項のように第三者を保護する規定はない。なお，判例（大判昭17.9.30＝民法百選 I No. 55）によれば，詐欺による取消しの場合に96条3項により保護されるのは，取消しの遡及効により影響を受ける第三者，すなわち，取消前の第三者に限るとされる。しかし，この判例によれば，96条3項の適用がないからといって，取消しをした者が無条件に取消しの結果を取消後の第三者に対抗できるのではなく，取消しをした者に対する土地所有権の復帰を，177条の規定する物権変動ととらえ，取り消した者は，登記を備えなければ第三者に対抗できないとされる。そして，詐欺による場合と同様に，強迫による取消後の場合にも，取消しによる土地所有権の復帰は，177条の規定する物権変動ととらえることができるので，判例によれば，取り消した者は，取消後の第三者との関係では，登記を備えなければ取消しを対抗できないと考えられる。実質的に考えても，強迫の場合，詐欺よりも表意者の落ち度は少ないが，取り消した後はその旨の登記をすることができるのだから，これを怠っている取消者は，少なくとも本問の善意のCのような第三者に対抗できないとされても仕方ないと考えられる。

イ　×　誤っている

　判例（最判昭25.12.19）は，「不法占有者は民法177条にいう『第三者』に該当せず，これに対しては登記がなくても所有権の取得を対抗し得る」としている。よって，不法占有者たるDに対しては，登記なくして所有権に基づき甲建物の明渡しを請求することができるので，本肢は誤っている。

ウ　×　誤っている

　判例（最判平6.2.8＝民法百選 I No. 51）は，土地の不法占拠者が建物所有者を他人に譲渡しても，自らの意思で取得した建物所有権の登記名義を保有する場合は，土地の所有権はその者に対して妨害排除請求権を行使できるとしている。よって，自らの意思で取得した建物所有権の登記名義を保有しているAはBの請求を拒むことができないので，本肢は誤っている。

エ　×　誤っている

　判例（最判平成8.10.29＝民法百選 I No. 61）は，不動産の二重譲渡において，第二買主たる背信的悪意者から当該不動産を譲受け，登記も具備した者（転得者）は，自分自身が第一買主に対する関係で背信的悪意者と評価されない限り，その不動産の取得を第一買主に対抗することができるとしている。よって，Dに背信的悪意者と評価される事情がない本問では，Bは登記なくして甲土地の所有権の取得主張することができないので，本肢は誤っている。

オ　○　正しい

　本肢では，Aは死亡前に甲土地をBに売却しており，Aの相続人C・Dはその相続分に応じて被相続人Aの権利義務を承継する（民法§899）から，BはC・Dに対しては甲土地の取得を主張できる。しかし，本肢ではCが勝手に甲土地を単独相続した旨の所有権移転登記をした上で，Eに売却して移転登記しているので，あたかもA＝Cを起点としたB・Eへの二重譲渡と類似した利害関係になっている。すると，177条により，Bは登記を得たEに対して土地の所有権取得を一切主張できないとも考えられる。しかし，判例（最判昭38.2.22＝民法百選I№59）及び899条の2第1項の反対解釈によれば，共同相続した不動産につきその一人（本問のC）が勝手に単独所有権取得の登記をし，さらに第三取得者（本問のE）がCから移転登記をうけた場合，他の相続人（本問のD）はEに対し自己の持分を登記なくして対抗できる。他方，DはC・Eに対し，Dの持分についてのみの一部抹消（更正）登記手続しか請求できず，全部抹消登記手続を求めることは許されないとされている。この判例の論理を本問にあてはめると，Dは自己の共有持分についてEに対して登記なくして対抗できるところ，Dは相続によりAの権利義務を承継するので，AB間の売買契約に基づいてBに甲土地の相続分の限度で共有持分の所有権を移転する義務を負うことになる。したがって，これによりBはDから譲り受けた2分の1の限度で甲土地の共有持分の取得を主張できることになる。

解答のポイント！

　この問題は，基本的な判例の知識が頭に入っていれば確実に正解できる問題である。物権変動に関する知識は過去の短答式試験でも問われているので，出題されたら確実に正誤を判断できるようにしておくべき分野といえる。

令元 ― 6　No.118　レベル ☆☆

（配点：2）

　不動産物権変動に関する次のアからオまでの各記述のうち，判例の趣旨に照らし誤っているものを組み合わせたものは，後記1から5までのうちどれか。

ア．AがA所有の甲建物をBに売却し，さらにBがこれをCに売却した場合，Cは，Aに対し，登記をしなくても売買による甲建物の所有権の取得を対抗することができる。

イ．A所有の甲土地についてBがAから遺贈を受けた場合において，Aの共同相続人の一人であるCの債権者Dが甲土地についてCが共同相続したものとしてCのその持分を差し押さえ，その旨の登記がされたときは，Bは，Dに対し，登記をしなくても遺贈による甲土地の単独所有権の取得を対抗することができる。

ウ．甲土地を所有するAが遺言をしないで死亡し，二人の子BCのうちBが相続放棄をしてCが唯一の相続人となった場合において，Bの債権者Dが甲土地についてBも共同相続したものとしてBのその持分を差し押さえ，その旨の登記がされたときは，Cは，Dに対し，登記をしなくても単独相続による甲土地の所有権の取得を対抗することができる。

エ．A所有の甲土地をAからBが買い受けた後，Bの代金未払を理由にAB間の売買契約が解除された場合において，その後にBがCに甲土地を売却しその旨の登記がされたときは，Aは，Cに対し，解除による甲土地の所有権の復帰を対抗することができない。

オ．Aが新築して所有する未登記の甲建物をBが不法に占有している場合，Aは，Bに対し，登記をしなければ甲建物の所有権の取得を対抗することができない。

1．ア　ウ　　　2．ア　エ　　　3．イ　エ　　　4．イ　オ　　　5．ウ　オ

| No.118 | 登　　記 | 正解 **4** |

ア ○ 正しい

本肢と類似し，土地所有権の帰属について争われた事案において，判例（最判昭39.2.13）は，「民法177条に所謂第三者たるには，係争土地に対しなんらかの正当の権利を有することを要し，なんら正当の権利を有せず単に該土地を譲渡した前所有者にすぎない如きものは登記の欠缺を主張するにつき正当の利益を有するものといえない」としている。判例の結論に賛成する学説は，その理由として，「第三者」を当事者及びその包括承継人以外の者で登記の欠缺を主張する正当な利益を有する者と定義したうえで，不動産取引の前主と後主は両立しえない物権変動を争う関係ではなく当事者の関係にあるので「第三者」に当たらないことを挙げている。したがって，本肢では，Ｃは，Ａに対し，登記をしなくても売買による甲建物の所有権の取得を対抗することができる。よって，本肢は正しい。

イ × 誤っている

本肢と同様の事案において，判例（最判昭39.3.6＝民法百選Ⅲ No.74）は，「**遺贈の場合においても不動産の二重譲渡等における場合と同様，登記をもって物権変動の対抗要件とする**」としている。その理由として判例は，「遺贈は遺言によって受遺者に財産権を与える遺言者の意思表示にほかならず…贈与と異なるところはない」としたうえで，「民法177条が広く物権の得喪変更について登記をもって対抗要件としているところから見れば，遺贈をもってその例外とする理由はない」ことを挙げている。したがって，本肢では，Ｂは，Ｄに対し，登記をしなくても遺贈による甲土地の単独所有権の取得を対抗することができるとしている点が誤り。

ウ ○ 正しい

本肢と同様の事案において，判例（最判昭42.1.20＝民法百選Ⅲ No.73）は，「家庭裁判所に放棄の申述をすると（民法§938），相続人は相続開始時に遡ぼって相続開始がなかったと同じ地位におかれることとなり，**この効力は絶対的で，何人に対しても，登記等なくしてその効力を生ずる**」としている。その理由として判例は，「規定は，相続放棄者に対する関係では…権利義務を無条件に承継することを強制しないこととして，相続人の利益を保護しようとしたものであり…この効力は絶対的で，何人に対しても，登記等なくしてその効力を生ずると解すべきである。」と述べた。よって，本肢は正しい。

エ ○ 正しい

本肢と同様の事案において，判例（最判昭35.11.29＝民法百選Ⅰ No.56）は，「不動産を目的とする売買契約に基き買主のため所有権移転登記があった後，右売買契約が解除せられ，不動産の所有権が買主に復帰した場合でも，売主は，その所有権取得の登記を了しなければ，右契約解除後において買主から不動産を取得した第三者に対し，所有権の復帰を以って対抗し得ない」としている。その理由として，判例の結論に賛成する学説は，解除権行使に伴う遡及効は一種の法的擬制であり，復帰的物権変動が観念できるので，解除権者と解除後の第三者は対抗関係類似の関係になると述べる。よって，本肢は正しい。

オ　×　誤っている

　本肢と同様に事案において，判例（最判昭25.12.19＝民法百選 I №62）は，「**不法占有者は民法第177条にいう『第三者』に該当せず，これに対しては登記がなくても所有権の取得を対抗できる**」と判示した。理由につき判例の結論に同意する学説は，不法占有者は登記の欠缺を主張する正当な利益がないので「第三者」に該当しないと述べる。本肢では，Aは，Bに対し，登記をしなければ甲建物の所有権の取得を対抗することができないとするのが誤り。

　民法177条に関する重要判例が問われた問題である。民法177条は物権総論における最重要テーマの一つなので，この演習を機に判例知識を整理することが望ましい。

予令２－３　**No.119**　　　　　　　　　レベル　★

(配点：２)

　　登記に関する次のアからオまでの各記述のうち，判例の趣旨に照らし誤っているものを組み合わせたものは，後記１から５までのうちどれか。

ア．Ａが所有する甲土地上に，Ｂが無権原で乙建物を所有している。Ｂは，自ら乙建物の所有権保存登記をした後，乙建物をＣに売却してその所有権を移転した。この場合において，ＢからＣへの乙建物の所有権移転登記がされていないときは，Ａは，Ｂに対し，所有権に基づき乙建物の収去及び甲土地の明渡しを請求することができる。

イ．Ａが所有する甲土地をＡから賃借したＢは，甲土地上に建築した自己所有建物につき，Ｂの妻Ｃ名義で所有権保存登記をした。この場合において，Ａが甲土地をＤに売却してＡからＤへの所有権移転登記がされたときは，Ｂは，甲土地の賃借権をＤに対抗することができる。

ウ．Ａは，所有する甲土地のために，Ｂが所有する乙土地上に地役権の設定を受け，その旨の登記がされた。この場合において，Ａが甲土地をＣに売却してＡからＣへの所有権移転登記がされたときは，Ｃは，甲土地のための地役権をＢに対抗することができる。

エ．Ａは，Ｂが所有する甲建物を賃借してその引渡しを受けた。この場合，Ａは，Ｂに対し，当然に賃借権の設定登記を請求することができる。

オ．Ａは，所有する甲土地につき，Ｂを第一順位とする抵当権及び，Ｃを第二順位とする抵当権をそれぞれ設定し，その旨の登記がされた。この場合において，甲土地のＢの抵当権の被担保債権が消滅したときは，Ｃは，Ｂに対し，自己の抵当権に基づきＢの抵当権設定登記の抹消を請求することができる。

１．ア　イ　　　２．ア　オ　　　３．イ　エ　　　４．ウ　エ　　　５．ウ　オ

No.119　　　　登　　記　　　　正解 **3**

ア　○　正しい

　判例（最判平6.2.8＝民法百選 I №51）は，物権的請求権の相手方について，原則として，物権的請求権の相手方は現に権利の実現を妨げている者又は妨げている物の所有者であるが，自らの意思に基づいて所有権取得の登記を経由した者は，引き続き登記名義を保有する限り物権的請求権の相手方になる旨判示した。判例に賛成する学説は，その理由として，土地所有者は，地上建物の所有権の帰属につき重大な利害関係を有するため，物権変動における対抗関係と類似の関係に立つため，建物の所有権者は，登記を経由しない限り所有権の喪失を第三者に対抗できないこと，及び，実質的所有者の探求が困難であることを挙げている。本肢において，Bは自らの意思に基づいて所有権取得の登記を経由した場合で，引き続き登記名義を保有する者である。したがって，本肢は正しい。

イ　×　誤っている

　「借地権は，その登記がなくても，土地の上に借地権者が登記されている建物を所有するときは，これをもって第三者に対抗することができる」（借地借家法§10－ I），そして，この登記は賃借人名義でなければならない（最判昭41.4.27）。賃借人Bは建物に自らの登記を備えていない。そのためBは甲土地の賃借権をDに対抗することができない。したがって，本肢は誤っている。

ウ　○　正しい

　判例（最判平10.12.18）は，通行地役権者は，地役権設定当事者ではない所有権者に対しても，地役権設定登記を求めることができる旨判示した。そのため，通行地役権者は所有権者に対し地役権設定登記を対抗することができるといえる。したがって，本肢は正しい。

エ　×　誤っている

　判例（大判大10.7.11）は，賃借権の登記をする旨の特約がない場合には，賃借人は賃貸人に対して賃借権の登記を請求する権利はない旨判示した。したがって，本肢は，AがBに対し当然に賃借権の設定登記を請求することができるとする点が，誤っている。

オ　○　正しい

　判例（大判大8.10.8）は，先順位の抵当権者の被担保債権が弁済により消滅した場合，後順位の抵当権者は，先順位抵当権の抹消の登記手続を求める物権的請求権を有するとする。すでに消滅した先順位抵当権の登記の存在は，後順位抵当権の有する交換価値の実現機能を妨げるおそれがあることから，抵当権に基づく物権的妨害排除請求権の行使が認められるのである。したがって，本肢は正しい。

平19 ― 8改　**No.120**

レベル　☆

（配点：3）

　相続と登記に関する次のアからオまでの各記述のうち，判例の趣旨に照らし誤っているものを組み合わせたものは，後記1から5までのうちどれか。

ア．被相続人Aから相続開始前に甲不動産を買い受けたXは，Aの唯一の相続人Bの債権者YがBに代位して甲につきBの相続登記をした上で甲を差し押さえた場合，登記がなくても，甲の所有権取得をYに対抗することができる。

イ．被相続人Aから甲不動産をBと共に共同相続したXが，遺産分割によって甲の所有権全部を取得したとしても，Bの債権者YがBに代位して甲につきB及びXの共同相続登記をした上でBの持分を差し押さえた場合，Xは，自己の権利の取得をYに対抗することができない。

ウ．被相続人Aから遺贈によって甲不動産の所有権を取得したXは，Aの唯一の相続人Bが甲をYに売却し，Yが所有権移転登記を備えた場合，遺贈があった事実を知らず所有権取得登記を備える機会がなかったとしても，Yに対し，甲の所有権取得を対抗することができない。

エ．被相続人Aから甲不動産をBと共に共同相続したXは，Bが甲を単独相続した旨の登記をした上でYに売却し，Yが所有権移転登記を備えた場合，Yに対し，この所有権移転登記の全部抹消を求めることができる。

オ．「甲不動産はXに相続させる」旨の被相続人Aの遺言により，Aの死亡時にXが所有権を取得した甲につき，共同相続人Bの債権者YがBに代位してB及びXの法定相続分により共同相続登記をした上でBの持分を差し押さえた場合，Xは，自己の法定相続分を超える部分について甲の所有権取得をYに対抗することができない。

1．ア　ウ　　　2．ア　エ　　　3．イ　ウ　　　4．イ　オ　　　5．エ　オ

No.120	相続と登記	正解 **2**

ア　×　誤っている

　不動産につき遺贈による移転登記がなされない間に，共同相続人の1人に対する強制執行として，その持分を差し押さえた債権者は，民法177条の「第三者」にあたる（最判昭39.3.6＝民法百選Ⅲ No.74）。したがって，被相続人Aの唯一の相続人Bの債権者YがBに代位して甲につきBの相続登記をした上で甲を差し押さえた場合，Yは第三者にあたるので，Aから相続開始前に甲不動産を買い受けたXは，登記なくして，甲の所有権をYに対抗できない。

イ　○　正しい

　「相続による権利の承継は，遺産の分割によるものかどうかにかかわらず，次条及び第901条の規定により算定した相続分を超える部分については，登記，登録その他の対抗要件を備えなければ，第三者に対抗することができない。」（§899の2-Ⅰ，同条項新設前の最判昭46.1.26＝民法百選Ⅲ No.72も遺産分割の事例について同旨）。したがって，甲不動産をBと共同相続したXが遺産分割によって甲不動産の所有権全部を取得したとしても，Bの債権者YがBに代位して甲につきBおよびXの共同相続登記をした上でBの持分を差し押さえた場合，Xは自己の相続分を超える部分の取得を第三者Yに対抗できない。

ウ　○　正しい

　遺贈による不動産取得にも177条が適用される（最判昭39.3.6＝民法百選Ⅲ No.74）。AがXに甲不動産を遺贈し，登記をしない間に死亡して，Bが相続した場合，XはBに対し登記なくして所有権を主張できる（大判大15.4.30）。被相続人Aと相続人Bとは同一人とみなされるからである。しかし，Bがさらに甲不動産をYに譲渡した場合には，XとYは対抗関係に立つので，XはYに対して登記なくして所有権を対抗できない（最判昭33.10.14）。

エ　×　誤っている

　判例（最判昭38.2.22＝民法百選Ⅰ No.59）は，共同相続の対象となった不動産について他の共同相続人が単独所有権登記を経由し，第三者に移転登記をした場合，共同相続人は，第三者に対し自己の持分を，登記なくして対抗できるとする。

オ　○　正しい

　相続による権利の承継は，遺産の分割によるものかどうかにかかわらず，法定相続分を超える部分については，登記などの対抗要件を備えなければ第三者に対抗できない（§899の2-Ⅰ）。よって，Bの債権者Yは甲不動産につきBに代位してB及びXの法定相続分により共同相続登記をした上でBの持分を差し押さえているので，Xは，自己の法定相続分を超える部分について甲の所有権取得をYに対抗することができない。

予平25—5改 No.121 レベル ★

（配点：2）

　被相続人Aに係る相続と登記に関する次のアからオまでの各記述のうち，判例の趣旨に照らし誤っているものを組み合わせたものは，後記1から5までのうちどれか。

ア．法定相続人としてBCがいる場合において，Bが相続放棄した後に，Bの債権者Dが，相続財産である未登記建物につきBも共同相続したものとして代位による所有権保存登記をした上，その建物のBの持分について差押えをしたときは，Cは，Dに対し，登記をしなくても相続による当該建物の取得を対抗することができる。

イ．Aが，子BCのうち，Bに対してはA所有の不動産を贈与し，Cに対してはこれを遺贈する旨の遺言をし，その後に相続が開始した場合，Bは，Cに対し，登記をしなければ贈与による所有権の取得を対抗することができない。

ウ．Aが，その所有する不動産を相続人Bに相続させる旨の遺言をし，相続が開始した後に，他の相続人Cの債権者Dが，その不動産につき代位による共同相続登記をして持分を差し押さえた場合，Bは，Dに対し，上記遺言による所有権の取得を対抗することができない。

エ．AからBCが共同相続した不動産について，Cが単独で相続した旨の不実の登記をし，Dに売却して所有権移転登記をした場合，Bは，Dに対し，登記をしなければ自己の持分の取得を対抗することができない。

オ．AからBCが共同相続した不動産について，遺産分割の協議により所有権を取得した相続人Bは，遺産分割後にCの法定相続分に応じた上記不動産の持分をCから買い受けたDに対し，登記をしなくても法定相続分を超える所有権の取得を対抗することができる。

1．ア　イ　　　2．ア　エ　　　3．イ　ウ　　　4．ウ　オ　　　5．エ　オ

No.121　相続と登記　正解 **5**

ア　○　正しい

　判例（最判昭42.1.20＝民法百選Ⅲ No. 73）は，本記述と同様の事案において，所有権保存登記及び仮差押登記は無効であり，共同相続人は放棄した相続人の債権者に対し，登記なくして全部の所有権を主張しうるとしている。

イ　○　正しい

　判例（最判昭46.11.16）は，本記述と同様の事案において，被相続人の生前贈与と，他の者への特定遺贈による物権変動の優劣は，登記の具備の有無をもって決するとしている。

ウ　○　正しい

　相続による権利の承継は，遺産の分割によるものかどうかにかかわらず，法定相続分を超える部分については，登記などの対抗要件を備えなければ第三者に対抗できない（§899の2-Ⅰ）。よって，Cの債権者Dはその不動産につき代位による共同相続登記をして持分を差し押さえているので，Bは，自己の法定相続分を超える部分についてその所有権の取得をDに対抗することができない。

エ　×　誤っている

　判例（最判昭38.2.22＝民法百選Ⅰ No. 59）は，本記述と同様の事案において，相続財産に属する不動産につき単独所有権移転の登記をした相続人並びに同人から単独所有権移転の登記を受けた第三取得者に対し，他の共同相続人は，自己の持分を登記なくして対抗しうるとしている。なお，改正法の下では899条の2第1項の反対解釈により導くことが可能となっている。よって，登記をしなければ対抗することができないとする点で，本肢は誤っている。

オ　×　誤っている

　「相続による権利の承継は，遺産の分割によるものかどうかにかかわらず，次条及び第901条の規定により算定した相続分を超える部分については，登記，登録その他の対抗要件を備えなければ，第三者に対抗することができない。」（§899の2-Ⅰ）。したがって，不動産をCと共同相続したBが遺産分割によって不動産の所有権全部を取得したとしても，Bは，遺産分割後に共同相続人CからCの法定相続分に応じた不動産の持分を買い受けたDに対して，登記なくして自己の相続分を超える部分の取得を対抗できない（§899の2-Ⅰ新設前の最判昭46.1.26＝民法百選Ⅲ No.72も同旨）。

解答のポイント！

　相続と登記に関連する判例知識を問う問題である。いずれも有名な判例であり，理由も含め覚えていることが要求されているといえる。確実に得点してほしい。

平28 — 8改 **No.122** ＼＼＼＼＼ レベル ★

（配点：3）

　甲土地を所有するAには，その妻Bとの間に子C及びDがいる。この場合において，Aが死亡したときの不動産物権変動に関する次のアからオまでの各記述のうち，正しいものを組み合わせたものは，後記1から5までのうちどれか。

ア．Cが相続放棄をした後に，甲土地について法定相続分に応じた持分の割合により相続登記をした上で，甲土地の4分の1の持分をEに売却し，CからEへの持分移転登記を経由した場合，Eは，B及びDに対し，甲土地について4分の1の持分の取得を主張することができる。

イ．AがEに甲土地を遺贈し，遺言により指定された遺言執行者Fがある場合において，Bが甲土地について法定相続分に応じた持分の割合による相続登記をした上で，甲土地の2分の1の持分を遺贈の事実を知らないGに売却し，BからGへの持分移転登記を経由したときは，Eは，Gに対し，Gが譲り受けた甲土地の2分の1の持分について所有権の取得を主張できない。

ウ．B，C及びDの遺産分割協議により，甲土地はBが取得することとされた場合であっても，その後，Dが，甲土地について法定相続分に応じた持分の割合により相続登記をした上で，甲土地の4分の1の持分をEに売却し，DからEへの持分移転登記を経由したときには，Eは，Bに対し，甲土地について4分の1の持分の取得を主張することができる。

エ．Aが「甲土地はCに相続させる」旨の遺言をしていた場合において，Bが，甲土地について法定相続分に応じた持分の割合により相続登記をした上で，甲土地の2分の1の持分をEに売却し，BからEへの持分移転登記を経由したとしても，Cは，Eに対し，甲土地の所有権の取得を主張することができる。

オ．Dが甲土地を単独で相続した旨の不実の登記をした上で，甲土地をEに売却し，DからEへの所有権移転登記を経由した場合，Bは，Eに対し，甲土地について2分の1の持分の取得を主張することができない。

1．ア　エ　　　　2．ア　オ　　　　3．イ　ウ　　　　4．イ　オ　　　　5．ウ　エ

| No.122 | 相続と登記 | 正解 **3** |

ア　✕　誤っている

　判例（最判昭42.1.20＝民法百選Ⅲ No.73）は，相続放棄の効力について，「相続人は相続開始時に遡ぼって相続開始がなかったと同じ地位におかれることとなり，この効力は絶対的で，何人に対しても，登記等なくしてその効力を生ずると解すべきである」としていることから，相続放棄をしたＣは無権利者となり，Ｃから甲土地の持分を譲り受けたＥも無権利者となる。そのため，Ｅは，甲土地の持分移転登記を経由したとしても，その持分の取得をＢ及びＤに対し主張することはできない。したがって，本記述は誤っている。

イ　○　正しい

　遺言執行者がある場合の，遺贈と，遺贈と相容れない相続人の財産処分行為との関係について，1013条１項は「遺言執行者がある場合には，相続人は，相続財産の処分その他遺言の執行を妨げるべき行為をすることができない」とし，同条２項は，遺言の執行を妨げる財産処分行為について「無効とする。ただし，これをもって善意の第三者に対抗することができない」として，遺言執行者がある場合には，それに抵触する相続人の行為は無効であるとしつつ，遺言の内容を知り得ない第三者の取引の安全を図る観点から，善意者保護規定を設けた。そして，この場合の保護要件については，第三者に遺言の内容に関する調査義務を負わせるのは相当でないことから，善意であれば足り，無過失は要求しないこととした。これによれば，Ｅは遺贈の事実を知らないでＢからその法定相続分を譲り受けたＧに対して，Ｂの相続分に相当する甲土地の持分について所有権を対抗できないことになる。

ウ　○　正しい

　「相続による権利の承継は，遺産の分割によるものかどうかにかかわらず，次条及び第901条の規定により算定した相続分を超える部分については，登記，登録その他の対抗要件を備えなければ，第三者に対抗することができない。」（§899の２-Ⅰ，同条項新設前の最判昭46.1.26＝民法百選Ⅲ No.72も遺産分割の事例について同旨）。したがって，遺産分割協議によって甲土地はＢが取得することとされた場合であっても，分割協議によって取得した法定相続分を超える部分については登記しなければＢは第三者に対抗できない。したがって，法定相続分を超えるＤの法定相続分４分の１についてＥが買い受けて持分移転登記をした場合には，Ｅは第三者にあたり，ＢはＥにこの４分の１の持分の取得を主張できない。

エ　✕　誤っている

　相続による権利の承継は，遺産の分割によるものかどうかにかかわらず，法定相続分を超える部分については，登記などの対抗要件を備えなければ第三者に対抗できない（§899の２-Ⅰ）。よって，Ｂが，甲土地について法定相続分に応じた持分の割合により相続登記をした上で，甲土地の２分の１の持分をＥに売却しＢからＥへの持分移転登記も経由しているので，Ｃは，Ｅに対し，自己の法定相続分を超える部分について甲土地の所有権の取得を主張することはできない。

オ　×　誤っている

　「相続による**権利の承継**は，遺産の分割によるものかどうかにかかわらず，次条及び第901条の規定により算定した**相続分を超える部分**については，登記，登録その他の**対抗要件を備えなければ，第三者に対抗することができない**。」（§899の2−Ⅰ）。この規定の**反対解釈**により，共同相続人は自己の相続分を登記なくして対抗しうる。遺産分割等の前に法定相続分の割合での登記をすべきことを共同相続人に要求することは，その後の遺産分割で新たに変更登記をする必要性があるため，共同相続人にとって過大な負担となることからこのような解釈は妥当と解される。同条項新設前の判例（最判昭38.2.22＝民法百選Ⅰ No.59）も本肢と同様の事例において，相続財産に属する不動産につき単独所有権移転の登記をした相続人D並びに同人から単独所有権移転の登記を受けた第三取得者Eに対し，他の共同相続人BCは，自己の持分を登記なくして対抗しうるとする。

　本問は，いずれの肢も相続と登記に関する重要判例の理解を問うものであり，過去問でも複数回出題されていることから，今後も出題が予想される分野である。論文試験でも，親族・相続の知識に絡めて出題される可能性が高いため，本問を誤った者はしっかりと復習しておくことが求められる。

平18 ― 13　No.123　レベル ★

（配点：2）

　Aは，その所有する甲土地をBに売却したが，その直後に重ねて甲土地をCに売却し，さらにCは直ちにDに転売した。甲土地の登記名義は，A・C・Dの合意に基づき，Aから直接にDに移転された。この事例に関する次の1から4までの記述のうち，誤っているものはどれか。

1．Bから占有者Cに対する所有権に基づく甲土地の明渡請求訴訟において，Bの登記具備がCの対抗要件の抗弁に対する再抗弁であるという考え方を採れば，Cが背信的悪意者であるとする主張は，Bの登記具備に代わる再抗弁と位置付けられる。

2．背信的悪意者Cにも甲土地の所有権が帰属するという考え方を採れば，AからBとCに二重譲渡があったことをDが知っていても，それだけでは，登記をしていないBは甲土地の所有権取得をDに対抗することができない。

3．背信的悪意者Cは甲土地の所有権を取得することができないという考え方を採れば，DがAからBとCに二重譲渡があったことを知らずに登記をした場合でも，BはDに甲土地の所有権取得を対抗することができる。

4．Bは，本来，Cと対抗関係に立つから，登記の効力については重大な利害関係を有するところ，Cは対抗要件を備えていないし，AからDへの中間省略登記は無効であるから，Bは，CにもDにも対抗することができる。

No.123　177条の「第三者」　正解 **4**

1　○　正しい

　本問でCが背信的悪意者であるといえれば，民法177条の「第三者」にあたらないので，Bは登記なくして所有権をCに対抗できる。よって，Cが背信的悪意者であるとの主張は，Bの登記具備に代わる再抗弁といえる。

2　○　正しい

　背信的悪意者にも所有権が帰属するという考え方を採れば，DもCから所有権を承継取得することができる。そして，Dが177条の「第三者」にあたれば，Bは登記なくして所有権の取得を対抗できない。二重譲渡があったことを知っているだけのDは**悪意者にすぎない**から，同条の「第三者」に**あたる**。

3　○　正しい

　背信的悪意者Cが甲土地の所有権を取得できないのであれば，Cからの譲受人Dも所有権を承継取得できず，無権利者となる。そして，**無権利者は177条の「第三者」にあたらない**ので，Bは登記なくして甲土地の所有権の取得をDに対抗できる。

4　×　誤っている

　AからDへの**中間省略登記**も，中間者Cを含めた三者全員の合意があることから**有効**である（最判昭44.5.2）。また，Dは177条の「第三者」にあたるので，登記を有しないBはDに対し所有権の取得を対抗することができない。

平23 ― 8 3 No.124　　　　　　　　　　　レベル ★

(配点：2)

　Aが所有する不動産について物権変動があった場合に関する次の１から５までの各記述のうち，判例の趣旨に照らし誤っているものはどれか。

1．Aがその不動産についてBのために抵当権を設定し，その後AがCに同一不動産を譲渡した場合，Bは，その抵当権設定の登記がなければその抵当権の取得をCに対抗することができない。

2．Aがその不動産をBに譲渡し，その後AがCに同一不動産について地上権を設定した上でそれに基づいて引渡しをした場合において，Bへの所有権移転の登記もCの地上権設定の登記もないときは，Bは，Cに対して所有権に基づいて当該不動産の引渡しを請求することができない。

3．Aがその土地をBに賃貸し，Bがその土地上に建物を建築して所有権保存登記をした後，AがCに当該土地を譲渡した場合において，当該土地に関する所有権移転登記を受けたCは，Bに対して当該土地の賃料の請求をすることができる。

4．Aは，Bと通じて，Aの不動産について有効な売買契約が存在しないにもかかわらず売買を原因とする所有権移転登記をBに対して行い，その後，この事情について善意無過失であるCに対してBが同一不動産を譲渡したが，ＢＣ間の所有権移転登記はされていない。この場合において，さらにその後，AがDに同一不動産を譲渡したときは，Cは，所有権の取得をDに対抗することができる。

5．Aがその不動産をBに譲渡し，その後AがCに同一不動産を譲渡し，さらにCが同一不動産を転得者Dに譲渡し，ＡＣ間及びＣＤ間の所有権移転登記が行われた場合において，CがBとの関係で背信的悪意者に当たるが，D自身がBとの関係で背信的悪意者と評価されないときは，Dは，所有権の取得をBに対抗することができる。

No.124　177条　正解 **4**

1　○　正しい
　不動産に対する抵当権設定も「物権の得喪」（民法§177）にあたる以上，抵当権者とその後の不動産の取得者は対抗関係に立つ。したがって，BはCに対してその抵当権取得を登記なくして対抗できない。

2　○　正しい
　不動産に対する地上権設定も「物権の得喪」（§177）にあたる以上，不動産の譲受人とその後に地上権設定を受けた者は対抗関係に立つ。したがって，BはCに対して所有権に基づいて当該不動産の引渡しを請求できない。

3　○　正しい
　判例（大判昭8.5.9）は，賃借権が設定された土地の譲受人は，賃借人の二重払いの危険を防ぐため，登記を経なければ賃料請求できないとしている。なお，改正法では，605条の2第3項がそのように定めている。Cは登記を経ている以上，Bに賃料を請求できる。

4　×　誤っている
　判例（最判昭42.10.31）は，「仮装譲受人から善意で不動産を譲り受けた者は，この者の登記取得前に仮装譲渡人から同一不動産を譲り受けた者に対して，登記なくして虚偽表示（§94-Ⅱ）に基づく所有権の原始取得を対抗できない」としている。判例は，民法94条2項に基づく権利変動の実体的過程を一種の法定承継であると考えていると思われる。Cは登記を経ていない以上，Dに対して所有権取得を対抗できない。

5　○　正しい
　判例（最判平8.10.29＝民法百選Ⅰ No.61）は，背信性の有無は背信的悪意者からの転得者と譲受人との間で相対的に考えるべきであること，及び，法律関係の早期安定を図る要請があることから，転得者は登記を備えれば，自身が背信的悪意者にあたらない限り，所有権取得を譲受人に対抗することができるとしている。したがって，Dは背信的悪意者にあたらない以上，所有権取得をBに対抗することができる。

平23 ─ 7　No.125　　　　　　　　　　レベル ★

（配点：3）

　不動産をめぐる登記に関する権利主張について，次の1から5までの各記述のうち，判例の趣旨に照らし正しいものはどれか。

1．Aは，Bから袋地（他人の土地に囲まれて公道に通じない土地）を購入したが，当該袋地についての所有権移転登記を経ないうちは，囲繞地（袋地を囲んでいる土地）を所有しているCに対し，公道に至るため，その囲繞地の通行権を主張することができない。

2．Aは，占有権原なく土地上に建物を建築して自己名義で所有権保存登記をした後，これをBに売り渡したが，所有権移転登記がされる前に，土地所有者であるCから建物収去土地明渡の請求を受けた。その場合において，Aは，Bに所有権移転登記をしていない以上は，その請求を拒むことができない。

3．Aが平穏かつ公然と所有の意思をもってB所有の不動産の占有を開始してから5年が経過した時点で，Bがその不動産をCに譲渡してその旨の所有権移転登記がされた場合，Aは，その後もその不動産について占有を続けて当初の占有の開始時から22年が経過したときでも，所有権移転登記を有しているCに対して，当該不動産について時効取得をしたことを主張することができない。

4．AがBに不動産を譲渡したが，所有権移転登記をしないままに死亡して唯一の相続人であるCが相続した場合において，Bは，Cに対し，所有権移転登記をしていない以上は，所有権を主張することができない。

5．A所有の土地について，その妻B及び子Cが相続を原因として所有権移転登記をしていたが，遺産分割によりBが単独で所有するとの遺産分割協議が成立した後，子Cが不動産登記簿上，自己名義の所有権移転登記があることを奇貨として，遺産分割前の法定相続分をDに売却した場合において，遺産分割が相続時に遡って効力を生じるから，Bは，遺産分割によって取得した持分について登記なくしてDに主張することができる。

| No.125 | 対抗要件 | 正解 **2** |

1　×　誤っている

　判例（最判昭47.4.14）は，「袋地の所有権取得により囲にょう地に対して通行権を主張する場合には，相隣関係の問題であり，公示制度とは関係がないから，袋地の所有権取得の登記なくして囲にょう地の通行権を主張できる」としている。

2　○　正しい

　判例（最判平6.2.8＝民法百選 I No. 51）は，「土地所有権に基づく物上請求権の行使の相手方は土地所有権を侵害している者の相手方とすべきであるが，自らの意思に基づいて所有権取得の登記を経由した場合には，たとえ建物を他に譲渡した場合でも，土地所有者に対し建物所有権の喪失を免れることはできない」としている。Aは自ら建物を建築した上自己名義の所有権保存登記を経ている以上，自らの意思に基づいて所有権取得の登記をしたといえ，Cの建物収去土地明け渡し請求を拒むことはできない。

3　×　誤っている

　判例（最判昭41.11.22）は，「土地の占有者は，時効完成前に土地の所有者から所有権の譲り受けた者に対しては，土地占有者と譲受人が当事者類似の関係にたち，対抗関係が生じないため，登記を有しなくとも時効取得を主張できる」としている。Cは長期取得時効期間である20年経過前にBから土地の所有権を譲り受けており，時効完成前の譲受人といえる。したがって，Aは登記なくしてCに時効取得を対抗できる。

4　×　誤っている

　被相続人からの譲受人と相続人は，相続人が被相続人の包括承継人であることから，前主後主の関係に立ち，対抗関係（民法 §177）に立たないので，譲受人は，登記なくして相続人に所有権取得を対抗できる。したがって，BはCに登記なくして所有権取得を主張できる。

5　×　誤っている

　判例（最判昭46.1.26＝民法百選 III No. 72）は，「遺産分割の遡及効（§909本文）は，第三者に対する関係では新たな物権変動と同視できること，相続開始後遺産分割がなされるまでの期間制限がなく，かつ家庭裁判所で行われる訳でもない遺産分割においては，分割前の状態における共同相続の外観を信頼して相続人の持分について第三者が権利取得することが多く，第三者保護の必要性が高いことから，遺産分割後の譲受人に対しては，登記なくして所有権取得を対抗することができない」としている。なお，改正法の下では，899条の2第1項により同じ結論を導くことができる。Bは，登記なくして遺産分割によって取得した持分についてDに対抗することができない。

平21 — 8　**No.126** ／／／／／／／　レベル ★

（配点：2）

占有に関する次のアからオまでの各記述のうち，誤っているものを組み合わせたものは，後記1から5までのうちどれか。

ア．占有権は代理人によっても取得することができるが，代理人による占有の効果は本人に帰属するから，代理人自身は，占有物について独立の占有権を取得することができない。

イ．家屋の所有者が，その家屋の隣家に居住し，常に出入口を監視して容易に他人の侵入を制止できる状況にあるとしても，その所有者がその家屋に錠をかけて鍵を所持し，又は標札や貼紙によって占有中であることを示さなければ，家屋を占有するものとはいえない。

ウ．占有者が占有物について行使する権利は適法に有するものと推定されるが，土地の所有者から占有者に対する土地明渡請求訴訟において，占有者が当該土地に賃借権を有すると主張しても，占有者が賃借権を有し，その賃借権に基づき土地を占有する事実は推定されず，占有者は，賃借権を取得し，その賃借権に基づき土地を占有する事実を立証する必要がある。

エ．占有回収の訴えにおける損害賠償請求が認められるためには，相手方に故意又は過失のあることが必要である。

オ．占有回収の訴えは，占有を奪われた時から1年以内に提起しなければならない。

1．アイ　　　2．アオ　　　3．イウ　　　4．ウエ　　　5．エオ

No.126　占　有　正解 **1**

ア　×　誤っている

　民法181条は，占有権は代理人によって取得することができると定め，代理占有を認めている。代理占有の効果として，本人は占有権を取得するが，同時に，代理人自らも「自己のためにする意思をもって物を所持する」（民法§180）者として占有物につき独立の占有権を取得する。

イ　×　誤っている

　判例（最判昭27.2.19）は，空家につき錠をかけて鍵を所持したり，標札・貼紙などをはったりしなくても，家屋の裏口を監視して容易に侵入を制止しうる状況にしておいた場合の家屋につき，占有を認めている。

ウ　○　正しい

　民法188条は，占有者が占有物について行使する権利は適法に有するものと推定すると定めている。もっとも，判例（最判昭35.3.1）は，他人の所有地上の建物に居住している者が，その**敷地を占有する正権原**を主張する場合には，**占有者がその権原の立証責任を負**い，同条を援用して自己の権原を所有者に対抗することはできないとしている。したがって，土地の所有者からの土地明渡請求訴訟においては，占有者が賃借権を取得し，その賃借権に基づき土地を占有する事実を立証する必要がある。

エ　○　正しい

　占有回収の訴え（§200）における損害賠償請求は，実質的には不法行為を理由とするものであることから，これが認められるためには，相手方に故意又は過失のあることが必要であると考えられている。

オ　○　正しい

　占有回収の訴えは，**占有を奪われた時から１年以内に提起**しなければならない（§201－Ⅲ）。

| 平22 — 7 | No.127 | | | | | | | | レベル ☆ |

（配点：2）

占有に関する次のアからエまでの各記述のうち，判例の趣旨に照らし誤っているものを組み合わせたものは，後記1から6までのうちどれか。

ア．占有主体に変更があって承継された二個以上の占有が併せて主張された場合は，占有者の善意無過失は，最初の占有者の占有開始時に判定される。

イ．他主占有の相続人が独自の占有に基づく取得時効の成立を主張する場合，その占有が所有の意思に基づくものでないことについて，取得時効の成立を争う者が主張立証しなければならない。

ウ．権利能力なき社団の占有する不動産を，法人格を取得した以降，当該法人が引き継いで占有している場合には，当該不動産の時効取得について，その法人格取得の日を起算点として主張することはできない。

エ．他人の所有地上の建物に居住している者がその敷地を占有する権原については，その者がその権原の主張立証責任を負う。

1．ア　イ　　2．ア　ウ　　3．ア　エ　　4．イ　ウ　　5．イ　エ　　6．ウ　エ

No.127　　　　　　　　占　有　　　　　　正解 **4**

ア　○　正しい

　判例（最判昭53.3.6＝民法百選Ⅰ №46）は，「民法162条２項の規定は，時効期間を通じて占有主体に変更がなく同一人により継続された占有が主張される場合について適用されるだけではなく，占有主体に変更があって承継された２個以上の占有が併せて主張される場合についてもまた適用されるものであり，後の場合にはその主張にかかる最初の占有者につきその占有開始の時点においてこれを判定すれば足りるものと解するのが相当である」旨判示している。学説はその理由として，占有の承継を同一人による占有継続に近づけて理解して，もとの占有者が後に悪意になった場合との均衡を挙げている。

イ　×　誤っている

　判例（最判平8.11.12＝民法百選Ⅰ №67）は，「他主占有者の相続人が独自の占有に基づく取得時効の成立を主張する場合において，右占有が所有の意思に基づくものであるといい得るためには，取得時効の成立を争う相手方ではなく，占有者である当該相続人において，その事実的支配が外形的客観的にみて独自の所有の意思に基づくものと解される事情を自ら証明すべきものと解するのが相当である」旨判示している。判例はその理由として，「相続人が新たな事実的支配を開始したことによって，従来の占有の性質が変更されたものであるから，右変更の事実は取得時効の成立を主張する者において立証を要するものと解すべきであり，また，この場合には，相続人の所有の意思の有無を相続という占有取得原因事実によって決することはできないからである」と述べている。

ウ　×　誤っている

　判例（最判平元.12.22）は，「民法187条１項は，いわゆる権利能力なき社団等の占有する不動産を法人格を取得した以後当該法人が引き継いで占有している場合にも適用されるものと解すべきであるから，当該不動産の時効取得について，その法人格取得の日を起算点と選択することができる」旨判示している。

エ　○　正しい

　判例（最判昭35.3.1）は，「上告人の前記正権原の主張については，上告人に立証責任の存することは明らかであり，上告人は占有者の権利推定を定めた民法188条の規定を援用して自己の正権原を被上告人に対抗することはできないと解するのが相当である」旨判示している。すなわち，所有者と占有者の関係において，所有者等から不法占有の主張がある場合に，占有者は，適法にその物の占有の移転を受けて占有しているとは推定されず，占有についての正権原を立証する責任を負う。

（配点：2）

　占有に関する次の1から5までの各記述のうち，誤っているものを2個選びなさい。

1．所有者のない動産を所有の意思をもって占有することによって，その占有者は，その動産の所有権を取得する。

2．占有者が物の占有を奪われたときは，奪われる前のその占有が所有の意思をもってする場合であっても所有の意思をもってする場合でなくても，占有回収の訴えによりその物の返還を請求することができる。

3．占有者は，善意で，平穏に，かつ，公然と占有するものと推定されるが，所有の意思は推定されない。

4．権原の性質上占有者に所有の意思がないものとされる場合において，占有者が新たな権原により更に所有の意思をもって占有を始めたときは，その占有の性質は，所有の意思をもってする占有に変更される。

5．所有の意思をもって物を占有していた被相続人から相続人が相続により占有を承継した場合，被相続人が所有の意思をもって占有していたことをその相続人が知った時に，その相続人の占有は，所有の意思のある占有となる。

No.128　　　　占　有　　　　正解 **3・5**

1　○　正しい

　民法239条1項は、「所有者のない動産は、所有の意思をもって占有することによって、その所有権を取得する」と規定している。

2　○　正しい

　民法200条は、「占有者」がその占有を奪われた場合には、占有回収の訴えによりその者の返還及び損害賠償を請求できることを規定する。同条は、**占有者の占有が所有の意思に基づくか否かを区別していない**。したがって、占有者がその占有を奪われたのであれば、その占有が所有の意思に基づくか否かにかかわらず、占有回収の訴えによりその者の返還を請求できる。

3　×　誤っている

　民法186条1項は、**占有者は「所有の意思」をもっているものと推定する旨規定している**。したがって、占有者の所有の意思は、民法上推定される。

4　○　正しい

　民法185条は、権原の性質上占有者に所有の意思がないとされる場合には、「**新たな権原により更に所有の意思をもって占有を始めるのでなければ**」占有の性質は変わらないと規定している。つまり、新たな占有により更に所有の意思をもって占有を始めたのであれば、所有の意思に基づかない占有から所有の意思に基づく占有に変更される。

5　×　誤っている

　被相続人の占有は、「被相続人の財産に属した一切の権利義務」（民法§896本文）に含まれ、相続人により相続される（最判昭44.10.30）。したがって、所有の意思をもって占有していた被相続人から相続人が占有を相続により承継し、占有を開始した場合には、被相続人の意思を相続人が知った時ではなく、**占有を開始した当初から、相続人の占有は所有の意思ある占有になる**。

| 平26 — 10 | No.129 | | | | | | | レベル | ☆☆☆ |

（配点：2）

　A大学の図書館所蔵の書籍甲を，同大学教授Bが借り出し，図書館と同一の構内にある自己の研究室で利用していたことを前提として，次の1から4までの各記述のうち，誤っているものを2個選びなさい。

1．Bが海外出張のため1週間大学を留守にしていた間に，Cが甲を盗み出して現に所持している場合，Bは，Cに対し，占有回収の訴えにより甲の返還を求めることができる。

2．Bが目を離した隙に，Dが甲を盗み出した上，自己の物と偽ってEに売却し，引き渡した。甲にはA大学図書館の蔵書印が押捺されており，Eは，Dが甲を横領したものであると考えていた場合であっても，Bは，Eに対し，占有回収の訴えにより甲の返還を求めることはできない。

3．Bが研究室から自宅に甲を持ち帰る途中，電車内に甲を置き忘れたところ，Fがこれを拾得して現に所持している場合，Bは，Fに対し，占有回収の訴えにより甲の返還を求めることができる。

4．Bは，助手Gに対し，甲の一部について複写するよう指示して甲を預けたところ，Gが目を離した隙にHが甲を盗み出して現に所持している場合，Bは，Hに対し，占有回収の訴えにより甲の返還を求めることはできない。

No.129　　　　　　占　有　　　　　正解 **3・4**

1　○　正しい

　占有者がその占有を奪われたときは，占有回収の訴えにより，その物の返還及び損害の賠償を請求することができる（民法§200－Ⅰ）。ここで占有とは自己のためにする意思をもって物を所持することである（§180）。自己のためにする意思とは，自分の利益のために所持する意思のことを言い，所持とは社会通念上物がその人の支配内にあると認められることである。Bは研究室で利用するために甲を借り出し，自己の研究室に保管していたのであるから，自己のためにする意思で甲を所持していたことが分かる。CはBの研究室に置かれていた甲を盗み出して現に所持しているというのであるから，Bの占有を奪った者であることが分かる。

2　○　正しい

　占有回収の訴えは，占有を侵奪した者の特定承継人に対して提起することができない。ただし，その承継人が侵奪の事実を知っていたときは，この限りでない（§200－Ⅱ）。侵害の事実を知っていたときとは，単なる可能性のある事実としてでなく，具体的事実について認識していたことを要する（最判昭56.3.19）。本問においてEはDから甲を買い取っているからその特定承継人に当たる。そしてEはDの行った具体的な占有侵奪の事実について認識を有していたわけではなく，甲の外形的特徴から占有侵奪の事実を推測したに過ぎないから，BはEに対して占有回収の訴えにより甲の返還を求めることはできない。

3　×　誤っている

　占有者がその占有を奪われたときに，占有回収の訴えにより物の返還を請求することができる（§200－Ⅰ）。占有を奪われるとは，占有者の意思に基づかないで占有を奪取されることを言う。本肢においてBは甲を電車内に置き忘れたために，その占有を失っているという事実がある。したがってBはFに甲の占有を奪われたとは評価できず，BはFに対して占有回収の訴えをもって甲の返還を請求することができない。よって，BがFに対して占有回収の訴えにより甲の返還を求めることができるとする肢3は誤っている。

4　×　誤っている

　占有回収の訴えにより物の返還を請求するには，その物の占有を有していなければならない（§200－Ⅰ）。そして「占有」には本人が占有するもの（自己占有）と代理人によって占有するもの（代理占有：§181）がある。代理占有の要件は，本人と一定の関係にある代理人が，本人のために所持する意思を持って，物を所持することである。GはBの指示に従って甲を所持しているので，Bが甲をGによって代理占有していると言える。またHがその占有を奪取したことには疑いがない。したがってBはHに対して占有回収の訴えによって甲の返還を求めることができる。よって，BはHに対し，占有回収の訴えにより甲の返還を求めることはできないとする肢4は誤っている。

平30 — 8 3 No.130 レベル ☆☆☆

(配点：2)

占有権に関する次のアからオまでの各記述のうち，判例の趣旨に照らし正しいものを組み合わせたものは，後記1から5までのうちどれか。

ア．占有保持の訴えは，妨害の存する間のみ提起することができる。

イ．Aが所有する甲建物にAと同居しているAの未成年の子Bは，甲建物の占有権を有しない。

ウ．Aは，Bが所有する甲土地を解除条件付でBから買い受ける旨の売買契約を締結し，当該売買契約に基づいてBから甲土地の引渡しを受けた。その後，解除条件が成就した場合，Aの甲土地に対する占有は自主占有でなくなる。

エ．甲土地を占有していた権利能力なき社団が一般社団法人になった場合，その一般社団法人は，甲土地の取得時効を主張するに際して，権利能力なき社団として占有した期間を併せて主張することができる。

オ．占有の訴えに対し，本権に基づく反訴を提起することはできない。

1．ア イ　　　2．ア オ　　　3．イ エ　　　4．ウ エ　　　5．ウ オ

No.130 占 有 　　　　正解 **3**

ア ×　誤っている

　民法201条1項は、「占有保持の訴えは、妨害の存する間又はその消滅した後1年以内に提起しなければならない。」と規定している。したがって、妨害の存する間のみ提起することができるとしている点で誤っている。

イ ○　正しい

　民法818条1項は、「成年に達しない子は、父母の親権に服する。」と規定し、820条は、「親権を行う者は、子の利益のために子の監護及び教育をする権利を有し、義務を負う。」と規定している。そのため、親と子供との間には、一方的な支配関係がある。したがって、子には建物の独立の支配は認められていないため占有補助者にすぎず占有権を認めることはできないから、本記述は正しい。

ウ ×　誤っている

　判例（最判昭60.3.28）は、売買契約に基づいて開始する占有は、売買契約に、残代金を約定期限までに支払わないときは契約は当然に解除されたものとする旨の解除条件が付されている場合であっても、民法162条にいう所有の意思をもってする占有であるというを妨げず、右の解除条件が成就して当該売買契約が失効しても、それだけでは、右の占有が同条にいう所有の意思をもってする占有でなくなるものではないとしている。したがって、自主占有でなくなるとしている点で誤っている。

エ ○　正しい

　判例（最判平元.12.22）は、いわゆる権利能力なき社団等の占有する不動産を法人格を取得した以後当該法人が引き継いで占有している場合にも、187条1項の適用があるとしている。したがって、正しい。

オ ×　誤っている

　判例（最判昭40.3.4＝民法百選Ⅰ№70）は、占有の訴えに対し防御方法として本権の主張をなすことは許されないが、これに対し本権に基づく反訴を提起することは、禁じられないとしている。したがって、本権に基づく反訴を提起することはできないとしている点で誤っている。

予平26―5 **No.131** レベル ☆☆

(配点：2)

　Aが所有して占有する動産を奪ったBが，この動産をCに売って引き渡した場合について，次の(1)及び(2)に答えなさい。

(1)　AがCに対して占有回収の訴えを提起することができる場合の説明として判例の趣旨に照らし正しいものは，次のうちどれか。

　1．Cが，Bが動産の所有者でないことを過失により知らなかったとき。

　2．Cが，Bによる占有侵奪の事実を知っていたとき。

　3．Cが，Aが動産の所有者であることを知っていたとき。

(2)　AがCに対して占有回収の訴えを提起した場合の効果について，判例の趣旨に照らし正しいものは，次のうちどれか。

　1．Aは，占有回収の訴えを提起したことにより占有を継続していたとみなされる。

　2．Aは，占有回収の訴えに勝訴し，その判決が確定した場合において，その確定した時から，新しい占有が開始したものとみなされる。

　3．Aは，占有回収の訴えに勝訴し，その判決が確定した場合において，その確定判決により現実に動産の占有を回復したときは，現実に占有していなかった間も占有を継続していたとみなされる。

No.131　占有回収の訴え　正解 **2・3**

(1)　2が正しい

　占有回収の訴えは，原則として，占有を侵奪した者の特定承継人に対して提起することができない。ただし，その承継人が侵奪の事実を知っているときは，この限りでない（民法§200－Ⅱ）。したがって，占有侵奪した者の特定承継人であるCに対して占有回収の訴えを提起するためには，Cが侵奪の事実を知っていることが必要である。よって，2が正しい。

(2)　3が正しい

　占有権は，占有者が占有の意思を放棄し，又は占有物の所持を失うことによって消滅する。ただし，占有者が占有回収の訴えを提起したときは，この限りでない（§203）。そして，「訴えを提起したとき」とは，占有回収の訴えを提起し勝訴し，現実に動産の占有を回復することを意味する（最判昭44.12.2参照）。よって，3が正しい。

解答のポイント！

　占有回収の訴えは，過去の短答式試験でも問われている分野であり，その周辺知識は押さえておきたいところである。(2)は若干細かいとも思えるが，考えれば正解にたどり着くことができただろう。落とすことはできない問題だったと思う。

| 令2−9 | No.132 | | | | | | | | レベル ☆☆ |

（配点：2）

　占有の訴えに関する次のアからオまでの各記述のうち，判例の趣旨に照らし誤っているものを組み合わせたものは，後記1から5までのうちどれか。

ア．Aは自己の所有するコピー機をBに賃貸していたが，Bはコピー機の賃貸借契約が終了した後もコピー機を使用し続け，Aに返還しなかった。この場合，Aは，Bに対し，占有回収の訴えによりコピー機の返還を請求することができる。

イ．Aは，底面に「所有者A」と印字されたシールを貼ってある自己所有のパソコンをBに窃取された。その後，Bは，パソコンの外観に変更を加えることなく，パソコンを盗難の事情を知らないCに譲渡した。この場合，Aは，Cに対し，占有回収の訴えにより同パソコンの返還を請求することはできない。

ウ．Aは自己の所有する工作機械をBに賃貸していたが，Bは，工作機械の賃貸借契約継続中に工作機械をCに窃取された。この場合，Bは，Aから独立して，Cに対して占有回収の訴えを提起することができる。

エ．Aは，自己の所有する自転車をBに詐取された。この場合，Aは，Bに対し，占有回収の訴えにより自転車の返還を請求することができる。

オ．Aは，別荘地に土地を所有していた。その隣地の所有者であったBは，Aに無断で境界を越えてA所有の土地に塀を作り始め，2年後にその塀が完成した。Aは，この時点において，Bに対し，占有保持の訴えによりその塀の撤去を請求することはできない。

1．ア　イ　　　2．ア　エ　　　3．イ　ウ　　　4．ウ　オ　　　5．エ　オ

No.132　　占有回収の訴え　　正解 **2**

ア　×　誤っている

　民法200条１項は，占有回収の訴えについて，「占有者がその占有を奪われたときは，占有回収の訴えにより，その物の返還及び損害の賠償を請求することができる」と規定する。賃貸のように任意に引き渡した場合は「奪われた」の要件を満たさない（最判昭34.1.8）ため，占有回収の訴えを提起することができない。したがって，本肢は，AがBに対し占有回収の訴えによりコピー機の返還を請求することができるとする点で，誤っている。

イ　○　正しい

　民法200条２項は，占有回収の訴えについて，「占有回収の訴えは，占有を侵奪した者の特定承継人に対して提起することができない。ただし，その承継人が侵奪の事実を知っていたときは，この限りでない」と規定し，**無過失までは要求していない**（最判昭56.3.19）。パソコンの底面に「所有者A」と印字されたシールを貼ってあり，承継人であるCに過失が認められるとしてもBによる侵奪の事実を知らないため，AはCに対し占有回収の訴えを提起することができない。したがって，本肢は正しい。

ウ　○　正しい

　民法200条１項は，占有回収の訴えについて「**占有者がその占有を奪われたとき**」に提起できるとする。Bは工作機械を賃借しているため占有者である。そのため，BはAから独立してCに対して占有回収の訴えを提起することができる。したがって，本肢は正しい。

エ　×　誤っている

　「占有者がその占有を奪われたとき」（§200−Ⅰ）とは，占有者がその意思によらずして物の所持を失った場合を指し，占有者が他人に任意に物を移転したときは，移転の意思が他人の欺罔によって生じた場合であっても「占有者がその占有を奪われたとき」にあたらない（大判大11.11.27）。したがって，本肢は，AはBに対し占有回収の訴えにより自転車の返還を請求することができないところ，返還を請求することができるとする点で，誤っている。

オ　○　正しい

　民法201条１項ただし書は，占有者がその占有を妨害されたときに提起する占有保持の訴え（§198）の提起期間について，「**工事により占有物に損害を生じた場合において，その工事に着手した時から１年を経過し，又はその工事が完成したときは，これを提起することができない**」と規定する。Bは塀を作り始めた２年後に塀を完成させている。そのためAはこの時点においてBに対し占有保持の訴えによりその塀の撤去を請求することはできない。したがって，本肢は正しい。

| 平21−9 | No.133 | | | | | | | レベル ☆ |

（配点：2）

　動産の占有権の譲渡に関する次の1から5までの各記述のうち，誤っているものはどれか。

1．動産の所有者であって寄託者であるAが，その受寄者であるBに対して，以後第三者Cのために動産を占有することを命じ，Cがそれを承諾したときは，Cは動産の占有権を取得する。

2．動産の所有者であって賃貸人であるAが，その賃借人として引渡しを受けているBとの間で売買契約を締結した場合，占有権を譲渡する旨のAとBの意思表示によって，Aは動産の占有権を失う。

3．動産の所有者であって寄託者であるAの承諾を得て，受寄者であるBが，その動産について第三者Cとの間で寄託契約を締結して引渡しをした場合，Bは動産の占有権を失う。

4．動産の所有者であって自ら動産を占有するAが，Bとの間で売買契約を締結し，同時にBを使用貸主，Aを使用借主とする使用貸借契約を締結した場合，以後Bのために占有する旨のAの意思表示によって，Bは動産の占有権を取得する。

5．動産の所有者であって賃貸人であるAの承諾を得て，賃借人であるBが，その賃借権を第三者Cに譲渡し，動産を引き渡した場合，Bは動産の占有権を失う。

No.133　動産の占有権の譲渡　　正解 **3**

1　○　正しい

　民法184条は，動産の占有権の譲渡方法として，指図による占有移転を定める。その要件は，譲渡人と譲受人間の占有移転の合意又は譲受人の承諾，譲渡人が占有代理人に対して以後譲受人のために占有すべきことを命じること，譲受人と占有代理人との間に代理占有関係の成立要件が満たされていることである。本肢では，以上の要件を満たすため，Cは動産の占有権を取得する。

2　○　正しい

　譲受人又はその代理人が現に占有物を所持する場合には，占有権の譲渡は当事者の意思表示のみによってすることができる（民法§182-Ⅱ：簡易の引渡し）。本肢では，占有権を譲渡するというABの意思表示により占有権はAからBに移転し，Aは占有権を失う。

3　×　誤っている

　代理占有（§181）の要件は，代理人が所持すること，代理人が本人のためにする意思をもつこと，本人と代理人との間に一定の関係があること，である。本肢では，BC間において代理占有の要件を満たすことから，BはCに動産を引き渡しても，動産の占有権を失わない。

4　○　正しい

　代理人が自己の占有物を以後本人のために占有する意思を表示したときは，本人はこれによって占有権を取得する（§183：占有改定）。本肢では，代理人であるAがBのために占有する意思を表示していることから，本人であるBは動産の占有権を取得する。

5　○　正しい

　占有権は，占有の意思を放棄し，または，占有物の所持を失うことにより消滅する（§203本文）。本肢では，Bは賃借権をCに譲渡し占有の意思の放棄が認められ，かつ，動産を引き渡したことにより，占有物の所持も失っているので，Bの占有権は消滅する。

平24 — 10 3　No.134　　　　　　　　　　　　　レベル　☆

（配点：2）

　引渡しの方法に関する次の1から5までの各記述のうち，判例の趣旨に照らし正しいものはどれか。

1．Aは，Bから動産甲を買い受け，占有改定の方法で引渡しを受けたが，その後，Bは，動産甲をCに奪われてしまった。この場合，Aは，所有権に基づいてCに対して動産甲の返還を請求することができるのみでなく，Cに対して占有回収の訴えを起こすことができる。

2．Aは，Bから動産甲を買い受け，占有改定の方法で引渡しを受けたが，その後，Bは，動産甲をCにも売却し，現実に引き渡した。この場合，Cは，BのAに対する動産甲の売却について善意無過失でなくても，動産甲の所有権取得をAに対抗することができる。

3．Aは，Bから借用して占有していた動産甲をBから買い受けた。この場合，Aは，Bに動産甲をいったん返還した上でBから改めて動産甲の現実の引渡しを受けない限り，その所有権の取得を第三者に対抗することはできない。

4．Aは，Bに対する債権を担保するため，Bとの間で，B所有の動産甲に質権の設定を受けた。この場合，指図による占有移転により動産甲の引渡しを受けたのみでは，質権の効力は生じない。

5．Aは，Bが第三者に寄託している動産甲をBから買い受け，自ら受寄者に対し，以後Aのために動産甲を占有することを命じ，受寄者がこれを承諾したときは，Aは，動産甲の占有権を取得する。

No.134　引渡しの方法　正解 **1**

1　○　正しい

　まず，**物権の移転は当事者の意思表示のみによって効力を生じ**（民法§176），また，Aは動産物権変動の対抗要件たる引渡し（§178，§183）を受けているので，Aは所有権に基づいて甲の返還を求めることができる。また，代理人が自己の占有物を以後本人のために占有する意思を表示したときは，本人は，これによって占有権を取得するので（間接占有：§183），占有回収の訴えを提起できる（§200-Ⅰ）。

2　×　誤っている

　動産に関する物権の譲渡は，その動産の引渡しがなければ，第三者に対抗することができない（§178）。同条にいう「引渡し」には占有改定による引渡しも含まれる（大判明43.2.25）。したがって，Aは，所有権の取得を第三者Cに対抗できるから，CがAに所有権の取得を対抗するためには即時取得（§192）の要件を満たさねばならず，Cは，BのAに対する動産甲の売却について善意無過失でなければならない。

3　×　誤っている

　譲受人又はその代理人が現に占有物を所持する場合には，**占有権の譲渡は，当事者の意思表示のみによってすることができる**（簡易の引渡し：§182-Ⅱ）。

4　×　誤っている

　質権の設定は，債権者にその目的物を引き渡すことによって，その効力を生ずる（§344）。**質権の留置的効力を担保するという344条の趣旨から，同条にいう「引渡し」に担保権設定者のもとに現実の占有がある占有改定による引渡しは含まれない**が，担保権設定者のもとに現実の占有があるわけでない**指図による占有移転は含まれる**と考えられている。

5　×　誤っている

　代理人によって占有をする場合において，**本人がその代理人に対して以後第三者のためにその物を占有することを命じ，その第三者がこれを承諾したときは，その第三者は，占有権を取得する**（指図による占有移転：§184）。本肢において，受寄者に占有を命じるべきは，Aではなく，Bである。

平18 ― 14　**No.135**

レベル ☆

（配点：2）

　　Aがその所有するギター（以下「甲」という。）をBに貸していたところ，無職のCが金に困ってBから甲を盗み，自分の物だと称して友人のDに売却した。Dは，甲がCの所有物だと過失なく信じて，その引渡しを受けた。この事例についての次のアからオまでの記述のうち，誤っているものを組み合わせたものは，後記1から5までのうちどれか。

ア．Aは，CD間の売買契約を追認すれば，Dに代金を請求することができる。

イ．甲を盗まれたのはBであるから，Aは，Dに甲の返還を請求することができない。

ウ．Bは，盗まれた時から2年以内であれば，Dに甲を無償で返還するよう請求することができる。

エ．Cが未成年者で，Cの親権者がCD間の売買契約を取り消せば，たとえDが甲を買い受けてから2年が過ぎていても，Dは，甲の所有権を取得することができない。

オ．Bが盗まれた時から2年間は，Dは，甲の所有権を取得することができない。

1．ア イ　　　2．ア ウ　　　3．イ エ　　　4．ウ オ　　　5．エ オ

No.135　即時取得　　正解 **1**

ア　×　誤っている

本問でCD間の売買は他人物売買にあたる。そして，他人物売買において権利者の追認があったとしても，売主の地位が権利者に移転するわけではなく，代金を請求できるのはあくまでも売主のCである。

イ　×　誤っている

本問のDは民法192条の要件をみたすため，善意取得が成立する。もっとも甲は盗品であるため，193条により「被害者」による回復請求が認められる。そしてこの「被害者」には，**物の貸主も含まれる**。よって，貸主であるAはDに甲の返還を請求することができる。

ウ　○　正しい

Dに193条による回復請求が認められ，同条の「被害者」には，借主であるB**も含まれる**。そして，CD間の売買には194条にあたるような事情もないので，BはDに甲を無償で返還するよう請求できる。

エ　○　正しい

Cが未成年だとすると，CD間の取引行為の有効性に瑕疵があることになり，有効な「取引行為」という192条の要件をみたさず，そもそも**善意取得は成立しない**。未成年者Cの親権者は当該契約を取消すことができ（民法§5-Ⅱ），これによってDは遡及的に無権利者になるので，Dは所有権を取得できない。

オ　○　正しい

判例（大判大10.7.8）は，193条の回復請求期間である2年間は，**物の所有権は原権利者に帰属している**とした。よってこの間は，Dは甲の所有権を取得することができない。

| 平23 ― 9 | No.136 | | | | | | レベル ★ |

（配点：2）

動産の即時取得に関する次の1から5までの各記述のうち，判例の趣旨に照らし誤っているものを2個選びなさい。

1. 即時取得の規定は，取引の相手方を保護する制度であるが，道路運送車両法による登録を受けている自動車については，その登録が抹消されない限り即時取得の規定の適用はない。

2. 即時取得の規定は，他人の動産を占有していた被相続人の財産を相続により承継する場合には，適用がない。

3. 意思無能力者である取引の相手方からその所有する動産を譲り受けた者も，相手方が意思無能力者であることについて善意無過失であれば，即時取得により当該動産についての所有権を取得する。

4. 売買の目的物である動産について占有改定の方法により当該動産の占有を取得した買主は，売主が無権利者であったとしても，売主が無権利者であることについて善意無過失であれば，即時取得により当該動産についての所有権を取得する。

5. 動産が盗品であることについて善意無過失で競売により取得してこれを占有している者は，被害者から当該盗品の返還請求を受けたとしても，競売代金相当額の支払を被害者から受けるまでは盗品の引渡しを拒むことができ，当該盗品の使用利益相当額を被害者に支払う必要もない。

| No.136 | 即時取得 | 正解 **3・4** |

1　○　正しい

判例（最判昭62.4.24）は，登録済みの自動車については，即時取得制度の適用がないとしている。既に公示制度が調っており，第三者保護の必要性は低いからである。もっとも，判例（最判昭45.12.4）は，未登録ないし登録抹消自動車については，即時取得制度の適用を肯定する。したがって，道路運送車両法による登録を受けている自動車には，登録が抹消されない限り即時取得制度の適用はない。

2　○　正しい

即時取得制度は，「取引行為」（民法§192）について適用があるところ，相続による承継は，包括承継（§896）であり，「取引行為」にはあたらない。したがって，他人の動産を占有していた被相続人の財産を相続により承継する場合には，即時取得制度の適用はない。

3　×　誤っている

即時取得制度は，取引行為の際に売主が無権利であった場合に，かかる事情について善意無過失の相手方を保護する制度である。取引行為自体に瑕疵がある場合には，前主の占有に対する信頼を保護する公信の原則は問題とならず，即時取得制度の適用はないと解されている。したがって，相手方が意思無能力であることについて相手方が善意無過失であったとしても，相手方が即時取得により所有権を取得することはできない。

4　×　誤っている

判例（最判昭35.2.11）は，占有改定による占有移転は，「占有を始めた」（§192）にあたらないとしている。占有改定は占有の態様になんら変化を生じさせないから，占有改定による即時取得を認めると静的安全を害することを理由とする。したがって，占有改定の方法により当該動産の占有を取得し，売主が無権利であることについて善意無過失である場合にまで，相手方が即時取得により所有権を取得するわけではない。

5　○　正しい

判例（最判平12.6.27＝民法百選Ⅰ No.69）は，盗品又は遺失物の占有者が民法194条により代価の弁償があるまで盗品の引渡しを拒むことができる場合には，占有者に当該盗品の使用収益権を認めている。したがって，盗品又は遺失物の占有者は，当該物の使用利益相当額を被害者に支払う必要はない。

| 平28 — 9 | No.137 | | | | | | レベル ★ |

(配点：2)

　動産の即時取得に関する次のアからオまでの各記述のうち，判例の趣旨に照らし誤っているものを組み合わせたものは，後記1から5までのうちどれか。

ア．Aがその占有する時計をBに売却した場合において，Bが，即時取得により当該時計の所有権を取得したことを主張するためには，当該時計の引渡しの当時，自己に過失がなかったことを立証しなければならない。

イ．Aがその占有する時計をBに売却した場合において，Bが，当該時計の引渡しの当時，当該時計の所有者がAであることに疑いを持っていたときは，Bは即時取得により当該時計の所有権を取得することができない。

ウ．Aがその占有する時計をBに売却した場合において，その売買契約の際に，以後AがBのために占有する意思を表示したが，当該時計の引渡しが現実にされていないときは，Bは即時取得により当該時計の所有権を取得することができない。

エ．A所有の土地上にある立木を，Bが，B所有の土地上にあるものと過失なく信じて伐採した場合には，Bは，即時取得により当該伐木の所有権を取得する。

オ．Aがその占有する中古自動車をBに売却し，現実に引き渡した場合において，当該中古自動車につき道路運送車両法による登録がされていたときは，Bは，即時取得により当該中古自動車の所有権を取得することができない。

1．ア　ウ　　　2．ア　エ　　　3．イ　ウ　　　4．イ　オ　　　5．エ　オ

| No.137 | 即時取得 | 正解 **2** |

ア　×　誤っている

　占有者が占有物について行使する権利は適法に有するものと推定されるため（民法§188），取引の相手方が有する権利が適法なものであると信じて取引をした譲受人は，そのように信じたことについて過失がなかったものと推定される。そのため，**即時取得の主張をする者は，自己に過失がなかったことを立証する必要はない**（最判昭41.6.9）。したがって，本記述は，過失がなかったことをBが立証しなければならないとする点で，誤っている。

イ　○　正しい

　即時取得の主張が認められるためには，取引の相手方が無権利者であることについて，「善意」であったことが要求される（§192）。そして，**即時取得における「善意」とは，取引の相手方が無権利者でないと積極的に信ずることをいい，半信半疑は「善意」に含まれない。**そのため，時計の所有者がAであることに疑いを持っていたときには，積極的に信じていたとはいえず，悪意とされる。したがって，Bは即時取得により時計の所有権を取得することができないため，本記述は正しい。

ウ　○　正しい

　判例（最判昭35.2.11）は，**占有改定による占有移転は，「占有を始めた」（§192）にあ**たらないとしている。占有改定は，一般外観上占有の態様に何ら変化を生じさせないため，占有改定による即時取得を認めると静的安全を著しく害してしまうことを理由とする。本事例において，AからBに時計の現実の引渡しはなされておらず，AがBのために占有する意思を表示したにとどまるため，AからBへの占有の移転は，占有改定であったことが認められる（§183参照）。したがって，Bは時計を即時取得できないため，本記述は正しい。

エ　×　誤っている

　即時取得の主張が認められるためには，「動産」を「取引行為」によって取得したことが必要となる（§192）。土地上にある立木は，伐採前は土地の定着物としての不動産とされるため（§86-Ⅰ），これを即時取得することはできない。また，立木の伐採は「取引行為」にはあたらない。判例（大判昭7.5.18）も，**立木の伐採には民法192条は適用されない**としている。したがって，本記述は，Bが即時取得により伐木の所有権を取得できるという点で，誤っている。

　なお，伐採後の伐木は動産となるため，これを売買契約等の取引行為によって譲り受けた場合には即時取得できる（大判昭7.5.18）。

オ　○　正しい

　判例（最判昭62.4.24）は，**道路運送車両法により登録を受けた自動車については，192条の適用はない**とする。登録済みの自動車の場合，登録により権利者を確知することができる以上，占有に公信力を認める必要はないからである。したがって，本記述は正しい。

予平28－5　　**№138**　　　　　　　　　レベル　★

（配点：2）

　　Aの所有するカメラ（以下「甲」という。）の取引に関する次のアからオまでの各記述のうち，判例の趣旨に照らし，正しいものを組み合わせたものは，後記1から5までのうちどれか。

ア．Aは，甲をBに賃貸していたところ，CがBの家から甲を盗み，Dに売却した。Dは，甲がCの所有物であると過失なく信じて，現実の引渡しを受けた。この場合，Bは，甲を盗まれた時から2年以内であれば，Dに対し，甲の返還を求めることができる。

イ．Aは，甲をBに売却したが，その売買契約当時，Aは意思能力を有していなかった。その後，Bが甲をCに売却し，Cは，甲がBの所有物であると過失なく信じて，現実の引渡しを受けた。この場合，Aの法定代理人は，Cに対し，甲の返還を求めることができる。

ウ．Aは，その家で甲を保管していたところ，カメラを販売する商人のBがAの家から甲を盗み，Cに売却した。Cは，甲がBの所有物であると過失なく信じて，現実の引渡しを受けた。この場合，Aは，甲を盗まれた時から2年以内であっても，CがBに支払った代価を弁償しなければ，Cに対し，甲の返還を求めることができない。

エ．Aは，その家で甲を保管していたところ，BがAの家から甲を盗み，Cに売却した。その後，Cは，甲をDに転売し，Dは，甲がCの所有物であると過失なく信じて，現実の引渡しを受けた。この場合，Aは，甲を盗まれた時から2年以内であっても，Dに対し，甲の返還を求めることができない。

オ．Aは，甲をBに賃貸していたところ，Bが甲をCに寄託した。その後，BがAに無断で甲をDに売却するとともに，Cに対し以後Dのために甲を占有するように命じた。Dは，甲がBの所有物であると過失なく信じて，Cによる甲の占有を承諾した。この場合，Aは，Dに対し，甲の返還を求めることができる。

1．ア　ウ　　　　2．ア　オ　　　　3．イ　ウ　　　　4．イ　エ　　　　5．エ　オ

| No.138 | 即時取得 | 正解 **1** |

ア　○　正しい

　本肢のDは，甲がCの所有物であると過失なく信じて現実の引渡しを受けていることから，民法192条によりDは甲の所有権を取得する。もっとも，甲はCがBの家から盗んだ盗品であるため，「被害者」たるBは，193条により盗難の時から2年間，占有者たるDに対して甲の返還を請求することができる。したがって，本記述は正しい。

イ　×　誤っている

　即時取得が適用されるためには，「取引行為」が有効であることが必要であるところ（民法§192），意思能力を欠く者の行為は無効であるため（§3の2），意思無能力者たるAから甲を買い受けたBは，甲を即時取得しえない。もっとも，転得者たるCについては，即時取得が適用されうるところ，CはBとの関係で即時取得の要件を充たすため，甲の所有権を取得する。したがって，本記述は，Aの法定代理人が，Cに対し，甲の返還を求めることができるとする点で，誤っている。

ウ　○　正しい

　占有者が，盗品又は遺失物を，競売若しくは公の市場において，又はその物と同種の物を販売する商人から，善意で買い受けたときは，被害者又は遺失者は，占有者が支払った代価を弁償しなければ，その物を回復することができない（§194）。

エ　×　誤っている

　本問のDは，甲がCの所有物であると過失なく信じて現実の引渡しを受けていることから，192条によりDは甲の所有権を取得する。もっとも，甲はBがAの家から盗んだ盗品であるため，「被害者」たるAは，193条により盗難の時から2年間，占有者に対して甲の返還を請求することができる。そして，回復請求の相手方は直接の善意取得者に限らずその特定承継人も含まれるため，Aは特定承継人たるDに対し甲の返還を求めることができる。したがって，本記述は，AはDに対し甲の返還を求めることができないとする点で，誤っている。

オ　×　誤っている

　判例（最判昭57.9.7）は，指図による占有移転の場合も「占有を始めた」（§192）にあたるとしている。したがって，Bが甲をDに売却するとともに，Cに対し以後Dのために甲を占有するように命じた本肢の場合において，Dは甲の所有権を取得する。よって，本記述は，AがDに対し甲の返還を求めることができるとする点で，誤っている。

解答のポイント！

　即時取得について，条文知識を問う問題である。いずれも正確な条文知識があれば，容易に解答できるものであるため，間違った場合には，しっかりと復習しておく必要がある。

令元―7　No.139 ／／／／／／／　レベル　☆☆

（配点：2）

　　Aは，その所有する動産甲をBに保管させていた。この事例に関する次のアからオまでの各記述のうち，判例の趣旨に照らし誤っているものを組み合わせたものは，後記1から5までのうちどれか。

ア．Bは，甲をCに売却し，Cは，甲がBの所有物であると過失なく信じて，現実の引渡しを受けた。甲が道路運送車両法による登録を抹消された自動車であった場合，Cは，即時取得により甲の所有権を取得することができない。

イ．Bが死亡し，その唯一の相続人Dは，甲がBの相続財産に属すると過失なく信じて，現実に占有を開始した。甲が宝石であった場合，Dは，即時取得により甲の所有権を取得する。

ウ．Bは，甲をEに贈与し，Eは，甲がBの所有物であると過失なく信じて，現実の引渡しを受けた。甲が宝石であった場合，Eは，即時取得により甲の所有権を取得する。

エ．Bの債権者により甲が強制競売に付され，Fは，甲がBの所有物であると過失なく信じて，甲を競落し，現実の引渡しを受けた。甲が宝石であった場合，Fは，即時取得により甲の所有権を取得する。

オ．Bは，甲をGに質入れし，Gは，甲がBの所有物であると過失なく信じて，現実の引渡しを受けた。甲が宝石であった場合，Gは，即時取得により甲を目的とする質権を取得する。

1．ア　イ　　　2．ア　エ　　　3．イ　オ　　　4．ウ　エ　　　5．ウ　オ

No.139　　　　即時取得　　　　正解 **1**

ア ✕ 誤っている

本件と同様の事案において判例（最判昭45.12.4）は，「道路運送車両法による登録を受けていない自動車は…取引保護の要請により，一般の動産として民法192条の規定の適用を受ける」とした上で，「この理は，道路運送車両法により登録を受けた自動車が…抹消登録を受けた場合においても同様である」としている。この理由として，同判例の原審は，「抹消登録のなされた自動車については…新規登録を受けない限り，一般動産として民法192条の規定の適用がある」と述べている。本問では，即時取得により甲の所有権を取得することができないとする点が誤り。

イ ✕ 誤っている

即時取得が成立するためには「取引行為によって…占有を始め」る（民法§192）必要がある。即時取得は動産取引の安全を保護することが制度趣旨だからである。そして，相続は「取引行為」に該当しないので，相続により占有を開始しても即時取得は成立しない。本問では，Bの相続人であるDが即時取得により甲の所有権を取得するとしているのが誤り。

ウ ○ 正しい

贈与契約（§549）は取引行為に含まれる。また，平穏，公然，善意であることは推定される（§186−Ⅰ）。動産の占有者は所有者と推定されるのが通常だからである。したがって，無過失であれば，推定に対する反証がない限り即時取得により動産の所有権を取得する。よって本肢は正しい。

エ ○ 正しい

強制競売に基づく競落も「取引行為」に含まれる。また，平穏，公然，善意であることは推定される（§186−Ⅰ）。動産の占有者は所有者と推定されるのが通常だからである。したがって，無過失であれば，推定に対する反証がない限り即時取得により動産の所有権を取得する。よって，本肢は正しい。

オ ○ 正しい

民法192条の要件を満たした場合における効果につき，同条は「即時にその動産について行使する権利を取得する」と定めている。即時取得は動産取引の安全の保護を趣旨とするので，質権設定契約も取引の安全を図るべきであり，保護の対象となるので，質権も即時取得の対象となる。したがって，本肢は正しい。

解答のポイント！

即時取得の重要知識を問う問題である。即時取得制度は論文でも頻出の分野なので，横断的な学習が望まれる。

令2―8 ④　No.140　　　　　　　　　　レベル　★

（配点：2）

即時取得に関する次のアからオまでの各記述のうち，判例の趣旨に照らし誤っているものを組み合わせたものは，後記1から5までのうちどれか。

ア．Aは，自己所有の宝石をBに売却して現実の引渡しをした。その後，Bは，宝石をCに売却して現実の引渡しをした。さらに，その後，Aは，AB間の売買契約をBの強迫を理由として取り消した。この場合，Cは，即時取得により宝石の所有権を取得することはない。

イ．未成年者Aは，自己所有の宝石をBに売却して現実の引渡しをした。その後，Aは，AB間の売買契約を未成年であることを理由として取り消した。この場合，Bが即時取得により宝石の所有権を取得することはない。

ウ．Aは，B所有の宝石をBから賃借して引渡しを受けた上，宝石をCに預けていたが，宝石をDに売却し，Cに対し，宝石を今後Dのために占有するよう命じ，Dがこれを承諾した。この場合，Dは，宝石がA所有であると信じ，かつ，そのことに過失がなかったとしても，即時取得により宝石の所有権を取得することはない。

エ．Aは，Bが置き忘れた宝石を，自己所有物であると過失なく信じて持ち帰った。この場合，Aが即時取得により宝石の所有権を取得することはない。

オ．Aは，BがCから賃借していた宝石を盗み，Dに贈与した。Dが宝石をAの所有物であると過失なく信じて現実の引渡しを受けた場合，Bは，宝石の盗難時から2年間は，Dに宝石の回復を請求することができる。

1．ア　ウ　　　2．ア　エ　　　3．イ　ウ　　　4．イ　オ　　　5．エ　オ

| No.140 | 即時取得 | 正解 **1** |

ア　×　誤っている

　強迫（§96−Ⅰ）による取消しにおいては第三者保護要件がない。しかし，動産物権変動の公示の不完全さを補完し，取引の安全を図る即時取得（§192）の規定により第三者は保護されうる。本肢では，強迫による取消しによって遡及的に無権利者になったＢから有効な取引行為によって宝石の占有を取得しているので，Ｃが善意無過失であれば即時取得が成立する。したがって，本肢は，Ｃが即時取得により宝石の所有権を取得することはないとする点で，誤っている。

イ　○　正しい

　即時取得（§192）は，有効な取引行為があることが要件の一つとなる。本肢では，Ａは，ＡＢ間の売買契約を未成年であることを理由として取り消している（§5−Ⅱ）ので，売買契約は無効になり（§121），有効な取引行為という即時取得の要件を満たさない。したがって，本肢は正しい。

ウ　×　誤っている

　即時取得の要件として，占有取得があるが，本肢のような指図による占有移転（§184）も192条の占有にあたり，善意無過失者は動産を即時取得することができる（最判昭57.9.7＝商法百選№97）。その趣旨は，譲渡人が現に動産を所持してないから，指図による占有移転を行った時点で譲渡人は一切の占有を失い，譲渡人を介して間接的な占有を有していた所有者も占有を失うこととなり，所有者の支配を離れたものとみることができることにある。したがって，本肢は，Ｄが善意無過失であっても即時取得により宝石の所有権を取得することはないとする点で，誤っている。

エ　○　正しい

　即時取得（§192）は，有効な取引行為であることが要件の一つである。動産を自己所有物であると過失なく信じて持ち帰るという行為は取引行為ではないため，即時取得は成立しない。そのためＡは即時取得により宝石の所有権を取得することはない。したがって，本肢は正しい。

オ　○　正しい

　民法193条は，即時取得の場合において占有物が盗品又は遺失物であるときについて，「被害者又は遺失者は，盗難又は遺失の時から２年間，占有者に対してその物の回復を請求することができる」と規定する。そのためＢは宝石の占有者Ｄに対し，盗難時から２年間は宝石の回復請求をすることができる。したがって，本肢は正しい。

平27 ― 13 ⑦ №141 レベル ★

（配点：2）

　Aが，A所有の甲動産を占有するBに対し，所有権に基づく甲動産の引渡請求訴訟を提起したところ，Bは，Aの夫Cから質権の設定を受けその質権を即時取得した旨の反論をした。この場合に関する次の1から4までの各記述のうち，判例の趣旨に照らし正しいものはどれか。

1．占有者が占有物について行使する権利は，適法に有するものと推定されるから，Bは，質権の即時取得の成立を基礎付ける事実を主張・立証する必要はない。

2．Bは，Cとの間で質権設定の合意をし，その合意に基づいてCから甲動産の引渡しを受けたことを主張・立証する必要がある。

3．Bは，質権の被担保債権の発生原因事実を主張・立証する必要はなく，Aが，質権の被担保債権の消滅原因事実を主張・立証する必要がある。

4．Bは，Cに甲動産の所有権がないことについてBが善意であることを主張・立証する必要はないが，Bに過失がないことを主張・立証する必要がある。

No.141　　質権の即時取得に関する要件事実　　正解 **2**

1　×　誤っている

　本問題は所有権に基づく動産の引き渡し請求に対して，質権の即時取得を抗弁に主張した事例である。

　即時取得の実体法上の要件は，①取引行為，②①に基づく引渡し，③平穏，④公然，⑤善意，⑥無過失が必要であるところ，民法186条1項により③平穏，④公然，⑤善意が，188条から⑥無過失が推定されることになる。したがって即時取得の要件事実として主張すべき事実は，186条1項と188条によっても推定されない，①取引行為，②①に基づく引渡しを主張する必要があるところ，本肢はなんら主張しなくていいとしている点で誤っている。

2　○　正しい

　即時取得で主張すべき点は①取引行為と②①に基づく引渡しである。本問での①の部分はＢＣ間の質権の設定の合意について，②の部分は甲動産の引渡しを受けたことにあたる。よって本肢は正しい。

3　×　誤っている

　本肢は即時取得の主張立証すべき部分について，質権の被担保債権の発生原因事実を主張する必要があるのか，質権の請求原因事実と関連して問題となる。ここで質権の請求原因事実は①被担保債権の存在（つまり被担保債権の発生原因事実），②質権の設定契約，③契約に基づく引渡しである。よってＢは質権の即時取得を主張するためには，取引行為の部分で被担保債権の存在と質権設定契約という事実を主張する必要があるといえ，その点が必要ないとしているため誤っている。

4　×　誤っている

　民法186条によって善意が推定され，188条によって無過失が推定される。したがってＢに過失がないことを主張する必要はない。よって本肢は間違っている。

解答のポイント！

　本問は即時取得の要件事実について知識を聞いている。肢3の質権の請求原因事実はわからなくても，即時取得の主張すべき事項を知っていれば答えは導くことができるといえる。できなかった者はこれを機に即時取得の請求原因について改めて確認してほしい。

| 平19 ― 9 | No.142 | | | | | | | レベル ★ |

（配点：2）

　　動産物権変動と動産の即時取得に関する次の1から5までの各記述のうち，判例の趣旨に照らし誤っているものはどれか。

1．動産の譲受人は，占有改定を受けることにより，その所有権の取得を第三者に対抗することができる。

2．動産の寄託者がこれを譲渡した場合において，寄託者が受寄者に対し以後譲受人のためにその動産を占有することを命じ，譲受人がこれを承諾したときは，譲受人は，その所有権の取得を第三者に対抗することができる。

3．占有者から動産を譲り受けてその占有を取得した者は，即時取得を主張するために，自己に過失がないことを立証しなければならない。

4．占有改定により占有を取得した者は，動産の即時取得を主張することができない。

5．登録を受けている自動車については，動産の即時取得の規定は適用されない。

No.142　動産の「引渡し」と即時取得　　正解 **3**

1　○　正しい

　動産に関する物権の譲渡は，その動産の引渡しがなければ，第三者に対抗することができない（民法§178）。この「引渡し」には，現実の引渡し（§182-Ⅰ），簡易の引渡し（同-Ⅱ），指図による占有移転（§184）だけでなく，占有改定（§183）も含まれる（大判明43.2.25）。民法自体が引渡しとして観念的なものを認めている以上，占有改定を本条の「引渡し」から除外すべきではないからである。

2　○　正しい

　肢1の説明にあるように，民法178条の「引渡し」には，指図による占有移転（§184）も含まれる。動産の寄託者がこれを譲渡した場合において，寄託者が受寄者に対し以後譲受人のためにその動産を占有することを命じ，譲受人がこれを承諾したときは，指図による占有移転が認められ，譲受人は，その所有権の取得を第三者に対抗できる。

3　×　誤っている

　即時取得をするためには，占有取得が無過失でなされたことが必要である（§192）。そして，188条により前主が適法な占有者として推定されるので，それを信頼することは無過失と推定され，占有取得者は自己に過失のないことを立証する必要はない（最判昭41.6.9）。

4　○　正しい

　判例（最判昭35.2.11＝民法百選Ⅰ No.68）は，「無権利者から動産の譲渡を受けた場合において，譲受人が本条〔192条〕によりその所有権を取得しうるためには，一般外観上従来の占有状態に変更を生ずるがごとき占有を取得することを要し，かかる状態に一般外観上変更を来さないいわゆる占有改定の方法による取得をもっては足らない」とする。占有改定のように外部から認識困難な占有の移転で即時取得の成立を認めると，これを知り得ない真の権利者にとって酷な結果となるからである。

5　○　正しい

　判例（最判昭62.4.24）は，道路運送車両法により登録を受けた自動車については，192条の適用はないとする。登録済みの自動車の場合，登録により権利者を確知することができる以上，占有に公信力を認める必要がないからである。

　所有権の取得に関する次のアからオまでの各記述のうち，判例の趣旨に照らし誤っているものを組み合わせたものは，後記1から5までのうちどれか。

ア．AがA所有の甲土地をBに譲渡し，Bが甲土地上に立木を植栽して明認方法を施した場合において，その後，AがCに甲土地を譲渡して，Cに対する所有権移転登記をしたときは，明認方法が存続していたとしても，BはCに対して，立木の所有権を対抗することができない。

イ．AがBに対して，完成した建物の所有権の帰属について特約をせずに，A所有の土地上に建物を建築することを注文したところ，Bが自ら材料を提供して建前を建築した段階で工事を中止した場合（その時点における時価400万円相当）において，Aから残工事を請け負ったCが自ら材料を提供して当該建前を独立の不動産である建物に仕上げ（その時点における時価900万円相当），かつ，AがCに代金を支払っていないときは，当該建物の所有権は，Cに帰属する。

ウ．Aの所有する船舶（時価600万円相当）に，Bの所有する発動機（時価400万円相当）が取り付けられた場合において，損傷しなければこれらを分離することができず，主従の区別がつかないときは，当該発動機付船舶は，3対2の割合でAとBが共有する。

エ．Aが所有する建物を賃借したBがAの同意を得て増築をした場合には，その増築部分について取引上の独立性がなくても，増築部分の所有権は，Bに帰属する。

オ．Aの所有する液体甲（100立方メートル）が，Bの所有する液体乙（10立方メートル）と混和して識別することができなくなり，液体丙（110立方メートル）となった場合において，Aが液体丙の所有権を取得したときは，BはAに対し，不当利得の規定に従い，その償金を請求することができる。

1．ア　イ　　　2．ア　エ　　　3．イ　ウ　　　4．ウ　オ　　　5．エ　オ

No.143	所　有　権	正解 **2**

ア　×　誤っている

　土地の上に生育する物は，その土地の一部とみなされるのが原則であるが，慣習法上，樹木や未成熟の果実，稲立毛は土地に付着したままで，土地とは独立して取引の対象にされており，この取引を公示・対抗する手段として，明認方法が認められている。この明認方法は現存することが必要である。そして，生育物が土地の一部とみなされるのが原則である以上，立木所有権を第三者Cに対抗するために，Bは，土地所有権を取得した第三者の移転登記よりも先に明認方法を備えなければならない（最判昭34.8.7）。また，立木の所有権のような正権原の存在の主張立証責任は権利主張者Bにある（最判昭36.5.4＝民法百選ⅠNo.65）。したがって，BはCの移転登記より前から明認方法が存在し，現時点でも存在することを主張・立証できれば立木所有権を第三者Cに対抗できる。

イ　○　正しい

　判例（最判昭54.1.25＝民法百選ⅠNo.72）は，建築途上においていまだ独立の不動産に至らないいわゆる建前に第三者が材料を供して工事を施し，独立の不動産である建物に仕上げた場合における建物所有権の帰属は，246条2項によって決定されるとしている。したがって，本記述は正しい。

ウ　○　正しい

　民法244条は，「付合した動産について主従の区別をすることができないときは，各動産の所有者は，その付合の時における価格の割合に応じてその合成物を共有する。」としている。したがって，本記述は正しい。

エ　×　誤っている

　民法242条は，「不動産の所有者は，その不動産に従として付合した物の所有権を取得する。ただし，権原によってその物を附属させた他人の権利を妨げない。」と規定している。したがって，増築部分の所有権は，Bに帰属するとしている点で誤っている。

オ　○　正しい

　民法245条は，「前二条の規定は，所有者を異にする物が混和して識別することができなくなった場合について準用する。」と規定し，243条は，「所有者を異にする数個の動産が，付合により，損傷しなければ分離することができなくなったときは，その合成物の所有権は，主たる動産の所有者に帰属する。分離するのに過分の費用を要するときも，同様とする。」と規定する。また，248条は，「第242条から前条までの規定の適用によって損失を受けた者は，第703条及び第704条の規定に従い，その償金を請求することができる。」と規定している。したがって，本記述は正しい。

令元－8　No.144

レベル　☆☆

(配点：2)

　所有権に関する次のアからオまでの各記述のうち，判例の趣旨に照らし正しいものを組み合わせたものは，後記1から5までのうちどれか。

ア．土地の使用収益の権原なく播種された種子が苗に生育した場合，その苗の所有権は，播種した者ではなく，その土地の所有者が取得する。

イ．立木の所有権に関する明認方法は，現所有者と前所有者が共同して，現所有者名のほか，所有権の取得原因，前所有者名を表示することが必要である。

ウ．甲土地とその上の立木を所有するAが立木の所有権を留保して甲土地をBに譲渡した後，BがCに甲土地を立木とともに譲渡した場合，Aは，立木の所有権の留保について登記や明認方法を備えなくても，立木の所有権をCに主張することができる。

エ．甲土地とその上の立木を所有するAがBに甲土地を立木とともに譲渡し，甲土地についてAからBへの所有権移転登記がされた後，CがAから立木のみを譲り受け，立木について明認方法を備えた場合，Cは立木の所有権をBに主張することができる。

オ．加工者が他人の木材のみを材料としてこれに工作を加えた場合において，その工作によって生じた価格が材料の価格を著しく超えるときは，加工者がその加工物の所有権を取得する。

1．ア　エ　　　2．ア　オ　　　3．イ　ウ　　　4．イ　エ　　　5．ウ　オ

No.144　　　　所　有　権　　　　正解 **2**

ア　○　正しい

　本記述と同様の事案で，判例（最判昭31.6.19）は，「上告人は播種当時から…本件土地を使用収益する権原を有しなかったのであるから…本件土地に生育した甜瓜苗について民法242条但書により所有権を保留すべきかぎりでなく，同条本文により右の苗は附合によって本件土地所有者たる被上告人の所有に帰したものと認めるべきものである」と判示した。したがって，本肢は正しい。

イ　×　誤っている

　立木の明認方法は，立木の皮を削って現所有者名を墨書きすることで行われる。本問では，現所有者名のほか，所有権の取得原因，前所有者名を表示することが必要としている点が誤り。

ウ　×　誤っている

　本記述と同様の事案で判例（最判昭34.8.7）は，「留保もまた物権変動の一場合と解すべきであるから…明認方法を施さない限り，立木所有権の留保をもってその地盤である土地の権利を取得した第三者に対抗し得ない」と判示する。本問では，Aは，立木の所有権の留保について登記や明認方法を備えなくても立木の所有権をCに主張することができるとしているのが誤り。

エ　×　誤っている

　地盤の譲受人と立木の譲受人の優劣は，所有権移転登記と明認方法の先後による。本問では，Bへの所有権移転登記がされた後，Cが立木について明認方法を備えた場合，Cは立木の所有権をBに主張することができるとするのが誤り。

オ　○　正しい

　他人の動産に工作を加えた者（以下，「加工者」とする）があるときは，その加工物の所有権は，材料の所有者に帰属する。ただし，工作によって生じた価格が材料の価格を著しく超えるときは，加工者がその加工物の所有権を取得する（民法§246-Ⅰ）。加工による所有権の帰属につき調整を図る趣旨である。したがって，本肢は正しい。

解答のポイント！

　肢アは細かい知識であり，本番ではわかる必要はない。もっとも，他の肢は所有権に関する重要な条文・判例知識で構成されているので，正解することは十分可能である。明認方法と加工の知識を再度復習することが望ましい。

| 平21－10 | No.145 | | | | | | | レベル　★ |

（配点：2）

相隣関係に関する次の1から5までの各記述のうち，誤っているものはどれか。

1．隣接する土地の一方の所有者は，他方の土地の所有者に対し，共同の費用で境界標を設置することに協力するよう請求することができ，その協力の結果設置された境界標は共有に属するものと推定される。

2．建物を建築する際に境界線から50センチメートル以上の距離を保つ必要がある場合であっても，建築に着手してから1年を経過し，又は建物が完成した後は，隣地の所有者は建物の変更を請求することができず，損害賠償のみを請求することができる。

3．隣接する土地の一方の所有者がその所有地上の建物を改修する場合，必要な範囲内で隣地の使用を隣人に請求することができるが，隣人の承諾がなければ，その住家に立ち入ることはできない。

4．判例によれば，袋地（他人の土地に囲まれて公道に通じない土地）を買い受けた者は，所有権移転登記をしなければ，囲繞地（袋地を囲んでいる土地）の所有者に対し，公道に至るため囲繞地を通行する権利を有することを主張することができない。

5．甲土地を所有するAが，同土地を袋地である乙土地と袋地でない丙土地に分筆した上，乙土地をBに売った場合には，Bは，丙土地についてのみ，公道に至るための通行権を有する。

No.145　相隣関係　　正解 **4**

1　○　正しい

　土地の所有者は，境界標の設置を隣地所有者に請求することができ，隣地所有者がそれに応じないときは協力を求めることができる。その結果設置された境界標は共有に属するものと推定される（民法§229）。

2　○　正しい

　建物を築造するには，境界線から50センチメートル以上の距離を保たなければならず（§234－Ⅰ），これに違反する場合，隣地の所有者はその建築を中止又は変更させることができる（同－Ⅱ本文）。ただし，建築に着手してから1年を経過し又は建物が完成した後は，損害賠償請求を請求することができるにすぎない（同項ただし書）。

3　○　正しい

　隣接する土地の所有者がその所有地上の建物を改修する場合，必要な範囲で隣地の使用を隣人に請求することができるが，隣人の承諾がなければ，その住家に立ち入ることはできない（§209－Ⅰただし書）。

4　×　誤っている

　判例（最判昭47.4.14）は，袋地所有権を取得した者は，所有権移転登記を経由しなくても囲繞地の所有者に対して囲繞地通行権を主張できるとしている。

5　○　正しい

　判例（最判平2.11.20＝民法百選Ⅰ№71）は，甲土地の所有者がこれを乙丙2筆に分筆し，袋地となった乙地を売却した場合，乙地の所有者は213条に基づき丙地についてのみ通行権を有するとしている。

平26 — 12　**№146**　｜／｜／｜／｜／｜／｜　　レベル　☆

（配点：2）

　相隣関係に関する次のアからオまでの各記述のうち，正しいものを組み合わせたものは，後記1から5までのうちどれか。

ア．土地の所有者は，隣地との境界付近において建物を修繕するため必要な範囲内で，隣地の使用を請求することができるが，隣地所有者がこれにより損害を受けたときは，その償金を支払わなければならない。

イ．土地の分割によって公道に通じない土地が生じた場合には，その土地の所有者は，公道に至るため，他の分割者の所有地のみを通行することができ，その通行について償金を支払う必要はない。

ウ．土地の所有者は，やむを得ない事由がある場合には，直接に雨水を隣地に注ぐ構造の屋根を設けることができるが，隣地所有者がこれにより損害を受けたときは，その償金を支払わなければならない。

エ．土地の境界線から50センチメートル以上の距離を保って建物を築造しなければならない場合においても，境界線に接して建築をしようとする者がいるときに，隣地の所有者は，その建築を中止させ，又は変更させることができない。

オ．土地の所有者は，隣地の竹木の枝が境界線を越えるときは，その枝を切除することができ，かつ，その費用を隣地の所有者に請求することができる。

1．ア　イ　　　2．ア　ウ　　　3．ウ　エ　　　4．イ　オ　　　5．エ　オ

| No.146 | 相隣関係 | 正解 1 |

ア　○　正しい

　土地の所有者は，境界又はその付近において障壁又は建物を築造し又は修繕するため必要な範囲内で，隣地の使用を請求することができる（民法§209－Ⅰ本文）。その場合に隣人が損害を受けたときは，その償金を請求することができる（同－Ⅱ）。よって，本肢は正しい。

イ　○　正しい

　分割によって公道に通じない土地が生じたときは，その土地の所有者は，公道に至るため，他の分割者の所有地のみを通行することができる。この場合においては，償金を支払うことを要しない（§213－Ⅰ）。分割によって公道に通じない土地を生じさせた以上，分割者以外の隣人に迷惑をかけることは認めないという趣旨の規定である。よって，本肢は正しい。

ウ　×　誤っている

　土地の所有者は，直接に雨水を隣地に注ぐ構造の屋根その他の工作物を設けてはならない（§218）。同条に，やむを得ない事由がある場合の例外規定は置かれていない。よって，やむを得ない事由がある場合には，直接に雨水を隣地にそそぐ構造の屋根を設けることができるとしている点で，本肢は誤っている。

エ　×　誤っている

　建物を築造するには，境界線から50センチメートル以上の距離を保たなければならない（§234－Ⅰ）。この規定に違反して建築をしようとする者があるときは，隣地の所有者は，その建築を中止させ，又は変更させることができる（同－Ⅱ本文）。よって，隣地の所有者が建築を中止させ，又は変更させることができないとしている点において，本肢は誤っている。

オ　×　誤っている

　隣地の竹木の枝が境界線を越えるときは，その竹木の所有者に，その枝を切除させることができる（§233－Ⅰ）。よって，土地の所有者が自ら竹木の枝を切除することができるとしている点で，本肢は誤っている。

　なお，竹木の根が境界線を越えるときは，その根を切り取ることができる（同－Ⅱ）。

　本問の肢は，いずれも条文知識があれば正答できるものである。相隣関係の条文は細かいが，短答では頻出であり，条文を知っていれば解ける問題が出題されるので，一度確認しておくことが望ましい。

平28—10 No.147 レベル ★

（配点：2）

　相隣関係及び地役権に関する次のアからオまでの各記述のうち，判例の趣旨に照らし正しいものを組み合わせたものは，後記1から5までのうちどれか。

ア．共有物の分割によって袋地（他人の土地に囲まれて公道に通じない土地）が生じた場合，当該袋地の所有者は，囲繞地（袋地を囲んでいる土地）のうち，他の分割者の所有地についてのみ無償の通行権を有するが，その通行権は，他の分割者の所有地について売買がされた場合には消滅する。

イ．袋地の所有権を取得した者は，所有権取得登記を経由していなくても，囲繞地の所有者及び囲繞地につき利用権を有する者に対して，公道に至るため囲繞地を通行する権利を主張することができる。

ウ．甲土地を所有するAは，甲土地の賃借人であるBがC所有の乙土地の上に通路を開設した場合であっても，Aがその通路の利用を20年間続けていたときには，甲土地を要役地，乙土地を承役地とする通行地役権の時効取得を主張することができる。

エ．甲土地を所有するAと，乙土地を所有するBとの間で，甲土地を要役地，乙土地を承役地とする通行地役権設定の合意がされたが，通行地役権の設定登記がない場合，その後，Aから甲土地を譲り受けたCは，甲土地の所有権移転の登記を経由しても，Bに対し，通行地役権を主張することができない。

オ．甲土地をAとBが共有する場合において，Bが，甲土地を要役地，C所有の乙土地を承役地とする通行地役権を時効により取得したときは，Aも，甲土地を要役地，乙土地を承役地とする通行地役権を取得する。

1．ア　ウ　　　2．ア　エ　　　3．イ　ウ　　　4．イ　オ　　　5．エ　オ

No.147　　　　　　　　　　　　**相隣関係**　　　　　　　　　　正解 **4**

ア　×　誤っている

　共有物の分割によって袋地が生じた場合，当該袋地の所有者は，他の分割者の所有地のみを無償で通行することができる（民法§213-Ⅰ）。そのため，前半部分は正しい。

　もっとも，後半部分について，判例（最判平2.11.20＝民法百選Ⅰ No.71）は，民法213条に基づく通行権は，その後に他の分割者の所有地が売却されて特定承継を生じたときにも消滅しないとする。判例に賛成する学説は，その理由として，囲繞地の承継人は袋地が存在することをあらかじめ認識できたため特段の不利益を与えないこと，及び，他の分割者の任意の行為によって袋地所有者が不利益を被ることは妥当でないことを挙げている。したがって，本記述は，囲繞地が売買された場合に囲繞地通行権が消滅するという点で，誤っている。

イ　○　正しい

　判例（最判昭47.4.14）は，袋地の所有権を取得した者は，**所有権移転登記を経由していなくても**，囲繞地の所有者ないしこれにつき利用権を有する者に対して，**囲繞地通行権を主張することができる**とする。判例は，その理由として，囲繞地通行権の制度趣旨は，相隣関係にある所有権共存の一態様として，囲繞地所有者に一定範囲の通行受忍義務を課し，袋地の効用を完からしめようとした点にあるところ，このような趣旨は，不動産取引の安全保護を図るための公示制度とは関係がないことを挙げている。

ウ　×　誤っている

　地役権は，「継続」的に行使され，かつ，外形上認識することができるものに限り時効取得することができる（§283）。そして，判例（最判昭30.12.26）は，本条にいう「継続」とは，承役地たるべき他人所有の土地の上に**通路を開設することを要し，その開設は要役地所有者によってなされること**を要するとしている。本事例では，乙土地の上に通路を開設したのは賃借人であるCであって，甲土地の所有者であるAではないので，甲土地を要役地とする通行地役権の時効取得は認められない。したがって，本記述は誤っている。

エ　×　誤っている

　判例（大判大13.3.17）は，通行地役権を取得した後に要役地の所有権が移転した場合，**所有権の移転について対抗要件を備えていれば，地役権の移転についての登記を備えていなくても**，承役地所有者及びその一般承継人に対して**地役権を主張することができる**とする。本事例においても，Cは，要役地たる甲土地の所有権移転登記を経由しているため，地役権の登記がなくても，承役地所有者のBに対して通行地役権を主張することができる。したがって，本記述は誤っている。

オ　○　正しい

　民法284条1項。同条項は，「**土地の共有者の一人が時効によって地役権を取得したときは，他の共有者も，これを取得する**」と規定するため，共有者の一人であるBが通行地役権を時効取得したことにより，他の共有者であるAも通行地役権を取得する。

| 平29 — 9 | №148 | | | | | | | レベル ☆☆ |

(配点：2)

　物権についての費用負担，償金等に関する次のアからオまでの各記述のうち，誤っているものを組み合わせたものは，後記1から5までのうちどれか。

ア．AとBが共有する土地の分割によって公道に通じない甲土地と公道に通じる乙土地が生じた場合，甲土地の所有者Aは，公道に至るため，Bの所有する乙土地を通行することができるが，その通行について償金を支払う必要がある。

イ．2棟の建物がその所有者を異にし，かつ，その間に空地があるときは，各所有者は，他の所有者と共同の費用で，その境界に囲障を設けることができる。

ウ．A所有の主たる動産とB所有の従たる動産が，付合により，損傷しなければ分離することができなくなったときは，その合成物の所有権はAに帰属するが，BはAに対して償金を請求することができる。

エ．AとBが建物を共有する場合において，AがBの持分に応じた管理費用について立替払をし，Bに対して償還義務の履行の催告をしたにもかかわらず，Bがその義務を1年以内に履行しないときは，Aは，相当の償金を支払ってBの持分を取得することができる。

オ．Aが，その所有する甲土地の排水を通過させるため，甲土地より低地である乙土地の所有者Bが既に設けていた排水設備を使用し始めた場合，Aは，その利益を受ける割合に応じて，同設備の保存費用を分担する必要があるが，同設備の設置費用を分担する必要はない。

1．ア　エ　　　2．ア　オ　　　3．イ　ウ　　　4．イ　エ　　　5．ウ　オ

No.148　　　　相隣関係　　　　正解 2

ア　×　誤っている

　分割によって公道に通じない土地が生じたときは，その土地の所有者は，公道に至るため，他の分割者の所有地のみを通行することができ，この場合においては，**償金を支払うことを要しない**（民法§213−Ⅰ）。したがって，本記述は，その通行について償金を支払う必要があるとする点で，誤っている。

イ　○　正しい

　2棟の建物がその所有者を異にし，かつ，その間に空地があるときは，**各所有者は，他の所有者と共同の費用で，その境界に囲障を設けることができる**（§225−Ⅰ）。

ウ　○　正しい

　所有者を異にする数個の動産が，付合により，損傷しなければ分離することができなくなったときは，その合成物の所有権は，**主たる動産の所有者に帰属する**（§243前段）。また，付合により損失を受けた者は，民法703条及び704条の規定に従い，**その償金を請求することができる**（§248）。したがって，本記述は正しい。

エ　○　正しい

　各共有者は，その持分に応じ，管理の費用を支払い，その他共有物に関する負担を負う（§253−Ⅰ）。共有者が1年以内にその義務を履行しないときは，他の共有者は，相当の償金を支払ってその者の持分を取得することができる（同−Ⅱ）。

オ　×　誤っている

　土地の所有者は，その所有地の水を通過させるため，高地又は低地の所有者が設けた工作物を使用することができる（§221−Ⅰ）。他人の工作物を使用する者は，その利益を受ける割合に応じて，工作物の設置及び保存の費用を分担しなければならない（同−Ⅱ）。したがって，本記述は，設備の設置費用を分担する必要はないとする点で，誤っている。

解答のポイント！

　相隣関係の条文を問う問題である。短答においては，頻出の分野ではあるが，受験生が手薄になりがちな分野でもある。全ての肢が物権各論の条文をストレートに問う問題ではあるが，肢イ・オは知識として細かく，正解をすることは困難である。しかし，肢ア・ウ・エは過去問でも出題があり，正解できる受験生は多いものと思われる。したがって，問題としては難しいが，他の受験生と差をつけるために正解したい問題である。このような問題に備えて，原則論を意識した上で，繰り返し条文素読を行うことも必要である。

（配点：2）

　相隣関係に関する次のアからオまでの各記述のうち，誤っているものを組み合わせたものは，後記1から5までのうちどれか。

ア．AとBが共有する土地の分割によって公道に通じないA所有の甲土地と公道に通じるB所有の乙土地が生じた場合において，甲土地から公道に至るためにはC所有の丙土地を通行するのが最も損害が少ないときは，Aは，丙土地を通行することができる。

イ．土地の所有者は，隣地の所有者が隣地に設置した排水溝の破壊又は閉塞により自己の土地に損害が及んでいる場合，隣地の所有者に，排水溝の修繕又は障害の除去をさせることができる。

ウ．土地の所有者は，隣地の竹木の枝が境界線を越えているときは，自らその枝を切除することができる。

エ．境界線上に設けられた境界標は，相隣者の共有に属するものと推定される。

オ．土地の所有者は，隣地の所有者と共同の費用で，境界標を設けることができる。

1．ア　ウ　　　2．ア　オ　　　3．イ　エ　　　4．イ　オ　　　5．ウ　エ

№149　　　　　　　　相隣関係　　　　　　　　　正解 **1**

ア　×　誤っている

　分割によって公道に通じない土地が生じたときは，その土地の所有者は，公道に至るため，他の分割者の所有地のみを通行することができる（民法§213-Ⅰ）。趣旨は袋地の発生原因が当該分割である以上，通行権も当該分割地同士で認めるべきと考えるところにある。本問では，分割地ではない丙土地を通行できるとしているのが誤り。

イ　○　正しい

　民法216条は，「他の土地に…排水…のために設けられた工作物の破壊又は閉塞により，自己の土地に損害が及び，又は及ぶおそれがある場合には，その土地の所有者は，当該他の土地の所有者に，工作物の修繕若しくは障害の除去をさせ…ることができる。」と規定する。土地所有権の排他的支配を確保する趣旨である。したがって，本肢は正しい。

ウ　×　誤っている

　隣地の竹木の枝が境界線を越えるときは，その竹木の所有者に，その枝を切除させることができる（§233-Ⅰ）。竹木の所有権と土地所有権の調整を図る趣旨である。本問では，土地の所有者が自らその枝を切除することができるとするのが誤り。

エ　○　正しい

　民法229条は，「境界線上に設けた境界標…は，相隣者の共有に属するものと推定する」と規定する。相隣者同士の平等を図る趣旨である。したがって，本肢は正しい。

オ　○　正しい

　土地の所有者は，隣地の所有者と共同の費用で，境界標を設けることができる（§223）。私的自治の原則が根拠となる。したがって，本肢は正しい。

解答のポイント！

　相隣関係は普段は飛ばしがちな分野であるが，短答では頻出分野なので，短答学習に際して逐一条文を引いて確認していく必要がある。

平22 — 9　　No.150　　　　　　　　　　　　レベル　★

（配点：2）

　付合と従物に関する次のアからオまでの各記述のうち，判例の趣旨に照らし誤っている
ものを組み合わせたものは，後記1から5までのうちどれか。
ア．土地を使用する権原のない者が作物の種をまき，これを自ら育てた場合には，生育中
　の作物の所有権は，種をまいた者に帰属する。
イ．所有者を異にする数個の動産が結合して，損傷することなく分離することができなく
　なった場合には，その合成物の所有権は，主たる動産の所有者に帰属する。
ウ．ガソリンスタンドが営まれている借地上の店舗用建物に設定された抵当権が実行され
　た場合において，競売手続によりその所有権を取得した者は，抵当権設定当時に存した
　地下タンクの所有権をも取得する。
エ．建物の賃借人は，賃貸人の承諾を得て建物に増築を行っても，増築部分が取引上の独
　立性を有しない場合には，当該増築部分の所有権を取得しない。
オ．付合した動産について主従の区別をすることができないときは，各動産の所有者のう
　ち一人又は数人の請求により，裁判所がその所有者を定める。
1．ア　イ　　　　2．ア　オ　　　　3．イ　ウ　　　　4．ウ　エ　　　　5．エ　オ

No.150　付合と従物　　　　正解 2

ア　×　誤っている

不動産の所有者は，その不動産に従として付合した物の所有権を取得するが（民法§242本文），権原によって物を附属させた者は，その物の所有権を有する（同ただし書）。判例（最判昭31.6.19）は，土地の使用権原のない者が作物の種をまいた場合，242条ただし書の適用はなく，同条本文により作物の所有権は，土地の所有者に帰属する旨判示している。

イ　○　正しい

民法243条前段は，「所有者を異にする数個の動産が，付合により，損傷しなければ分離することができなくなったときは，その合成物の所有権は，主たる動産の所有者に帰属する」旨定めている。分離すれば損傷してしまう場合にまで分離することは，社会経済上の利益に反するからである。

ウ　○　正しい

判例（最判平2.4.19）は，借地人が経営するガソリンスタンドの店舗と，敷地の地上又は地下に設置されたタンクは建物の従物であり，根抵当権の実行による建物の買受人は，同時にタンクの所有権をも取得する旨判示している。

エ　○　正しい

賃借人が賃借権に基づき，家主の承諾を得て増築をした場合には，民法242条ただし書の適用により，増築部分についての所有権が認められうる。しかし，物権の支配を受ける物は独立性を有していることが必要であり，増築部分についても，建物としての独立性がなければ，賃借人の独立の所有権は認められない（最判昭44.7.25＝民法百選Ⅰ№73）。

オ　×　誤っている

民法244条は，「付合した動産について主従の区別をすることができないときは，各動産の所有者は，その付合の時における価格の割合に応じてその合成物を共有する」旨定めている。社会経済的見地により，付合物の分離を認めないという趣旨であるから，裁判所が所有者を定めることはできない。

解答のポイント！

付合をはじめとする添付の規定は，条文知識としてよく出題される。条文数は少ないが，苦手としている受験生の方もいると思われる。一度しっかり押さえてしまえば，得意分野になりえる分野といえるので，条文を丁寧に読み込んでおきたい。従物については，定義および抵当権設定前後の問題点，さらには判例などを押さえておくとよいだろう。

平18 — 26　No.151 　　　　　　　　　　　　レベル ★

（配点：2）

　共有物の法律関係に関する次の1から5までの記述のうち，判例の趣旨に照らし誤っているものはどれか。

1．ＡＢが甲建物を持分各2分の1の割合で共有していた場合，Ａが死亡して相続人も特別縁故者もいないときは，甲建物の所有権はＢに帰属する。

2．ＡＢがＣ所有の土地上に建物を共有してその土地の所有権を侵害している場合，Ｃが建物収去土地明渡の訴えを提起するときは，ＡＢ双方を被告とする必要がある。

3．ＡＢが共有する土地について，その土地上に建物を所有して土地の占有を侵害するＣに対し建物収去土地明渡を求める訴えを提起する場合，Ａは，単独で当該訴えを提起することができる。

4．ＡＢが持分各2分の1の割合で共有している建物を目的とする使用貸借契約について，Ａは，単独でこれを解除することはできない。

5．ＡＢが共有している建物の管理費用をＡが立て替えた場合，Ａは，Ｂからその共有持分を譲り受けたＣに対し，当該立替金の支払を請求することができる。

No.151　　　　　　　共　　有　　　　　　　正解 **2**

1　○　正しい

　民法255条は，共有者に他の共有者の持分が帰属する場合として，**他の共有者が相続人なくして死亡した場合**を規定している。

2　×　誤っている

　土地所有者が土地上の建物を共有している者らに対し建物収去土地明渡の訴えを提起する場合，判例（最判昭43.3.15）は，**個別訴訟を許容**している。よって，ＡＢ双方を被告とする必要はない。

3　○　正しい

　本肢のように共有物を第三者が不法に占有するときは，**各共有者は単独でその引渡しを請求できる**とするのが判例（大判大7.4.19）である。

4　○　正しい

　民法252条本文は，管理行為については持分の価格の**過半数**で決めることとしている。そして，使用貸借契約の解除は管理行為にあたる（最判昭29.3.12）ところ，2分の1の持分では過半数をみたさないので，Ａは単独でこれを解除できない。

5　○　正しい

　民法254条は，共有者の1人が他の共有者に対して有する共有物についての債権は，その特定承継人に対しても行使することができるとする。**共有建物の管理費用はこの共有物についての債権**といえるので，立替えをしたＡは，Ｂからの共有持分の譲受人であるＣに対し，当該立替金の支払を請求することができる。

平20 ― 11　No.152　　　　　　　　レベル　★

（配点：2）

　　A，B及びCが各3分の1の持分で甲土地を共有している場合に関する次の1から5ま
での各記述のうち，判例の趣旨に照らし誤っているものはどれか。

1．第三者が甲土地を無断で資材置場として使用している場合，Aは単独でその第三者に
　対して，甲土地全部の明渡しを請求することができる。

2．甲土地が山林である場合，AとBが合意すれば，開発のために甲土地上の樹木全部を
　伐採することができる。

3．A，B及びCが共同して甲土地を第三者に賃貸している場合，第三者がその賃料の支
　払を怠ったときの賃貸借契約の解除は，AとBとですることができる。

4．Aは，Cの持分について第三者への不実の持分移転登記がされている場合には，単独
　でその持分移転登記の抹消登記手続を請求することができる。

5．Aが単独で甲土地全部を占有している場合でも，B及びCは，その共有持分が過半数
　を超えることを理由としては，Aに対して甲土地の明渡しを請求することはできない。

No.152　　　　　共　　有　　　　正解 **2**

1　○　正しい

　無権利者が共有物を不法占有している場合，共有者は保存行為（民法§252ただし書）として，単独で妨害排除請求や返還請求をすることができる（大判大7.4.19）。

2　×　誤っている

　開発のための樹木全部の伐採は共有物の変更にあたるので（大判昭2.6.6），これを行うには共有者全員の同意が必要である（§251）。

3　○　正しい

　判例（最判昭39.2.25）は，共有物を目的とする貸借契約の解除は，共有者によってされる場合は，民法252条本文にいう「共有物の管理に関する事項」に該当すると解すべきであり，右解除については，544条1項の規定は適用されないとする。したがって，過半数であるAB2名の同意があれば解除できることになる。

4　○　正しい

　判例（最判平15.7.11＝民法百選Ⅰ№75）は，不動産の共有者の一人は，その持分権に基づき，共有不動産に対する妨害排除請求ができるので，当該不動産について持分移転登記を経由している者に対して，単独で，その抹消登記手続を求めることができるとする。

5　○　正しい

　判例（最判昭41.5.19＝民法百選Ⅰ№74）は，少数持分権者も，自己の持分によって共有物を使用収益する権限を有し，これに基づいて共有物を占有するものと認められることを理由に，共有持分の価格が過半数を超える者でも，少数持分権者に対して，当然にその明渡しを請求できるものではないとする。

| 平22 — 10改 | No.153 | | | | | | | | レベル ☆ |

(配点：2)

　共有に関する次のアからオまでの各記述のうち，判例の趣旨に照らし正しいものを組み合わせたものは，後記1から5までのうちどれか。

ア．共有者全員が賃貸人となり共有物を目的とする賃貸借契約が締結された場合，その賃貸借契約を解除するには，共有者全員が解除権を行使しなければならない。

イ．A，B及びCが共有者である共有不動産についての裁判による分割において，AとBが原告となり，Cを被告として分割請求をした場合，Cの持分の限度で現物を分割し，残りの部分をAとBの共有とする方法は許される。

ウ．組合財産である不動産について，所有権を有しないにもかかわらず登記簿上その所有者としての登記が行われている者に対して，組合員の一人が単独で登記の抹消を請求することはできない。

エ．被相続人が遺言をしないで死亡したことにより相続人の共有となった財産の分割は，裁判所が判決手続によって行うことができない。

オ．要役地の共有者の一人のために時効の完成猶予又は更新がある場合であっても，他の共有者との関係では，その効力はない。

1．ア　イ　　　2．ア　オ　　　3．イ　エ　　　4．ウ　エ　　　5．ウ　オ

No.153 　　　　　　　共　有　　　　　　 正解 **3**

ア　×　誤っている

判例（最判昭39.2.25）は，「共有者が共有物を目的とする貸借契約を解除することは民法252条にいう『共有物ノ管理ニ関スル事項』に該当し，右貸借契約の解除については民法544条1項の規定の適用が排除されると解すべき」旨判示している。252条本文は，共有物の管理は，持分価格の過半数で決することとしているので，共有者全員が解除権を行使しなければならないわけではない。

イ　○　正しい

判例（最大判昭62.4.22）は，「共有者が多数である場合，その中のただ1人でも分割請求をするときは，直ちにその全部の共有関係が解消されるものと解すべきではなく，当該請求者に対してのみ持分の限度で現物を分割し，その余は他の者の共有として残すことも許されるものと解すべきである」旨判示している。

ウ　×　誤っている

判例（最判昭33.7.22）は，「組合財産については，民法667条以下において特別の規定のなされていない限り，民法249条以下の共有の規定が適用されることになる…ある不動産の共有権者の一人が，その持分に基き，当該不動産につき登記簿上所有名義者たるものに対して，その登記の抹消を求めることは，妨害排除の請求に外ならず，いわゆる保存行為に属するものというべきであるから，民法における組合財産の性質を前記の如く解するにおいては，その持分権者の一人は単独で右不動産に対する所有権移転登記の全部の抹消を求めることができる筈である」旨判示している。したがって，単独で登記の抹消を請求することができる。

エ　○　正しい

判例（最判昭62.9.4）は，共同相続人による共有物分割訴訟という判決手続を否定している。なお，共同相続人は，被相続人が遺言で禁じた場合を除き，いつでも，協議で遺産の分割をすることができる（民法§907－Ⅰ）。共同相続人間に協議が調わないとき，又は協議をすることができないときは，各共同相続人は，その分割を家庭裁判所に請求することができる（同－Ⅱ）。このように，遺産分割は，協議，調停，審判のいずれかの手続によってなされることになる。

オ　×　誤っている

民法292条は，「要役地が数人の共有に属する場合において，その1人のために時効の完成猶予又は更新があるときは，その完成猶予又は更新は，他の共有者のためにも，その効力を生ずる」と定めている。したがって，他の共有者との関係でも，完成猶予又は更新の効力が及ぶわけではない。

予平23 ― 4　**№.154**　　　　　　　　　　レベル　☆

(配点：2)

　共有に関する次のアからオまでの各記述のうち，判例の趣旨に照らし正しいものを組み合わせたものは，後記1から5までのうちどれか。

ア．複数の共有者がそれぞれ共有持分を有している自転車を修理しようとする場合には，共有者全員で合意しなければ，その自転車を修理に出すことはできない。

イ．共有者3人がそれぞれ同じ割合で共有持分を有している場合において，共有者の1人が持分権を放棄したときは，その放棄された持分の帰属は，放棄した共有者を除く共有者間の協議によって定めなければならない。

ウ．共有者2人がそれぞれ共有持分を有している土地について，共有者の1人が自らの持分を第三者に譲渡しようとするときは，他の共有者の同意がなければ，これをすることができない。

エ．共有者2人のうち1人が他の共有者のために共有物の管理費用を立て替えた場合において，立替金返還債務を負っている共有者が第三者に共有持分を譲渡したときは，立替金返還債権を有している共有者は，その第三者に対し，立替費用の支払を求めることができる。

オ．共有物の共有者の1人が他の共有者との協議を経ないで第三者に共有物を貸した場合，第三者によるその占有を承認しなかった他の共有者は，当該共有物を占有している第三者に対し，当然には当該共有物の引渡しを求めることができない。

1．ア　イ　　　2．ア　オ　　　3．イ　ウ　　　4．ウ　エ　　　5．エ　オ

| No.154 | 共　有 | 正解 **5** |

ア　× 誤っている

　共有物の保存行為は，各共有者が単独で行うことができる（民法§252ただし書）。保存行為とは共有物の滅失や損傷を防止する行為であり，共有物の修理修繕もこれに含まれる。

イ　× 誤っている

　共有者の１人がその持分を放棄したときは，その持分は他の共有者に帰属する（§255）。すなわち，放棄した共有者の持分の分だけ，他の共有者の持分がその持分割合に応じて当然に増加するのであって，他の共有者間の協議で放棄された持分の帰属が決定されるわけではない。

ウ　× 誤っている

　共有者が共有物に有する権利を持分権といい，**持分権は，明文はないものの，各共有者が自由に処分することができると解されている**。持分権は所有権（§206）の本質を持つ共有者各人の権利であり，その処分は他の共有者の持分権に影響を及ぼさないからである。

エ　○ 正しい

　共有者の１人が共有物について他の共有者に対して有する債権は，その特定承継人に対しても行使することができる（§254）。共有物に関する債権を有する共有者の担保のためである。共有物の管理費用は持分に応じて各共有者が負担すべきものであるから（§253－Ⅰ），立替金返還請求権は共有者の１人が共有物について他の債権者に対して有する債権といえる。よって，管理費用を立て替えた共有者は，同債権を共有者の特定承継人たる第三者に対して行使することができる。

オ　○ 正しい

　判例（最判昭41.5.19＝民法百選Ⅰ№.74）は，少数持分権者も共有物を使用収益する権限を有する以上，**少数持分権者が単独で共有物を占有していても，多数持分権者は共有物全部の引渡しを求めることはできない**とする。その後，判例（最判昭63.5.20）は，上記判例の趣旨を，第三者に賃貸した場合にも及ぼし「現にする占有がこれを承認した共有者の持分に基づくものと認められる限度で共有物を占有使用する権原を有するので，**第三者の占有使用を承認しなかった共有者は右第三者に対して当然には共有物の明渡しを請求することはできない**」とした。

平25 — 12 [4] No.155 ☐☐☐☐☐☐ レベル ★

（配点：2）

　共有に関する次のアからオまでの各記述のうち，判例の趣旨に照らし誤っているものを組み合わせたものは，後記1から5までのうちどれか。

ア．共有地について筆界の確定を求める訴えを提起しようとする場合に，一部の共有者が訴えの提起に同調しないときは，その余の共有者は，隣接する土地の所有者と訴えの提起に同調しない共有者とを被告として，上記訴えを提起することができる。

イ．裁判所に請求して共有物の分割をする場合，共有物の現物を分割するか，共有物を競売して売得金を分割する方法のいずれかによらなければならず，共有物を共有者のうちの一人の単独所有又は数人の共有とし，これらの者から他の共有者に対して持分の価格を賠償させる方法によることはできない。

ウ．共有物について賃貸借契約を締結することは，過半数の持分を有する共有者によって可能であるが，賃貸借契約の解除は，共有者全員によってされる必要がある。

エ．ＡＢが共有する土地につき，Ｃが無権限で自己への所有権移転登記をした場合，Ａは，単独で，Ｃに対し，抹消登記手続を請求することができる。

オ．ＡＢが各2分の1の持分で甲土地を共有している場合に，Ｂは，ＡＢ間の協議に基づかずにＡの承認を受けて甲土地を占有するＣに対し，単独で，甲土地の明渡しを求めることはできない。

1．ア　イ　　　2．ア　エ　　　3．イ　ウ　　　4．ウ　オ　　　5．エ　オ

No.155　　　　　　　　　　共　　有　　　　　　　　正解 **3**

ア　○　正しい

　判例（最判平11.11.9）は，筆界確定の訴えは共有者全員が原告となるべき固有必要的共同訴訟であるとしながらも，隣接する土地の所有者と訴えの提起に同調しない共有者とを被告として，筆界確定を求める訴えを提起することを認めている。その理由として判例は，同調しない者がいたとしても筆界の確定の必要があることに変わりはないことや，筆界確定の訴えにおいては裁判所が当事者の主張に拘束されないという特質があることからすれば，共有者間の共同歩調は不要であることを挙げている。よって，本肢は正しい。

イ　×　誤っている

　現物分割の方法は比較的柔軟な対応が認められている。判例（最判平8.10.31＝民法百選Ⅰ№76）は，特段の事情のあるときには，一人が単独所有権を取得し，他の共有者は持分の価格の賠償を受ける方法によることもできるとしている。共有者の一人が長年居住している分割不能な住宅が対象となったような場合には，このような全面的価格賠償を認める意義があるといえるだろう。よって，全面的価格賠償によることはできないとする点で本肢は誤っている。

ウ　×　誤っている

　判例（最判昭38.4.19，最判昭39.2.25）は，賃貸借契約の締結及び解除は共有物の利用・改良にあたるとし，管理行為と解している。判例に賛成する学説は，第三者への利用権の設定は共有物の利用方法の決定に該当し，利用権設定契約の解除は共有物の利用方法の変更に該当することを理由として挙げている。したがって，いずれも過半数の持分を有する共有者によって可能である（民法§252本文）。よって，解除について全員によってされる必要があるとする点で本肢は誤っている。

エ　○　正しい

　判例（最判昭31.5.10）は，本記述と同様の事案において，各共有者が単独で無権利者に対して所有権移転登記の抹消登記手続請求をすることを認めている。その根拠として判例は，保存行為に該当するということを挙げている。よって，本肢は正しい。

オ　○　正しい

　判例（最判昭63.5.20）は，本記述と同様の事案において，単独での甲土地の明渡しを求めることを認めていない。その理由として判例は，この場合の第三者は承認を与えた共有者の権原に基づいて占有しているといえるところ，共有者であればたとえ少数持分権者であっても全部について占有使用する権原を有することを挙げている。よって，本肢は正しい。

平27 ― 9　　№.156　　　　　　　　　　　レベル　★

(配点：2)

　Aが3分の1，Bが3分の2の持分で甲土地を共有している場合に関する次のアからオまでの各記述のうち，判例の趣旨に照らし誤っているものを組み合わせたものは，後記1から5までのうちどれか。

ア．Aは，Bに無断で，甲土地の自己の持分について抵当権を設定することができない。

イ．Aに無断でBが甲土地を農地から宅地にする造成工事を行い，甲土地の形状を変更している場合，Aは，Bに対し，その工事の差止めを求めることができる。

ウ．Aに無断でBが甲土地上に乙建物を建て，甲土地全体を単独で使用している場合，Aは，Bに対し，自己の持分割合に応じ，甲土地の地代相当額の支払を請求することができる。

エ．甲土地の利用方法についてAとBが協議したが意見が一致せず，Aに無断でBがCと甲土地の賃貸借契約を締結し，Cが甲土地を占有している場合，Aは，Cに対し，甲土地全体の明渡しを求めることができる。

オ．AがBに無断で甲土地全体を単独で占有している場合であっても，Bは，自分の共有持分が過半数を超えることを理由として，Aに対し，甲土地全体の明渡しを求めることはできない。

1．ア　ウ　　　2．ア　エ　　　3．イ　ウ　　　4．イ　オ　　　5．エ　オ

| No.156 | 共　有 | 正解 **2** |

ア　×　誤っている

　各共有者は原則として自己の持分について自由に処分ができる。条文上明らかではないが，持分権が所有権（民法§206参照）の性質をもつことから当然のこととされている。もっとも物の引渡しを必要とする質権の設定や，共有物全部の現実的利用に関わる用益物権の設定は他の共有者の権利を制限するため許されない。本肢の自己の共有持分に関する抵当権の設定行為は抽象的な価値支配権にすぎないので，他の共有者の権利を制限するとまではいえず，単独で設定することができる。よって，本肢はできないとしている点で誤っている。

イ　○　正しい

　民法251条の変更の一内容として，共有物の性質もしくは形状を変更することが挙げられる。本肢における甲土地の農地から宅地への造成工事が，共有物たる甲土地の性質を変更する行為にあたるため変更にあたる。判例（最判平10.3.24）は共有者の一人が無断で共有物の変更をした場合，他の共有者は単独でその原状回復請求をすることができるとする。なぜならば，無断変更は他の共有者の持分権を侵害するものであるからである。よって本肢は正しい。

ウ　○　正しい

　判例（最判平12.4.7）は，不動産の共有者の一人が単独で占有していることにより持分に応じた使用が妨げられている他の共有者は，占有している者に対して，持分割合に応じて占有部分にかかる地代相当額の不当利得金ないし損害賠償の支払いを請求できるとしている。よって本肢は正しい。

エ　× 誤っている

　判例（最判昭63.5.20）は，第三者が共有者の一人から使用許可を受けて共有物の全部を使用している場合，他の共有者による当該第三者に対する共有物の全部の明渡請求はできないとしている。なぜならば共有者の一人から共有物の占有を承認された者は，その承認された持分の限度で共有物を使用できるため，他の共有者が共有物全部の返還請求をすることは認められないからである。よって本肢は，AはCに対して，甲土地全体の明渡しをできるとしている点で誤っている。

オ　○　正しい

　判例（最判昭41.5.19＝民法百選Ⅰ No.74）は，共有者の一人が無断で共有物の全部を使用している場合，他の共有者が直ちに共有物の全部について明渡請求することはできないとしている。なぜなら，無断使用している共有者であっても，自己の持分に応じた使用権原が認められるからである。よってBはAに対して甲土地の明渡しを求めることができないため，本肢は正しいといえる。

　共有物の分割に関する次のアからオまでの各記述のうち，判例の趣旨に照らし正しいものを組み合わせたものは，後記1から5までのうちどれか。

ア．遺産分割前において共同相続人の一人から遺産を構成する不動産の共有持分権を譲り受けた第三者が，その不動産の共同所有関係の解消を求めるためには，共有物分割訴訟によらなければならない。

イ．共有物の分割請求をした共有者が多数の場合，分割請求をされた共有者の持分の限度で現物を分割し，その余は分割請求をした共有者の共有として残す方法により共有物の分割をすることはできない。

ウ．共有物を共有者のうちの一人の単独所有又は数人の共有とし，これらの者から他の共有者に対して持分の価格を賠償させる方法により共有物の分割をすることはできない。

エ．裁判所は，共有物の現物分割が物理的に不可能な場合のみでなく，社会通念上適正な現物分割が著しく困難な場合にも，共有物の競売を命ずることができる。

オ．数個の共有建物を一括して分割の対象とし，共有者各自が各個の建物の単独所有権を取得する方法により共有物の分割をすることはできない。

1．ア　ウ　　　2．ア　エ　　　3．イ　ウ　　　4．イ　オ　　　5．エ　オ

No.157　　　　　　　　　　　　共　　有　　　　　　　　　　　正解 **2**

ア　○　正しい

　判例（最判昭50.11.7）は，共同相続人の一人から遺産を構成する特定不動産についての共有持分権を譲り受けた第三者が，共同所有関係の解消のためにとるべき手続きは，遺産分割審判ではなく共有物分割訴訟であるとしている。その理由は，遺産分割は原則相続人間の協議で行うべき非訟事件たる性質のものであるところ（最大決昭41.3.2），もはや第三者が現れた時点で非訟性はなくなり，訴訟と解されることにある。よって本肢は第三者が現れた場合，遺産分割は共有分割訴訟としているため正しい。

イ　×　誤っている

　判例（最判平4.1.24）は，共有不動産について，分割請求する原告が多数である場合には，被告の持分の限度で現物を分割し，その余は原告らの共有として残す方法によることも許されるとしている。理由として判例は，民法258条による共有物分割の方法について，現物分割をするにあたっては，当該共有物の性質，形状，位置又は分割後の管理・利用の便等を考慮すべきであるとしており，現物分割の方法について，柔軟な対応を認めているといえる。本肢も分割請求された共有者の限度で現物を分割し，その余は分割請求した共有者の共有として残す方法も許されるところ，できないとしている点で誤っている。

ウ　×　誤っている

　判例（最判平8.10.31＝民法百選Ⅰ No.76）は，当該共有物を共有者のうちの特定の者に取得させるのが相当であると認められ，かつ，その価格が適正に評価され，当該共有物を取得する者に支払い能力があって，他の共有者はその持分の価格を取得させることとしても共有者間の実質的公平を害しないと認められる特段の事情がある場合は，共有物を共有者のうちの一人の単独所有又は数人の共有とし，これらの者から他の共有者に対して持分の価格を賠償させる方法，すなわち全面的価格賠償の方法も許されるとしている。よって本肢は共有物を共有者のうちの一人の単独所有又は数人の共有とし，これらの者から他の共有者に対して持分の価格を賠償させる方法ができないとしている点で誤っている。

エ　○　正しい

　判例（最判平8.10.31＝民法百選Ⅰ No.76）は，裁判所による共有物の分割の本質は非訟事件であって，法は，裁判所の適切な裁量権の行使に共有者間の公平を保ちつつ，当該共有物の性質や性能や実体にあった妥当な分割の実現を期待したものであり，258条2項の規定はその分割方法を現物分割や競売による分割のみに限定したものではなく，他の分割方法を一切否定した趣旨のものではないとしている。したがって，社会通念上適正な分割が困難な場合には，柔軟な対応として競売を命ずることも認められる。よって，本肢は正しい。

オ　×　誤っている

　判例（最判昭45.11.6）は，本来は各個の共有物についての分割方法をいうのであるが，数個の物であっても，例えば，数個の物が一筆の土地の上に建てられており外形上一団の建物とみられるときは，それらを一括して，共有者各自が各個の物の単独所有権を取得する方法によって分割できるとしている。よって本肢は誤っている。

解答のポイント！

　本問は，共有のうち分割訴訟の性質について知識を聞く問題であった。分割方法については多くの判例があり，その方法について，裁判所は柔軟な対応を認めていること等を理解していることが解答する上で大切なポイントといえる。過去にも聞かれたことがあることから自信を持って解答したいところである。間違えた者は是非，復習してほしい。

| 平29 ― 10 ④ | No.158 | | | | | | | レベル ☆☆☆ |

（配点：２）

　複数の者が共同で権利を有する場合に関する次のアからオまでの各記述のうち，判例の趣旨に照らし正しいものを組み合わせたものは，後記１から５までのうちどれか。

ア．Ａ，Ｂ及びＣの３名が各３分の１の割合による持分を有する建物について，Ａが単独でその建物を占有している場合，Ｂは，Ａに対し，その建物の明渡しを請求することができる。

イ．Ａ，Ｂ及びＣの３名が各３分の１の割合による持分を有する土地につき，Ａがその所有者をＡのみとする登記をした場合，Ｂは，Ａに対し，Ａ，Ｂ及びＣの３名の持分を各３分の１とする更正登記手続を求めることができる。

ウ．Ａ，Ｂ及びＣの３名が共同相続し，その遺産分割の前に，法定相続分に応じた持分の割合により相続登記がされた土地につき，ＣからＤに不実の持分権移転登記がされた場合，Ａは，Ｄに対し，当該持分権移転登記の抹消登記手続を求めることができる。

エ．入会権は，登記がなくても第三者に対抗することができる。

オ．入会団体の構成員が採枝・採草の収益を行う権能を有する入会地がある場合において，その入会地にＡ名義の不実の地上権設定登記があるときは，その入会団体の構成員であるＢは，Ａに対し，入会地におけるＢの使用収益権に基づき，当該地上権設定登記の抹消登記手続を求めることができる。

1．ア　ウ　　　2．ア　オ　　　3．イ　エ　　　4．イ　オ　　　5．ウ　エ

| No.158 | 共　有 | 正解 **5** |

ア　×　誤っている

　判例（最判昭41.5.19＝民法百選Ⅰ No.74）は，共有物の持分の価格が過半数を超える場合であっても，共有物を単独で占有する他の共有者に対し，当然には，その占有する共有物の明渡しを請求することはできないとする。この理由として，判例は，個々の共有者は，本来共有物全体を使用する権利を有することを挙げる。本件では，Ａにも利用権が認められる。したがって，本記述は明渡しを請求できるとする点で，誤っている。

イ　×　誤っている

　判例（最判昭38.2.22＝民法百選Ⅰ No.59）は，不動産の共同相続において相続人の一人が勝手に単独所有登記をして第三者に移転した場合について，他の相続人が請求できるのは，登記全部の抹消ではなく，自分の持分についてのみの一部抹消登記手続であるとした。この理由として，判例は，移転登記は共有者の持分に関する限り実体関係に符合しており，また，自己の持分についてのみ妨害排除の請求権を有するに過ぎないことを挙げる。したがって，本記述は，持分を各３分の１とする更正登記手続を求めることができるとする点で，誤っている。

ウ　○　正しい

　判例（最判平15.7.11＝民法百選Ⅰ No.75）は，「不動産の共有者の１人は，その持分権に基づき，共有不動産に対して加えられた妨害を排除することができるところ，不実の持分移転登記がされている場合には，その登記によって共有不動産に対する妨害状態が生じているということができるから，共有不動産について全く実体上の権利を有しないのに持分移転登記を経由している者に対し，単独でその持分移転登記の抹消登記手続を請求することができる」としている。この判例によれば，共有不動産に対する妨害状態が生じている本肢のＣの持分についても，全く実体上の権利を有しないＤに対してＡは単独で持ち分移転登記の抹消請求できることになる。

エ　○　正しい

　判例（大判大10.11.28）は，入会権は登記がなくとも，第三者に対抗できるとする。判例に賛同する学説は，入会権の主体は村落民全体であり，その内容も地方の慣習に従って複雑多岐であるため，登記に適しないこと，慣行の存在は比較的顕著であることから登記を必要としなくてもその弊害は大きくないことを挙げる。したがって，本記述は正しい。

オ　×　誤っている

　判例（最判昭57.7.1）は，入会地について無効な登記が行われた場合は，各入会権者がその抹消登記手続を請求することはできず，入会権に基づいて入会権者全員が共同して行われなければならないとした。この理由として，判例は，無効な登記によって害されるのは，入会権自体であって，各入会権者の使用収益権能の行使ではないことを挙げる。したがって，本記述は，Ｂの使用収益権に基づきとする点で誤っている。

解答のポイント！

　共有関係の判例知識を問う問題である。予備試験論文においても出題がされており，短答知識のみならず，論文知識としても重視すべき分野である。肢ア・イは基本的な知識であり，過去問でも頻繁に出題されているため，確実に判断したい。しかし，肢ウ・エ・オは，知識として細かく，判断することは非常に困難であった。したがって，非常に難問であり，間違えても他の受験生とは差がつかない問題であったといえる。

令元─10 4 №159 | | | | | | | レベル ☆☆

(配点：2)

　A，B及びCが各3分の1の割合で甲建物を共有している場合に関する次のアからオまでの各記述のうち，判例の趣旨に照らし正しいものを組み合わせたものは，後記1から5までのうちどれか。

ア．Aは，その持分に抵当権を設定する場合，B及びCの同意を得る必要がある。

イ．DがA，B及びCに無断でD名義の所有権移転登記をした場合，Aは，B及びCの同意を得ることなく単独で，Dに対してその所有権移転登記の抹消登記手続を請求することができる。

ウ．Aは，その持分を放棄する場合，B又はCの同意を得る必要がある。

エ．AがB及びCに無断で甲建物をEに引き渡し，無償で使用させている場合，Bは，Cの同意を得ることなく単独で，Eに対して甲建物の明渡しを請求することができる。

オ．AがBに対して甲建物の管理に関する債権を有する場合において，Bがその持分をFに譲渡したときは，Aは，Fに対してもその債権を行使することができる。

1．ア　イ　　2．ア　エ　　3．イ　オ　　4．ウ　エ　　5．ウ　オ

| No.159 | 共　有 | 正解 **3** |

ア　×　誤っている

　各共有者は，自己の持分を自由に処分することができる（民法§206参照）。持分権は所有権の実質を有する権利であることが根拠となる。したがって，自己の持分につき担保物権を設定することも自由にできる。本問では，抵当権を設定する場合，B及びCの同意を得る必要があるとしているのが誤り。

イ　○　正しい

　第三者が共有物につき占有を妨害している場合には，各共有者は持分権に基づく物権的請求権の行使として，共有物の妨害排除を請求できる。同じ結論をとる学説は，各共有者が単独で請求できるのは，共有物に対する保存行為（§252ただし書）であるからと理由づける。したがって，本肢は正しい。

ウ　×　誤っている

　所有者は，法令の制限内において，自由にその所有物の使用，収益及び処分をする権利を有する（§206参照）。持分権は所有権の実質を有する権利であることが根拠となる。したがって，持分権の放棄も自由にできる。本問では，持分を放棄する場合，B又はCの同意を得る必要があるとするのが誤り。

エ　×　誤っている

　共有物の性質を変えずに共有物の使用・収益の方法を決めることは管理行為に含まれる。民法252条本文は「共有物の管理に関する事項は…各共有者の持分の価格に従い，その過半数で決する」と規定する。その趣旨は共有物の使用・収益につき共有者全員の同意を求めるのは取引安全を害するので多数決によるものとする点にある。本問では，Bの主張は甲建物の使用貸借契約を否定するものであり，使用・収益の方法を決める管理行為なので持分価格の過半数で決しなければならないにも関わらず，単独で甲建物の明渡しを請求することができるとするのが誤り。

オ　○　正しい

　共有者の1人が共有物について他の共有者に対して有する債権は，その特定承継人に対しても行使することができる（§254）。趣旨は，共有物の管理を適正に行うために特定承継人に対しても債権の行使を認めるところにある。したがって，本肢は正しい。

解答のポイント！

　共有に関する条文知識を問う問題である。条文知識は，日常的に条文を引く頻度によって知識の定着度に差が出るので，意識的に条文を引く必要がある。

予平27 ― 5　**No.160** ／／／／／／　レベル ★

（配点：2）

　　AとBが各2分の1の割合で共有する甲土地の法律関係に関する次の1から4までの各記述のうち，判例の趣旨に照らし誤っているものはどれか。

1．Aは，甲土地の不法占拠者に対し単独で不法行為に基づく損害賠償を請求することができるが，Aの請求することができる損害賠償の額は，Aの持分割合に相当する額に限られる。

2．AB間の合意により甲土地をAが単独で使用する旨を定めた場合，Aは，甲土地を単独で使用することができるが，その使用による利益についてBに対し不当利得返還債務を負う。

3．Aが死亡し，その相続人の不存在が確定するとともに，甲土地がAの特別縁故者に対する財産分与の対象にもならなかったときは，Aの有していた甲土地の持分はBに帰属する。

4．Aが甲土地の管理費用のうちBが負担すべき分を立て替えて支払った後，Bが甲土地の自己の持分をCに譲渡した場合，Aは，Cに対し，その立替金額の支払を請求することができる。

No.160   共有一般   正解 **2**

1　○　正しい
　判例（最判昭41.3.3）は，第三者が共有物を侵害した場合における**損害賠償請求権**は，各共有者の持分の割合に応じた分割債権（民法§427）となるとしている。したがって，本肢は正しい。

2　×　誤っている
　判例（最判平12.4.7）は，不動産の共有者は，不動産を単独で占有することができる権限がないのに単独で占有している他の共有者に対して，持分割合に応じて賃料相当額の不当利得返還請求をすることができるとしている。もっとも，各共有者は，共有物の全部について，その持分に応じた使用をすることができ（§249），共有者間の協議で具体的な使用・収益の方法が定められた場合はそれによると解されている。そして，単独で使用できる場合には，その使用による利益についても，特段の定めがない限り取得できる。したがって，本肢は誤っている。

3　○　正しい
　判例（最判平元.11.24）は，共有者の1人が死亡し，相続人の不存在が確定した場合の共有持分に関して，特別縁故者への帰属（§958の3）と，他の共有者への帰属（§255）のいずれが優先するかについて，特別縁故者に対する帰属が優先するとした。もっとも，本肢においては，甲土地はAの特別縁故者に対する財産分与の対象となっていない。したがって，本肢は正しい。

4　○　正しい
　各共有者は，その持分に応じ，管理の費用を支払い，その他共有物に関する**負担を負う**（§253－Ⅰ）。また，共有者の一人が共有物について他の共有者に対して有する債権は，その特定承継人に対しても行使することができる（§254）。したがって，本肢は正しい。

解答のポイント！
　共有一般に関する単純な条文・判例問題であり，落としてはいけない問題といえる。とくに共有の対内・対外関係については，よく条文を読んでどのような規定があるのかを正確に把握するとともに，訴訟物を意識して関連判例を理解するように努めてほしい。

平29—8 **No.161** レベル ☆☆

(配点：2)

物権の消滅等に関する次のアからオまでの各記述のうち，判例の趣旨に照らし誤っているものを組み合わせたものは，後記1から5までのうちどれか。

ア．AとBが甲土地を共有している場合において，Aがその共有持分を放棄したときは，Aの共有持分はBに帰属する。

イ．A所有の甲土地には，第一順位の抵当権を有しているBと第二順位の抵当権を有しているCがおり，他には抵当権者がいない場合，CがAから甲土地を譲り受けたときでもCの抵当権は消滅しない。

ウ．A所有の甲土地についてBが建物所有目的で地上権の設定を受けてその旨の登記がされ，甲土地上にBが乙建物を建築して所有権保存登記がされた後に，甲土地にCのための抵当権が設定され，その旨の登記がされた場合には，その後にAが単独でBを相続したときでも，その地上権は消滅しない。

エ．AとBは，建物所有目的で，CからC所有の甲土地を賃借した。その後，Cが死亡してAが単独で甲土地を相続した場合，Aの賃借権は消滅しない。

オ．A所有の甲土地についてBが建物所有目的で地上権の設定を受けてその旨の登記がされ，甲土地上にBが乙建物を建築して所有権保存登記がされた後に，乙建物にCのための抵当権が設定され，その旨の登記がされた。その後，Bは，Aに対し，その地上権を放棄する旨の意思表示をした。この抵当権が実行され，Dが乙建物を取得した場合，Dは，Aに対し，地上権を主張することができない。

1．アイ   2．アウ   3．イオ   4．ウエ   5．エオ

No.161	共有と混同	正解 **3**

ア　○　正しい
　共有者の１人が，その持分を放棄したとき，又は死亡して相続人がないときは，その持分は，他の共有者に帰属する（民法§255）。したがって，本記述は正しい。

イ　×　誤っている
　同一物について所有権及び他の物権が同一人に帰属したときは，当該他の物権は，消滅するが，その物又は当該他の物権が第三者の権利の目的であるときは，この限りでない（§179－Ⅰ）。ＣがＡから甲土地を譲り受けたときには，利害関係人が存在しないため，もはやＣの抵当権を存続させる実益はない。したがって，Ｃの抵当権は消滅し，本記述は，消滅しないとする点で誤っている。

ウ　○　正しい
　同一物について所有権及び他の物権が同一人に帰属したときは，当該他の物権は，消滅するが，その物又は当該他の物権が第三者の権利の目的であるときは，この限りでない（§179－Ⅰ）。また，所有権以外の物権及びこれを目的とする他の権利が同一人に帰属したときは，当該他の権利は，消滅するが，その物又は当該他の物権が第三者の権利の目的であるときは，当該他の物権は消滅しない（同－Ⅱ）。本件で，甲土地には，Ｃのための抵当権が設定されている以上，甲土地の利用権である地上権を存続させる実益がある。したがって，本記述は正しい。

エ　○　正しい
　同一物について所有権及び他の物権が同一人に帰属したときは，当該他の物権は，消滅するが，その物又は当該他の物権が第三者の権利の目的であるときは，この限りでない（§179－Ⅰ）。また，所有権以外の物権及びこれを目的とする他の権利が同一人に帰属したときは，当該他の権利は，消滅するが，その物又は当該他の物権が第三者の権利の目的であるときは，当該他の物権は消滅しない（同－Ⅱ）。本件で，ＡとＢは，Ｃから甲土地を共同して賃借しており，Ｂを保護するために甲土地の利用権である賃借権を存続させる必要がある。したがって，本記述は正しい。

オ　×　誤っている
　判例（最判昭40.5.4＝民法百選Ⅰ№86）は，建物を所有するために必要な敷地の賃借権は，建物所有権に付随し，これと一体となって一の財産的価値を形成しているものであるから，建物に抵当権が設定されたときは，敷地の賃借権も原則としてその効力の及ぶ目的物に包含されるとした。判例に賛同する学説は，敷地賃借権が「付加して一体となっている」（§370類推適用）といえることを挙げる。したがって，乙建物のＣのための抵当権は甲土地地上権に及ぶ。そして，甲土地地上権が抵当権の目的となる以上，抵当権設定者Ｂが地上権を放棄しても，398条の類推適用により，その放棄を競落人Ｄに対抗できない（大判大11.11.24）。したがって，ＤはＡに対して地上権を主張できる。

　本問は，共有と混同という，短答式試験では頻出の分野の知識を問う問題である。全体として，判例を直接問うというよりも，判例の基本的な考え方を問うた上で，現場で考えさせる問題である。まずは，出発点となる条文から論点を把握できるように準備し，その上で，判例の基本的な考え方を，教科書等を確認しつつ，理解することが必要である。暗記のみで臨むことは難しい問題であるため，理解が試されるといえ，正解できれば他の受験生に差をつけることができる問題である。

平25 ― 8 3 No.162　　　　　　　　　　　　レベル ★

(配点：２)

　物権の帰属に関する次の１から５までの各記述のうち，正しいものを２個選びなさい。

１．未成年者との間で売買契約を締結して同人所有の動産を購入した者は，その後に当該売買契約が行為能力の制限を理由に取り消された場合に，売主が未成年であることについて善意無過失であったとしても，即時取得を理由としてその動産の所有権の取得を主張することはできない。

２．相続人がなく特別縁故者に対する分与もされなかった相続財産のうち，不動産の所有権は，国庫に帰属するが，動産の所有権は，相続開始後に所有の意思をもって占有を始めた者に直ちに帰属する。

３．他人の動産に工作を加えた者があるときの加工物の所有権は，民法の規定に従って帰属する者が定められ，加工前に所有者と加工者との間で民法の加工に関する規定と異なる合意をしても，その合意の効力は生じない。

４．土地の共有者の一人が時効によって地役権を取得したときは，他の共有者もこれを取得する。

５．所有者を異にし，主従の区別のある２個の動産が付合した場合，従たる動産の所有者は，その付合の時における価額の割合に応じてその合成物の共有持分を取得する。

No.162　物権の帰属　　正解 **1・4**

1　○　正しい

　即時取得（民法 §192）が成立するには，無権利者・無権限者から取得したものであることが必要である。そこで，未成年者のような制限行為能力者が所有者かつ処分者である場合に同条の適用があるか問題となるが，通説はこれを否定する。その理由として，制限行為能力者の取引は取引行為そのものに瑕疵があるわけで前主の占有に対する信頼を保護する公信力の問題ではないことや，これを認めると制限行為能力者保護制度・無権代理制度が無意味になってしまうことを挙げている。よって，本肢は正しい。

2　×　誤っている

　民法上，動産の占有者にそのような権利を認める条文は存在しない（§951以下）。よって，本肢は誤っている。

3　×　誤っている

　他人の動産に工作を加えた者があるときの加工物の所有権は民法246条の規定に従って帰属する者が定められる。よって，本肢前段は正しい。しかし，添付の規定のうち，所有権の帰属方法については強行規定ではなく，所有権の帰属について契約で定められていない例外的な場合にのみ適用される。よって，規定と異なる合意をしても，その合意の効力は生じないとする点で本肢は誤っている。

4　○　正しい

　民法284条の趣旨は，地役権の不可分性を確保する点にある。よって，本肢は正しい。

5　×　誤っている

　民法243条前段。所有者を異にする数個の動産が付合した場合，その合成物の所有権は主たる動産の所有者に帰属する。よって，従たる動産の所有者が付合の時における価額の割合に応じてその合成物の共有持分を取得するとする点で，本肢は誤っている。

　本問は，動産所有権取得に関する基本的知識を問う問題である。ただ，肢2・3は必ずしも誰もがおさえている知識ではなく，解いていて不安になった受験生も少なくないだろう。知識を広げるよりも，肢1のような基本的論点，肢4・5のような基本的条文のように基本部分を正確・確実にインプットし，堅実に点数がとれるよう勉強していってほしい。

令２−10　**№.163**　　　　　　　　　　レベル　☆

(配点：２)

　地上権に関する次のアからオまでの各記述のうち，誤っているものを組み合わせたものは，後記１から５までのうちどれか。

ア．地上権者は，地上権設定者に対し，その地上権の設定登記を請求する権利を有する。

イ．約定による地上権の存続期間は，20年以上50年以下の範囲内で定めなければならない。

ウ．地上権は，工作物又は竹木を所有する目的で土地を使用する権利である。

エ．地下又は空間は，工作物を所有するため，上下の範囲を定めて地上権の目的とすることができる。

オ．地上権は，地上権設定者の承諾を得なければ，譲渡することができない。

1．ア　イ　　　　2．ア　エ　　　　3．イ　オ　　　　4．ウ　エ　　　　5．ウ　オ

No.163　　　　　地　上　権　　　　　正解 **3**

ア　○　正しい
　地上権は不動産に関する物権であるから，その発生を第三者に対抗するためには原則として登記をしなければならない（§177）。そのため，地上権者は，物権取得者として地上権設定者に対し，その地上権の設定登記を請求する権利（物権的登記請求権・債権的登記請求権）を有する。したがって，本肢は正しい。

イ　×　誤っている
　地上権の存続期間については定めがない（§268-Ⅰ）。したがって，本肢は，約定による地上権の存続期間は，20年以上50年以下の範囲内で定めなければならないとする点で，誤っている。

ウ　○　正しい
　民法265条は，地上権の内容について，「地上権者は，他人の土地において工作物又は竹木を所有するため，その土地を使用する権利を有する」と規定する。したがって，本肢は正しい。

エ　○　正しい
　民法269条の2第1項前段は，地下又は空間を目的とする地上権について，「地下又は空間は，工作物を所有するため，上下の範囲を定めて地上権の目的とすることができる」と規定する。したがって，本肢は正しい。

オ　×　誤っている
　地上権の特徴の一つに，**自由に譲渡できる**という特徴がある。譲渡の際，地上権設定者である土地所有者の承諾は不要である。したがって，本肢は，地上権は，地上権設定者の承諾を得なければ，譲渡することができないとする点で，誤っている。

| 平24 — 12 | №164 | | | | | | | レベル　☆ |

（配点：2）

　地上権に関する次の1から5までの各記述のうち，正しいものはどれか。

1．甲土地を所有するAがBのために甲土地を目的とする地上権を設定してその旨の登記がされ，Bの地上権を目的とする抵当権が設定されていた場合でも，その後，BがAから甲土地の所有権を取得したときは，地上権は消滅する。

2．甲土地を所有するAがB及びCのために甲土地を目的とする地上権を設定してその旨の登記がされ，その地上権をB及びCが準共有している場合でも，その後，BがAから甲土地の所有権を取得したときは，地上権は消滅する。

3．既に抵当権が設定されている甲土地を所有するAがBのために甲土地を目的とする地上権を設定してその旨の登記がされた場合，その後，BがAから甲土地の所有権を取得したときは，地上権は消滅する。

4．甲土地を所有するAがBのために甲土地を目的とする地上権を設定してその旨の登記がされたが，BのAに対する地代支払債務について未払があった場合，その後，BがAから甲土地の所有権を取得したときは，その未払債務は消滅する。

5．甲土地を所有するAがBのために甲土地を目的とする地上権を設定してその旨の登記がされ，Bが甲土地上に乙建物を建ててCに賃貸したときは，その後，BがAから甲土地の所有権を取得したときでも，地上権は消滅しない。

No.164　混同による地上権の消滅　　正解 3

1　×　誤っている

　同一物について所有権及び他の物権が同一人に帰属したときでも，その物又は当該他の物権が**第三者の権利の目的である**ときは，混同により消滅しない（民法§179－Ⅰただし書）。甲土地所有者AがBのために甲土地を目的とする地上権を設定してその旨の登記がされ，Bの地上権を目的とする抵当権が設定されていた場合，地上権が第三者の抵当権の目的となっているので，その後，BがAから甲土地の所有権を取得しても，地上権は消滅しない。

2　×　誤っている

　同一物について所有権及び他の物権が同一人に帰属したときは，当該他の物権は，混同により消滅するのが原則である（§179－Ⅰ本文）。甲土地に設定された地上権をB及びCが準共有していたが，その後，BがAから甲土地の所有権を取得した場合，共有権のうちBの共有権については同一人に帰属したといえるので消滅するが，Cの共有権については**同一人に帰属したとはいえず**，混同の要件を欠くので消滅しない。

3　○　正しい

　同一物について所有権及び他の物権が同一人に帰属したときは，当該他の物権は，混同により消滅するのが原則である（§179－Ⅰ本文）。既に抵当権が設定されている甲土地の所有者AがBのために甲土地を目的とする地上権を設定してその旨の登記がされた場合，その後，BがAから甲土地の所有権を取得すれば，Bの地上権が**第三者の権利の目的**となっている等の事情がない以上，原則どおり地上権は消滅する。

4　×　誤っている

　同一物について所有権及び他の物権が同一人に帰属したときは，当該他の物権は，原則として，混同により消滅し（§179－Ⅰ本文），その消滅の効果は遡及しない。地上権者BのAに対する地代支払債務について未払があった場合，その後，BがAから甲土地の所有権を取得したときは，Bの地上権が第三者の権利の目的となっている等の事情がない以上，原則どおり地上権は消滅するが，地上権消滅の効果は遡及しないので，**既に発生している未払債務は消滅しない**。

5　×　誤っている

　同一物について所有権及び他の物権が同一人に帰属したときは，当該他の物権は，混同により消滅するのが原則である（§179－Ⅰ本文）。地上権者Bが甲土地上に乙建物を建ててCに賃貸し，その後，BがAから甲土地の所有権を取得したときでも，Bの地上権が**第三者の権利の目的となっている等の事情がない以上，原則どおり地上権は消滅する**。

平28 — 35 No.165 レベル ☆

(配点：2)

地上権及び土地賃借権に関する次のアからオまでの各記述のうち，正しいものを組み合わせたものは，後記1から5までのうちどれか。

ア．地上権と土地賃借権は，いずれも抵当権の目的とすることができない。

イ．土地所有者は，地上権者に対し，土地を使用に適する状態にする義務を負わないが，賃貸人は，賃借人に対し，土地を使用に適する状態にする義務を負う。

ウ．地上権者は，土地所有者の承諾を得ることなく地上権を第三者に譲渡することができるが，賃借人は，賃貸人の承諾又はそれに代わる裁判所の許可を得なければ，土地賃借権を譲渡することができない。

エ．判例によれば，地上権は時効により取得できるが，土地賃借権は時効により取得できない。

オ．土地について有益費を支出し，その価格の増加が現存する場合において，地上権者と賃借人は，いずれも，その選択に従い，支出した金額又は増価額の償還を土地所有者に請求することができる。

1．ア　ウ　　　2．ア　エ　　　3．イ　ウ　　　4．イ　オ　　　5．エ　オ

| No.165 | 地上権と土地賃借権の比較 | 正解 **3** |

ア　×　誤っている

　地上権及び永小作権は、抵当権の目的とすることができる（民法§369-Ⅱ）。しかし、土地賃借権については、これを認める規定はない。したがって、本肢は、地上権についても抵当権の目的とすることができないとする点で、誤っている。

イ　○　正しい

　地上権者は、土地の直接支配権を持つ者として、目的の範囲内で土地を自ら直接に使用する権利をもつため、**土地所有者は地上権者に対し土地を使用に適する状態にする義務を負わない**。これに対し、賃貸借契約の効力として、**賃貸人は賃借人に対し目的物を使用・収益させる債務を負う**（民法§601）。したがって、本肢は正しい。

ウ　○　正しい

　地上権者は、物権としての地上権の内容として、土地の収益権や地上権を処分する権利をもつため、**土地所有者の承諾を得ることなく、地上権を第三者に譲渡することができる**。これに対し、**賃借人は賃貸人の承諾又はそれに代わる裁判所の許可を得なければ、土地賃借権を譲渡することはできない**（民法§612-Ⅰ、借地借家法§19-Ⅰ前段）。したがって、本肢は正しい。

エ　×　誤っている

　所有権以外の財産権を、自己のためにする意思をもって、平穏に、かつ、公然と行使する者は、民法162条の区別に従い20年又は10年を経過した後、その権利を取得する（民法§163）ところ、用益物権たる地上権は、ここでいう「所有権以外の財産権」として時効取得が認められる。また、判例（最判昭62.6.5＝民法百選Ⅰ№47）は、他人の土地の継続的な用益いう外形的事実が存在し、かつ、その用益が賃借の意思に基づくものであることが客観的に表現されているときには、民法163条により、土地の賃借権を時効取得するものと解すべきであるとし、**土地賃借権についても時効による取得を認めている**。したがって、本肢は、土地賃借権は時効により取得できないとする点で、誤っている。

オ　×　誤っている

　賃借人が有益費を支出した場合については、民法608条2項の規定により有益費償還請求権が認められている。これに対し、**地上権者**は、土地の直接支配権を持つ者として、目的の範囲内で土地を自ら直接に使用する権利をもつため、**土地所有者に対する有益費償還請求権をもたない**。したがって、本肢は、地上権者についてもその選択に従い、支出した金額又は増価額の償還を土地所有者に請求することができるとする点で、誤っている。

平24─13	№166								レベル ☆

（配点：2）

　用益物権に関する次の1から5までの各記述のうち，判例の趣旨に照らし誤っているものはどれか。

1．入会団体の構成員は，入会権の目的となっている山林原野の使用収益を妨げる者がいる場合には，別段の慣習がない限り，単独で，その者に対し，妨害排除を請求することができる。

2．借地借家法にいう借地権には，建物の所有を目的とする地上権も含まれる。

3．建物が存する土地を目的として，先順位の甲抵当権及びこれと抵当権者を異にする後順位の乙抵当権が設定された後，甲抵当権が被担保債権の弁済により消滅し，その後，乙抵当権の実行により土地と地上建物の所有者を異にするに至った場合において，当該土地と建物が，甲抵当権の設定時には同一の所有者に属していなかったとしても，乙抵当権の設定時に同一の所有者に属していたときは，法定地上権が成立する。

4．要役地の所有者が，他人所有の土地を承役地とする通行地役権を時効により取得するためには，自ら通路を開設して継続的に通行の用に供することが必要である。

5．通行地役権の承役地がAに譲渡された場合において，譲渡の時に要役地の所有者Bによって承役地が継続的に通路として使用されていることがその位置，形状，構造等の物理的状況からして客観的に明らかであったとしても，Aが通行地役権の存在を認識していなかったときは，Aは，通行地役権につき，地役権設定登記の不存在を主張する正当な利益を有する第三者に当たる。

No.166　　　　　　　　　　用益物権　　　　　　　　　正解 **5**

1　○　正しい

入会団体の構成員は，入会権の行使を妨害する者がいる場合には，別段の慣習がない限り，各自が単独で，その者に対して妨害排除を請求することができる。（最判昭57.7.1）。

2　○　正しい

借地借家法にいう借地権とは，建物の所有を目的とする地上権又は土地の賃借権をいう（借地借家法§2①）。したがって，借地借家法にいう借地権には，建物の所有を目的とする地上権も含まれる。

3　○　正しい

建物が存する土地を目的として，先順位の甲抵当権が設定され，その当時は**土地と建物の所有者が異なっていた場合**，当該土地と建物が同一人所有者となった後に，抵当権者を異にする後順位の乙抵当権が設定され，その後，甲抵当権が設定契約の解除により消滅した場合，乙抵当権の実行により**土地と地上建物の所有者を異にするに至ったとき**には，法定地上権が成立する（最判平19.7.6＝民法百選Ⅰ№91）。先順位抵当権の被担保債権が弁済により消滅した場合もこれと同様に考えることができる。

4　○　正しい

地役権は，継続的に行使され，かつ，外形上認識することができるものに限り，時効によって取得することができる（民法§283）。地役権の時効取得の要件である「継続的に行使され」ているというためには，要役地の所有者が**自ら通路を開設して継続的に通行の用に供する**ことが必要である（最判昭30.12.26）。

5　×　誤っている

通行地役権の承役地が譲渡された場合において，譲渡の時に要役地の所有者によって承役地が継続的に通路として使用されていることがその位置，形状，構造等の物理的状況からして客観的に明らかであり，かつ，譲受人が要役地の所有者によって承役地が継続的に通路として使用されていることを認識していたか又は認識することが可能であったときは，譲受人は，通行地役権が設定されていることを知らなかったとしても，**特段の事情がない限り**，地役権設定登記の欠缺を主張する正当な利益を有する第三者には当たらない（最判平10.2.13＝民法百選Ⅰ№63）。この判例によれば，通行地役権の存在を過失により認識していなかった譲受人は第三者には当たらないことになる。

| 平25 ― 11 | No.167 | | | | | | | レベル ★ |

（配点：2）

　　用益物権に関する次のアからオまでの各記述のうち，正しいものを組み合わせたもの
は，後記1から5までのうちどれか。

ア．地上権は，抵当権の目的とすることができない。

イ．土地の所有者と地上権者との間において，地上権の譲渡を禁ずる旨の特約がある場合
　　であっても，地上権者がその後に第三者との間で地上権を譲渡する旨の契約を締結した
　　ときは，その第三者は，地上権を取得することができる。

ウ．地役権者は，承役地の所有者に対し，必ず便益の対価を支払わなければならない。

エ．法定地上権を取得した者は，土地の所有者に対し，地代を支払う義務を負わない。

オ．定期の地代を支払うべき地上権者が引き続き2年以上地代の支払を怠ったときは，土
　　地の所有者は，地上権の消滅を請求することができる。

1．ア　ウ　　　2．ア　エ　　　3．イ　エ　　　4．イ　オ　　　5．ウ　オ

No.167　　　　用益物権　　　　正解 **4**

ア　×　誤っている

民法369条２項は，永小作権に加え地上権も抵当権の目的とすることができるとしている。よって，本肢は誤っている。

イ　○　正しい

地上権は物権であるから，地上権者は地上権を自由に処分できる。そして，特約により地上権の処分を禁止することはできるが，この**特約を登記する方法がない**。そのため，**特約を第三者に対抗できない**。したがって，地上権の譲渡禁止特約があっても，地上権を譲り受けた第三者は地上権を取得できる。よって，本肢は正しい。

ウ　×　誤っている

判例（大判昭12.3.10）は，対価の支払いは地役権の要素ではないとしている。よって，必ず対価を支払わなければならないとする点で，本肢は誤っている。

エ　×　誤っている

民法388条後段は，地代は当事者の請求により裁判所が定める，としており，**地代の支払いがあることを前提**としている。よって，地代の支払義務を負わないとする点で，本肢は誤っている。

オ　○　正しい

民法266条１項が準用する276条は，引き続き２年以上地代の支払いを怠った場合に，所有者が権利消滅を請求することを認めている。その趣旨は，土地所有者と地上権者の公平を図ることにある。よって，本肢は正しい。

解答のポイント！

本問は，用益物権に関する基本的な理解を訊く問題である。ただ，用益物権については手が回りにくい上，肢ア・エ・オ等は細かい知識ともいえ自信をもって正解するのは難しい問題であったと思われる。各用益物権の性質，条文等を表にまとめて比較するなどして最低限の知識をつけ，わからない問題については性質から考えるなどして解くといったように勉強をしていってほしい。

平30 — 9　№.168　レベル　☆

（配点：2）

　用益物権に関する次のアからオまでの各記述のうち，誤っているものを組み合わせたものは，後記1から5までのうちどれか。

ア．無償の地上権を設定することはできない。

イ．地上権は，存続期間を定めないで，設定することができる。

ウ．無償の永小作権を設定することはできない。

エ．無償の地役権を設定することはできない。

オ．地役権は，存続期間を定めないで，設定することができる。

1．ア　エ　　　2．ア　オ　　　3．イ　ウ　　　4．イ　エ　　　5．ウ　オ

| No.168 | 用益物権 | 正解 **1** |

ア　×　誤っている

民法266条1項は,「第二百七十四条から第二百七十六条までの規定は,地上権者が土地の所有者に定期の地代を支払わなければならない場合について準用する。」と規定している。そのため,地上権において地代の支払いは必須の要素ではない。したがって,無償の地上権を設定することはできないとしている点で誤っている。

イ　○　正しい

民法268条1項は,「設定行為で地上権の存続期間を定めなかった場合において,別段の慣習がないときは,地上権者は,いつでもその権利を放棄することができる。ただし,地代を支払うべきときは,一年前に予告をし,又は期限の到来していない一年分の地代を支払わなければならない。」と規定している。そのため,地上権において存続期間の定めは必須の要素ではない。したがって,正しい。

ウ　○　正しい

民法270条は,「永小作人は,小作料を支払って他人の土地において耕作又は牧畜をする権利を有する。」と規定している。そのため,永小作権において小作料の支払いは必須の要素であると言える。したがって,正しい。

エ　×　誤っている

判例（大判昭12.3.10）は,地役権の対価支払義務は,地役権の必須の要素ではないとしている。したがって,無償の地役権を設定することはできないとしている点で誤っている。

オ　○　正しい

地役権を設定しても,土地の所有者の所有権の制限の程度は低いので,地役権は,存続期間を定めないで設定することができると解されている。したがって,本記述は正しい。

平27 ― 11改　№169　レベル　☆☆

（配点：2）

　地役権に関する次のアからオまでの各記述のうち，誤っているものを組み合わせたものは，後記1から5までのうちどれか。

ア．地役権者がその権利の一部を行使しないときは，その部分のみが時効によって消滅する。

イ．要役地に隣接しない土地を承役地として地役権を設定することはできない。

ウ．要役地が数人の共有に属する場合において，要役地の共有者の一人は，その持分につき，その土地のために存する地役権を放棄することができる。

エ．要役地が数人の共有に属する場合において，その一人のために時効の完成猶予または更新があるときは，その完成猶予または更新は，他の共有者のためにも，その効力を生ずる。

オ．要役地の所有者は，地役権を要役地から分離して譲渡することができない。

1．ア　イ　　　2．ア　オ　　　3．イ　ウ　　　4．ウ　エ　　　5．エ　オ

No.169　　　　　　　　　　地　役　権　　　　　　　正解 **3**

ア　○　正しい
　民法293条は，地役権者がその権利の一部を行使しないときは，その部分のみが時効によって消滅するとしている。よって，本肢は正しい。

イ　×　誤っている
　地役権は，一定の目的に従ってある土地（要役地）の便益のために他人の土地（承役地）を利用する権利を内容とするものであるから（民法§280本文），地役権は原則として当事者の契約によって設定され，相隣関係のように必ずしも**土地が隣接している必要は**ない。よって，本肢は誤っている。

ウ　×　誤っている
　民法282条1項。**地役権の消滅における不可分性**があるため，要役地又は承役地の共有者の1人は，自己の持分について地役権だけを消滅させることはできない。「放棄」という意思表示によって地役権は「消滅」という法律効果が生じることになるところ，消滅させることができない以上放棄することもできないことになる。よって，本肢はできるとしている点で誤っている。

エ　○　正しい
　民法292条は，「要役地が数人の共有に属する場合において，その1人のために時効の**完成猶予又は更新**があるときは，その完成猶予又は更新は，**他の共有者のためにも，その効力を生ずる。**」とする。この292条は284条と相まって地役権の不可分性を規定する。よって，本肢は正しい。

オ　○　正しい
　民法281条2項。地役権には要役地との**付従性**があるため，地役権を要役地から分離して譲渡することができない。よって，本肢は正しい。

解答のポイント！

　本問は地役権の条文知識を問うた問題といえる。地役権の内容や，付従性，不可分性といった基本的内容を，条文を読んでしっかり覚えてほしい。

（配点：2）

　民法に定める担保物権に関する次の1から5までの各記述のうち，正しいものはどれか。

1．留置権，質権及び抵当権には，いずれも物上代位性が認められている。

2．留置権，先取特権及び質権は，いずれも，それが担保している債権が譲渡されれば，債権譲受人に移転する。

3．不動産先取特権，不動産質権及び抵当権の順位は，登記の先後によって決まる。

4．性質上譲渡できない債権の上に質権を設定する契約をした場合，譲渡できないことについて質権者が善意であるか悪意であるかを問わず，その質権設定契約は無効である。

5．動産先取特権を有する者は，その目的物が第三者に売却され，引き渡された場合であっても，第三者が，その動産が動産先取特権の目的であることを知っているときは，その動産について先取特権を行使することができる。

No.170　担保物権の性質　正解 **4**

1　× 誤っている

先取特権には，物上代位権が認められる（民法§304）。民法304条の規定は，質権及び抵当権について準用される（§350，§372）が，留置権については，準用されない。先取特権・質権・抵当権には，優先弁済的効力が認められるのに対して，留置権には，優先弁済的効力が認められないからである。

2　× 誤っている

先取特権及び質権は，債権に随伴する。すなわち，被担保債権が譲渡されれば，先取特権及び質権は債権譲受人に移転する。これに対して，留置権の場合，被担保債権が目的物とともに譲渡されなければ，留置権は債権に随伴して移転しない。

3　× 誤っている

不動産保存又は工事の先取特権に法定要件の登記があるときは，抵当権に優先する。この場合は，登記の先後を問わない（§339）。不動産売買の先取特権と抵当権との関係は，一般原則通り登記の先後による（§177）。先取特権と不動産質権との関係は，不動産質権には抵当権の規定が準用されるため（§361），先取特権と抵当権が競合する場合と同じである。

4　○ 正しい

債権は譲り渡すことができる（§466-Ⅰ本文）。債権者の投下資本の回収の利益確保のため，原則として**債権の自由譲渡の原則**を認めたものである。ただし，その**性質がこれを許さないときは，この限りでない**（同項ただし書）。そして，**質権は，譲り渡すことができない物をその目的とすることができない**（§362-Ⅱ，§343）。

5　× 誤っている

先取特権は，債務者がその目的である動産をその第三取得者に引き渡した後は，その動産について行使することができない（§333）。動産を目的とする先取特権は，占有を要件とせず，何ら公示方法がないので，第三取得者を保護して動産取引の安全を図るためである。「**第三取得者**」には，**悪意者も含まれる**（通説）。動産先取特権は公示方法がないため，先取特権者よりも引渡しを受けて対抗要件を具備した勤勉な第三取得者を保護する必要性が大きいからである。

| 平19 ― 13 | No.171 | | | | | | | レベル | ★ |

（配点：2）

　　担保物権の効力に関する次のアからオまでの各記述のうち，正しいものを組み合わせたものは，後記1から5までのうちどれか。

ア．民法上の留置権者は，物に関して生じた債権の全部が弁済されるまでは，その物を留置することができる。

イ．雇用関係の先取特権は，定期に支払われる給料を担保するが，使用人が退職する際に支払われるべき退職金を担保しない。

ウ．不動産質権は，担保する債権の元本のほか，利息その他の定期金のうち満期となった最後の2年分に限り，それらを担保する。

エ．根抵当権でない抵当権は，担保する債権の元本のほか，利息その他の定期金のうち満期となった最後の2年分に限り，それらを担保する。

オ．元本の確定した根抵当権は，確定した元本のほか，利息その他の定期金のうち満期となった最後の2年分について，極度額を限度として担保する。

1．ア　イ　　　2．ア　エ　　　3．イ　ウ　　　4．ウ　オ　　　5．エ　オ

No.171 　　　　　　　　担保物権の効力　　　　　　正解 **2**

ア　○　正しい

　留置権者は，債権の全部の弁済を受けるまでは，留置物の全部についてその権利を行使することができる（民法§296）。留置権は被担保債務の弁済を間接的に強制するものであるから，留置権者は当然に留置物全部につき権利行使できるのである。

イ　×　誤っている

　雇用関係の先取特権は，給料その他債務者と使用人との間の雇用関係に基づいて生じた債権について存在する（§308）。本条は，平成15年改正で修正された。給料6か月分という限定を廃止して被担保債権を拡大するとともに，保護を受ける債権者の範囲も雇用契約の他請負，委任等も含む趣旨で「雇主」を「使用人」に変更した。商法（旧）295条と内容をそろえ，倒産が増加する中での労働者の保護を図ったものである。雇用関係に基づいて生じた債権の中に，退職金は含まれるかにつき，判例（最判昭44.9.2）は，給料の後払いの性格を有すると認定された退職金債権について，最後の6か月間の給料相当額について，雇用関係に基づいて生じた債権の中に含まれるとし，民法（旧）308条の適用を認めた。新308条のもとでは，雇用関係から生じた債権である限り全額が保護されることになると考えられる。

ウ　×　誤っている

　不動産質権者は，その債権の利息を請求することができない（§358）。質権者の収益額と利息額との間の複雑な計算を回避するためである。

エ　○　正しい

　抵当権者は，利息その他の定期金を請求する権利を有するときは，その満期となった最後の2年分についてのみ，その抵当権を行使することができる（§375-Ⅰ本文）。著しく増大する可能性がある利息等を2年分に制限して，第三者の不測の損害を回避するためである。

オ　×　誤っている

　根抵当権者は，確定した元本並びに利息その他の定期金及び債務の不履行によって生じた損害の賠償の全部について，極度額を限度として，その根抵当権を行使することができる（§398の3-Ⅰ）。極度額の限度で，根抵当権者を保護するためである。利息等につき最後の2年分に限るわけではない。

平25 — 13 6 No.172 ／／／／／／ レベル ★

（配点：2）

担保物権の効力に関する次の1から5までの各記述のうち，誤っているものはどれか。

1. 留置権者は，債権の全部の弁済を受けるまでは，留置物の全部についてその権利を行使することができる。

2. 一般の先取特権者は，不動産以外の財産の代価に先立って不動産の代価が配当される場合を除き，まず不動産以外の財産から弁済を受け，なお不足があるのでなければ，不動産から弁済を受けることができない。

3. 質権の目的である債権が金銭債権であるときは，質権者は，その被担保債権の額にかかわらず，当該金銭債権の全額を取り立てることができる。

4. 抵当権の実行としての競売がされる前に抵当権の被担保債権について抵当不動産以外の財産の代価を配当すべき場合には，当該抵当権者以外の債権者は，当該抵当権者に配当すべき金額の供託を請求することができる。

5. 根抵当権の元本の確定後において現に存する債務の額が根抵当権の極度額を超えるときは，他人の債務を担保するため当該根抵当権を設定した者は，その極度額に相当する金額を払い渡し又は供託して，当該根抵当権の消滅請求をすることができる。

No.172 　　　　　　　　　**担保物権の効力**　　　　　　　　正解 **3**

1　○　正しい
　民法296条は，留置権の不可分性の現れといえる。よって，本肢は正しい。

2　○　正しい
　民法335条1項・4項の趣旨は，一般先取特権が債務者の総財産を目的とすることから，債務者の総財産の中から他の債権者に最も影響の少ない部分から一般先取特権者が弁済を受けるように規定することによって，他の債権者の利益を保護する点にある。よって，本肢は正しい。

3　×　誤っている
　民法366条2項。債権の目的物が金銭であるときは，質権者は，自己の債権額に対応する部分に限り，これを取り立てることができる。よって，全額を取り立てることができるとする点で本肢は誤っている。

4　○　正しい
　民法394条2項後段の趣旨は，抵当権者と一般債権者との関係の調整を図ることにある。よって，本肢は正しい。

5　○　正しい
　民法398条の22第1項の趣旨は，根抵当権を消滅させるためには極度額を支払えば十分であり，根抵当権者も害されないことにある。よって，本肢は正しい。

◆◇◆ 解答のポイント！ ◆◇◆

　典型担保物権は，留置権と抵当権を除いては受験生にとってはなじみが薄いかも知れない。しかし，肢3の条文は過去に訊かれているから，過去問をよく復習していた受験生は正解できた問題といえよう。なじみの薄い分野であっても，過去問出題分はとくと復習し，本試験に臨んでほしい。

平28 ― 11 ⑥　No.173　レベル　★

（配点：2）

　担保物権に関する次の1から5までの各記述のうち，正しいものはどれか。

1．同一不動産上の先取特権，質権及び抵当権の優先権の順位は，当該各担保物権の登記の前後によって決まる。

2．留置権，先取特権，質権及び抵当権には，いずれも物上代位性が認められる。

3．留置権は，占有を第三者に奪われた場合も消滅しないが，その場合には，第三者に対抗することができない。

4．留置権者及び抵当権者は，いずれも目的物の競売を申し立てることができる。

5．動産先取特権は，動産質権に優先する。

No.173　担保物権の効力　正解 **4**

1　×　誤っている

　抵当権と不動産質権の優劣は登記の先後による（民法 §361，§373）。また，抵当権と不動産売買先取特権の優劣も登記の先後による（この点の明文はないため，民法177条による）。以上に対して，登記をした不動産保存及び不動産工事の先取特権は，抵当権に先立って行使することができる（民法 §339）。したがって，**不動産保存及び不動産工事の先取特権は，登記の前後にかかわらず他の担保物権に優先する**ため，本肢は誤っている。

2　×　誤っている

　留置権には物上代位性は認められない。その理由として，学説は，留置権は目的物を留置することによって間接的に弁済を強制する点に主たる機能があり，目的物の交換価値を把握する権利ではないことを挙げている。したがって，本肢は誤っている。

3　×　誤っている

　民法302条本文は，留置権者が留置物の占有を失った場合には，留置権が消滅することを規定する。占有を失った場合には，占有をすることによって間接的に弁済を強制するという留置的効力が働かなくなるためである。したがって，本肢は，占有を第三者に奪われた場合も消滅しないとする点で，誤っている。

4　○　正しい

　民事執行法195条は，留置権者に競売の申立てをすることを認めている（形式的競売）。なお，留置権には優先弁済権はないため，留置物を競売しても優先弁済権を行使することはできないが，留置物の所有者が債務者である場合には，競売による換価金の返還義務と被担保債権とを相殺することによって，事実上，優先弁済を受けたのと同じ効果をもたらすことができる。また，抵当権についても，民事執行法の規定により，抵当目的物の競売を申し立てることができる（民事執行法 §180①）。したがって，本肢は正しい。

5　×　誤っている

　民法334条は，**動産質権者の優先順位については第一順位の動産先取特権**（民法 §330 − Ⅰ①）**と同列に扱う**ことを規定している。そのため，第二順位以下の動産先取特権（同− Ⅰ②③）は動産質権者に劣後する。したがって，本肢は誤っている。

解答のポイント！

　本問は，正解である肢 4 が民事執行法の知識となっているため，この肢だけをみて正答することは難しい。もっとも，その他の肢は，いずれも条文の知識や基本的な理解を問う問題であるため，消去法で容易に正解を導くことができる。民事執行法の知識が絡むとはいえ，本問の正答率が高いことから，他の受験生に差をつけられないように正解しておきたい問題といえる。

平30 ― 12 **№.174** レベル ☆

（配点：2）

担保物権に関する次のアからオまでの各記述のうち，判例の趣旨に照らし正しいものを組み合わせたものは，後記1から5までのうちどれか。

ア．留置権は，その目的物の一部が債務者に引き渡された場合，目的物の残部についても消滅する。

イ．AがBに対して動産売買の先取特権を有していた場合，BがCに対してその目的物である動産を売却し，占有改定によりこれを引き渡したとしても，Aの動産売買の先取特権は消滅しない。

ウ．動産質権の設定は，指図による占有移転をもって目的物を債権者に引き渡すことによっても，その効力を生じる。

エ．不動産質権については，質権者と質権設定者との間の特約で，質権者が目的物を使用収益しない旨を定めることができる。

オ．抵当権者は，目的物が不法に占有された場合であっても，不法占有者に対して，抵当権に基づいて目的物を直接自己に明け渡すよう求めることはできない。

1．ア　イ　　　2．ア　オ　　　3．イ　ウ　　　4．ウ　エ　　　5．エ　オ

No.174　　担保物権　　正解 **4**

ア　×　誤っている

　判例（最判平3.7.16）は，留置権者は，留置物の一部を債権者に引き渡した場合においても，特段の事情のない限り，債権の全部の弁済を受けるまで，留置物の残部につき留置権を行使することができるとしている。したがって，残部についても消滅するとしている点で誤っている。

イ　×　誤っている

　判例（大判大6.7.26）は，債務者が先取特権の目的である動産を第三者に「引き渡し」た後は，先取特権を行使することができないとする民法333条にいう「引き渡し」には，占有改定を含むとしている。したがって，占有改定によりこれを引き渡したとしても，消滅しないとしている点で誤っている。

ウ　○　正しい

　民法344条は，「質権の設定は，債権者にその**目的物を引き渡すことによって，その効力を生ずる。**」と規定している。そして，182条２項が規定する**簡易の引渡し**や，184条が規定する指図による**占有移転**は，質権設定者に占有が残る占有改定の場合と異なって，設定者の下に目的物の占有が残らず，設定者に対する心理的強制力が働くため，「引き渡」しにあたる。したがって，本記述は正しい。

エ　○　正しい

　民法356条は，「**不動産質権者**は，質権の目的である不動産の用法に従い，**その使用及び収益をすることができる。**」と規定している。そして，359条は，「前三条の規定は，設定行為に**別段の定めがあるとき**…は，適用しない。」と規定している。したがって，正しい。

オ　×　誤っている

　判例（最判平17.3.10＝民法百選Ⅰ№89）は，抵当権に基づく妨害排除請求権の行使に当たり，抵当不動産の所有者において抵当権に対する侵害が生じないように抵当不動産を適切に維持管理することが期待できない場合には，抵当権者は，占有者に対し，直接自己への抵当不動産の明渡しを求めることができるとしている。したがって，目的物を直接自己に明け渡すよう求めることはできないとしている点で誤っている。

令元―11　№175　　　　　　　　　　レベル　☆☆

（配点：2）

　　不動産を目的とする担保物権に関する次のアからオまでの各記述のうち，判例の趣旨に
照らし誤っているものを組み合わせたものは，後記1から5までのうちどれか。
ア．留置権者は，債務者の承諾を得なくても，目的不動産を賃貸することができる。
イ．不動産の保存の先取特権の効力を保存するためには，保存行為が完了した後直ちに登
　　記をしなければならない。
ウ．不動産質権の設定後に質権者が質権設定者に目的不動産を占有させたとしても，質権
　　の効力は影響を受けない。
エ．不動産質権者は，設定行為に定めがあるときは，その債権の利息を請求することがで
　　きる。
オ．抵当権の存続期間は，10年を超えることができない。
1．ア　イ　　　　2．ア　オ　　　　3．イ　ウ　　　　4．ウ　エ　　　　5．エ　オ

No.175　　　　　　　　　　　　　担保物権　　　　　　　　　　　正解 **2**

ア　×　誤っている

　民法298条2項は，「留置権者は，債務者の承諾を得なければ，留置物を…賃貸…することができない。」と規定する。留置権は目的物の留置で間接的に弁済を強制するものに過ぎないので，賃貸等を禁止する趣旨である。本問では，債務者の承諾を得なくても賃貸できるとするのが誤り。

イ　○　正しい

　不動産の保存の先取特権の効力を保存するためには，保存行為が完了した後直ちに登記をしなければならない（民法§337）。趣旨は，保存行為は日が経つに連れて認識しづらくなるので，直ちに登記を求めることで第三者の信頼を保護する点にある。したがって，本肢は正しい。

ウ　○　正しい

　「質権の設定は，債権者にその目的物を引き渡すことによって，その効力を生ずる。」（§344）ので，不動産質の設定においても質権者に目的不動産の占有を移すことが質権の成立要件となるが，不動産質の設定は，「不動産に関する物権の得喪および変更」にあたるので，動産質の場合（§352）と異なり，その第三者対抗要件は登記であり（§177），質権の設定後に設定者に目的物を占有させても第三者対抗要件を失うわけでもなく，質権の効力は影響を受けない。したがって，本肢は正しい。

エ　○　正しい

　民法358条は，「不動産質権者は，その債権の利息を請求することができない。」と定める一方，359条は，「設定行為に別段の定めがあるとき…は，適用しない。」と定める。趣旨は，不動産質権は使用収益が認められ（§356），その収益額と利息額の間の複雑な計算を回避することにある。したがって，本肢は正しい。

オ　×　誤っている

　抵当権は約定担保物権であり，存続期間に制限はない。本問では，存続期間が10年を超えることができないとするのが誤り。

　肢エ・オはやや細かい条文知識である。しかし，肢ア〜肢ウは担保物権に関する基本的な条文知識を問うものであるので，正解することは十分可能である。

平24 － 17 6 No.176 ／／／／／／　レベル ☆☆

（配点：2）

　　担保物権についての特約に関する次の1から4までの各記述のうち，正しいものはどれ
か。
1．動産の売主と買主との間で，売買の目的物を買主が第三者に転売して引き渡したとき
　でも，売主はその目的物に先取特権を行使することができる旨の特約がある場合におい
　て，買主がその目的物を転売して転買主にこれを引き渡したときは，売主は，転買主が
　占有している目的物について，その特約について転買主が悪意であるときでも，先取特
　権を行使することはできない。
2．動産質権において，質権者と質権設定者との間で，被担保債権の利息はその質権に
　よって担保されないとの特約がされた場合においても，利息は，質権の被担保債権に含
　まれる。
3．不動産質権者は，質権の目的物を使用及び収益をすることができ，質権者と質権設定
　者との間の特約で，その使用収益権を排除することはできない。
4．建物が存する土地について抵当権が設定された場合において，その抵当権者と抵当権
　設定者との特約で，その土地上の建物にも抵当権の効力を及ぼすことができる旨の合意
　がされたときは，その土地の抵当権は，土地の上に存するその建物にも及ぶ。

No.176　　　　　　　担保物権についての特約　　　　正解 **1**

1　○　正しい

　先取特権は，債務者がその目的である動産をその第三取得者に引き渡した後は，その動産について行使することができない（民法§333）。この規定は，**公示制度が整備されていない動産先取特権が行使されることにより第三者が不測の損害を受けることを防止する**ための規定であるので，当事者間でこの規定に反する特約を結んでも，その特約に効力は認められない。

2　×　誤っている

　「質権は，元本，利息，違約金，質権の実行の費用，質物の保存の費用及び債務の不履行又は質物の隠れた瑕疵によって生じた損害の賠償を担保する。ただし，**設定行為に別段の定めがあるときは，この限りでない。**」（§346）。したがって，質権者と質権設定者との間における被担保債権の利息はその質権によって担保されないとの特約は有効であり，この場合，利息は，質権の被担保債権に含まれない。

3　×　誤っている

　不動産質権者は，質権の目的である不動産の用法に従い，その使用及び収益をすることができる（§356）。この規定は，**不動産質権者の便益を図った規定であるから，便益を享受すべき質権者が望まないのであれば**，質権設定者との間の特約で使用収益権を排除することができる。

4　×　誤っている

　抵当権の効力の及ぶ範囲について定めた民法370条本文が「抵当地の上に存する建物を除き」と規定しているのは，**抵当権の効力との関係では土地と建物は別個に取り扱うこと**を明らかにして，土地及び建物をめぐる法律関係が複雑になるのを防止するためである。このような趣旨からすると，土地抵当権者と抵当権設定者の間で土地上の建物にも抵当権の効力を及ぼすことができる旨の特約が結ばれても，その特約は370条本文の趣旨に反し効力を有しないと考えるべきである。

平21 — 12	No.177							レベル ☆

（配点：2）

　留置権に関する次の1から5までの各記述のうち，誤っているものはどれか。

1．留置権は，担保されるべき債権の債権者が目的物を占有していなければ成立せず，仮に占有していても，その占有が不法行為によって始まった場合には成立しない。

2．留置権は，担保されるべき債権が弁済期にないときは，成立しない。

3．留置権者は，目的物から優先弁済を受けることはできないが，目的物から生じた果実からは優先弁済を受けることができる。

4．留置権者は，留置権の目的物が第三者に譲渡された場合でも，目的物に関して生じた債権の全部の弁済を受けるまでは，当該第三者に対して留置権を主張することができる。

5．留置権者は，目的物の滅失によって債務者が受けるべき金銭その他の物に対して物上代位をすることができる。

No.177　　　　　　　　留　置　権　　　　　　　正解 **5**

1　○　正しい
　留置権の成立要件として，他人の物の占有者であることが必要であるところ（民法§295－Ⅰ），その占有が不法行為によって始まった場合には留置権は成立しない（同－Ⅱ）。

2　○　正しい
　留置権行使の前提として債権を行使し得ることが必要であり，担保されるべき債権が弁済期にあることは，留置権成立の当然の要件とされる（§295－Ⅰただし書）。

3　○　正しい
　留置権には優先弁済権がないため，目的物から優先弁済を受けることはできない。もっとも留置権者は留置物より生じる果実を収取し，他の債権者に先立ってこれを債権の弁済に充当することができる（§297－Ⅰ）。

4　○　正しい
　留置権は物権であることから，一度成立すればこれを誰に対しても主張することができ，留置権者は，目的物の譲受人に対しても留置権を主張することができる（最判昭47.11.16）。

5　×　誤っている
　一般に，多くの担保物権には物上代位性，すなわち目的物の売却・賃貸・滅失・損傷などにより債務者が受けるべき金額その他の物に対しても担保物権者は権利を行使することが認められている（§304，§350，§372）。もっとも，物上代位性は優先弁済的効力を有する担保物権につき認められるものであり，優先弁済的効力のない留置権には，物上代位性は認められない。

平26 — 13　No.178　　　　　　　　　　　　　　レベル　★

（配点：2）

　　留置権に関する次のアからオまでの各記述のうち，正しいものを組み合わせたものは，後記1から5までのうちどれか。

ア．債権者は，債務者との合意によって先取特権の設定を受けることはできないが，債務者との合意により留置権の設定を受けることはできる。

イ．留置権者は，留置物について留置権に基づき競売を申し立てることができ，換価金から優先的に弁済を受けることができる。

ウ．留置権者が債務者の承諾を得ずに留置物を賃貸した場合，債務者は，留置権の消滅を請求することができる。

エ．請負人が，注文者に対する報酬債権を被担保債権として，留置権に基づき仕事の目的物の引渡しを拒んでいる場合，その報酬債権の消滅時効の進行は妨げられない。

オ．留置権者は，目的物の滅失によって債務者が受けるべき金銭その他の物に対して物上代位をすることができる。

1．ア　イ　　　2．ア　オ　　　3．イ　エ　　　4．ウ　エ　　　5．ウ　オ

No.178　　　　　留　置　権　　　　　正解 **4**

ア　×　誤っている

　先取特権は，法定担保物権であるから，法律の要件を満たした場合にのみ生じる（民法§303）。したがって，前半は正しい。留置権も，法定担保物権であるから，法律の要件を満たした場合にのみ生じる（民法§295）。したがって，後半は誤りである。よって，留置権が債務者との合意によって設定できるとしている点で，本肢は誤っている。

イ　×　誤っている

　留置権者には，競売権が認められている（民事執行法§195）。もっとも，留置権者には優先弁済権は認められないため（民法§369-Ⅰ参照），留置権者は，競売によって得た換価金を所有者に返還する債務を負う。よって，換価金から優先的に弁済を受けることができるとしている点で，本肢は誤っている。

ウ　○　正しい

　留置権者は，債務者の承諾を得なければ，留置物を使用し，賃貸し，又は担保に供することができない（民法§298-Ⅱ本文）。留置権者は，債権担保のために目的物を占有しているに過ぎないからである。そして，留置権者がこの規定に違反したときは，債務者は，留置権の消滅を請求することができる（同-Ⅲ）。よって，本肢は正しい。

エ　○　正しい

　留置権の行使は，債権の消滅時効の進行を妨げない（民法§300）。よって，本肢は正しい。

　なお，判例（最大判昭38.10.30）は，裁判上で留置権を主張した場合，裁判上の催告（民法§150）に当たるとして，時効完成猶予〔当時は暫定的な中断〕の効力を認める。しかし，この完成猶予は期間中の時効完成の効果を認めていないだけで，時効の進行自体を止めるものではない。よって，裁判上の留置権の主張であっても，消滅時効の進行を妨げない点は変わらない。

オ　×　誤っている

　留置権には，物上代位を認める規定は置かれていない（民法§304-Ⅰ本文参照）。よって，物上代位をすることができるとしている点で，本肢は誤っている。

解答のポイント！

　優先弁済権がない点（肢イ），物上代位が認められない点（肢オ）については，それを直接規定する条文があるわけではない。条文がない，ということから，認められない，ということを導く必要があるため，あいまいな知識で臨むと，正解が導けないおそれがある。普段の学習において，他の担保物権との比較の中で，条文が存在しないこと，それゆえ認められないことを確実に押さえておく必要がある。

平29 ― 11 5 No.179　　　　　　　　　　　　　　　　　　レベル　☆

（配点：2）

　留置権に関する次のアからオまでの各記述のうち，判例の趣旨に照らし正しいものを組み合わせたものは，後記1から5までのうちどれか。

ア．AがBから甲建物を賃借し，Bに敷金を交付していた場合において，その賃貸借契約が終了したときは，Aは，敷金が返還されるまで甲建物を留置することができる。

イ．AからB，BからCに建設機械が順次売却され，BがAに対して代金を支払っていない場合に，Cが提起した所有権に基づく建設機械の引渡請求訴訟においてAの留置権が認められるときは，Cの請求は棄却される。

ウ．AがBから甲建物を賃借していたが，Aの賃料不払によりその賃貸借契約が解除された後，明渡しの準備をしている間にAが甲建物について有益費を支出した場合，Aは，Bに対し，その費用の償還請求権を被担保債権とする留置権を行使して甲建物の明渡しを拒むことはできない。

エ．甲土地の借地権者であるAが甲土地上にある建物について買取請求権を行使した場合，Aは，甲土地の賃貸人であるBに対し，その買取代金債権を被担保債権とする留置権を行使して甲土地の明渡しを拒むことはできない。

オ．甲建物の賃貸人Aが，賃借人Bに対して賃貸借契約の終了に基づき甲建物の明渡しを請求したのに対し，Bが賃貸借の期間中に支出した有益費の償還請求権に基づいて留置権を行使し，従前と同様の態様で甲建物に居住した場合，Bは，Aに対し，その居住による利得を返還する義務を負う。

1．アイ　　　2．アエ　　　3．イオ　　　4．ウエ　　　5．ウオ

No.179	留　置　権	正解 **5**

ア　×　誤っている

判例（最判昭49.9.2＝民法百選ⅡNo.65）は，不動産の賃貸借が終了した場合における，賃借人の賃貸人に対する敷金返還請求権を被担保債権として，留置権（民法§295－Ⅰ）の成立は認められないとする。判例に賛同する学説は，敷金返還請求権と賃借不動産との間で，債権と物との牽連性が認められないことを挙げる。

イ　×　誤っている

判例（最判昭33.3.13）は，物の引渡しを求める訴訟において，被告の留置権の抗弁を認容する場合には，原告の請求を全面的に棄却することなく，その物に関して生じた債権の弁済と引換えに物の引渡しを命ずべきものとされる。判例に賛同する学説は，債務の弁済と引換えに物の引渡しを命じることで，留置権の趣旨である当事者間の公平を図ることができることを挙げる。

ウ　○　正しい

判例（最判昭46.7.16＝民法百選ⅠNo.80）は，建物の賃借人が債務不履行により賃貸借契約を解除された後，権原のないことを知りながらこの建物を不法に占有する間に有益費（民法§196－Ⅱ）を支出しても，その者は，民法295条2項の類推適用により，有益費の償還請求に基づいてこの建物につき留置権を行使することはできないとした。判例に賛同する学説は，295条2項の趣旨が，不法行為を介して債権を取得した場合に公平性の観点から留置権を否定する点にあることを挙げる。したがって，本肢は正しい。

エ　×　誤っている

判例（大判昭18.2.18）は，借地人の建物買取請求権の行使（借地借家法§13，§14）によって発生した建物代金債権を被担保債権として，留置権（民法§295－Ⅰ）の成立は認められるとした。判例に賛同する学説は，建物買取請求権債権は，賃借不動産自体から発生したといえ，債権と物との牽連性が認められることを挙げる。

オ　○　正しい

判例（大判昭10.5.13）は，借家人が賃借中支出した費用のため，留置権（民法§295－Ⅰ）を行使した場合，賃借権消滅後この費用の償還請求権を受けるまで当該家屋を使用することにより受ける利益は，不当利得（民法§703）として，家屋の所有者に返還しなければならないとした。判例に賛同する学説は，留置権を行使したとしても，留置によって生じた利益まで保有することにはならないことを挙げる。したがって，本肢は正しい。

解答のポイント！

留置権に関する基本的な判例の理解を問う問題である。論文でも問われる問題であるが，論者によって，説明の方法が異なり，議論が錯綜しているため，教科書等に基づいて，一貫した立場から，説明ができるようにする学習することが重要である。

令元─12 5 No.180 レベル ★

(配点：2)

留置権に関する次のアからオまでの各記述のうち，判例の趣旨に照らし正しいものを組み合わせたものは，後記1から5までのうちどれか。

ア．留置権者が目的物を紛失したときは，留置権は消滅する。

イ．他人の物の占有者は，その物に関して生じた債権が弁済期にないときであっても，その物を留置することができる。

ウ．債務者は，相当の担保を供して，留置権の消滅を請求することができる。

エ．留置権者は，留置権に基づき，目的物の競売を申し立てることはできない。

オ．Aがその所有する甲建物をBに売却して引き渡した後，Aが甲建物をCに売却してその旨の登記をした場合において，CがBに対して甲建物の明渡請求をしたときは，Bは，Aの債務不履行に基づく損害賠償請求権を被担保債権として，甲建物を留置することができる。

1．ア　ウ　　　2．ア　エ　　　3．イ　エ　　　4．イ　オ　　　5．ウ　オ

No.180　　　　　　　　留　置　権　　　　　　正解 **1**

ア　○　正しい
　留置権は，留置権者が留置物の占有を失うことによって，消滅する（民法§302本文）。
趣旨は，留置権は目的物の留置によって間接的に弁済を強制する権利であり，物の占有を
失うともはや弁済を強制できなくなるので，消滅を認める点にある。

イ　×　誤っている
　民法295条1項は，「他人の物の占有者は，その物に関して生じた債権を有するときは，
その債務の弁済を受けるまで，その物を留置することができる。ただし，**その債権が弁済
期にないときは，この限りでない。**」と規定する。ただし書は期限前に履行を強制するこ
とができないので，弁済期に到達していることを求める趣旨である。本肢では，弁済期に
ない時であっても留置することができるとするのが誤り。

ウ　○　正しい
　債務者は，相当の担保を供与して，留置権の消滅を請求することができる（民法
§301）。被担保債権に比して過大な価値のある物が留置されている場合における債務者の
利益保護の余地を残す趣旨である。

エ　×　誤っている
　民事執行法195条は，「留置権による競売…については，担保権の実行としての競売の例
による。」と規定する。本肢では，競売を申し立てることができないとするのが誤り。

オ　×　誤っている
　本肢と同様の事案で判例（最判昭43.11.21）は，上告人ら主張の債権はいずれもその態
様を変じたものであり，その物に関して生じた債権とはいえない旨判示した。判例の結論
を支持する学説は，被担保債権の債務者と目的物の引渡請求権者が一致していない以上
は，弁済の動機付けを図ることができず，留置権の成立が認められないと説明する。

🔶解答のポイント！🔶

　本問は，留置権に関して，論文でも問われうる知識が出題されている。このような
問題を落としてしまうと他の受験生と差をつけられてしまうので，確実に押さえてお
く必要がある。

| 平20 ― 12改 | No.181 | | | | | | | レベル | ☆ |

（配点：2）

　動産についての留置権と質権に関する次の1から5までの各記述のうち，誤っているものを2個選びなさい。

1．留置権者が留置物の占有を継続していても，その被担保債権の消滅時効は進行するが，質権者が質物の占有を継続していれば，その被担保債権の消滅時効は完成しない。

2．質権は，留置権とは異なり，約定担保物権であるから，約定があれば，質権設定者を代理人としてその者に占有させることにより，これを設定することができる。

3．留置権は，質権と異なり，目的物が滅失した場合，これに代わって債務者が取得する物には効力が及ばず，消滅する。

4．留置権と質権は，不可分性により，いずれも被担保債権の一部の弁済を受けただけでは消滅しないが，留置権については，債務者が相当の担保を提供して留置権の消滅を請求することができる。

5．留置権者は債務者の同意があれば，また，質権者は質権設定者の同意があれば，いずれもそれぞれ担保物を賃貸することができる。

No.181　留置権と質権の比較　　正解 **1・2**

1　×　誤っている

　民法300条は，留置権の行使は，債権の消滅時効の進行を妨げないとする。そして，350条において質権につき300条が準用されている。したがって，質権者が質物の占有を継続していても，被担保債権の消滅時効は進行する。

2　×　誤っている

　民法345条は，質権者は，質権設定者に，自己に代わって質物の占有をさせることができないと規定する。

3　○　正しい

　留置権は物の交換価値から優先弁済を受ける権利ではないから，物上代位性は認められていない。これに対して，質権については物上代位性が認められている（民法§350，§304）。

4　○　正しい

　民法296条は，「留置権者は，債権の全部の弁済を受けるまでは，留置物の全部についてその権利を行使することができる」と定め，留置権の不可分性を認めており，350条は，質権につき296条を準用している。また，301条は留置権につき担保の供与による留置権の消滅請求を認めているが，同条は質権において準用されていない。

5　○　正しい

　民法298条2項は，債務者の承諾による留置物の賃貸を認めている。そして，350条は質権につき同条を準用している。

| 平28 — 12 | №.182 | | | | | | | | レベル | ☆☆ |

（配点：2）

　留置権及び質権に関する次のアからオまでの各記述のうち，判例の趣旨に照らし誤っているものを組み合わせたものは，後記1から5までのうちどれか。

ア．民法上の留置権の成立には，目的物と牽連性のある債権の存在及び債権者による目的物の占有が必要であるが，その債権の成立時に債権者が目的物を占有している必要はない。

イ．質権者が任意に質権設定者に質物を返還した場合，質権は消滅する。

ウ．必要費償還請求権を被担保債権として建物を留置している留置権者は，その建物のための必要費を更に支出した場合，後者の必要費償還請求権を被担保債権として留置権を行使することはできない。

エ．仮登記担保権の実行により不動産の所有権を取得した仮登記担保権者が，債務者に清算金を支払わないでその不動産を第三者に譲渡した場合，債務者は，清算金支払請求権を被担保債権として，譲受人たる第三者に対し，その不動産につき留置権を行使することができる。

オ．質権の目的物を所有する債務者が，質権者に対して被担保債権を消滅させずに目的物の返還を求める訴訟を提起した場合に質権の主張が認められるときは，債務者の請求は棄却されるが，留置権の目的物を所有する債務者が，留置権者に対して被担保債権を消滅させずに目的物の返還を求める訴訟を提起した場合に留置権の主張が認められるときは，引換給付判決がされる。

1．アイ　　　2．アオ　　　3．イウ　　　4．ウエ　　　5．エオ

| No.182 | 留置権と質権の比較 | 正解 **3** |

ア ○ 正しい

民法上の留置権の成立には，①目的物と牽連性のある債権の存在と，②債権者による目的物の占有が必要とされているところ（民法§295－Ⅰ），被担保債権の成立時における目的物の占有までは必要とされておらず，留置権を行使する時点で目的物を占有していれば足りるものと解されている。留置権の機能は目的物の返還を拒絶することによって債務の履行を促進する点にあるところ，留置権は権利抗弁と解されており（最判昭27.11.27），権利行使の時点で目的物を占有していれば留置権の上記機能が働くことを理由とする。したがって，本肢は正しい。

イ × 誤っている

判例（大判大5.12.25）は，質権者が任意に質権設定者に質物を返還しても，質権が消滅するものではなく，動産質権においては質権を第三者に対抗することができなくなるにとどまり（§352），また，不動産質権においては，質権の効力に何ら影響を及ぼさないとしている。このことから，民法345条に反して質物を設定者に返還しても，質権は消滅しないものと解されている。したがって，本肢は，質権設定者に質物を返還した場合に質権が消滅するという点で，誤っている。

ウ × 誤っている

判例（最判昭33.1.17）は，留置権者が必要費の償還請求権を被担保債権として建物を留置中，留置物についてさらに必要費を支出した場合は，既に生じている必要費償還請求権と共にその建物について留置権を行使することができるとする。建物について支出した留置中の必要費償還請求権も，建物と牽連性のある債権にあたるからである。したがって，本肢は，後者の必要費償還請求権を被担保債権として留置権を行使することはできないとする点で，誤っている。

エ ○ 正しい

判例（最判昭58.3.31）は，仮登記担保権の実行により不動産の所有権を取得した仮登記担保権者が，債務者に清算金を支払わないでその不動産を第三者に譲渡した場合，債務者は，清算金支払請求権を被担保債権として，目的不動産の譲受人に対し，その不動産につき留置権を行使することができるとする。仮登記担保権の実行は，目的不動産の代物弁済等で被担保債権を満足させることによりなされるところ，その際の清算金支払請求権は，その不動産に関する代物弁済契約等から生じた債権であり，不動産との牽連性が認められるため，不動産の譲受人との関係でも留置権が成立することになる。したがって，本肢は正しい。

オ　○　正しい

　質権については，質権の主張が認められるときには引換給付判決をすべきでなく，請求
棄却の判決をすべきとするのが多数説であり，判例（大判明37.10.14）も同様の結論をと
る。その理由としては，質権には留置権と異なり優先弁済権があるため，債務の履行を強
制することが，必ずしも設定当事者の意思に合致するものではないことが挙げられる。他
方，留置権についての判例（最判昭33.3.13）は，留置権の抗弁に理由のあるときは，原告
の請求を全面的に棄却するのではなく，その物に関して生じた債権の弁済と引き換えに物
の引渡しを命ずるべきであるとする。したがって，本肢は正しい。

解答のポイント！

　本問は，肢イが正しいと判断したことにより不正解となった受験生が多いようであ
る。質権成立後の質物の占有継続は，質権存続のための要件ではなく，動産質におい
てのみ対抗要件とされるという点は基本的知識に属するため，肢イを誤った者は，こ
れを機に知識として押さえておいてほしい。

平23―12 5 No.183 ／／／／／／　レベル ★

(配点：2)

　民法上の留置権と同時履行の抗弁権に関する次のアからオまでの各記述のうち，誤っているものを組み合わせたものは，後記1から5までのうちどれか。

ア．留置権によって拒絶できる給付の内容は，物の引渡しであるが，同時履行の抗弁権によって拒絶することができる給付の内容は，物の引渡しに限られない。

イ．特定動産の売買契約の売主が目的物の占有を失った場合には，買主からの当該目的物の引渡請求に対し，もはや留置権を行使することはできないが，代金支払との同時履行を主張することはできる。

ウ．留置権を行使されている者は，相当の担保を供してその消滅を請求することができるが，同時履行の抗弁権を行使されている者は，相当の担保を供してその消滅を請求することができない。

エ．物の引渡しを請求する訴訟において被告の同時履行の抗弁が認められた場合は，被告に対して，原告の負う債務の履行との引換給付判決がされることになるが，被告の留置権の抗弁が認められた場合は，請求棄却の判決がされる。

オ．双務契約の当事者の一方が，相手方に対して同時履行の抗弁権を行使することができるときでも，その相手方の債権について債権者代位権を行使する者に対しては，同時履行の抗弁権を行使することができない。

1．ア　イ　　　2．ア　エ　　　3．イ　ウ　　　4．ウ　オ　　　5．エ　オ

No.183　留置権と同時履行の抗弁権　　正解 5

ア　○　正しい

　留置権は，他人の者を留置している者が，その物に関して生じた債権を有する場合に，その弁済を受けるまでその物を留置することができる権利である。したがって，拒絶できる給付の内容は，物の引き渡しに限られる。これに対し，同時履行の抗弁権は，双務契約から生じる両債務の対価的依存関係に基づいて，相手方の債務が履行されるまでは，自己の債務の履行を拒絶できる権利である。よって，拒絶できる給付の内容は，物の引き渡しのみならず，金銭的給付等も含まれる。

イ　○　正しい

　売主が目的物の占有を失った場合には，もはや留置権を行使することはできない（民法§302）。これに対し，同時履行の抗弁権の行使に際しては，留置権の場合と異なり，売主の目的物の占有は要件とされていない。したがって，売主は，代金支払いとの同時履行の抗弁権を主張することができる。

ウ　○　正しい

　留置権を行使されている者は，相当の担保を供して留置権の消滅を請求することができる（§301）。これに対し，同時履行の抗弁権の行使の場合には，このような規定はない。したがって，同時履行の抗弁権を行使されたものは，相当の担保を供したとしても，同時履行の抗弁権の消滅を請求することはできない。

エ　×　誤っている

　同時履行の抗弁権が認められた場合には，被告に対して，原告の負う債務の履行との引換給付判決がなされる。留置権の場合も，その効果として目的物の留置的効力が生じるところ，留置的効力の機能は同時履行の抗弁権の機能と類似している。したがって，留置権が認められる場合に下される判決は，請求棄却ではなく，引換給付判決となる。

オ　×　誤っている

　債権者代位権を行使する代位債権者は，債務者の権利を代位行使するにすぎないから，第三債務者は，債務者自らが権利行使する場合と比較して不利な立場におかれるべきではない。したがって，第三債務者は，債務者に対して主張できた抗弁を，全て代位債権者に対して主張できる。したがって，債権者代位権を行使する者に対しても，同時履行の抗弁権を行使することができる。

| 平29 — 13 | No.184 | | | | | | | レベル ☆☆ |

（配点：2）

　　先取特権の順位に関する次のアからオまでの各記述のうち，誤っているものを組み合わせたものは，後記1から5までのうちどれか。

ア．共益の費用の先取特権は，全ての特別の先取特権に優先する。

イ．農地の天然果実については，農業労務の先取特権が不動産賃貸の先取特権に優先する。

ウ．工事を始める前にその費用の予算額を登記した不動産工事の先取特権は，その登記に先立って設定登記がされている抵当権に優先する。

エ．同一の不動産について不動産保存の先取特権と不動産工事の先取特権が競合する場合，その優先権の順位は同一となる。

オ．同一の目的物について同一順位の先取特権者が数人あるときは，各先取特権者は，その債権額の割合に応じて弁済を受ける。

1．ア　ウ　　　2．ア　エ　　　3．イ　エ　　　4．イ　オ　　　5．ウ　オ

No.184　　　　　　　先取特権の順位　　　　　　　正解 **2**

ア　×　誤っている

一般の先取特権と特別の先取特権とが競合する場合には，特別の先取特権は，一般の先取特権に優先するが，共益の費用の先取特権は，その利益を受けたすべての債権者に対して優先する（民法§329−Ⅱ）。逆に言えば，その利益を受けていない債権者との関係では，一般の先取特権である共益費用の先取特権は特別の先取特権に劣後する。したがって，本記述は，全ての特別の先取特権に優先するとする点で，誤りである。

イ　○　正しい

農業労務の先取特権も不動産賃貸の先取特権もいずれも動産先取特権であり（§311−①⑦），動産先取特権相互間では，不動産賃貸の先取特権が，農業労務の先取特権に優先するのが原則である（§330−Ⅰ）。しかし，果実については，例外的に農業の労務に従事する者が土地の賃貸人に優先するとされる（同−Ⅲ）。

ウ　○　正しい

不動産の工事の先取特権の効力を保存するためには，工事を始める前にその費用の予算額を登記しなければならない（§338−Ⅰ）。また，前二条の規定に従って登記をした先取特権は，抵当権に先立って行使することができる（§339）。したがって，本記述は正しい。

エ　×　誤っている

同一の不動産について特別の先取特権が互いに競合する場合には，その優先権の順位は，民法325条各号に掲げる順序に従う（§331−Ⅰ）。そして，325条は，不動産の保存（§325①），不動産の工事（同②），不動産の売買（同③）の順で規定し，不動産の保存を最優先とする。したがって，本記述は，優先権の順位が同一となるとする点で誤っている。

オ　○　正しい

同一の目的物について同一順位の先取特権者が数人あるときは，各先取特権者は，その債権額の割合に応じて弁済を受ける（§332）。したがって，本記述は正しい。

解答のポイント！

本問は，先取特権の順位に関する知識を問う問題であるが，受験生が後回しにしがちな分野である。それぞれの優先関係につき，条文に則して体系的に理解をすることで，容易に解答できる。準備を怠らなければ，確実に正解できるため，他の受験生と差をつけることができる問題である。

| 平25 ─ 14 | №.185 | | | | | | | | レベル ☆☆☆ |

（配点：２）

　先取特権に関する次のアからオまでの各記述のうち，誤っているものを組み合わせたものは，後記１から５までのうちどれか。

ア．不動産売買の先取特権について登記があるときは，その先取特権者は，登記の先後を問わず，抵当権に先立って先取特権を行使することができる。

イ．動産売買の先取特権の目的物が転売され，第三者に引き渡されたときは，先取特権者は，その動産について先取特権を行使することができない。

ウ．雇用関係の先取特権は，給料その他債務者と使用人との間の雇用関係に基づいて生じた債権について存在する。

エ．一般の先取特権者は，不動産について登記をしなくても，不動産売買の先取特権について登記をした者に優先して当該不動産から弁済を受けることができる。

オ．判例によれば，日用品供給の先取特権の債務者は，自然人に限られ，法人は含まれない。

１．ア　イ　　　２．ア　エ　　　３．イ　ウ　　　４．ウ　オ　　　５．エ　オ

No.185	先取特権	正解 **2**

ア　×　誤っている

　不動産売買の先取特権については，不動産保存の先取特権や不動産工事の先取特権と異なり，抵当権に先立って行使することが認められていない（§337 ～ §340参照）。したがって，不動産売買の先取特権については一般原則通り抵当権との優劣関係を登記の先後によって決することになる。よって，登記の先後を問わず抵当権に先立って先取特権を行使できるとする点で本肢は誤っている。

イ　○　正しい

　民法333条は，債務者が先取特権の目的である動産を第三者に引き渡した後は，その動産について先取特権を行使できないとする。その趣旨は，公示のない担保物権である先取特権と取引の安全を調整することにある。よって，本肢は正しい。

ウ　○　正しい

　民法308条は，雇用関係の先取特権は，給料その他債務者と使用人との間の雇用関係に基づいて生じた債権について存在するとする。その趣旨は，零細な債権者の生活を保護することにある。よって，本肢は正しい。

エ　×　誤っている

　民法329条2項本文は，一般の先取特権と特別の先取特権とが競合する場合には，特別の先取特権は，一般の先取特権に優先するとする。その趣旨は，一般先取特権は対象が包括的であるため，その効力を制限すべきことにある。なお，一般先取特権が不動産について登記なくしても優先できる相手方は，一般債権者等の「特別担保を有しない債権者」（§336本文）である。よって，不動産売買の先取特権について登記をした者に優先するとする点で，本肢は誤っている。

オ　○　正しい

　判例（最判昭46.10.21）は，「債務者」（§310）に法人は含まれないとする。判例に賛成する学説は，その理由として，先取特権の趣旨が債権者に優先弁済権を認めることで日用品の供給を受けやすくすることをもって，債務者とその家族の生活を維持することにあることを挙げている。よって，本肢は正しい。

解答のポイント！

　本問は，先取特権の基本的な知識について訊くものである。先取特権間，及び先取特権と他の担保物権との優劣問題は短答プロパーの知識といえ，完璧にはおさえられていない受験生も少なくないだろう。この機会に，表にまとめるなどして知識を整理し，インプットしておこう。

| 平27 — 12 | №186 | | | | | | | レベル ☆☆☆ |

（配点：2）

先取特権に関する次のアからオまでの各記述のうち，誤っているものを組み合わせたものは，後記1から5までのうちどれか。

ア．一般の先取特権者は，債務者の財産の中の動産が売却されて買主にその引渡しがされた場合，債務者が取得する代金債権について，その払渡しの前に差押えをしなくても先取特権を行使することができる。

イ．宿泊客が旅館に持ち込んだ手荷物がその宿泊客の所有物でない場合，旅館の主人は，その手荷物がその宿泊客の所有物であると過失なく信じたとしても，その手荷物について先取特権を行使することができない。

ウ．家屋の賃借人がその家屋に備え付けた家具が競売された場合において，その執行費用に関する先取特権は，その家屋の賃貸人が賃料債権に基づき家具について有する先取特権に優先する。

エ．動産売買の先取特権の目的物について質権が設定された場合，動産売買の先取特権が質権に優先する。

オ．判例によれば，日用品の供給の先取特権は，債務者が法人のときは認められない。

1．ア　ウ　　　2．ア　エ　　　3．イ　エ　　　4．イ　オ　　　5．ウ　オ

No.186	先取特権	正解 **3**

ア　○　正しい

　民法306条。一般の先取特権者が有する一般の先取特権は「債務者の総財産」について有するところ,「債務者の総財産」とは債務者が有する動産,不動産,債権その他一切のものを含むとされ債務者の一般財産を指していると考えてよい。したがって,先取特権の効力は既に債務者の一般財産たる動産について及んでいるため,あえて物上代位（§304）のために払渡しの前に差押えをする必要はない。このことから,304条の文言にもかかわらず,一般の先取特権においては物上代位は認められないことになる。

イ　×　誤っている

　原則先取特権は債務者の所有物の上にだけ成立するものであるが（民法§303）,319条は善意の債権者を保護するため,債務者の所有物の上以外にも先取特権が及ぶことを認めた例外規定であるといえる。すなわち,311条2号,317条によって旅館の宿泊客の先取特権は,「その宿泊客の手荷物」について存在するところ,303条によって先取特権が及ぶのは原則宿泊客の所有物たる手荷物のみである。もっとも,本肢のように,宿泊客が持ち込んだ宿泊客の所有物ではない手荷物については,本肢の旅館の主人たる債権者が,宿泊客が持ち込んだ手荷物がその宿泊客の所有物であると過失なく信じた場合,319条により即時取得の規定が準用され,先取特権が即時取得できることになるから,その宿泊客の所有物ではない手荷物についても先取特権が及ぶことになる。

ウ　○　正しい

　まず競売されたときの執行費用は307条1項の共益費用の先取特権である「清算」「に関する費用」にあたる。そして建物の賃貸人の先取特権は,賃借人が備え付けた動産について存在する（§313-Ⅱ）。そして,329条2項ただし書によって一般の先取特権と特別の先取特権が競合する場合,特別の先取特権は一般の先取特権に優先するが,そのような場合であっても,共益の費用の先取特権は,その利益を受ける全ての債権者に対して優先されると規定している。よって,共益費用の先取特権にあたる執行費用は,家具について有する特別の先取特権に優先する。

エ　×　誤っている

　民法334条,330条1項1号・2号。先取特権と動産質権が競合する場合には動産質は330条の規定による第一順位の先取特権を有するとしている。そして,動産売買の先取特権は330条1項3号によって第三順位の先取特権となるため,質権より劣後する。

オ　○　正しい

　判例（最判昭46.10.21）は,同条の債務者は自然人に限られ,法人は含まれないとしている。判例はその理由として,306条4号,310条の法意は多くの債務を負っている者あるいは資力の乏しい者に日常生活上必要不可欠な飲食品などの入手を可能ならしめ,その生活を保護しようとするものであり,法人がこれに含まれると日用品の先取特権の範囲が著しく困難になり一般債権者を不当に害するとしている。

予平27 ― 6　No.187　　　　　　　　　　　レベル　☆☆

（配点：2）

　先取特権に関する次のアからオまでの各記述のうち，誤っているものを組み合わせたものは，後記 1 から 5 までのうちどれか。

ア．一般の先取特権者は，債務者の財産の中の動産が売却されて買主にその引渡しがされた場合，債務者が取得する代金債権について，その払渡しの前に差押えをしなくても先取特権を行使することができる。

イ．動産売買の先取特権者がその代金債権を第三者に譲渡した場合，その先取特権は代金債権とともに第三者に移転する。

ウ．動産売買先取特権と動産質権が競合する場合，動産質権は動産売買先取特権より先順位となる。

エ．不動産の保存行為が完了した後直ちに不動産の保存の先取特権の登記をした場合であっても，その先取特権は，その登記より前にその不動産について登記された抵当権に先立って行使することができない。

オ．不動産の工事の先取特権の効力を保存するためには，工事を始める前にその費用の予算額を登記しなければならない。

1．ア　イ　　　　2．ア　ウ　　　　3．イ　オ　　　　4．ウ　エ　　　　5．エ　オ

| No.187 | 先取特権 | 正解 **4** |

ア　○　正しい

　民法306条各号に掲げられた原因により生じた債権を有する債権者は，「債務者の総財産」について先取特権を有する。そして，「債務者の総財産」とは，債務者が有する一般財産全てをいうことから，債務者が第三者に有する債権も債務者の総財産に含まれる。つまり，債務者の財産中の動産が売却された場合，**債務者が取得した売買代金債権は債務者の総財産の一部として一般先取特権の対象となる**。この場合，一般先取特権の対象であれば，物上代位の問題とはならず，304条の適用はない。したがって，本肢の事例では差押えは不要であり，本肢は正しい。

イ　○　正しい

　先取特権は，法定担保物権である。そして，担保物権は**随伴性**を有する。そうすると，動産売買の先取特権も随伴性により，被担保債権である代金債権とともに移転する。したがって，本肢は正しい。

ウ　×　誤っている

　民法334条は，先取特権と動産質権が競合する場合には，動産質権者は330条の規定による第一順位の先取特権者と同一の権利を有するとしている。そして，動産売買の先取特権者は330条1項3号によって第三順位の先取特権を有するため，第一順位の先取特権を有する質権者より劣後する。もっとも，質権者が第一順位の先取特権を有していたとしても，330条2項の規定により，優先権が制限される場合はある。したがって，動産質権は動産売買先取特権より常に先順位となる訳ではないので，本肢は誤っている。

エ　×　誤っている

　不動産の保存の先取特権（§325①）は，登記によりその効力が保存される（§337）。そして，登記をした先取特権は，「抵当権に先立って行使することができる」（§339）。ここで，「抵当権に先立って行使することができる」とは，**抵当権設定の前後を問わず，登記された先取特権が抵当権に優先する**という意味である。339条が登記された不動産の保存・不動産の工事の先取特権に強力な効力を与えたのは，不動産の保存・不動産の工事は不動産の価値を高めることから，抵当権に優先させても抵当権者の利益を実質的に害さないからである。したがって，登記された不動産保存の先取特権は，その登記より前にその不動産について登記された抵当権に先立って行使することができないとする点で，本肢は誤っている。

オ　○　正しい

　民法338条1項前段の通りである。したがって，本肢は正しい。

平28 — 13　**No.188**　レベル　☆☆☆

（配点：2）

　先取特権に関する次のアからオまでの各記述のうち，正しいものを組み合わせたもの
は，後記1から5までのうちどれか。

ア．建物の賃貸人は，賃借人が賃料を支払わない場合，敷金を受け取っており，未払賃料
　額が敷金額の範囲内であっても，賃借人が当該建物に備え付けた動産について先取特権
　を行使することができる。

イ．建物の賃借人が，家具店から購入して当該建物に備え付けたタンスについて未だ売買
　代金を支払わず，かつ，建物の賃料の支払も怠っている場合，家具店が当該タンスにつ
　いて有する先取特権は，建物の賃貸人が当該タンスについて有する先取特権に優先す
　る。

ウ．会社の従業員は，会社が給料を支払っていない場合，その給料債権につき，未払と
　なっている期間にかかわらず，当該会社の総財産について先取特権を有する。

エ．会社が，電器店から購入した冷蔵庫の売買代金を支払わず，かつ，従業員への給料も
　支払っていない場合，電器店が当該冷蔵庫について有する先取特権は，従業員が当該冷
　蔵庫について有する先取特権に優先する。

オ．債務者が約定担保物権，留置権及び特別の先取特権の目的とされていない不動産と動
　産を有している場合，一般の先取特権者は，まず不動産から弁済を受け，なお不足があ
　る場合に動産から弁済を受ける。

1．ア　ウ　　　2．ア　オ　　　3．イ　エ　　　4．イ　オ　　　5．ウ　エ

No.188　　　　　　　　　　　先取特権　　　　　　　　　　正解 **5**

ア　×　誤っている

　民法316条は，賃貸人が敷金を受け取っている場合には，その敷金で弁済を受けない債権の部分についてのみ先取特権を有すると規定する。敷金は，賃借人の賃貸人に対する債務の担保としての性質を有することから，他の債権者との均衡上，担保からの回収を優先させたのである。本事例では，未払賃料額が敷金の範囲内であるため，賃貸人は先取特権を行使することができない。したがって，本記述は誤っている。

イ　×　誤っている

　家具店は，タンスの売買代金及びその利息に関し，タンスについての動産売買の先取特権を有する（民法§321）。建物の賃貸人についても，建物の未払賃料債権に関し，建物に備え付けたタンスについての不動産賃貸の先取特権を有する（§313-Ⅱ，§312）。そして，動産の先取特権についての順位は，330条1項各号の順序により定まるため，不動産の賃貸の先取特権が動産の売買の先取特権に優先する。本事例においては，建物の賃貸人の有する先取特権が家具店の有する先取特権に優先することになる。したがって，本記述は誤っている。

ウ　○　正しい

　民法308条は，雇用関係の先取特権について，従業員の有する会社の総財産についての先取特権の範囲を，一定の期間内のものに限定していない。平成15年改正前の民法では最後の6か月分の給料に限定されていたが，民法上の先取特権と商法上の先取特権とで保護の範囲が異なることは合理的な理由がなく不適当であるとの批判を受けて，最後の6か月間の給料という文言は削除された。したがって，本記述は正しい。

エ　○　正しい

　電器店は，冷蔵庫の売買代金及びその利息に関し，冷蔵庫についての特別の先取特権を有する（§321）。従業員についても，未払給料に関し，会社の総財産に含まれる冷蔵庫についての一般の先取特権を有する（§306②，§308）。そして，一般の先取特権と特別の先取特権とが競合する場合には，特別の先取特権が一般の先取特権に優先するため（§329-Ⅱ本文），本事例では，電器店が冷蔵庫について有する先取特権が従業員の有する先取特権に優先する。したがって，本記述は正しい。

オ　×　誤っている

　民法335条1項は，一般の先取特権について，まず不動産以外の財産から弁済を受け，なお不足があるときに限り不動産からの弁済を認めている。一般の先取特権の多くは比較的少額であるのに対し，不動産に対する権利の実行は多くの費用と煩雑な手続を要することから，他の債権者への影響も考慮し，まずは不動産以外の財産からの債権回収を要求したのである。したがって，本記述は，先に不動産からの弁済を受けるとする点で，誤っている。

令2－11　No.189　　　　　　　　　　　レベル　☆☆

（配点：2）

　先取特権に関する次のアからオまでの各記述のうち，判例の趣旨に照らし正しいものを組み合わせたものは，後記１から５までのうちどれか。

ア．法人に対して電気料金債権を有する者は，供給した電気がその代表者及びその家族の生活に使用されていた場合，法人の財産について一般の先取特権を有する。

イ．旅館に宿泊客が持ち込んだ手荷物がその宿泊客の所有物でなく他人の所有物であった場合，旅館主は，その手荷物がその宿泊客の所有物であると過失なく信じたときであっても，その手荷物について旅館の宿泊の先取特権を行使することはできない。

ウ．動産の売主は，買主がその動産の転売によって得た売買代金債権につき，買主の一般債権者が当該売買代金債権を差し押さえた後は，動産の売買の先取特権に基づく物上代位権を行使することはできない。

エ．不動産の工事の先取特権の効力を保存するためには，工事を始める前にその費用の予算額を登記しなければならない。

オ．建物賃貸借において，賃借権が適法に譲渡され，譲受人が建物に動産を備え付けた場合，賃貸借関係から生じた賃貸人の債権が譲渡前に発生していたものであっても，不動産の賃貸の先取特権はその動産に及ぶ。

1．ア　イ　　　2．ア　オ　　　3．イ　ウ　　　4．ウ　エ　　　5．エ　オ

No.189	先取特権	正解 **5**

ア　×　誤っている

　民法310条は，日用品供給の先取物権について，「債務者又はその扶養すべき同居の親族及びその家事使用人の生活に必要な最後の6箇月間の飲食料品，燃料及び電気の供給について存在する」と規定する。**法人は本条にいう債務者に含まれない**（最判昭46.10.21）。したがって，本肢は，法人の財産について一般の先取特権を有するとする点で，誤っている。

イ　×　誤っている

　民法317条は，旅館宿泊の先取特権について，「**旅館の宿泊の先取特権は，宿泊客が負担すべき宿泊料及び飲食料に関し，その旅館に在るその宿泊客の手荷物について存在する**」と規定する。これには即時取得（§192）が認められている（§317）。民法317条の趣旨は，旅館主が客の手荷物について自己の債権の引当てにすることの期待を保護することにある。本肢の事例では，旅館主は手荷物が宿泊客の所有物であると過失なく信じているため，当該手荷物についての旅館の宿泊の先取特権を即時取得することができる。したがって，本肢は，先取特権を行使することができないとする点が，誤っている。

ウ　×　誤っている

　判例は，本問と類似の事案について，「**一般債権者の差押えと競合した場合には，先取特権に基づく物上代位が優先する**」（最判昭60.7.19＝民法百選Ⅰ№82）とする。この判例に賛成する学説は，判例の趣旨を，先取特権者を保護する趣旨であるとする。したがって，本肢は，一般債権者が差し押さえた後は先取特権に基づく物上代位権を行使することができないとする点で，誤っている。

エ　○　正しい

　民法338条1項は，不動産工事の先取特権の登記について，「**不動産の工事の先取特権の効力を保存するためには，工事を始める前にその費用の予算額を登記しなければならない**」と規定する。したがって，本肢は正しい。

オ　○　正しい

　建物賃貸借において，「建物の賃貸人の先取特権は，賃借人がその建物に備え付けた動産について存在する」（§313-Ⅱ）とされる。また，賃借権の譲渡のあった場合については，「**賃借権の譲渡又は転貸の場合には，賃貸人の先取特権は，譲受人又は転借人の動産にも及ぶ**」（§314前段）として，いずれも債権成立と備え付けの時間関係を問題にしていない。したがって，譲受人が建物に動産を備え付けた場合，当該動産に先取特権が及ぶといえ，本肢は正しい。

| 平18－16 | No.190 | | | | | | | レベル ★ |

（配点：3）

甲動産を所有するAが，これをBに売り，さらにBがCに譲渡したが，AがBから代金の支払を受けていない場合の法律関係に関する次のアからオまでの記述のうち，判例の趣旨に照らし誤っているものを組み合わせたものは，後記1から5までのうちどれか。

ア．Aは，甲動産を占有する場合，Cからの甲動産の引渡請求に対し留置権を行使することができる。

イ．甲動産がAからBへ，さらにBからCへ売買により引き渡された場合，Aは，動産売買先取特権の行使として，甲動産を差し押さえることができる。

ウ．BからCへの甲動産の譲渡が売買に基づくものである場合，Bに対して破産手続開始の決定がされたときであっても，Aは，動産売買先取特権の行使として，BのCに対する代金債権を差し押さえることができる。

エ．A・B間の売買契約において，甲動産の所有権はBがAに代金を完済した時にBへ移転する旨が定められていた場合，Aは，甲動産をBがCに転売することに協力していたときであっても，Bに代金を支払って甲動産の引渡しを受けたCに対し，所有権に基づき甲動産の返還を請求することができる。

オ．BからCへの譲渡がCの有する債権を担保するためのものである場合，甲動産がAからBに現実に引き渡され，さらにBからCに占有改定がされたときは，Aは，動産売買先取特権の行使として，甲動産を差し押さえることができない。

1．ア　ウ　　　2．ア　エ　　　3．イ　エ　　　4．イ　オ　　　5．ウ　オ

No.190　動産売買先取特権　　正解 **3**

ア　○　正しい

　留置権は担保「物権」であり，**絶対性を有するから**，全ての人に主張することができる。したがって，Aは売買契約の当事者でないCに対しても留置権を行使できる。

イ　×　誤っている

　民法333条は，動産上の先取特権につき，「債務者がその目的である動産をその第三取得者に引き渡した後は，その動産について行使することができない」と規定し，いわゆる**追及効を否定**している。

ウ　○　正しい

　民法304条1項に基づき，AはBが取得した売却代金に対して物上代位できる。そして，判例（最判昭59.2.2）は，たとえ**破産手続が開始しても**，破産者のもつ債権を差し押さえて，優先弁済権を行使できるとしている。

エ　×　誤っている

　判例（最判昭50.2.28）は，サブディーラーがユーザーに自動車を販売する際，売買契約の履行に協力していたディーラーがユーザーに対して，留保していた所有権に基づき自動車の引渡しを求めることは，**権利濫用にあたる**としてディーラーの請求を棄却した。

オ　○　正しい

　民法333条における「第三取得者」とは，所有権を取得した者をいう。判例（最判昭62.11.12等）は譲渡担保の法的構成につき**所有権的構成**をとるので，譲渡担保権者は「第三取得者」にあたる。したがって，譲渡担保権者Cは「第三取得者」にあたり，Aは333条により動産先取特権を行使することができない。

平23 — 14　**No.191**　レベル　★

（配点：2）

　物上代位に関する次の1から5までの各記述のうち，判例の趣旨に照らし正しいものを2個選びなさい。

1．動産売買の先取特権者は，一般債権者が物上代位権行使の目的となる債権を差し押さえた後は，自らその目的債権を差し押さえて物上代位権を行使することができない。

2．動産売買の先取特権者は，物上代位権行使の目的となる債権が譲渡され，第三者に対する対抗要件が備えられた後であっても，自らその目的債権を差し押さえて物上代位権を行使することができる。

3．動産売買の先取特権者は，買主が目的動産を用いて施工した請負工事の請負代金債権に対しては，原則として物上代位権を行使することができないが，請負代金全体に占める当該動産の価値の割合や請負契約における請負人の債務の内容等に照らし，請負代金債権の全部又は一部を動産の転売による代金債権と同視するに足りる特段の事情がある場合には，物上代位権を行使することができる。

4．抵当権者は，一般債権者が物上代位権行使の目的となる債権を差し押さえて転付命令が第三債務者に送達された後であっても，自らその目的債権を差し押さえて物上代位権を行使することができる。

5．抵当権者は，物上代位権行使の目的となる債権が譲渡され，第三者に対する対抗要件が備えられた後であっても，自らその目的債権を差し押さえて物上代位権を行使することができる。

No.191　物上代位　正解 3·5

1　×　誤っている

　判例（最判昭60.7.19＝民法百選Ⅰ№82）は，一般債権者が物上代位権行使（民法§304－Ⅰ）の目的となる債権を差し押さえた後でも，「その後に先取特権者が目的債権に対し物上代位権を行使することを妨げられるものではない」としている。したがって，動産先取特権者は，一般債権者が物上代位の目的となる債権を差押え後であっても，自らその債権を差し押さえて物上代位権を行使することができる。

2　×　誤っている

　判例（最判平17.2.22）は，「動産先取特権の物上代位権の行使としての差押がなされる前に目的債権が譲渡され，第三者対抗要件が具備された場合には，物上代位権行使はできない」としている。したがって，動産先取特権者は，債権が譲渡されて第三者対抗要件が備わった後には，物上代位権を行使することはできない。

3　○　正しい

　判例（最決平10.12.18＝民法百選Ⅰ№81）は，請負代金債権が「売却，賃貸，滅失又は損傷」（§304－Ⅰ）にあたらないため，動産売買の先取特権者は，買主が目的動産を用いて施行した請負工事の請負代金債権に対しては，原則として先取特権を行使することができないとしつつ，請負代金債権に占める当該動産の価額の割合や請負契約における請負人の債務の内容等に照らして請負代金債権の全部又は一部を右動産の転売による代金債権と同視するに足りる特段の事情がある場合には，その部分の請負代金債権に対して物上代位権を行使することができるとしている。

4　×　誤っている

　判例（最判平14.3.12）は，一般債権者が物上代位権行使の目的となる債権を差し押さえて転付命令が第三債務者に送達された場合には，送達までに「差押え」（§372，§304－Ⅰ）をしないかぎり，抵当権者は物上代位権を行使できないとしている。

5　○　正しい

　判例（最判平10.1.30＝民法百選Ⅰ№88）は，「民法304条１項の『払渡し又は引渡し』には債権譲渡は含まれず，抵当権者は，物上代位の目的債権が譲渡され第三者に対する対抗要件が備えられた後においても，自ら目的債権を差し押さえて物上代位権を行使することができる」としている。

| 平21 ― 13 | No.192 | | | | | | | | レベル ☆ |

(配点：2)

　先取特権及び質権に関する次のアからオまでの各記述のうち，誤っているものを組み合わせたものは，後記1から5までのうちどれか。

ア．建物の賃貸人が有する不動産賃貸の先取特権は，賃借人がその建物に備え付けた動産について存在する。

イ．一般の先取特権を有する債権者は，債務者がその所有物の代償として支払を受けた金銭についても，先取特権を行使することができる。

ウ．質権は，譲り渡すことができない物についても設定することができる。

エ．不動産及び動産を目的とする質権設定契約は，目的物の引渡しによって効力を生ずるが，この引渡しは，簡易の引渡し又は指図による占有移転でもよい。

オ．質権により担保される債権の弁済期後であっても，質権者と質権設定者は，債務の弁済として質物を質権者に取得させることを合意することができない。

1．ア　イ　　　2．ア　エ　　　3．イ　ウ　　　4．ウ　オ　　　5．エ　オ

No.192　先取特権・質権　　正解 **4**

ア　○　正しい

建物の賃貸人の有する先取特権は，賃借人がその建物に備え付けた動産の上に存在する（民法§313-Ⅱ）。

イ　○　正しい

一般の先取特権の効力は債務者の総財産に対して及ぶ。なお，一般の先取特権については個々の財産の滅失等につき物上代位を問題にする余地はなく，物上代位は認められない。

ウ　×　誤っている

質権は，譲渡のできない物をその目的とすることができない（§343）。

エ　○　正しい

質権の設定は，債権者にその目的物を引き渡すことによりその効力を生じる（§344）。そして，この場合における引渡しには，現実の引渡し（§182-Ⅰ），簡易の引渡し（同-Ⅱ），指図による占有移転（§184）が含まれる。なお，占有物が設定者の下にあり，心理的強制の働きにくい占有改定は含まれない（§345，§183）。

オ　×　誤っている

質権設定者は，設定行為又は債務の弁済期前の契約により質権者に弁済として質物の所有権を取得させることができない（流質契約の禁止：§349）。債権者が地位を利用して債務者に不利な契約を押し付けるのを防ぐためである。これに対し，弁済期到来後には，このような事情がないため，流質契約も有効とされる（大判明37.4.5）。

平21－14改　№.193

レベル　☆

（配点：2）

　　Aは，Bのために，AがCに対して有する金銭債権を目的として，質権を設定し，Cに対して質権の設定を通知した。この事例に関する次の1から5までの各記述のうち，誤っているものはどれか。
1．目的債権が保証債務によって担保されている場合，Bの質権の効力は，その保証債権に及ぶ。
2．Aは，第三者に対して目的債権を譲渡することができない。
3．Cは，質権の設定の通知を受けるより前にAから目的債権について債務の一部の免除を受けていたときは，目的債権の一部が消滅したことをBに対して主張することができる。
4．Aは，目的債権の消滅時効の完成猶予や更新のために必要があるときは，Cを被告として，債権存在確認の訴えを提起することができる。
5．Bは，被担保債権及び目的債権が弁済期にある場合，被担保債権額の範囲内でCから目的債権を直接取り立て，被担保債権に充当することができる。

№193　　　　　　債　権　質　　　　　　正解 **2**

1　○　正しい

　債権質の効力は，質権の優先弁済的効力（民法§342）維持のため，質入れされた債権の元本・利息の全部，及び，その債権に付されている担保にも及ぶと解されている。したがって，Bの質権の効力は，担保たるその保証債権にも及ぶ。

2　×　誤っている

　債権に質権が設定されても，設定者は目的債権を第三者に譲渡することができる。債権質の対抗要件（§364，§467）である確定日付ある通知又は承諾を備えれば，質権者は目的債権が質権設定者から第三者に譲渡されても目的債権から優先弁済を受けることができる。

3　○　正しい

　第三債務者は，質権設定者から通知を受けるまでに質権設定者に対して生じた事由（債権の消滅，相殺適状等）を，当然に質権者に対抗できる（§468－Ⅰ参照）。したがって，CはAから通知を受ける前にAより債務の一部免除を受け目的債権の一部が消滅していたことをBに対して主張することができる。

4　○　正しい

　債権質の設定者は，質権設定による拘束力により第三債務者に対する取立てを禁止されるが，債権存在確認訴訟を提起し，目的債権の消滅時効の完成猶予や更新させることはできる（大判昭12.7.7）。

5　○　正しい

　債権質権の簡易な実行を認めるべく，法は質権者に被担保債権額の範囲内における直接取立権を認めている。すなわち，質権者は質権の目的債権を直接取り立て，取り立てた金銭を自己の債権の弁済に充当することができる（§366－Ⅰ・Ⅱ）。したがって，Bは，自己の被担保債権額の範囲内でCから目的債権を直接取り立て，被担保債権に充当することができる。

（配点：2）

　債権を目的とする質権に関する次のアからオまでの各記述のうち，誤っているものを組み合わせたものは，後記1から5までのうちどれか。

ア．債権者を指名する記載がされている証券であって，その所持人に弁済をすべき旨が付記されている記名式所持人払証券を質権の目的とする場合にも，証券の債務者に対する質権設定者の通知又は債務者の承諾がなければ質権設定の効力が生じない。

イ．債権である甲債権の質権者は，被担保債権の弁済期が到来するとともに，質権の目的である甲債権の弁済期が到来したときは，甲債権を直接に取り立てることができる。

ウ．譲渡制限特約のある債権を質権の目的とする場合には，その特約につき質権者が悪意又は重過失のある場合，質権設定者は債務者に債務の履行を請求することができ，また，債務者は質権者に弁済しても債務を免れることができない。

エ．債権者が個人である債権を質権の目的とした場合において，その質権設定を質権の目的である債権の債務者以外の第三者に対抗するには，確定日付のある証書による通知又は承諾が必要である。

オ．質権の目的とされた債権の債務者は，承諾するまで債権者に対抗することができた事由を質権者に対抗することができる。

1．ア　ウ　　　2．ア　エ　　　3．イ　ウ　　　4．イ　オ　　　5．エ　オ

No.194　債権を目的とする質権　正解 1

ア　×　誤っている

　記名式所持人払証券以外の債権を目的とする質権設定については，「第467条の規定に従い，第三債務者にその質権の設定を通知し，又は第三債務者がこれを承諾しなければ，これをもって第三債務者その他の第三者に対抗することができない。」（§364）とされ，問題文のように解されるが，記名式所持人払証券「の譲渡は，その証券を交付しなければ，その効力を生じない。」とされ（§520の13），同条は記名式所持人払証券を目的とする質権の設定について準用される（§520の17）ので，記名式所持人払証券においては証券の交付がなければ質権設定の効力が生じない。

イ　○　正しい

　民法366条は，質権の目的である債権を直接に取り立てることができる旨を規定する。したがって，債権の質権者は，被担保債権の弁済期が到来し，かつ質権の目的である債権の弁済期が到来した場合には，その債権を直接取り立てることができる。

ウ　×　誤っている

　債権に質権を設定する場合の法律関係は，目的債権を質権者に譲渡する関係と類似する。そして，改正民法は，譲渡制限特約ある債権の譲渡にも譲渡の効力そのものは認めた（§466－Ⅱ）。これにより，質権設定も有効となるので，質権設定者は質権設定の効果として，債務者に債務の履行を請求することはできなくなる。したがって，本肢前段は誤り。また改正民法は，譲渡制限特約付き債権の譲渡の効力を認めながら，悪意や重過失のある譲受人との利害調整については，「譲渡制限の意思表示がされたことを知り，又は重大な過失によって知らなかった譲受人その他の第三者に対しては，債務者は，その債務の履行を拒むことができ，かつ，譲渡人に対する弁済その他の債務を消滅させる事由をもってその第三者に対抗することができる。」として債務者が譲受人（質権者）に抗弁を主張することを認める方法によった（同－Ⅲ）。したがって，改正民法の下では，債務者がこの抗弁を放棄して，譲受人（質権者）に債務を弁済して債務を消滅させることも可能である。したがって，本肢後段も誤り。なお，この466条3項によれば，債務者は譲渡人（質権設定者）に弁済することもできる。

エ　○　正しい

　債権者が個人である債権を質権設定の目的とした場合には，467条の規定に従い，第三債務者に対する確定日付による通知または第三債務者の承諾がない限り，質権設定を対抗することはできない（§364）。

オ　○　正しい

　債権に対する質権設定は債権譲渡した場合の法律関係と類似する。そして，質権の被担保債権の債務者は，対抗要件を具備するまでに債権者（質権設定者）に対抗できた事由を譲受人（質権者）に対抗できること（§468－Ⅰ）としている。よって，債務者は承諾するまで債権者に対抗することができた事由を質権者に対抗することができる。

　債権質の分野は，論文とあまり絡みがないところでもあり，勉強が手薄になりがち
である。もっとも，条文さえ押さえておけば解ける問題なので，一度条文の素読，ま
たは各自の基本書のまとめの箇所を読んでおくとよいだろう。

平22－11 **№195** ／／／／／／ レベル ★

（配点：2）

質権に関する次の1から5までの各記述のうち，正しいものはどれか。

1．質権者は，質物の所有者の承諾がなくても，質物をさらに質入れすることができる。

2．動産質は，引渡しがなければ効力を生じないことから，同一の動産について，複数の質権が設定されることはない。

3．不動産質権者は，不動産を使用収益することができるから，当事者間で特約をしても利息を請求することはできない。

4．法人を債権者とする指名債権の債権質については，確定日付のある証書をもってする通知又は承諾によってのみ，債務者以外の第三者に対する対抗要件を具備することができる。

5．動産質の質権者が第三者に占有を奪われた場合，質権に基づいて返還請求をすることができる。

No.195　　　　　　　　　　質　　権　　　　　　　正解 **1**

1　○　正しい

　民法348条前段は，「質権者は，その権利の存続期間内において，自己の責任で，質物について，転質をすることができる」と定めている。質権者が自己の責任で質物を転質とすることを責任転質といい，これにより，質権者は投下資本の流動化を図ることができる。

2　×　誤っている

　民法344条は，「質権の設定は，債権者にその目的物を引き渡すことによって，その効力を生ずる」と規定しているが，この「引き渡」しには，現実の引渡し（民法§182-Ⅰ）以外に，簡易の引渡し（同-Ⅱ），指図による占有移転（§184）が含まれると解されている。また，355条は，「同一の動産について数個の質権が設定されたときは」と規定し，同一の動産について複数の質権が設定されることを予定している。具体的には，倉庫業者が保管中の物について，所有者がAのために質権を設定して指図による占有移転を行い，そのあとにBのために質権を設定して同じく指図による占有移転を行うような場合である。

3　×　誤っている

　民法358条は，「不動産質権者は，その債権の利息を請求することができない」と定めている。不動産に質権を設定して融資する場合には，その不動産の収益が利息に相当するだけの金銭が融通されるのが普通であることを根拠とする。もっとも，359条で，設定行為に別段の定めがあるときには，358条の適用はない旨規定されており，特約をすれば利息の請求ができる。

4　×　誤っている

　債権質の対抗要件は，467条の規定に従って備える必要がある（§364）。そして，動産債権譲渡特例法14条及び4条の適用により，法人が債権の譲渡につき，法務局の債権譲渡登記ファイルに譲渡の登記をすると，民法467条の確定日付のある証書による通知があったものとみなされる。したがって，確定日付のある証書をもってする通知又は承諾の他，債権譲渡登記ファイルに登記をすることによっても，債務者以外の第三者に対する対抗要件を具備することができる。

5　×　誤っている

　民法353条は，「動産質権者は，質物の占有を奪われたときは，占有回収の訴えによってのみ，その質物を回復することができる」旨定めている。したがって，**質権自体に基づく回復請求は認められない**。

令元－13 **№.196** レベル ☆☆

(配点：2)

質権に関する次のアからオまでの各記述のうち，判例の趣旨に照らし正しいものを組み合わせたものは，後記1から5までのうちどれか。

ア．債権質の質権者は，質権の目的が金銭債権でない場合，これを直接に取り立てることはできない。

イ．動産質権者は，質物から生ずる果実を収取し，他の債権者に優先して被担保債権の弁済に充当することができる。

ウ．質権者は，質権設定者の承諾を得なければ，自己の債務の担保として質物をさらに質入れすることはできない。

エ．質権は，設定行為に定めがないときは，質物の隠れた瑕疵によって生じた損害の賠償を担保しない。

オ．Aは，Bに対して有する債権を担保するために，BがAに対して有する債権を目的として質権の設定を受けることができる。

1．ア ウ   2．ア エ   3．イ ウ   4．イ オ   5．エ オ

No.196　　　質　　権　　　　正解 4

ア　×　誤っている

　質権者は，質権の目的である債権を直接に取り立てることができる（民法§366－Ⅰ）。直接の取立てを認めることで競売手続を省略して法律関係を簡明にする趣旨である。本問では，金銭債権でなければ直接取り立てることができないとするのが誤り。

イ　○　正しい

　質権者は，質物から生ずる果実を収取し，他の債権者に先立って，これを自己の債権の弁済に充当することができる（§350，§297－Ⅰ）。果実を逐一返還するのは非効率的なので，簡易な弁済に充当する趣旨である。

ウ　×　誤っている

　質権者は，その権利の存続期間内において，自己の責任で，質物について，転質をすることができる（§348前段）。質権者の投下資本回収の機会を確保する趣旨である。本問では，自己の債務の担保として質権をさらに質入れすることはできないとするのが誤り。

エ　×　誤っている

　民法346条は，「質権は…質物の隠れた瑕疵によって生じた損害の賠償を担保する。ただし，設定行為に別段の定めがあるときは，この限りでない。」と規定する。質権の担保の範囲を明確にする趣旨である。本問では，設定行為に定めがないときは損害の担保をしないとするのが誤り。

オ　○　正しい

　質権は，財産権をその目的とすることができる（§362－Ⅰ）。権利質を認めた規定である。本問でも，債権を目的として質権を設定することは可能である。

解答のポイント！

　質権は論文式ではあまり出ないので手薄になりがちな分野である。しかし，短答式試験では頻出分野であり，問われる知識も条文知識が殆どなので，日頃から条文を引くことを意識すれば十分対応可能である。

抵当権に関する次のアからオまでの各記述のうち，正しいものを組み合わせたものは，後記1から5までのうちどれか。

ア．保証人の求償権は，主たる債務者が弁済しないときに保証人が弁済することによって生じる将来の債権であるから，保証人の求償権を被担保債権として抵当権を設定することはできない。

イ．土地を賃借し，その土地上に建物を所有している者が，その建物に抵当権を設定した場合であっても，土地の賃貸人が賃借人との合意により賃貸借契約を解除したときは，土地の賃貸人は，その解除による賃借権の消滅を抵当権者に対抗することができる。

ウ．抵当不動産を買い受けた第三者が，抵当権者の請求に応じてその抵当権者にその代価を弁済したときは，抵当権は，その第三者のために消滅する。

エ．抵当権を実行することができる時から20年が経過すれば，抵当権設定者は，抵当権者に対し，時効による抵当権の消滅を主張することができる。

オ．A所有の建物について，Bが第一順位の抵当権を，Cが第二順位の抵当権をそれぞれ有している場合，BがAからその建物を買い受けた場合であっても，第一順位の抵当権は消滅しない。

1．ア　イ　　　2．ア　オ　　　3．イ　エ　　　4．ウ　エ　　　5．ウ　オ

No.197	抵 当 権	正解 **5**

ア ✕ 誤っている

判例（最判昭33.5.9）は，当事者間の合意によって，将来発生の可能性のある条件付債権を担保するため抵当権を設定することも，有効と解すべきである，としている。よって，将来債権を被担保債権とする抵当権の設定も可能であるから，そのような抵当権の設定はできないとしている点で，本肢は誤っている。

イ ✕ 誤っている

借地上の自己の建物に抵当権を設定した後に借地契約を合意解除しても，抵当権者には対抗できない（大判大14.7.18，民法§398類推適用）。土地の賃借権が合意解除によって失われると，土地上の建物の収去義務が生じるため，その建物に抵当権の設定を受けている者が害されることになる。この点において，地上権・永小作権の放棄によって，その権利に抵当権の設定を受けている者が害されることを防ぐという民法398条の趣旨が該当するため，類推適用の基礎がある。よって，合意解除による土地賃借権の消滅を抵当権者に対抗することができるとしている点で，本肢は誤っている。

ウ ◯ 正しい

抵当不動産について所有権又は地上権を買い受けた第三者が，抵当権者の請求に応じてその抵当権者にその代価を弁済したときは，抵当権は，その第三者のために消滅する（§378）。よって，本肢は正しい。

エ ✕ 誤っている

抵当権は，債務者及び抵当権設定者に対しては，その担保する債権と同時でなければ，時効によって消滅しない（§396）。抵当権のみが時効によって消滅し，担保権のなくなった被担保債権のみ残ってしまうことを防ぐためである。よって，被担保債権の消滅の有無にかかわらず，20年の経過によって抵当権の消滅を主張できるとしている点で本肢は誤っている。

オ ◯ 正しい

判例（大判昭8.3.18）は，後順位抵当権者がいる場合に，第一順位の抵当権者が抵当不動産の所有権を取得したとしても，第一順位の抵当権は消滅しないとしている。第一順位の抵当権が消滅すると，抵当権が実行された際，第一順位の抵当権者が本来取得できたはずの利益も得られないことになってしまい，妥当でないからである。よって，本肢は正しい。

解答のポイント！

やや細かい判例，条文の知識を問う問題である。もっとも，いずれも，制度の趣旨を理解していれば，どうにか正解にはたどり着けたものと思われる。時間との兼ね合いもあるが，あきらめずに考えてみることも有効である。

予平29 — 6　**№198**　　　　　　　　　　　　　　レベル　★

（配点：2）

　　AのBに対する債権を被担保債権として，C所有の甲土地について抵当権（以下「本件抵当権」という。）が設定され，その旨の登記がされている場合に関する次のアからオまでの各記述のうち，判例の趣旨に照らし誤っているものを組み合わせたものは，後記1から5までのうちどれか。

ア．甲土地の従物である石灯籠が本件抵当権の設定前に備え付けられていた場合，本件抵当権の効力は，その石灯籠には及ばない。

イ．Cが甲土地をDに賃貸し，さらにDが甲土地をEに転貸したときは，DをCと同視することを相当とする場合を除き，Aは，Dが取得する転貸賃料債権について物上代位権を行使することができない。

ウ．本件抵当権が根抵当権でない場合において，AがBに対して被担保債権として元本債権のほか3年分の利息債権を有しているときは，Cは，Aに対して，元本債権のほかその最後の2年分の利息債権を弁済すれば，本件抵当権を消滅させることができる。

エ．被担保債権の弁済期が到来した場合であっても，Cは，Aに対し，本件抵当権が実行される前に，あらかじめ求償権を行使することはできない。

オ．本件抵当権の登記がされた後に，CがDに対し甲土地を賃貸し，Dが甲土地上に乙建物を建築して所有する場合において，Dが甲土地の占有についてAに対抗することができる権利を有しないときは，Aは，Dの承諾の有無にかかわらず，甲土地及び乙建物を一括して競売することができる。

1．ア　ウ　　　2．ア　エ　　　3．イ　ウ　　　4．イ　オ　　　5．エ　オ

| No.198 | 抵　当　権 | 正解 **1** |

ア　×　誤っている

　判例（最判昭44.3.28＝民法百選Ⅰ No. 85）は，従物が抵当権の設定前に備え付けられた事案について，抵当権の効力は，従物にも及び，抵当権の効力から除外する等特段の事情のないかぎり，民法370条により従物についても対抗力を有するとしている。この判例の趣旨に照らせば，**抵当権の効力は，抵当権の設定前に抵当不動産に備え付けられた従物についても，その効力が及ぶ**ものと解されている。その根拠として学説では，370条説と87条２項説があるが，説明が異なるだけでいずれに立っても結論は変わらない。よって本肢は，従物である石灯籠に抵当権の効力が及ばないとする点で，誤っている。

イ　○　正しい

　判例（最決平12.4.14）は，抵当不動産の賃借人を所有者と同視することを相当とする場合を除いて，**抵当権者は，抵当不動産の賃借人が取得すべき転貸賃料債権について，物上代位できない**とする。その理由としては，所有者は被担保債権の履行について抵当不動産をもって物的責任を負担するものであるのに対し，抵当不動産の賃借人は，このような責任を負担するものではなく，自己に属する債権を被担保債権の弁済に供されるべき立場にはないことが挙げられる。よって，本肢は正しい。

ウ　×　誤っている

　抵当権消滅請求をすることができるのは，**抵当不動産の第三取得者に限られている**（§379）ため，物上保証人は，債権者に対して，抵当権の消滅を請求することができない（§380）。その趣旨は，抵当不動産の第三取得者を保護すべき必要がある一方，被担保債権全額を支払う義務を有している物上保証人等まで保護する必要はない点にある。よって，本肢は，物上保証人であるＣが，Ａに対して，本件抵当権を消滅させることができるとする点で，誤っている。

エ　○　正しい

　判例（最判平2.12.18）は，**物上保証人の事前求償権を認めていない**。その理由としては，①物上保証は，他人のために物的担保を提供することである一方で，物上保証の委託は，担保物権の設定行為の委任であるという点や，②物上保証においては，抵当不動産の売却代金による被担保債権の消滅の有無およびその範囲は，抵当不動産の売却代金の配当等によって確定するものであるから，求償権の存否およびその範囲をあらかじめ確定することができないという点が挙げられる。よって，本肢は正しい。

オ　○　正しい

　抵当権の設定後に抵当地に建物が築造されたときは，抵当権者は，土地とともにその建物を競売することができる（§389－Ⅰ本文）。そして，**当該土地の所有者でない第三者が建物を築造・所有する場合にも上記規定は適用される**ところ，抵当権者は，第三者の承諾なくして，一括競売をすることができる。その趣旨は，抵当地上の建物の築造によって抵当権の実行が妨げられることを防ぐという点にある。よって，本肢は正しい。

解答のポイント！

　抵当権に関する条文・判例知識が問われている。肢エは平成24年度予備試験論文式
試験で出題されており，肢ア・イについても論文式試験で出題可能性がある判例であ
るため，確実に得点を取りたいところである。また，肢オの一括競売は実務上重要な
規定であり，抵当権消滅請求制度についても短答上位合格を狙うため必要となるから，
押さえておくべき知識である。

令元 — 14 6 No.199 レベル ☆

（配点：2）

抵当権に関する次のアからオまでの各記述のうち，判例の趣旨に照らし誤っているものを組み合わせたものは，後記1から5までのうちどれか。

ア．抵当権者は，目的物が第三者の行為により滅失した場合，物上代位により，所有者がその第三者に対して有する損害賠償請求権から優先弁済を受けることができる。

イ．一人の者が所有する互いに主従の関係にない甲乙2棟の建物が工事により1棟の丙建物となった場合において，甲建物と乙建物とにそれぞれ抵当権が設定されていたときは，それらの抵当権は，丙建物のうちの甲建物と乙建物の価格の割合に応じた持分を目的とするものとして存続する。

ウ．借地上の建物について抵当権が設定された場合，抵当権の効力は，敷地の賃借権に及ぶことはない。

エ．物の引渡請求権を担保するために抵当権を設定する契約は，無効である。

オ．後日発生すべき貸付金債権を担保するために抵当権を設定する契約がされ，その旨の登記がされた後にその貸付金債権が生じた場合，抵当権はその債権を有効に担保する。

1．ア　ウ　　　2．ア　オ　　　3．イ　エ　　　4．イ　オ　　　5．ウ　エ

No.199　　　　　　　　抵 当 権　　　　　　　正解 **5**

ア　○　正しい

　判例（大判大6.1.22）は，第三者の不法行為により抵当建物が取り壊されたときの損害賠償請求権に対して抵当権の効力が及ぶとしている。よって，本肢は正しい。

イ　○　正しい

　判例（最判平6.1.25）は，「互いに主従の関係にない甲，乙二棟の建物が，その間の隔壁を除去する等の工事により一棟の丙建物となった場合においても，これをもって，甲建物あるいは乙建物を目的として設定されていた抵当権が消滅することはなく，…抵当権は，丙建物のうちの甲建物又は乙建物の価格の割合に応じた持分を目的とするものとして存続する」としている。よって，本肢は正しい。

ウ　×　誤っている

　判例（最判昭40.5.4＝民法百選Ⅰ No. 86）は，「建物を所有するために必要な敷地の賃借権は，…建物所有権に付随し，これと一体となつて一の財産的価値を形成しているものであるから，**建物に抵当権が設定されたときは敷地の賃借権も原則としてその効力の及ぶ目的物に包含される**」としている。よって，本肢は誤っている。

エ　×　誤っている

　抵当権の被担保債権は**金銭債権**が典型例であるが，その他の債権であっても差し支えない。債務不履行により，損害賠償請求権（金銭債権）に転化するからである。よって，本肢は誤っている。

オ　○　正しい

　判例（大判明38.12.6）は，金銭消費貸借による債務を担保するため抵当権の設定がされた場合において，金銭の授受に先立って抵当権設定の手続がされても，その抵当権は後に発生した債務を有効に担保し，抵当権設定の手続は必ずしも債務の発生と同時であることを要しないとしている。よって，本肢は正しい。

令元―15　No.200　　　　　　　　　　レベル　☆

（配点：2）

　抵当権の効力が及ぶ範囲に関する次のアからオまでの各記述のうち，判例の趣旨に照らし正しいものを組み合わせたものは，後記1から5までのうちどれか。

ア．抵当権設定者が，抵当権の目的である土地を第三者に賃貸していた場合，その担保する債権について不履行がなくても，抵当権の効力は，その賃料債権に及ぶ。

イ．土地の所有者が，土地に抵当権を設定した後，その土地上に立木を植栽した場合，抵当権の効力は，その立木に及ぶ。

ウ．抵当権設定者が，抵当権の目的である建物に宝石を持ち込んで保管していた場合，抵当権の効力は，その宝石に及ぶ。

エ．抵当権の目的である建物が天災のため崩壊し動産となった場合，抵当権の効力は，その動産に及ぶ。

オ．抵当権設定者から抵当権の目的である建物を賃借した賃借人が，その所有する取り外し可能なエアコンを建物内に設置している場合，抵当権の効力は，そのエアコンに及ばない。

1．ア　ウ　　　2．ア　エ　　　3．イ　ウ　　　4．イ　オ　　　5．エ　オ

No.200　抵当権の効力の及ぶ範囲　　　正解 **4**

ア　×　誤っている

　民法371条は，「抵当権は，その担保する債権について不履行があったときは，その後に生じた抵当不動産の果実に及ぶ。」と規定する。この規定により，抵当権が及ぶ果実は債務者が債務不履行に陥った後に生じた果実に限られる。よって，本肢は，被担保債権に不履行がなくても，抵当権の効力が賃料債権に及ぶとしている点で，誤っている。

イ　○　正しい

　「抵当権は，抵当地の上に存する建物を除き，その目的である不動産（以下「抵当不動産」という。）に付加して一体となっている物に及ぶ。」（§370）とある。この付加一体物に抵当不動産の構成部分となった定着物が含まれることは争いがない。そして，本肢では抵当権設定者たる土地所有者が抵当権設定後に立木を植栽したが，立木は特に所有権を留保し，これを公示しない限り，所有権の留保を第三者に対抗できない（最判昭34.8.7）ので，土地の構成部分となる。したがって，抵当権の効力はこの立木にも及ぶ。よって，本肢は正しい。

ウ　×　誤っている

　抵当権の効力は「目的である不動産…に付加して一体となっている物に及ぶ。」（民法§370本文）。したがって，本問の宝石のように，持ち込まれただけで，付加一体物と認められない動産には及ばない。よって，本肢は誤っている。

エ　×　誤っている

　判例（大判大5.6.28）は，抵当権の目的たる家屋が天災のため崩壊し，動産となったときは，抵当権もこれに従って消滅するとしている。なお，この場合，目的物の滅失に伴い，目的物に対する抵当権は消滅するが，抵当権が目的物の交換価値を把握するものであるため，保険金等目的物の対価物に対する優先弁済権を規定した物上代位（§372，§304）が問題となる。よって，本肢は誤っている。

オ　○　正しい

　本問におけるエアコンは取り外し可能であるため，付合物（§242）には当たらない。また，従物（§87）は「不動産に付加して一体となっている物」（§370）に含まれないが，抵当権設定時に存在していた従物には抵当権の効力が及ぶところ，本問におけるエアコンは抵当権設定後に賃借人が設置したものであるから，抵当権の効力は，そのエアコンに及ばない。よって，本肢は正しい。

◤◢◤ 解答のポイント！ ◢◤◢

　抵当権に関する問題は，ほぼ毎年出題されており，また，論文試験でも出題が予想される分野である。重要判例も多いことから，適切な知識を身につけて正答したい。特に，抵当権の効力が及ぶ範囲については，「土地」「建物」「従たる権利」という観点から知識を確認すると理解が進みやすいと思われる。

| 平19 — 15改 | No.201 | | | | | | | レベル　☆ |

（配点：３）

　根抵当権でない抵当権に関する次のアからオまでの各記述のうち，判例の趣旨に照らし誤っているものを組み合わせたものは，後記１から５までのうちどれか。

ア．将来発生するかどうか不確実な債権について抵当権の設定登記がなされた場合，抵当権設定者は，被担保債権の不存在を理由として，抵当権者に対して，抵当権設定登記の抹消を求めることができる。

イ．書面によらない金銭消費貸借契約に基づく貸金債権について抵当権の設定登記がなされたが，結局元本が交付されなかった場合，抵当権設定者は，被担保債権の不存在を理由として，抵当権者に対して，抵当権設定登記の抹消を求めることができる。

ウ．金銭消費貸借契約に基づく貸金債権について抵当権の設定登記がなされたが，その金銭消費貸借契約が公序良俗に違反するとともに，貸金の交付が不法原因給付に当たる場合，抵当権設定者は，抵当権者に対して，抵当権設定登記の抹消を求めることができる。

エ．債務者Ａ所有の不動産上にＹが第一順位，Ｘが第二順位の抵当権の設定を受け，それぞれ設定登記を行った後，ＡがＹに対する被担保債権をいったん弁済し，その後ＹがＡに同額の新たな貸付を行い，抹消されていなかった第一順位の登記を合意の上新たな貸付債権の担保として流用することにした場合，Ｘは，Ｙの抵当権設定登記の抹消を求めることができない。

オ．Ｘが所有する甲不動産について，Ｙに対して抵当権を設定して金銭を借り入れるとともに，Ａが，ＸのＹに対する借入れ債務を担保するため，Ｙとの間で連帯保証契約を結んだ場合，Ａが借入れ債務を全額弁済したとしても，Ｘは，Ｙに対して，抵当権設定登記の抹消を求めることはできない。

1．ア　イ　　　2．ア　エ　　　3．イ　ウ　　　4．ウ　オ　　　5．エ　オ

No.201　　　　抵当権をめぐる法律関係　　　　正解 **2**

ア　×　誤っている

　被担保債権は，現に成立する債権のほか，期限付債権・条件付債権や将来の債権でもよい。将来発生する予定の債権であれば，発生が不確実であっても，現在の抵当権を設定することができる。たとえば，工事終了時に発生すべき報酬金債権全額につき完成前に抵当権を設定すること（大判昭11.3.7）や，被担保債権の大部分が将来発生すべき条件付債権にも認められている（最判昭33.5.9）。

イ　○　正しい

　書面によらない金銭消費貸借契約は，要物契約であり（民法§587），元本が交付されなければ当該契約は不成立である。この場合，抵当権設定者は，被担保債権の不存在を理由として，抵当権者に対して，抵当権設定登記の抹消請求ができる。

ウ　○　正しい

　不法な原因のために給付をした者は，その返還請求をすることができない（§708本文）。不法な原因の契約は無効（§90）であり，これに基づく給付も不当利得（§703）にあたるが，このような無効な契約における給付者がその不法原因にみずから積極的に関与した者である時，いわば手の汚れた者であるときには，法は，不当利得の返還請求に助力しないものとした。本肢のように，金銭消費貸借契約が公序良俗に反し，貸金の交付が不法原因給付にあたる場合，貸主は貸金の返還請求をできないことになり（§708），これを担保する抵当権も附従性により存在しないことになる。したがって，抵当権設定者は，抵当権者に対して，抵当権設定登記の抹消を請求しうる。なお，抵当権設定行為に708条の適用はない（最判昭40.12.17参照）。

エ　×　誤っている

　判例（最判昭44.7.4＝民法百選Ⅰ№84）は，被担保債権が消滅し抵当権が消滅した後に，残存する抵当権とその登記をその後に発生した債権の担保のために流用することは，その流用までに出現した第三者との関係では信義則上許されないが，その流用後に出現した第三者との関係では許されるとする。Ｘはその流用までに出現した第三者にあたり，Ｘとの関係では抵当権及びその登記の流用は許されないので，ＸはＹに対して，抵当権設定登記の抹消を請求できる。

オ　○　正しい

　代位弁済は，代位弁済者の債務者に対する求償権を確保するために，弁済によって消滅するはずの原債権及び担保権を代位弁済者に移転させ，代位弁済者が求償権の範囲内で原債権及び担保権を行使することを認める制度である（最判昭59.5.29＝民法百選Ⅱ№36）。したがって，法定代位権者たる連帯保証人Ａが，債権者Ｙに全額弁済すると，原債権及び抵当権が，Ａに移転する（§499，§501）ので，抵当権設定者Ｘは，Ｙに対して，抵当権設定登記の抹消を請求できない。

| 平19－16 | No.202 | | | | | | | レベル | ☆☆☆ |

(配点：2)

　抵当権の法律関係に関する次の1から5までの各記述のうち，誤っているものはどれか。

1．抵当権が設定された建物を，抵当権者に対抗することができない賃貸借に基づいて使用する者は，競売手続開始前から使用していれば，建物の買受人が買い受けた時から6か月を経過するまでは，その建物の買受人への引渡しを猶予される。

2．登記をした賃貸借は，その登記前に登記をした抵当権を有するすべての者が同意をすれば，その同意をした抵当権者に対抗することができる。

3．土地に抵当権が設定された当時，その土地に建物が築造されていた場合，その建物の所有者が，その土地を占有するについて抵当権者に対抗することができる権利を有しないとしても，抵当権者は，土地とともに建物を競売することはできない。

4．抵当権が設定された不動産について，地上権の設定を受けた者は，抵当権消滅請求をすることができない。

5．被担保債権の債務不履行後に，抵当不動産の所有者が，その後に生じた果実を収受しても，不当利得にはならない。

No.202　抵当権をめぐる法律関係　　正解 **2**

1　○　正しい

　抵当権者に対抗することができない賃貸借により抵当権の目的である建物の使用又は収益をするものであって，競売手続開始前から使用又は収益をする者は，その建物の競売における買受人の買受けの時から6か月を経過するまでは，その建物を買受人に引き渡すことを要しない（民法§395-Ⅰ①）。

2　×　誤っている

　登記をした賃貸借は，その登記の前に登記をした抵当権を有するすべての者が同意をし，かつ，その同意の登記があるときは，その同意をした抵当権者に対抗することができる（§387-Ⅰ）。本肢においては，すべての抵当権者の同意はあるが，その登記はないので，抵当権者に対抗できない。

3　○　正しい

　抵当権の設定後に抵当地に建物が築造されたときは，抵当権者は，土地とともにその建物を競売することができる（§389-Ⅰ本文）。現実に建物が存在する土地の競売にあっては，土地と建物の両方を一括して競売したほうが，競売が容易だし，また，建物の収去の問題を生じなくてすむので，社会経済的にも損失を免れることに基づく。本肢においては，抵当権設定時において，既に建物が築造されているので，本条の適用はない。

4　○　正しい

　抵当不動産の第三取得者は，民法383条の定めるところにより，抵当権消滅請求をすることができる（§379）。抵当権消滅請求権者は第三取得者に限定され，地上権又は永小作権を取得した第三者は抵当権消滅請求権者から除外されている。

5　○　正しい

　抵当権は，目的物の使用収益権を目的物所有者に留保する物権であることから果実には及ばないのが原則であるが，民法371条により，その担保する債権について不履行があったときは，その後に生じた抵当不動産の果実に及ぶ。もっとも，債務不履行後は果実に抵当権の効力が及ぶとしても，上記原則論より，物上代位（民法§372，§304）又は担保不動産収益執行手続（民事執行法§180②，§188）による差押え前までは，抵当不動産の所有者は，果実の収取権を失うわけではないと考えられ，果実の取得は不当利得にはならない。

平23 — 15 6 No.203 / / / / / / / レベル ★

(配点：2)

　Aが所有する土地について，Bを抵当権者とする抵当権が設定され，その登記がされていた場合に関する次のアからオまでの各記述のうち，誤っているものを組み合わせたものは，後記1から5までのうちどれか。

ア．Bが抵当権を実行しCが買受人としてこの土地の所有権を取得した場合，CはAに対してこの土地について所有権に基づいて引渡しを請求することができる。

イ．Bのために抵当権設定登記がされた後，抵当権の実行の前に，AがDとの間でこの土地の賃貸借契約を締結しその賃借権が登記された場合において，その後Bが抵当権を実行しCが買受人としてこの土地の所有権を取得したとき，Dは，Cからのこの土地についての所有権に基づく引渡しの請求に対して，賃貸借契約を理由にして拒むことができる。

ウ．Bが抵当権を実行する前に，AがEとの間でこの土地の賃貸借契約を締結した場合において，その後抵当権の被担保債権について不履行があったとき，抵当権の効力は，Aが賃貸借契約に基づいてEに対して有する賃料債権で被担保債権について不履行があった後に生じたものに及ぶ。

エ．Bが抵当権を実行する前に，AがFとの間でこの土地の売買契約を締結した場合において，AF間の売買契約で定めた代価を，FがBの請求に応じてBに支払ったとき，抵当権はFのために消滅する。

オ．Bのために抵当権設定登記がされた後，抵当権の実行の前に，Aがこの土地の上に建物を築造した場合において，Bが土地と共にこの建物を競売したとき，Bは抵当権に基づく優先権を土地及び建物の代価について行使することができる。

1．アイ　　2．アエ　　3．イオ　　4．ウエ　　5．ウオ

No.203　　抵当権をめぐる法律関係　　正解 3

ア　○　正しい

　抵当権が実行されると，競売が開始され，落札者は目的物の買受人となり，目的物の所有権を取得する。したがって，ＣはＡに対して，所有権に基づき土地の引渡しを請求することができる。

イ　×　誤っている

　民法387条は，登記をした賃貸借契約の賃借人であっても，登記前に登記をした抵当権を有する全ての者が同意をし，かつ同意の登記がある場合でなければ，賃貸借を対抗できないと規定する。原則として抵当権登記に遅れる賃貸借は抵当権者に対抗できないとしつつ，賃借人の存在が物件の価値を高めることがある場合を考慮し，原則を修正したものである。抵当権者Ｂの同意の登記がない以上，Ｄは，買受人Ｃの請求に対し，賃貸借契約の存在を理由に請求を拒むことはできない。

ウ　○　正しい

　民法371条は，抵当権は，被担保債権について不履行があった場合には，その後に生じた抵当不動産の果実に及ぶと規定する。賃料債権は，「果実」（§371）にあたる。したがって，Ｂの抵当権の効力は，不履行があった後に生じた賃料債権に及ぶ。

エ　○　正しい

　民法378条は，抵当不動産について所有権又は地上権を買い受けた第三者が，抵当権者の請求に応じてその抵当権者にその代価を弁済したときは，抵当権は，その第三者のために消滅すると規定する。したがって，土地の譲受人Ｆが抵当権者Ｂの請求に応じて代価を弁済した場合には，抵当権はＦのために消滅する。

オ　×　誤っている

　民法389条１項ただし書は，抵当権の設定後に抵当地に建物が築造された場合に抵当権者が土地とともにその建物を競売した場合には，その優先権は土地の代価についてのみ行使することができると規定する。したがって，Ｂは抵当権に基づく優先権を建物の代価については行使できない。

解答のポイント！

　抵当権の条文問題である。本問に出てくる条文は，論文の勉強をしているとなじみが薄いが，択一では旧司法試験を通じて頻出である。是非条文のチェックはしておいてほしい。

平25 ― 15 ⑦ № 204 ⬚⬚⬚⬚⬚⬚　レベル ★

（配点：2）

抵当権に関する次の1から5までの各記述のうち，正しいものはどれか。

1. 債務者が所有する不動産に抵当権の設定登記がされ，これが存続している場合には，債務者は継続的に被担保債権に係る債務の存在を承認していることになるから，その抵当権の被担保債権については消滅時効が進行しない。

2. 債務者が所有する不動産に抵当権が設定され，その登記がされている場合，その債務者が当該不動産を10年間継続して占有したとしても，その債務者は，抵当権者に対し，抵当権の負担のない所有権を時効により取得したとして，抵当権設定登記の抹消登記手続を請求することはできない。

3. 債務者が所有する同一の不動産について，第一順位の抵当権と第二順位の抵当権が設定され，それぞれその旨の登記がされている場合，第一順位の抵当権の実行としての競売の結果，第一順位の抵当権者のみが配当を受けたときは，第二順位の抵当権は消滅しない。

4. 債務者が所有する同一の不動産について，第一順位の抵当権と第二順位の抵当権が設定され，それぞれその旨の登記がされている場合，第一順位の抵当権の被担保債権に係る債務を債務者が弁済したときは，債務者は，弁済による代位によって第一順位の抵当権を取得する。

5. 債務者が所有する不動産に抵当権が設定されている場合，その被担保債権に係る債務について他の者により併存的債務引受がされたときは，当該債務引受によって生じた債権も，その抵当権の被担保債権となる。

No.204　　抵当権をめぐる法律関係　　正解 **2**

1　×　誤っている
　「承認」（民法§152）とは，時効の利益を受ける者の側から，権利者に対して，その権利をすすんで認めるような行為をすることをいう。そして，債務者が自己の不動産に抵当権の設定登記をし，それが存続していても，権利者の権利をすすんで認めるような行為をしているとはいえないから，これによって債務者が継続的に被担保債権に係る債務の存在を承認していることにはならない。よって，本肢は承認していることになるとする点で誤っている。

2　○　正しい
　民法397条は，「債務者又は抵当権設定者でない者が」抵当不動産について取得時効に必要な要件を具備する占有をしたときに，抵当権の消滅を認めている。よって，本肢は正しい。

3　×　誤っている
　民事執行法59条1項。不動産の上に存する**抵当権**は，**売却により消滅**する。したがって，抵当不動産が競売された場合，順位を問わず抵当権は消滅する。このように，売却とともに不動産上の負担が消滅する方式を消除主義という。よって，第二順位の抵当権は消滅しないとする点で，本肢は誤っている。

4　×　誤っている
　弁済による代位（§499～§504参照）は，**第三者が弁済**したときの制度であり，債務者自身が弁済した場合に適用はない。よって，債務者の弁済にもかかわらず，弁済による代位を認めている点で本肢は誤っている。

5　×　誤っている
　併存的債務引受（§471－Ⅰ）の場合，従前の債務関係がそのまま存続する。そのため，担保にはなんら影響がない。よって，債務引受によって生じた債権も，抵当権の被担保債権となる点で本肢は誤っている。

解答のポイント！

　本問は，当たり前のようであまり触れない部分について訊いている肢が多く，自信をもって解答するのが難しい問題かもしれない。当該制度の性格や趣旨に遡ることで，冷静に判断して解き進めてほしい。ただ，時間の関係上，ここで悩み過ぎずに，ある程度割り切って先に進むのが得策ともいえよう。

平28 — 14 7 № 205 ／／／／／／／ レベル ★

（配点：2）

　抵当権に関する次の1から4までの各記述のうち，正しいものはどれか。

1．抵当権は，目的物の交換価値を把握する権利であるから，被担保債権額が抵当不動産の価格を上回っていても，物上保証人が抵当不動産の価格に相当する額を弁済すれば，抵当権は消滅する。

2．抵当権の被担保債権について不履行があった場合であっても，抵当権の効力は，その後に生じた抵当不動産の果実には及ばない。

3．抵当権者が第三取得者に対して代価弁済の請求をした場合，第三取得者は，その請求に応じなければならない。

4．第一順位の抵当権者の被担保債権が弁済により消滅した場合，第二順位の抵当権者は，消滅した第一順位の抵当権の抹消登記手続を求めることができる。

| No.205 | 抵当権をめぐる法律関係 | 正解 **4** |

1　✕　誤っている

　担保物権は，被担保債権が全額弁済されるまで目的物の全部の上にその効力を及ぼす。このような**担保物権の不可分性**は，担保物権の一つである抵当権にも当然に認められる。そのため，被担保債権の全額を弁済しない限り，抵当権は消滅しない。したがって，本肢は誤っている。

2　✕　誤っている

　民法371条は，**抵当権の担保する債権について不履行があったとき**は，その後に生じた抵当不動産の果実にも抵当権の効力が及ぶことを規定する。平成15年改正前の民法では，果実に抵当権の効力が及ぶかは一つの論点であったが，抵当権者の債権回収を容易にすることを目的として同条は改正され，現在では立法により解決されている。したがって，本肢は誤っている。

3　✕　誤っている

　代価弁済とは，抵当不動産につき所有権又は地上権を買い受けた第三取得者が，**抵当権者の請求に応じて**抵当不動産の代価を弁済した場合に，抵当権を消滅させる制度をいう（民法§378）。代価弁済に応じるか否かは，あくまで第三取得者が任意に選択できるものであり，第三取得者には代価弁済に応じる義務はない。したがって，本肢は誤っている。

4　○　正しい

　判例（大判大8.10.8）は，先順位の抵当権者の被担保債権が弁済により消滅した場合，後順位の抵当権者は，先順位抵当権の抹消の登記手続を求める物権的請求権を有するとする。既に消滅した先順位抵当権の登記の存在は，後順位抵当権の有する交換価値の実現機能を妨げるおそれがあることから，抵当権に基づく物権的妨害排除請求権の行使が認められるのである。したがって，本肢は正しい。

解答のポイント！

　肢4については，後順位抵当権者が先順位抵当権の被担保債権の消滅時効を援用することはできないとした判例（最判平11.10.21＝民法百選Ⅰ№42）に引っ張られないように注意してほしい。もっとも，肢1～肢3は抵当権の基本的知識であるため，肢4の正誤に迷ったとしても容易に正解を導き出せたといえる。

平20 ― 14　**No.206**　　　　　　　　　レベル　★

（配点：2）

　　Aが土地所有者Bから賃借した土地上に所有している甲建物についてCのために抵当権を設定した場合に関する次のアからオまでの各記述のうち，判例の趣旨に照らし誤っているものを組み合わせたものは，後記1から5までのうちどれか。

ア．A及びBは，土地賃貸借契約を合意解除した。この合意解除に基づいて土地賃貸借契約が終了したことを，BはCに対抗することができない。

イ．Aの不在期間中に，Dが甲建物を不法に占有した場合，Dが不法占有することにより，抵当不動産の交換価値の実現が妨げられ抵当権者の優先弁済請求権の行使が困難となるような状態にあるときは，CはAのDに対する妨害排除請求権を代位行使して，Dに対して直接自己に甲建物を明け渡すよう求めることができる。

ウ．AがBに対し，甲建物を売り渡した後，抵当権が実行され，甲建物をEが買い受けた場合，法定地上権は成立しない。

エ．AがFに対して，抵当権の実行としての競売手続を妨害する目的で甲建物を賃貸した場合，その占有により抵当不動産の交換価値の実現が妨げられて抵当権者の優先弁済請求権の行使が困難となるような状態のときでも，Cは抵当権に基づく妨害排除請求権を行使してFに対し直接自己に甲建物の明渡しを求めることはできない。

オ．Aは，甲建物に対する抵当権設定後，長期にわたりBに対する賃料の支払を怠った。土地賃借権は，従たる権利として抵当権の目的となっているから，Bは土地賃貸借契約を解除することができない。

1．ア　イ　　　　2．ア　エ　　　　3．イ　ウ　　　　4．ウ　オ　　　　5．エ　オ

No.206　　抵当権に基づく妨害排除　　正解 **5**

ア　○　正しい

　判例（大判大14.7.18）は，民法398条の規定の趣旨を拡張して，建物の上に抵当権を設定した場合に，建物所有者がその建物のために有する賃借権につき合意解除をしても，これをもって抵当権者に対抗できないとしている。

イ　○　正しい

　判例（最大判平11.11.24）は，第三者の不法占有により抵当建物の交換価値の実現が妨げられ抵当権者の優先弁済請求権の行使が困難となる状態が生じているなどの事情の下においては，抵当権者は，建物所有者の不法占有者に対する妨害排除請求権を代位行使し，所有者のために建物を管理することを目的として，不法占有者に対し，直接抵当権者に建物を明け渡すよう求めることができるとする。

ウ　○　正しい

　判例（最判昭44.2.14）は，借地人は借地上の建物に抵当権を設定した後，土地所有者がその建物の所有権を取得しても，民法388条の適用はなく，法定地上権は成立しないとする。

エ　×　誤っている

　判例（最判平17.3.10＝民法百選 I №89）は，抵当権設定登記後に抵当不動産の所有者から占有権原の設定を受けてこれを占有する者についても，その占有権原の設定に抵当権の実行としての競売手続を妨害する目的が認められ，その占有により抵当不動産の交換価値の実現が妨げられて抵当権者の優先弁済請求権の行使が困難となるような状態があるときは，抵当権者は，当該占有者に対し，抵当権に基づく妨害排除請求として，その状態の排除を求めることができるとする。

オ　×　誤っている

　Aの長期にわたる賃料不払いにより解除権の発生原因事実（§541）が認められる。したがって，Bの解除権は認められ，BはAとの賃貸借契約を解除できる。

　なお，判例（最判昭48.11.29）は，借地上の建物の抵当権者は，借地人の賃料不払いによる借地契約の解除の場合，545条1項ただし書の第三者にあたらないとしているので，Bが解除の効果をCに対抗できる。

| 平24 ― 15 | No.207 | | | | | | | レベル | ☆ |

（配点：２）

抵当権の効力に関する次の１から５までの各記述のうち，誤っているものを２個選びなさい。

1. 抵当権は，その担保する債権について不履行があったときは，その後に生じた抵当不動産の果実に及ぶ。

2. 借地上の建物が抵当権の目的となっている場合，建物の敷地利用権である借地権にも抵当権の効力が及ぶ。

3. 抵当権の被担保債権について主たる債務者となっている者は，抵当権消滅請求を行うことができないが，その債務の連帯保証人は，抵当権消滅請求を行うことができる。

4. 建物に設定された抵当権が実行された場合において，抵当権の設定登記後であって競売手続の開始前からその建物の引渡しを受けて占有し使用している者が存在するときは，その建物の占有者は，買受人による建物買受けの時から６か月間，買受人に対する使用の対価を支払うことなく建物の明渡しを猶予される。

5. 更地に抵当権が設定された後，その土地の上に第三者が建物を築造したとき，抵当権者は，その土地とともにその建物を競売することができる。

No.207　抵当権の効力　　正解 **3・4**

1　○　正しい

抵当権は，その担保する債権について**不履行があったとき**は，その後に生じた抵当不動産の**果実に及ぶ**（民法§371）。

2　○　正しい

抵当権は，抵当地の上に存する建物を除き，その目的である抵当不動産に**付加して一体となっている物**に及ぶのが原則である（§370本文）。同条にいう「付加して一体となっている物」には，**従たる権利として借地権が含まれる**（最判昭40.5.4＝民法百選Ⅰ№.86）ので，借地上の建物が抵当権の目的となっている場合，建物の敷地利用権である借地権にも抵当権の効力が及ぶ。

3　×　誤っている

抵当権消滅請求をすることができるのは，抵当不動産の**第三取得者**である（§379）。したがって，抵当権の被担保債権について，主たる債務者も，主たる債務の連帯保証人も，抵当権消滅請求を行うことはできない。

4　×　誤っている

抵当権者に対抗することができない賃貸借により抵当権の目的である建物を競売手続の開始前から使用又は収益をする者は，その建物の競売における買受人の買受けの時から6箇月を経過するまでは，その建物を買受人に引き渡すことを要しない（§395−Ⅰ①）。占有権原が認められても**使用の対価についてまで免責されるわけではない**ので，使用の対価を支払う必要がある（§395−Ⅱ参照）。

5　○　正しい

抵当権の設定後に抵当地に建物が築造されたときは，抵当権者は，土地とともにその建物を競売することができる（§389−Ⅰ本文）。

なお，この場合，その**優先権**は，土地の代価についてのみ行使することができる（同項ただし書）。

| 平25 ― 16 | No.208 | | | | | | レベル　☆☆ |

(配点：2)

抵当権の効力に関する次の1から4までの各記述のうち，正しいものはどれか。

1．Aがその所有する甲建物をBに賃貸している場合において，Aが甲建物にCのために抵当権を設定したときは，その抵当権の効力は，Bが甲建物において使用しているB所有の畳に対しても及ぶ。

2．AがBから建物所有目的で土地を賃借し，その上にAが建てた甲建物にCのために抵当権を設定した場合，その抵当権の効力は甲建物の従たる権利である当該土地賃借権にも及び，抵当権実行としての競売がされた時に当該土地賃借権も甲建物の買受人Dに移転するから，Dは，Bの承諾がなくても，Bに対し，当該土地賃借権を甲建物の占有権原として主張することができる。

3．根抵当権者は，確定した元本並びに利息その他の定期金及び債務不履行によって生じた損害の賠償の全部について，極度額を限度として，その根抵当権を行使することができる。

4．抵当権が設定された土地の上に存する建物については，別段の定めをした場合に限り，土地の抵当権の効力が及ぶ。

No.208　抵当権の効力　　正解 **3**

1　×　誤っている

　畳建具類に抵当権の効力が及ぶかが争点となった判例（大判昭5.12.18）があるが，当該判例は結果的に，畳については効力が及ばないということを述べたと理解されている。また，別の判例（最判昭44.3.28＝民法百選 I No.85）は，従物にも抵当権の効力が及ぶとするが，本記述の畳は建物所有者とその所有者を異にするため，従物にあたらない（民法§87 − I参照）。よって，抵当権の効力がB所有の畳に対しても及ぶとする点で，本肢は誤っている。

2　×　誤っている

　判例（最判昭40.5.4＝民法百選 I No.86）は，本記述と同様の事案において敷地の賃借権も競落人に移転するとしている。その理由として判例は，建物を所有するために必要な敷地の賃借権は，建物所有権に付随し，一体となって一の財産的価値を形成しているものであるから，建物に抵当権が設定されたときは，敷地の賃借権も原則としてその効力の及ぶ目的物に包含されると解すべきとしている。よって，本肢前段は正しい。

　しかし，同判例も「612条の適用上賃貸人たる土地所有者に対する対抗の問題はしばらくおき」とするように，建物の買受人に賃借権が移転したとしても，競落人は612条１項の承諾がなければ，敷地所有者に対して賃借権を主張し対抗できない。よって，Dは，Bの承諾がなくても，Bに対し，本記述の賃借権を甲建物の占有権限として主張することができるとする点で，本肢後段は誤っている。

3　○　正しい

　民法398条の３第１項。根抵当権者は，確定した元本並びに利息その他の定期金及び債務の不履行によって生じた損害の賠償の全部について，極度額を限度として，その根抵当権を行使することができる。よって，本肢は正しい。

4　×　誤っている

　民法370条は，「抵当地の上に存する建物を除き」とし，例外なく土地上の建物には抵当権の効力が及ばないとしている。よって，例外を認めている点で本肢は誤っている。

解答のポイント！

　肢３は根抵当権について訊くものであり，苦手意識を感じた受験生も多いと思われる。しかし，398条の３第１項は過去数回出題のある条文である。このように手薄になりがちな分野も，過去問で出たものについては十分に再度の出題可能性があるから，ぜひ復習をしてほしい。その他の肢に関しては，条文知識，百選判例知識から十分に解を導けるはずである。まちがった場合は，しっかりと復習をしておこう。

| 平29 — 15 | No.209 | | | | | | | レベル | ☆☆ |

(配点：2)

　A所有の甲土地には，BのAに対する500万円の債権を担保するための第一順位の抵当権，CのAに対する1000万円の債権を担保するための第二順位の抵当権及びDのAに対する2000万円の債権を担保するための第三順位の抵当権がそれぞれ設定されているが，EのAに対する2000万円の債権を担保するための担保権は設定されていない。この場合において，甲土地の競売により2500万円が配当されることになったときに関する次のアからオまでの各記述のうち，正しいものを組み合わせたものは，後記1から5までのうちどれか。なお，各債権者が有する債権の利息及び損害金並びに執行費用は考慮しないものとする。

ア．競売の申立て前にEの利益のためにBの抵当権が譲渡されて対抗要件が備えられていたときは，Cに1000万円，Dに1000万円，Eに500万円が配当される。

イ．競売の申立て前にEの利益のためにBの抵当権が放棄されて対抗要件が備えられていたときは，Bに100万円，Cに1000万円，Dに1000万円，Eに400万円が配当される。

ウ．競売の申立て前にDの利益のためにBの抵当権の順位が譲渡されて対抗要件が備えられていたときは，Cに500万円，Dに2000万円が配当される。

エ．競売の申立て前にDの利益のためにBの抵当権の順位が放棄されて対抗要件が備えられていたときは，Cに1000万円，Dに1500万円が配当される。

オ．競売の申立て前に抵当権の順位が変更されてDの抵当権が第一順位，Cの抵当権が第二順位，Bの抵当権が第三順位となったときは，Cに1000万円，Dに1500万円が配当される。

1．アイ　　　2．アエ　　　3．イウ　　　4．ウオ　　　5．エオ

| No.209 | 抵当権の効力 | 正解 1 |

ア　○　正しい

　抵当権の譲渡は，抵当権者と一般債権者との間で行われる。抵当権の譲渡により抵当権の帰属自体が変更されるわけではないが，**譲渡の当事者間で優先弁済を受ける地位につき変更が生じ**，**譲渡を受けた一般債権者がまず優先弁済を受け**，その残りから，譲渡をした抵当権者が優先弁済を受けるというものである。本肢においては，抵当権を譲渡したＢが有していた500万円の優先弁済枠500万円が，まずＥに割り当てられるから，Ｅに500万円が配当されるところ，優先弁済額の残額はないから，Ｂは優先弁済を受けることができない。そして，Ｃは1000万円，Ｄは残額1000万円の優先弁済を受けることになり，Ｄの債権の残額1000万円，Ｂの債権500万円は無担保となる。よって，本肢は正しい。

イ　○　正しい

　抵当権の放棄は，抵当権者と一般債権者との間で行われる。抵当権の放棄により抵当権の帰属自体が変更されるわけではないが，**放棄の当事者間で優先弁済を受ける地位につき変更が生じ**，放棄を受けた**一般債権者**と放棄をした**抵当権者**が，**債権額に応じて優先弁済を受けることになる**というものである。本肢においては，抵当権を放棄したＢが有していた優先弁済枠500万円が，ＢＥにその被担保債権の割合で分配される。そうすると，Ｂ：Ｅ＝500：2000＝1：4の割合で500万円が分配されるので，まず，Ｂは100万円，Ｅは400万円の配当を受けることになる。次に，Ｃにはその債権額1000万円が配当される。そして，Ｄにはその債権額2000万円のうち配当残額1000万円が配当される。以上から，Ｂは100万円，Ｃは1000万円，Ｄは1000万円，Ｅは400万円の配当を受けることになる。よって，本肢は正しい。

ウ　×　誤っている

　抵当権の順位の譲渡は，先順位抵当権者と後順位抵当権者との間で行われる。抵当権の順位の譲渡により抵当権の帰属自体が変更されるわけではないが，**順位の譲渡の当事者間で優先弁済を受ける地位につき変更が生じ**，**順位の譲渡を受けた後順位抵当権者がまず優先弁済を受け**，その残りから，順位の譲渡をした先順位抵当権者が優先弁済を受けるというものである。本肢においては，抵当権の順位を譲り渡したＢが有していた優先弁済枠500万円が，まずＤに割り当てられ，Ｄに500万円が配当されるところ，優先弁済額の残額はないから，Ｂは優先弁済を受けることができない。そして，第二抵当権者Ｃに対して1000万円，第三抵当権者Ｄに対して1000万円が配当されることになる。Ｄの債権の残額500万円，Ｂの債権の残額500万円は無担保となる。よって，本肢は，Ｃに500万円，Ｄに2000万円が配当されるとする点で，誤っている。

エ　×　誤っている

　抵当権の順位の放棄は，先順位抵当権者と後順位抵当権者との間で行われる。抵当権の順位の放棄により抵当権の帰属自体が変更されるわけではないが，順位の放棄の当事者間で優先弁済を受ける地位につき変更が生じ，順位の放棄を受けた後順位抵当権者と順位の放棄をした先順位抵当権者が，債権額に応じて優先弁済を受けることになるというものである。本肢においては，抵当権の順位を放棄したBが有していた優先弁済枠500万円が，BDにその被担保債権の割合で分配される。そうすると，B：D＝500：2000＝1：4の割合で500万円が分配されるので，まず，Bは100万円，Dは400万円の配当を受けることになる。次に，Cには1000万円が配当される。そして，これらの残額としてDに割り当てられる1000万円の優先弁済枠がB：D＝1：4の割合で分配されるので，Bは200万円，Dは800万円の配当を受けることになる。以上から，Bは300万円，Cは1000万円，Dは1200万円の配当を受けることになる。よって，本肢は，Dに1500万円が配当されるとする点で，誤っている。

オ　×　誤っている

　抵当権の順位の変更とは，抵当不動産に順位を異にする複数の抵当権が存在する場合に，利害関係を有する者の承諾を得て，抵当権の順位を絶対的に変更すること（帰属自体の変更）をいう（民法§374）。本肢においては，まず，抵当権の順位の変更によって一番抵当権者となったDに，その有する債権額2000万円が配当される。次に，二番抵当権者となったCに，残額500万円が配当されることになる。そのため，三番抵当権者となったBは配当を受けない。よって，本肢は，Cに1000万円，Dに1500万円が配当される点で，誤っている。

解答のポイント！

　抵当権の譲渡・放棄，抵当権の順位の譲渡・放棄という4つの抵当権の処分及び抵当権の順位の変更の効果・具体的処理手順について押さえておく必要がある。新司法試験となって以降はやや細かい知識を問うものであり試験現場で戸惑った受験生も多かったようである。このような問題が出題された場合に解答する自信がなければ，問題を解かずに飛ばして，次の問題を処理し，最後の余った時間で余裕を持って解くという戦略を立てることも重要である。

平30 ― 13	№210	◿◿◿◿◿◿◿	レベル ☆☆☆

（配点：2）

　　抵当権の効力に関する次のアからオまでの各記述のうち，誤っているものを組み合わせたものは，後記1から5までのうちどれか。

ア．抵当不動産についてその所有者から地上権を買い受けた第三者が，抵当権者の請求に応じてその抵当権者にその代価を弁済したときは，抵当権は，その第三者のために消滅する。

イ．主たる債務者の承継人は，抵当権消滅請求をすることができない。

ウ．建物の賃貸借は，その登記がなくても，建物の引渡しがあったときは，その引渡し前に登記をした抵当権を有する全ての者が同意をし，かつ，その同意の登記があれば，その同意をした抵当権者に対抗することができる。

エ．抵当不動産をその所有者から買い受けた者は，その不動産について必要費を支出した場合において，抵当権の実行によりその不動産が競売されたときは，その代価から最先順位の抵当権者より先にその支出した額の償還を受けることができる。

オ．抵当権者に対抗することができない賃貸借により抵当権の目的である土地を使用収益する者は，抵当権の実行によりその土地が競売された場合，買受人の買受けの時から6か月を経過するまでは，その土地を買受人に明け渡す必要がない。

1．ア　イ　　　2．ア　エ　　　3．イ　ウ　　　4．ウ　オ　　　5．エ　オ

No.210　　　　　　　抵当権の効力　　　　　　正解 **4**

ア　○　正しい

　民法378条は,「抵当不動産について所有権又は地上権を買い受けた第三者が, 抵当権者の請求に応じてその抵当権者に代価を弁済したときは, 抵当権は, その第三者のために消滅する。」と規定している。したがって, 本肢は正しい。

イ　○　正しい

　民法380条は,「主たる債務者, 保証人及びこれらの者の承継人は, 抵当権消滅請求をすることができない。」と規定している。したがって, 本肢は正しい。

ウ　×　誤っている

　民法387条1項は,「登記をした賃貸借は, その登記前に登記をした抵当権を有するすべての者が同意をし, かつ, その同意の登記があるときは, その同意をした抵当権者に対抗することができる。」と規定している。したがって, 賃貸借の登記がなくても, 同意をした抵当権者に対抗することができるとしている点で誤っている。

エ　○　正しい

　民法391条は,「抵当不動産の第三取得者は, 抵当不動産について必要費又は有益費を支出したときは, 第196条の区別に従い, 抵当不動産の代価から, 他の債権者より先にその償還を受けることができる。」と規定している。したがって, 本肢は正しい。

オ　×　誤っている

　民法395条1項は,「抵当権者に対抗することができない賃貸借により抵当権の目的である建物の使用又は収益をする者であって次に掲げるもの…は, その建物の競売における買受人の買受けの時から6箇月を経過するまでは, その建物を買受人に引き渡すことを要しない。」と規定している。そして, 1号は「競売手続の開始前から使用又は収益をする者」, 2号は「強制管理又は担保不動産収益執行の管理人が競売手続の開始後にした賃貸借により使用又は収益をする者」と規定している。したがって, 本肢は, 抵当権の実行によりその土地が競売された場合, 上記各号の場合に限定せずに, 買受人の買受けの時から6か月を経過するまでは, その土地を買受人に明け渡す必要がないとしている点で誤っている。

令2－12 5　No.211　レベル ☆☆

（配点：2）

　債務者Aは債権者BのためにAの所有する不動産甲に抵当権を設定し，その旨の登記がされた。この場合における抵当権の消滅に関する次のアからオまでの各記述のうち，判例の趣旨に照らし正しいものを組み合わせたものは，後記1から5までのうちどれか。

ア．Aは，抵当権を実行することができる時から20年が経過すれば，被担保債権が消滅していなくても，抵当権が時効により消滅したと主張することができる。

イ．甲について，その後，AがCのために抵当権を設定し，その旨の登記がされた場合において，BがAから甲を買い受けたときは，Bの抵当権は消滅しない。

ウ．Aの一般債権者が甲につき強制競売の申立てをし，当該強制競売手続において甲が売却されたときは，Bの抵当権は消滅する。

エ．甲について，その後，Aから譲渡担保権の設定を受けたDは，譲渡担保権の実行前であっても，抵当権消滅請求をすることにより，Bの抵当権を消滅させることができる。

オ．甲が建物である場合において，Aが故意に甲を焼失させたときは，Bの抵当権は消滅しない。

　1．ア　エ　　　2．ア　オ　　　3．イ　ウ　　　4．イ　オ　　　5．ウ　エ

No.211　　　　　　　　　抵当権の消滅　　　　　　　正解 **3**

ア　×　誤っている

　抵当権は，債務者及び抵当権設定者に対しては，その担保する債権と同時でなければ，時効によって消滅しない（民法§396）。抵当権のみが時効によって消滅し，担保権のなくなった被担保債権のみ残ってしまうことを防ぐためである。したがって，本肢は，抵当権の時効消滅を主張することができるとする点で，誤っている。

イ　○　正しい

　判例（大判昭8.3.18）は，後順位抵当権者がいる場合に，第一順位の抵当権者が抵当不動産の所有権を取得したとしても，第一順位の抵当権は消滅しないとしている。第一順位の抵当権が消滅すると，抵当権が実行された際，第一順位の抵当権者が本来取得できたはずの利益も得られないことになってしまい，妥当でないからである。Aの所有権をBが取得したとしても，Cの二番抵当権があるためBの一番抵当権は消滅しない。したがって，本肢は正しい。

ウ　○　正しい

　抵当権目的物について，一般債権者による競売がなされた場合でも，当該目的物の上に存する抵当権は消滅する（民事執行法§188，§59－Ⅰ・Ⅲ，§87－Ⅰ④：消除主義）。この場合，抵当権者は，「他の債権者に先立って自己の債権の弁済を受ける権利を有する」（民法§369－Ⅰ）から，本肢でもBの抵当権は消滅するが，Bは自己の債権について不動産甲の売却代金から優先弁済を受ける。したがって，本肢は正しい。

エ　×　誤っている

　民法379条は，「抵当不動産の第三取得者は，第383条の定めるところにより，抵当権消滅請求をすることができる」と規定する。判例（最判平7.11.10）は，ここにいう「第三取得者」には，担保実行前の譲渡担保権者は含まれないとする。その趣旨は，譲渡担保権者はその所有権を担保の目的以外には行使しないという義務を設定者に対して負うことにある。したがって，本肢は，Dが譲渡担保権の実行前であっても抵当権消滅請求をすることにより，Bの抵当権を消滅させることができるとする点で，誤っている。

オ　×　誤っている

　抵当権は，目的物の交換価値を支配する性質を持つ担保**物権**である。そして，**物権は客体（目的物）たる物を直接支配する権利である以上，客体たる物が滅失・焼失等により消失した場合には，物権も消滅する。**したがって，本肢において建物が焼失した場合，**抵当権も消滅する**ことになる。抵当権においては，物上代位によって「その目的物の…滅失又は損傷によって債務者が受けるべき金銭その他の物に対しても，行使することができる」（§372，§304－Ⅰ）が，これは，目的物の交換価値が金銭債権等に転化した場合に，抵当権者を保護するために法によって認められたものであって（物上代位は先取特権，質権，抵当権に認められるが，留置権には認められていない），抵当権が消滅しないわけではない。このことは，たとえ，**債務者や第三者が故意に目的物を滅失等させた場合でも変わりはなく，**故意・過失による滅失等の場合，物権の侵害として，抵当権者には滅失者に対して不法行為に基づく損害賠償請求権が発生するが，これも抵当権が消滅したことに基づく損害から抵当権者を保護するものであって，抵当権が消滅しないわけでない。

| 平18 ─ 19 | No.212 | | | | | | | レベル ★ |

　　ＡのＢに対する金銭債権を担保するために，ＢがＣに賃貸している建物を目的とする抵当権が設定された場合におけるＡの物上代位権の行使に関する次のアからオまでの記述のうち，判例の趣旨に照らし正しいものを組み合わせたものは，後記１から５までのうちどれか。

ア．Ｂの一般債権者ＤがＢのＣに対する賃料債権を差し押さえた後にＡのための抵当権設定登記がされた場合，Ａは，同じ賃料債権を差し押さえて優先弁済を受けることができる。

イ．Ａのために抵当権設定登記がされた後にＣに対する賃料債権がＢからＥに譲渡されてその第三者対抗要件が具備された場合，Ａは，同じ賃料債権を差し押さえて優先弁済を受けることができる。

ウ．Ａのために抵当権設定登記がされた後にＢの一般債権者ＦがＣに対する既発生の賃料債権を差し押さえ，その債権をＦに転付する旨の命令が効力を生じた場合，Ａは，同じ賃料債権を差し押さえて優先弁済を受けることができる。

エ．Ａのために抵当権設定登記がされるより前にＣがＢに対して金銭を貸し付けていた場合，Ａが賃料債権を差し押さえたときは，Ｃは，その貸金債権の弁済期が差押え後に到来するものであっても，当該貸金債権と賃料債権との相殺をもってＡに対抗することができる。

オ．Ｂの承諾を得てＣがＧに建物を転貸した場合，Ａは，建物の賃貸借により生ずる果実であるＣのＧに対する賃料の債権を差し押さえることができる。

1．ア　ウ　　　2．ア　オ　　　3．イ　ウ　　　4．イ　エ　　　5．エ　オ

| No.212 | 抵当権に基づく物上代位 | 正解 4 |

ア　×　誤っている

　抵当権の登記を具備した時点で既に一般債権者が債務者の賃料債権に対して差押えをなしていた場合，判例（最判平10.3.26）は，抵当権者は一般債権者に劣後し，賃料債権から優先弁済を受けられないとする。

イ　○　正しい

　債権譲渡の対抗要件が具備された後でも，抵当権者は当該債権を差し押えて物上代位できる（最判平10.1.30 ＝ 民法百選 I No. 88）。

ウ　×　誤っている

　抵当権設定登記がされた後に一般債権者による差押えがなされた場合であっても，その債権を第三者に転付する旨の命令が効力を生じた場合には，抵当権者は同債権を差し押えて物上代位をすることはできない（最判平14.3.12）。

エ　○　正しい

　第三債務者は受働債権の差押え前に債務者に対する自働債権を取得していれば，その弁済期の先後を問わず，相殺を主張できる（最大判昭45.6.24 ＝ 民法百選 II No. 39，民法 §511 － II）。したがって，Aの差押え前にBに対して貸金債権を取得しているCは，賃料債権との相殺をAに対して対抗できる。

オ　×　誤っている

　転貸賃料に対する物上代位の可否について，判例（最決平12.4.14）は原則的にこれを否定した。

平19 — 14　No.213　　　　　　　　　レベル　★

(配点：3)

　物上代位に関する次の1から5までの各記述のうち，判例の趣旨に照らし誤っているものはどれか。

1．動産売買の先取特権を有する者は，債務者が第三者に先取特権の目的物を売却した場合，その転売代金債権について，物上代位権を行使することができる。

2．動産売買の先取特権を有する者は，物上代位権行使の目的である債権について，一般債権者が差押えをした後であっても，物上代位権を行使することができる。

3．抵当権に基づく物上代位の目的債権が譲渡され，第三者に対する対抗要件が備えられた場合であっても，それより前に抵当権が設定され，第三者に対する対抗要件が備えられていたならば，抵当権者は，自ら目的債権を差し押さえて物上代位権を行使することができる。

4．抵当権者は，抵当不動産の賃借人を所有者と同視することを相当とする場合を除き，その賃借人が取得する転貸賃料債権について物上代位権を行使することができない。

5．抵当権者が，物上代位権を行使して，抵当不動産の賃貸借契約に基づく未払の賃料債権の全額を差し押えた場合，当該不動産の賃借人と賃貸人の間で敷金が授受されていて，かつ，賃貸借契約が終了し，賃借人が不動産を明け渡したとしても，敷金は未払の賃料に充当されない。

| No.213 | 抵当権に基づく物上代位 | 正解 **5** |

1　○　正しい

　判例（最判平10.12.18＝民法百選Ⅰ №.81）によると，請負工事に用いられた動産の売主は，請負代金全体に占める当該動産の価額の割合や請負契約における請負人の債務の内容等に照らして請負代金債権の全部又は一部を右動産の転売による代金債権と同視する特段の事情がある場合には，右部分の請負代金債権に対して右物上代位権を行使できるとする。この判例は，動産の売主は，当該目的物の転売債権に対し物上代位権を行使できることを前提としている。

2　○　正しい

　判例（最判昭60.7.19＝民法百選Ⅰ №.82）は，物上代位権行使の目的たる債権について，一般債権者が差押えの執行をしたにすぎないときには，その後に先取特権者が右債権に物上代位権を行使することを妨げられないとする。

3　○　正しい

　判例（最判平10.1.30＝民法百選Ⅰ №.88）は，民法372条において準用する304条1項ただし書が，抵当権が物上代位権を行使するには払渡し又は引渡しの前に差し押さえることを要するとした趣旨は，第三債務者が設定者に弁済しても弁済による目的債権の消滅の効果を抵当権者に対抗できなくなるという不安定な地位に置かれる可能性があり，二重弁済を強いられるという危険から第三債務者を保護する点にあるとして，払渡し又は引渡しには債権譲渡は含まれず，抵当権者は，目的債権が譲渡され第三者に対する対抗要件が備えられた後においても，自ら目的債権を差し押さえて物上代位権を行使できるものと解すべきであり，これは物上代位による差押えの時点で債権譲渡に係る目的債権の弁済期が到来しているか否かにかかわりないとする。したがって，抵当権に基づく物上代位の目的債権が譲渡され，第三者に対する対抗要件が備えられた場合であっても，それより前に抵当権が設定され，第三者に対する対抗要件が備えられていたならば，抵当権者は，自ら目的債権を差し押さえて物上代位権を行使することができる。

4　○　正しい

　判例（最決平12.4.14）は，抵当権者は，抵当不動産の賃借人を所有者と同視することを相当とする場合を除き，賃借人が取得すべき転貸料債権につき物上代位権を行使することはできないとする。

5　×　誤っている

　判例（最判平14.3.28）は，賃貸借契約が終了し，目的物が明け渡された場合においては，目的物の返還時に残存する賃料債権等は敷金が存在する限度において敷金の充当により当然消滅するのであり，このことは，明渡し前に賃料債権に対する物上代位権の行使としての差押えがあった場合においても同様であるとする。

| 平29 ― 12 | No.214 | | | | | | | レベル ★ |

（配点：２）

　　物上代位に関する次のアからオまでの各記述のうち，判例の趣旨に照らし誤っているものを組み合わせたものは，後記１から５までのうちどれか。

ア．抵当権者は，抵当権設定登記がされた後に物上代位の目的債権が譲渡されて第三者に対する対抗要件が備えられた場合においても，目的債権を差し押さえて物上代位権を行使することができる。

イ．動産売買の先取特権者は，物上代位の目的債権が譲渡されて第三者に対する対抗要件が備えられた後においては，目的債権を差し押さえて物上代位権を行使することはできない。

ウ．抵当権者は，抵当権設定登記がされた後に物上代位の目的債権が転付命令の確定により差押債権者に移転した場合においても，目的債権を差し押さえて物上代位権を行使することができる。

エ．抵当権者が物上代位権を行使して賃料債権の差押えをした後は，抵当不動産の賃借人は，抵当権設定登記の後に賃貸人に対して取得した債権を自働債権とし，賃料債権を受働債権とする相殺をもって抵当権者に対抗することはできない。

オ．抵当権者が物上代位権を行使して賃料債権の差押えをした場合には，その後に賃貸借契約が終了し，抵当不動産が明け渡されたとしても，抵当不動産の賃借人は，抵当権者に対し，敷金の充当によって当該賃料債権が消滅したことを主張することはできない。

１．ア　イ　　　２．ア　ウ　　　３．イ　エ　　　４．ウ　オ　　　５．エ　オ

No.214　　　　　　**抵当権に基づく物上代位**　　　正解 **4**

ア ○ 正しい

判例（最判平10.1.30＝民法百選Ⅰ No. 88）は，抵当権者は，物上代位の目的債権が譲渡され，第三者に対する対抗要件が備えられた後においても，自ら目的債権を差し押さえて物上代位権を行使することができるとした。これは，払渡し又は引渡し前に差押えが要求される趣旨が，抵当権の効力が及ぶことを知らない第三者が弁済先を誤らないようにし，二重弁済を防止することにあり，債権譲渡がなされても，登記による公示がなされ，また，第三債務者が未だ弁済をしていない以上，弁済先を誤り，二重弁済がなされることはなく，物上代位を認めても支障がないことを理由とする。したがって，本肢は正しい。

イ ○ 正しい

判例（最判平17.2.22）は，動産売買の先取特権者は，物上代位の目的債権が譲渡され，第三者に対する対抗要件が備えられた後においては，目的債権を差し押さえて物上代位権を行使することはできないとした。この理由として，判例は，民法304条1項ただし書の趣旨が，公示方法が存在しない動産売買の先取特権については，物上代位の目的債権の譲受人等の第三者の利益を保護することも含むことを挙げた。したがって，本肢は正しい。

ウ × 誤っている

判例（最判平14.3.12）は，抵当権の目的となる債権に対する転付命令は，同命令が第三債務者に送達される時までに抵当権者が当該債権の差押えをしなかったときは，その効力を妨げられず，抵当権者は当該債権について抵当権の効力を主張することができないとした。この理由として，判例は，転付命令は，金銭債権の実現のために差し押さえられた債権を換価するための一方法として，被転付債権を差押債権者に移転させるという法形式を採用したものであって，転付命令が第三債務者に送達された時に他の債権者が民事執行法159条3項に規定する差押え等をしていないことを条件として，差押債権者に独占的満足を与えるものであり（民事執行法§159－Ⅲ，§160），他方，抵当権者が物上代位により被転付債権に対し抵当権の効力を及ぼすためには，自ら被転付債権を差し押さえることを要し，この差押えは債権執行における差押えと同様の規律に服すべきものであり（同法§193－Ⅰ後段，同－Ⅱ，§194），同法159条3項に規定する差押えに物上代位による差押えが含まれることは文理上明らかであることに照らせば，抵当権の物上代位としての差押えについて強制執行における差押えと異なる取扱いをすべき理由はなく，これを反対に解するときは，転付命令を規定した趣旨に反することになることを挙げる。したがって，本肢は目的債権を差し押さえて物上代位権を行使することできるとする点で，誤っている。

エ ○ 正しい

判例（最判平13.3.13）は，抵当権者が物上代位権を行使して，賃料債権の差押えをした後は，抵当不動産の賃借人は，抵当権設定登記の後に賃貸人に対して取得した債権を自働債権とする賃料債権との相殺をもって抵当権者に対抗することはできないとする。判例に賛同する学説は，第三者との関係で，抵当権の効力が及ぶことは既に抵当権の登記によって公示されていることを挙げる。したがって，本肢は正しい。

オ　×　誤っている

　判例（最判平14.3.28）は，敷金が授受された賃貸借契約に係る賃料債権につき抵当権者が物上代位権を行使してこれを差し押さえた場合でも，当該賃貸借契約が終了し，目的物が明け渡されたときは，敷金は未払いの賃料債権に充当されるとした。この理由として，判例は，賃貸借契約における敷金契約は，授受された敷金をもって，賃料債権，賃貸借終了後の目的物の明渡までに生ずる賃料相当の損害金債権，その他賃貸借契約により賃貸人が賃借人に対して取得することとなるべき一切の債権を担保することを目的とする賃貸借契約に付随する契約であり，敷金を交付した者の有する敷金返還請求権は，目的物の返還時において，上記の被担保債権を控除し，なお残額があることを条件として，残額につき発生することになり，これを賃料債権等の面からみれば，目的物の返還時に残存する賃料債権等は敷金が存在する限度において敷金の充当により当然に消滅することになり，このような敷金の充当による未払賃料等の消滅は，敷金契約から発生する効果であって，相殺のように当事者の意思表示を必要とするものではないから，民法511条によって上記当然消滅の効果が妨げられないことは明らかであるとする。したがって，本肢は，敷金の充当によって当該賃料債権が消滅したことを主張できないとする点で誤っている。

　物上代位に関する基本的な判例知識を問う問題である。肢ア・イ・ウは頻出の知識であるため，確実に判断することが求められる。論文式試験においても，出題可能性がある分野であり，理由を含め正確に把握しておくことが重要である。教科書等を確認し，抵当権のみでなく，他の担保物権との対比で整理しておくべきである。

平20 ― 13　No.215　　　　　　　　　　　レベル　★

（配点：2）

　　買戻特約付売買の買主から目的不動産につき抵当権の設定を受けた者は，抵当権に基づく物上代位権の行使として，買戻権の行使により買主が取得した買戻代金債権を差し押さえることができるとする見解がある。この見解に関する次のアからエまでの各記述のうち，当該見解の論拠とすることができないものを組み合わせたものは，後記1から6までのうちどれか。

ア．買戻権は留保された解除権であるところ，法定解除の法的構成ないし効果に関する直接効果説の立場に従えば，解除（買戻権の行使）によって売買契約は遡及的に消滅し，買戻特約の登記後にされた処分はすべて効力を失うのであって，買主が目的不動産上に設定した担保物権も初めからなかったことになる。

イ．買戻特約の登記に後れて目的不動産に抵当権の設定を受けた抵当権者は，買戻代金債権についてあらかじめ質権ないし譲渡担保権の設定を受けることができる。

ウ．買戻代金は，実質的には買戻権の行使による目的不動産の所有権の復帰についての対価と見ることができ，目的不動産の価値変形物として，目的物の売却又は滅失により債務者が受けるべき金銭に当たるといって差し支えない。

エ．買戻特約の登記に後れて目的不動産に設定された抵当権は，買戻しによる目的不動産の所有権の買戻権者への復帰に伴って消滅するが，抵当権設定者である買主やその債権者等との関係においては，買戻権行使時まで抵当権が有効に存在していたことによって生じた法的効果までが買戻しによって覆滅されることはないと解すべきである。

1．ア　イ　　2．ア　ウ　　3．ア　エ　　4．イ　ウ　　5．イ　エ　　6．ウ　エ

№215　買戻代金債権に対する物上代位　　正解 **1**

ア　×　論拠とすることができない

　直接効果説に従えば，買戻登記後になされた処分はすべて効力を失うのであるから，抵当権設定も効力を失い，物上代位権を行使できないことになる。

イ　×　論拠とすることができない

　買戻代金債権についてあらかじめ質権・譲渡担保権の設定を受けることができるとすれば，あえて買戻代金債権に物上代位を認める必要はなくなる。

ウ　○　論拠とすることができる

　買戻代金が目的不動産の価値変形物といえれば，買戻代金債権は「目的物の売却，賃貸，滅失又は損傷によって債務者が受けるべき金銭」にあたることになるので，物上代位を認めることができる（民法§372，§304）。

エ　○　論拠とすることができる

　抵当権設定者である買主やその債権者等との関係においては従前の法的効果が買戻しによって覆滅されることはないとすれば，抵当権が有効に存在していたと扱われるので，物上代位を認める前提としての抵当権があることになる。

| 平22 ― 13改 | No.216 | / / / / / / / | レベル ★ |

(配点：2)

　AがBに対し有する甲債権を担保するため，Bが所有する乙土地を目的とする第一順位の抵当権が設定されてその旨が登記され，また，Cが保証人となった場合に関する次の1から5までの各記述のうち，誤っているものはどれか。

1．乙土地について第二順位の抵当権の設定を受けその旨の登記をしているDに対しAが抵当権の順位を譲渡する場合において，その旨をAが債権譲渡の対抗要件に関する規定に従いBに通知したときには，Dは，Cに対し抵当権の順位の譲渡を受けたことを対抗することができる。

2．Bに対して債権を有するEに対しAが抵当権を譲渡する場合において，その旨をAが債権譲渡の対抗要件に関する規定に従いBに通知したときには，Eは，Cに対し抵当権の譲渡を受けたことを対抗することができる。

3．Dに対しAが抵当権の順位を譲渡したにもかかわらずその旨の登記がされていない場合において，Aが乙土地の抵当権をEに譲渡してその旨の登記をしたときには，Eは，Dに対し抵当権の譲渡を受けたことを対抗することができる。

4．CはAに対し保証債務の全額を弁済したが，乙土地のAの抵当権に代位の登記をしなかった。その後，Bが乙土地をFに譲渡してその旨の登記がされても，Cは，乙土地にAが有していた抵当権を行使することができる。

5．Aが，Bに対し有する甲債権をGに譲渡し，その旨をBに通知した場合において，Gから保証債務の履行を請求する訴訟を提起されたCは，Cに対する債権譲渡の通知がされるまで保証債務を弁済しない旨の抗弁を提出して請求棄却の判決を得ることができる。

No.216　　　　　　　　**抵当権の譲渡**　　　　　正解 **5**

1　○　正しい

　抵当権の順位の譲渡については，主たる債務者への通知又は承諾があれば保証人に対しても順位の譲渡を対抗できる（民法§377－Ⅰ）。かかる通知，承諾が必要とされる根拠は，抵当権の処分により，間接的に原抵当権の被担保債権が拘束されることにある。したがって，ＡがＢに対してＤへの抵当権の順位の譲渡につき通知していれば，保証人Ｃに対しても譲渡を対抗できる。

2　○　正しい

　抵当権の譲渡については，主たる債務者への通知又は承諾があれば保証人に対しても譲渡を対抗できる（§377－Ⅰ）。したがって，ＡがＢに対してＥへの抵当権の譲渡につき通知していれば，保証人Ｃに対しても譲渡を対抗できる。

3　○　正しい

　抵当権の譲渡にも民法177条の適用があり，第三者に対しては登記が対抗要件となる。したがって，登記を備えたＥは，Ｄに対し，抵当権の譲渡を対抗できる。

4　○　正しい

　保証人による第三取得者への代位には債務の弁済後，代位の付記登記をしなくとも，その後Ｂから乙土地の譲渡を受けたＦに対しても，Ｃは抵当権の行使をすることができるとされる（§501－Ⅰ）。

　なお，改正前の民法では，保証人には，この付記登記が必要とされていた（旧民法§501①）。

5　×　誤っている

　保証債務においては，主たる債務者に通知すれば，保証債務の付従性によって保証人にもその効力が生じ，保証債権の移転については，独立の対抗要件の具備は問題とならない。したがって，Ａは主債務者Ｂに対して債権譲渡の通知をすれば保証人Ｃに対しても譲渡を対抗できる。

解答のポイント！

　本問は，抵当権の処分についての条文知識と，保証人の付従性に関する基本的理解を試す問題である。それぞれについては，基本知識として頭に入っている受験生が多いと思われるが，本問のように具体的事例で知識を組み合わせて答える必要がある場合にも混乱することのないように，どのように聞かれても答えられる程度まで，基本知識の精度を上げておく必要がある。

平21 ― 15　No.217　　　　　　　　　　　　　レベル　☆

(配点：2)

　法定地上権に関する次の1から5までの各記述のうち，判例の趣旨に照らし誤っているものはどれか。

1．Aが所有する土地に，その更地としての評価に基づき，Bのための抵当権が設定され，続けて，土地上にA所有の建物が建てられた後，抵当権が実行された結果，Cが土地の所有者になった場合，土地に建物のための法定地上権は成立しない。

2．Aが所有する土地上に，土地の使用借主であるDが所有する建物が建てられ，続けて，土地にBのための抵当権が設定され，さらに，Dが死亡したためDの単独相続人であるAが建物を相続した後，抵当権が実行された結果，Cが土地の所有者になった場合，土地に建物のための法定地上権は成立しない。

3．Aが所有する土地上に，A所有の建物が建てられ，続けて，土地と建物にBのための抵当権が共同抵当として設定された後，土地の抵当権のみが実行された結果，Cが土地の所有者になった場合，土地に建物のための法定地上権が成立する。

4．Aが所有する土地上に，A所有の建物が建てられ，続けて，土地にBのための抵当権が設定され，さらに，AがDに対し建物を譲渡するとともに，AD間で土地の賃貸借契約が締結された後，抵当権が実行された結果，Cが土地の所有者になった場合，土地に建物のための法定地上権が成立する。

5．Aが所有する土地上に，A所有の甲建物が建てられ，続けて，土地と甲建物にBのための抵当権が共同抵当として設定され，さらに，甲建物が取り壊されて同土地上にA所有の乙建物が新しく建築された後，乙建物に抵当権が設定されないまま，土地の抵当権が実行された結果，Cが土地の所有者になった場合，土地に乙建物のための法定地上権が成立する。

No.217 　　　　　　　　　**法定地上権** 　　　　　　　　　正解 **5**

1 ○ 正しい
　判例（大判大4.7.1）は，抵当権設定当時，土地が更地で建物が存在していなかった場合には，後日土地上に建物が建築されても法定地上権の発生を認めない。本肢では，A所有の土地への抵当権設定時に建物が存在していないので，法定地上権は成立しない。

2 ○ 正しい
　判例（最判昭44.2.14）は，抵当権設定当時，土地・建物の所有者が異なる場合には，その後，土地・建物の所有者が同一人となった場合でも法定地上権の成立を認めない。本肢では，抵当権設定当時，土地所有者がA，建物所有者がDであり，両者が異なっているので，法定地上権は成立しない。

3 ○ 正しい
　条文上は，「土地又は建物につき抵当権が設定され」（§388）と規定するが，判例（大判明38.9.22）は，土地及び建物に抵当権が設定された場合においても，法定地上権の成立を認めている。法定地上権の成立を否定すると，建物は取り壊さざるをえず，買受人に莫大な損失が生じることになるからである。本肢では，土地と建物の双方に共同抵当が設定されているので，法定地上権は成立する。

4 ○ 正しい
　判例（大連判大12.12.14）は，土地に抵当権が設定され，その後，建物所有権が譲渡されたことにより土地と建物の所有者が異なるに至った場合につき，法定地上権の成立を認め，この場合，約定利用権は消滅するとしている。したがって，本肢でも法定地上権が成立し，AD間の賃借権は消滅する。

5 × 誤っている
　判例（最判平9.2.14＝民法百選Ⅰ No. 92）は，所有者が土地及び地上建物に共同抵当を設定した後，建物が取り壊され，土地上に新たに建物が建築された場合，新建物の所有者が土地の所有者と同一であり，かつ，新建物が建築された時点での土地の抵当権者が新建物について土地の抵当権と同順位の共同抵当権の設定を受けたような特段の事情がない限り，新建物のために法定地上権は成立しないとしている。本肢では，乙建物につき土地と同順位の共同抵当権が設定されていないので，乙建物のために法定地上権は成立しない。

| 平26 — 15 | No.218 | | | | | | | | レベル ★ |

(配点：2)

　法定地上権に関する次の1から4までの各記述のうち，判例の趣旨に照らし正しいものはどれか。

1．Aが所有する甲土地に，その更地としての評価に基づき，Bのための抵当権が設定され，その後，甲土地上にA所有の乙建物が建てられた後，抵当権が実行された結果，Cが甲土地の所有者になった場合，Bが抵当権設定時，甲土地上にA所有の乙建物が建てられることをあらかじめ承諾していたとしても，甲土地に乙建物のための法定地上権は成立しない。

2．Aが所有する甲土地に，Bのための第一順位の抵当権が設定され，その後，Bの承諾を受けて甲土地上にA所有の乙建物が建てられ，さらに，甲土地にCのための第二順位の抵当権が設定された後，Cの申立てに基づいて甲土地の抵当権が実行された結果，Dが甲土地の所有者になった場合，甲土地に乙建物のための法定地上権が成立する。

3．Aが所有する甲土地上に，A所有の乙建物が存在し，その後，甲土地にBのための抵当権が設定され，抵当権が実行された結果，Cが甲土地の所有者になった場合，Aが乙建物の所有権の登記をしていなかったときは，甲土地に乙建物のための法定地上権は成立しない。

4．Aが所有する甲土地上に，A所有の乙建物が建てられ，その後，甲土地と乙建物にBのための第一順位の共同抵当権がそれぞれ設定され，さらに，乙建物が取り壊されて甲土地上にA所有の丙建物が建てられた場合，その後，丙建物にBのための第一順位の共同抵当権が設定され，甲土地の抵当権が実行された結果，Cが甲土地の所有者になったときであっても，甲土地に丙建物のための法定地上権は成立しない。

No.218 　　　　　　　　**法定地上権**　　　　　　　正解 **1**

1　○　正しい
　法定地上権が成立するためには，抵当権設定時に地上に建物が存在することが必要である（民法§388）。判例（最判昭36.2.10）は，建物が抵当権設定時に存在しない場合には，当事者が建物の建築を承諾していた場合であっても，民法388条の適用はないとしている。よって，本肢は正しい。

2　×　誤っている
　先順位抵当権設定時には更地であったが，後順位抵当権設定時に建物が築造されていた場合に，後順位抵当権者の申立てによって抵当権が実行されても，法定地上権は成立しない（最判昭47.11.2）。後順位抵当権が実行された場合にも先順位抵当権は消滅するため（民事執行法§59），更地として高く評価した先順位抵当権者が害されるからである。このことは，先順位抵当権者が建物の建築を承認していた場合も同じである（同判例）。当事者の個別的認識によって，競売の効果を左右しうるものではないからである。よって，法定地上権が成立するとしている点で，本肢は誤っている。

3　×　誤っている
　法定地上権が成立するためには，抵当権設定時に地上に建物が存在することが必要である（民法§388）。もっとも，土地所有者が所有する建物が存在すれば足り，建物について保存登記がなされていることまでは要しない（大判昭14.12.19）。よって，法定地上権が成立しないとしている点で，本肢は誤っている。

4　×　誤っている
　判例（最判平9.2.14＝民法百選Ⅰ No.92）は，所有者が土地及び地上建物に共同抵当権を設定した後，右建物が取り壊され，右土地上に新たに建物が建築された場合には，特段の事情のない限り，新建物のために法定地上権は成立しない，とする。そして，特段の事情として，新建物の所有者が土地の所有者と同一であり，かつ，新建物が建築された時点での土地の抵当権者が新建物について土地の抵当権と同順位の共同抵当権の設定を受けたとき等，を挙げている。本肢は，この特段の事情が認められる場面であるため，法定地上権が成立する。よって，法定地上権が成立しないとしている点で，本肢は誤りである。

解答のポイント！

　法定地上権の問題は，複雑な事案になりがちなため，一見，解答困難な問題なようにも見える。しかし，法定地上権の趣旨を押さえた上で，各要件について丁寧に検討し，要件該当性を判断すれば，正答にたどり着くことは難しいことではないと思われる。時間との勝負であるが，落ち着いて解答してほしい。

平30 — 14 6 №219 ☐☐☐☐☐☐☐　　レベル　☆

（配点：2）

　法定地上権に関する次のアからオまでの各記述のうち，判例の趣旨に照らし正しいものを組み合わせたものは，後記1から5までのうちどれか。

ア．Aが所有する甲土地及びその上の乙建物にBのために共同抵当権が設定された後，乙建物が取り壊され，甲土地上に新たにAが所有する丙建物が建築されて，丙建物につきCのために抵当権が設定された場合において，甲土地に対するBの抵当権の実行によりDが甲土地を取得したときは，法定地上権が成立する。

イ．Aが所有する更地の甲土地に第一順位の抵当権が設定された後，甲土地上にAが所有する乙建物が建築され，甲土地に第二順位の抵当権が設定された場合において，第二順位の抵当権の実行によりBが甲土地を取得したときは，法定地上権は成立しない。

ウ．Aが所有する甲土地上にBが所有する乙建物があるところ，甲土地にCのために第一順位の抵当権が設定された後，Bが甲土地の所有権を取得し，甲土地にDのために第二順位の抵当権を設定した場合において，Cの抵当権が弁済により消滅し，その後，Dの抵当権の実行によりEが甲土地を取得したときは，法定地上権が成立する。

エ．Aが甲土地及びその上の乙建物を所有しているが，甲土地の所有権移転登記をしていなかったところ，乙建物に抵当権が設定され，抵当権の実行によりBが乙建物を取得したときは，法定地上権は成立しない。

オ．AとBが共有する甲土地上にAが所有する乙建物があるところ，Aが甲土地の共有持分について抵当権を設定した場合において，抵当権の実行によりCがその共有持分を取得したときは，法定地上権が成立する。

1．ア　ウ　　　　2．ア　エ　　　　3．イ　ウ　　　　4．イ　オ　　　　5．エ　オ

No.219　　　　　　　　　　**法定地上権**　　　　　　　　正解 **3**

ア ✕　誤っている

判例（最判平9.2.14＝民法百選Ⅰ No. 92）は，所有者が土地及び地上建物に共同抵当権を設定した後，右建物が取り壊され，右土地上に新たに建物が建築された場合には，新建物の所有者が土地の所有者と同一であり，かつ，新建物が建築された時点での土地抵当権者が新建物について土地の抵当権と同順位の共同抵当権の設定を受けたなどの特段の事情のない限り，新建物のために法定地上権は成立しないとしている。

イ ◯　正しい

判例（最判昭47.11.2）は，土地に対する先順位抵当権が設定された当時には建物が存しなかったが，後順位抵当権設定当時には建物が建築されていた場合，後順位抵当権者の申立てに基づく土地の競売によっても法定地上権は成立せず，このことは先順位抵当権者が建物の建築を承認したときも同様であるとしている。したがって，本肢は正しい。

ウ ◯　正しい

判例（最判平19.7.6＝民法百選Ⅰ No. 91）は，土地を目的とする先順位の甲抵当権設定当時，土地と建物の所有者が異なっていた場合において，土地と建物が同一人の所有となった後に土地に後順位の乙抵当権が設定され，その後，甲抵当権が設定契約の解除により消滅した後に，乙抵当権が実行されたときは，法定地上権が成立するとしている。

エ ✕　誤っている

判例（最判昭53.9.29）は，土地及びその地上建物の所有者が建物について抵当権を設定したときは，土地の所有権移転登記を経由していなくても，388条が適用されるとしている。したがって，本肢は法定地上権が成立しないという点で誤っている。

オ ✕　誤っている

判例（最判昭29.12.23）は，甲・乙共有の土地上に甲所有の建物が存在し，甲の土地持分に抵当権が設定された場合は，競売の結果，共有土地に法定地上権が成立することはないとしている。したがって，本肢は法定地上権が成立するとしている点で誤っている。

　共有と法定地上権にはいくつかのパターンがあり，全パターンを丸覚えするのも手だが，利害状況を具体的に考える方が，論文での出題にも対応できる。基本は，「共有者が抵当権の実行によって不測の不利益を被ることにならないか」であり，肢オでは，法定地上権が成立すればBが同意なくして不利益を被ることになるため，法定地上権は成立しない。

　AのBに対する1000万円の債権を担保するために甲土地及び乙土地に第一順位の抵当権が設定された場合に関する次の1から4までの各記述のうち，判例の趣旨に照らし誤っているものを2個選びなさい。なお，各記述において，競売の結果として債権者に配当することが可能な金額は，甲土地及び乙土地のいずれについてもそれぞれ1000万円であり，また，各債権者が有する債権の利息及び損害金は考慮しないものとする。

1．甲土地及び乙土地をBが所有し，甲土地にCが1000万円の債権を担保するために第二順位の抵当権の設定を受けている場合，甲土地及び乙土地が同時に競売されたときは，Cは1000万円の配当を受けることができる。

2．甲土地及び乙土地をBが所有し，甲土地にCが1000万円の債権を担保するために第二順位の抵当権の設定を，乙土地にDが1000万円の債権を担保するために第二順位の抵当権の設定をそれぞれ受けている場合，甲土地のみが競売されたときは，その後の乙土地の競売の際に，C及びDはそれぞれ500万円の配当を受けることができる。

3．甲土地をBが，乙土地をEが所有し，甲土地にCが1000万円の債権を担保するために第二順位の抵当権の設定を，乙土地にDが1000万円の債権を担保するために第二順位の抵当権の設定をそれぞれ受けている場合，甲土地のみが競売されたときは，その後の乙土地の競売の際に，Cは配当を受けることができず，Dは1000万円の配当を受けることができる。

4．甲土地をBが，乙土地をEが所有し，甲土地にCが1000万円の債権を担保するために第二順位の抵当権の設定を，乙土地にDが1000万円の債権を担保するために第二順位の抵当権の設定をそれぞれ受けている場合，乙土地のみが競売されたときは，その後の甲土地の競売の際に，Cは1000万円の配当を受けることができ，Dは配当を受けることができない。

No.220　　　　　共同抵当　　　　　正解 1・4

1　× 誤っている

共同抵当において，数個の不動産につき同時にその代価を配当すべきときは，各不動産の価額に応じ債権の負担を按分する（民法§392－Ⅰ）。本記述では，甲土地と乙土地が同時に競売されているので，AのBに対する債権について，甲土地と乙土地が各500万円ずつ負担する。甲土地に第2順位の抵当権を有するCが配当を受ける額は，甲土地の配当可能金額1000万円から上記500万円を差し引いた500万円である。

2　○ 正しい

共同抵当において，ある不動産の代価のみを配当すべきときは，抵当権者はその代価から債権全部の弁済を受けることができるが，抵当権が実行された不動産の次順位の抵当権者は，民法392条1項に従って按分された負担額を限度として，配当を受けた抵当権者に代位して抵当権を行使することができる（§392－Ⅱ）。後順位抵当権者が偶然的な事情によって配当額が左右されないよう公平を図る趣旨の規定である。本記述では，甲土地のみが競売されているので，同時配当がされた場合に甲土地の第2抵当権者たるCが得られる配当額の500万円について，CはAに代位して，乙土地に対して抵当権を実行することができる。

3　○ 正しい

判例（最判昭44.7.3）は，共同抵当の目的不動産の一方が債務者所有で，他方が物上保証人所有である場合には，物上保証人の法定代位への期待を保護すべきであるとしている。また，判例（大判昭4.1.30）は，392条の代位権は債務者所有の数個の不動産が共同抵当の目的とされている場合に限るとし，物上保証人の代位権を後順位抵当権者の代位権に優先させている。以上より，債務者所有の不動産の後順位抵当権者と物上保証人とでは物上保証人が優先し，債務者所有の不動産の後順位抵当権者の代位権は否定される。本記述では，甲不動産の後順位抵当権者Cは物上保証人Eに優先することができず，代位権を有しない。したがって，Cは配当を受けることができない。Dは乙不動産に抵当権を有しており，「民法372条，304条1項本文の規定により物上代位をするのと同様に」物上保証人に優先して1000万円の配当を受けられる（大判昭11.12.9，最判昭53.7.4）。

4　× 誤っている

乙土地が先に競売された場合，Eは，499条に基づき甲不動産について有した抵当権の全額につき代位する（前掲最判昭44.7.3）。そして，DはEの有する代位権につき，物上代位と同様の権利を有し，甲不動産から配当を受けることができる（前掲大判昭11.12.9，最判昭53.7.4）。

平28 ― 15　**No.221**　　　　　　　　　レベル　☆

（配点：2）

　Aは，Bに対する600万円の債権を担保するため，B所有の甲土地及び乙土地に，第一順位の共同抵当権を有している。Cは，Bに対する400万円の債権を担保するため，甲土地に，第二順位の抵当権を有している。この場合に関する次の1から4までの各記述のうち，誤っているものはどれか。なお，各記述において，競売の結果として債権者に配当することが可能な金額は，甲土地につき500万円，乙土地につき1000万円であり，また，各債権者が有する債権の利息及び損害金は考慮しないものとする。

1．Aが甲土地及び乙土地に設定された抵当権を同時に実行した場合，Aは甲土地から200万円，乙土地から400万円の配当を受け，Cは甲土地から300万円の配当を受けることができる。

2．先に甲土地に設定された抵当権が実行されてAが500万円の配当を受け，その後に乙土地に設定された抵当権が実行された場合，Aは100万円の配当を受け，Cは300万円の配当を受けることができる。

3．先に乙土地に設定された抵当権が実行された場合，Aは600万円の配当を受け，その後に甲土地に設定された抵当権が実行されたときには，Cは300万円の配当を受けることができる。

4．Aが乙土地に設定された抵当権を放棄した後に，甲土地に設定された抵当権が実行された場合，Aは200万円の配当を受け，Cは300万円の配当を受けることができる。

No.221　　　　　　　　　　共同抵当　　　　　　　　正解 **3**

1　○　正しい

共同抵当における同時実行の場合の代価の配当は，その各不動産の価額に応じてその債権の負担を按分した額によりなされる（民法§392-Ⅰ）。本事例における各不動産の価額は，甲土地が500万円，乙土地が1000万円であるため，被担保債権は，1対2の割合で按分される。そのため，Aの有する600万円の被担保債権は，甲土地については200万円，乙土地については400万円の額で按分される。そうすると，Aは甲土地から200万円，乙土地から400万円の配当を受け，甲土地の第2順位抵当権者であるCは，甲土地の残額である300万円の配当を受けることができる。したがって，本肢は正しい。

2　○　正しい

共同抵当において，一方の不動産のみを実行して代価を配当する異時配当の場合の代価の価額については，まず，共同抵当の抵当権者がその代価から債権の全部の弁済を受けることができるとした上で，次順位の抵当権者については，同時実行されていた場合に受け取ることができた金額を限度として，共同抵当の他方の抵当不動産の代価から配当を受けることができるものとされている（§392-Ⅱ）。これは，抵当権の実行の順序が異なることによって後順位抵当権者の受ける配当の額が変化することを防止しようとした趣旨である。本事例では，まず，先順位の抵当権者であるAが債権600万円の全部の弁済を受けることになるため，甲土地の代価である500万円全額を受けた上で，残額の100万円を乙土地の代価から受け取ることができる。そして，甲土地の後順位抵当権者であるCは，同時配当されていた場合には300万円の配当を受け取ることができたはずなので（肢1参照），その限度で，Aに代位して乙土地から配当を受け取ることができる。したがって，Cは，乙土地の代価から300万円の配当を受けることができるため，本肢は正しい。

3　×　誤っている

肢2と同様に，本事例も共同抵当の異時配当にあたる。まず，Aは，債権600万円の全額の弁済を受けることができるため，乙土地の代価から600万円の配当を受けることができる。もっとも，Cは乙土地の後順位抵当権者ではないため，Aに代位して甲土地から配当を受けるのではなく，自己の地位に基づいて甲土地の代価から配当を受ける。そのため，Cの受ける配当の価額は，同時配当の場合の価額に限定されず，Cは自己の被担保債権の価額である400万円全額の配当を受けることができる。したがって，本肢は，Cが300万円の配当を受けるとする点で，誤っている。

4　○　正しい

　判例（大判昭11.7.14）は，先順位抵当権者が共同抵当における一方の抵当権を放棄したことにより，放棄された抵当不動産に対して代位することができた他方の不動産の後順位抵当権者の配当額が減少した場合には，先順位者は，放棄がなければ後順位者が代位できた配当の額の限度において，放棄されなかった抵当不動産から優先弁済を受けることができないとする。この判例に従うと，Ｃは，乙土地の抵当権が放棄されなければ，Ａに代位して乙土地から300万円の配当を受けることができたため（肢2参照），Ａは，300万円の限度で，甲土地からＣに優先して配当を受けることができなくなる。そのため，Ｃは甲土地の代価からＡに優先して300万円の配当を受けることができる。したがって，本肢は正しい。

　共同抵当における同時配当と異時配当の理解を問う問題である。共同抵当における代価の配当を規定した民法392条は，条文の文言を覚えるだけでは使いこなすことが難しい条文であるため，基本書等の事例を用いて，実際に数字を計算しながら学習することが望ましい。

平24 — 14 5 No.222 レベル ☆☆

（配点：２）

　　留置権及び抵当権に関する次のアからオまでの各記述のうち，正しいものを組み合わせたものは，後記１から５までのうちどれか。

ア．留置権は，他人の物の占有者に認められる権利であるから，留置権者が目的物を第三者に賃貸した場合には，目的物の賃貸について所有者の同意を得ていても，留置権は消滅する。

イ．留置権者が目的物の占有を奪われた場合，留置権者が占有回収の訴えを提起して勝訴し，現実の占有を回復すれば，留置権は消滅しない。

ウ．抵当権者は，目的物が第三者の行為により滅失した場合，物上代位により，その第三者に対して所有者が有する損害賠償請求権から優先弁済を受けることができるのに対し，留置権者は，目的物が第三者の行為により滅失した場合には，損害賠償請求権に物上代位権を行使することができない。

エ．抵当権は，債権の弁済がないときに目的物を換価して優先弁済を受ける権利であるから，抵当権者は，目的物の競売を申し立てることができるが，留置権は，債権の弁済を受けるまで目的物を留置する権利にすぎないから，留置権者は，目的物の競売を申し立てることはできない。

オ．留置権においては，目的物の留置自体により被担保債権の権利行使がされていることになるから，債権者が目的物を占有している限り，被担保債権が時効消滅することはない。

1．アイ　　　2．アエ　　　3．イウ　　　4．ウオ　　　5．エオ

No.222　　　　　　　　留置権と抵当権の異同　　　　　正解 **3**

ア　× 誤っている

　留置権は，留置権者が留置物の占有を失うことによって，消滅するのが原則であるが，民法298条2項の規定により留置物を賃貸し，又は質権の目的としたときは，留置権は消滅しない（民法§302）。

イ　○ 正しい

　留置権は，原則として，留置権者が留置物の占有を失うことによって，消滅するのが原則である（民法§302本文）。また，占有権は，原則として，占有者が占有物の所持を失うことによって消滅するが，占有者が占有回収の訴えを提起し，勝訴して現実の占有を回復したときは，占有権は消滅しない（民法§203）。このときには，留置権も消滅しないことになる。

ウ　○ 正しい

　抵当権は，その目的物の売却，賃貸，滅失又は損傷によって債務者が受けるべき金銭その他の物に対しても，行使することができる（民法§372，§304-Ⅰ本文）。これに対し，留置権は優先弁済を受けることを目的とした権利ではないので，留置目的物が第三者の行為により滅失した場合には，損害賠償請求権に物上代位権を行使することは認められていない。

エ　× 誤っている

　抵当権は，債権の弁済がないときに目的物を換価して優先弁済を受ける権利であるから，抵当権者は，目的物の競売を申し立てることができる（民事執行法§181以下）。また，留置権は，債権の弁済を受けるまで目的物を留置する権利にすぎないが，留置権者には，目的物の競売権が認められている（民事執行法§195）。この競売権は，留置の負担から留置権者を解放することを目的とするもので，優先弁済権のない換価のための競売権である。

オ　× 誤っている

　留置権の行使は，債権の消滅時効の進行を妨げない（民法§300）。留置目的物の留置自体により被担保債権の権利行使がされていることにはならず，留置権の行使として債権者が目的物を占有していても，被担保債権は時効消滅しうる。

平18－15　**No.223**　　　　　　　　　レベル　☆☆☆

（配点：2）

　根抵当権に関する次の1から5までの記述のうち，正しいものはどれか。

1．第一順位の根抵当権者は，後順位の担保権者が目的不動産について申し立てた競売手続が開始しても，競売時期の選択について後順位の担保権者より優先するから，元本を確定させず，競売手続を止めることができる。

2．根抵当権も元本が確定すれば普通抵当権と同じに扱われるから，被担保債権の利息や損害金のうち根抵当権によって担保される部分は，最後の2年分に限定される。

3．根抵当権が優先的に弁済を受ける限度は極度額によって定まっており，後順位担保権者や一般債権者は，どのような債権が担保されるのかについては利害関係を有しないから，被担保債権の範囲の限定は，もっぱら抵当権設定者の保護を目的としている。

4．根抵当権の元本の確定前であっても，弁済期が到来した被担保債権をすべて弁済した第三者は，債務者に対する求償権を確実にするため，根抵当権者に代位して，根抵当権を行使することができる。

5．元本確定前の根抵当権は，被担保債権とは切り離された極度額の価値支配権であるから，その全部又は一部を譲渡することができるが，債務者や被担保債権も変わり得るから，根抵当権設定者の承諾を得なければならない。

No.223　　　　　　　　　　　　　根抵当権　　　　　　　　　　正解 **5**

1　×　誤っている
　民法398条の20第1項3号は，根抵当権者が抵当不動産について競売手続が開始したことを知った時から2週間を経過したときに元本が確定するとしている。したがって，第一順位の抵当権者が元本を確定させず，競売手続を止めることはできない。

2　×　誤っている
　民法398条の3第1項は，根抵当権者は，「確定した元本並びに利息その他の定期金及び債務の不履行によって生じた損害の賠償の全部について，**極度額を限度として**，その根抵当権を行使できる」としている。したがって，抵当権と異なり，根抵当権が担保する利息や損害金の範囲は**最後の2年分**に限定されない。

3　×　誤っている
　民法398条の2により，被担保債権の範囲は限定され，**包括根抵当は禁止**されている。包括根抵当は債権者にとって極めて便利であるから，債権者は常にこれを要求するようになり，過大な担保をとるようになるが，これでは不動産の担保価値の効率的な利用に反し，後順位抵当権者や一般債権者の利益が害されると考えられたからである。

4　×　誤っている
　民法398条の7第1項後段は，「**元本の確定前に債務者のために又は債務者に代わって弁済をした者**」は根抵当権者に代位して，根抵当権を行使できない旨規定し，元本確定前の根抵当権には**随伴性がない**ことを明らかにしている。

5　○　正しい
　民法398条の12第1項は，「元本の確定前においては，根抵当権者は，**根抵当権設定者の承諾を得て**，その根抵当権を譲り渡すことができる」と規定し，398条の13は，**一部譲渡**について同様の規定を置いている。

平24—16　**No.224** ／／／／／／／　レベル　☆☆

(配点：2)

　根抵当権に関する次の1から5までの各記述のうち，誤っているものを2個選びなさい。

1．手形上又は小切手上の請求権を根抵当権の被担保債権と定める場合においても，第三者が振り出し，債務者が裏書した手形上又は小切手上の請求権を根抵当権の被担保債権とすることはできない。

2．根抵当権の元本の確定前に根抵当権者から債権を取得した者は，その債権について当該根抵当権を行使することはできない。

3．元本確定前において根抵当権の担保すべき債権の範囲及び債務者についての変更は，後順位抵当権者がいる場合は，その承諾を得なければすることができない。

4．元本確定前に根抵当権者が死亡して相続が開始した場合において，根抵当権者の相続人と根抵当権の設定者との間でその根抵当権を承継する相続人を合意しなかったときは，その根抵当権の担保すべき元本は，根抵当権者の相続開始の時に確定する。

5．元本確定後の根抵当権は，極度額を限度として，元本のほか，利息及び遅延損害金がある場合には，2年を超える利息及び遅延損害金についても行使することができる。

No.224 　　　　　　　　　根抵当権　　　　　　　　　正解 **1・3**

1　×　誤っている
　特定の原因に基づいて債務者との間に継続して生ずる債権，手形上若しくは小切手上の請求権は，根抵当権の担保すべき債権とすることができる（民法§398の2-Ⅲ）。「手形上若しくは小切手上の請求権」には，債務者が振り出した手形又は小切手上の請求権だけでなく，第三者が振り出し，債務者が裏書した手形又は小切手上の請求権も含まれる。

2　○　正しい
　元本の確定前においては，根抵当権には，通常の抵当権に認められている担保物件の随伴性が認められていない。したがって，元本の確定前に根抵当権者から債権を取得しても根抵当権は移転しないので，その債権の譲受人は根抵当権を行使することができない。

3　×　誤っている
　元本の確定前においては，根抵当権の担保すべき債権の範囲の変更をすることができる。債務者の変更についても，同様とする（§398の4-Ⅰ）。この変更をするには，後順位の抵当権者その他の第三者の承諾を得ることを要しない（同-Ⅱ）。

4　○　正しい
　元本の確定前に根抵当権者について相続が開始したときは，根抵当権は，相続開始の時に存する債権のほか，相続人と根抵当権設定者との合意により定めた相続人が相続の開始後に取得する債権を担保する（§398の8-Ⅰ）。この合意について相続の開始後6か月以内に登記をしないときは，担保すべき元本は，相続開始の時に確定したものとみなされる（同-Ⅳ）。

5　○　正しい
　根抵当権者は，確定した元本並びに利息その他の定期金及び債務の不履行によって生じた損害の賠償の全部について，極度額を限度として，その根抵当権を行使することができる（§398の3-Ⅰ）。したがって，元本確定後の根抵当権は，極度額を限度として，元本のほか，利息及び遅延損害金がある場合には，2年を超える利息及び遅延損害金についても行使することができる。
　なお，通常の抵当権者は，利息及び遅延損害金がある場合，2年を超える利息及び遅延損害金については行使することができない（§375-Ⅰ・Ⅱ）。

| 平28 — 16 | No.225 | ╱ | ╱ | ╱ | ╱ | ╱ | ╱ | レベル　☆ |

(配点：2)

　　根抵当権に関する次のアからオまでの各記述のうち，正しいものを組み合わせたもの
は，後記1から5までのうちどれか。

ア．根抵当権者は，元本確定前の根抵当権の全部又は一部を譲渡することができるが，そ
　　の場合，根抵当権設定者の承諾を得る必要はない。

イ．元本確定前において，根抵当権の担保すべき債権の範囲の変更をするときは，後順位
　　抵当権者の承諾を得なければならない。

ウ．根抵当権の債務者の変更は，元本確定前に登記をしなかったときは，その変更をしな
　　かったものとみなされる。

エ．根抵当権の設定時に元本確定期日を定めなかった場合，当該根抵当権の設定は無効で
　　ある。

オ．元本の確定した根抵当権は，確定した元本のほか，その利息についても，極度額を限
　　度として担保する。

　　1．ア　イ　　　2．ア　ウ　　　3．イ　エ　　　4．ウ　オ　　　5．エ　オ

No.225 　　　　　　　　　　**根抵当権** 　　　　　　　　 正解 **4**

ア × 誤っている

　民法398条の12第1項は，「元本の確定前においては，根抵当権者は，**根抵当権設定者の承諾を得て，その根抵当権を譲り渡すことができる**」と規定する。また，398条の13は，根抵当権の一部譲渡についても同様であることを規定する。元本確定前に根抵当権者が変更されると，旧根抵当権者が有していた債権は当然には被担保債権に含まれないものとされ，他方，新根抵当権者がその後に取得した債権が被担保債権に含まれてくるなどの事態が生じうる。そのため，設定者にとって根抵当権者の変更は重要な事項となってくることから，元本確定前においては設定者の承諾を必要としたのである。したがって，本記述は誤っている。

イ × 誤っている

　民法398条の4第2項は，元本の確定前における根抵当権の被担保債権の範囲の変更について，**後順位抵当権者の承諾が不要**であることを規定する。被担保債権の範囲が変更になったとしても，先順位根抵当権者が優先的に配当を受けることができるのは，極度額の範囲に限られるため，極度額が変更とならない限り，後順位抵当権者の配当に対する期待は損なわれない。そのことから，極度額の変更には後順位根抵当権者の承諾が必要とされるが（民法§398の5），被担保債権の範囲の変更には承諾が不要とされているのである。したがって，本記述は誤っている。

ウ ○ 正しい

　民法398条の4第3項は，**根抵当権の債務者の変更について，元本確定前に登記をしなかった場合には，その変更をしなかったものとみなす**ことを規定する。ここでは，登記の効力が，177条の対抗要件ではなく，変更の効力自体と結び付けられている。したがって，本記述は正しい。

エ × 誤っている

　民法398条の6は，元本の確定期日を定めることが「できる」と規定しており，確定期日を定めることはあくまで当事者の自由とされている。そして，確定期日を定めなかったとしても，元本の確定請求により元本を確定することができるものとされている（§398の19）。したがって，**元本の確定期日を定めていない根抵当権の設定も有効であるため，**本記述は誤っている。

オ ○ 正しい

　民法398条の3第1項は，根抵当権が，確定した元本並びに利息その他の定期金及び債務の不履行によって生じた損害の賠償の全部について，**極度額を限度として担保すること**を規定する。したがって，本記述は正しい。

平30 — 15　№.226　レベル　☆☆

(配点：2)

　根抵当権に関する次のアからオまでの各記述のうち，判例の趣旨に照らし誤っているものを組み合わせたものは，後記1から5までのうちどれか。

ア．元本の確定前において債務者を変更するには，後順位の抵当権者の承諾を得なければならない。

イ．根抵当権者は，担保すべき元本の確定すべき期日の定めがない場合，いつでも，担保すべき元本の確定を請求することができる。

ウ．根抵当権者は，根抵当権を実行した場合，当該競売手続において極度額を超える部分について配当を受けることはない。

エ．根抵当権の極度額の減額をするには，利害関係を有する者の承諾を得ることを要しない。

オ．元本の確定後においては，根抵当権設定者は，その根抵当権の極度額を，現に存する債務の額と以後2年間に生ずべき利息その他の定期金及び債務の不履行による損害賠償の額とを加えた額に減額することを請求することができる。

1．ア　ウ　　　2．ア　エ　　　3．イ　エ　　　4．イ　オ　　　5．ウ　オ

No.226　　　　　　　　　根抵当権　　　　　　　　　正解 2

ア　×　誤っている

　民法398条の4第1項は，「元本の確定前においては，根抵当権の担保すべき債権の範囲の変更をすることができる。**債務者の変更についても，同様とする。**」と規定している。そして，第2項は，「前項の変更をするには，後順位の抵当権者その他の第三者の承諾を得ることを要しない。」と規定している。したがって，本肢は後順位の抵当権者の承諾を得なければならないとしている点で誤っている。

イ　○　正しい

　民法398条の19第2項は，「根抵当権者は，いつでも，担保すべき元本の確定を請求することができる。この場合において，担保すべき元本は，その請求の時に確定する。」と規定している。そして，第3項は，「前二項の規定は，担保すべき元本の確定すべき期日の定めがあるときは，適用しない」と規定している。したがって，本肢は正しい。

ウ　○　正しい

　判例（最判昭48.10.4）は，競売代金に余剰が生じ，後順位の抵当権者等の他の債権者がいない場合でも，根抵当権者は，極度額を超えて競売代金から配当を受けることができないとしている。したがって，本肢は正しい。

エ　×　誤っている

　民法398条の5は，「根抵当権の極度額の変更は，利害関係を有する者の承諾を得なければ，することができない。」と規定している。したがって，本肢は利害関係を有する者の承諾を得ることを要しないとしている点で誤っている。

オ　○　正しい

　民法398条の21第1項は，「元本の確定後においては，根抵当権設定者は，その根抵当権の極度額を，現に存する債務の額と以後二年間に生ずべき利息その他の定期金及び債務の不履行による損害賠償の額とを加えた額に減額することを請求することができる。」と規定している。したがって，本肢は正しい。

| 令2―13 | No.227 | | | | | | | | レベル | ☆☆ |

（配点：2）

　　債務者Aが債権者Bのために自己の所有する不動産に根抵当権を設定した場合に関する次のアからオまでの各記述のうち，正しいものを組み合わせたものは，後記1から5までのうちどれか。

ア．Bは，元本の確定前は，Aに対する他の債権者Cに対してその順位を譲渡することができる。

イ．Bの根抵当権にDのために転根抵当権が設定され，BがAに転根抵当権の設定の通知をした場合，Aは，元本の確定前であれば，Dの承諾を得なくてもBに弁済することができる。

ウ．元本の確定前に，Bが根抵当権によって担保されていた債権をEに譲渡した場合，それに伴って根抵当権もEに移転する。

エ．後順位抵当権者Fがいる場合，A及びBが元本確定期日を変更するためには，Fの承諾が必要である。

オ．Bが数個の不動産について根抵当権を有する場合，同一の債権の担保として数個の不動産の上に根抵当権が設定された旨の登記がその設定と同時にされたときを除き，各不動産の代価についてそれぞれの極度額まで優先権を行使することができる。

1．ア　ウ　　　2．ア　エ　　　3．イ　エ　　　4．イ　オ　　　5．ウ　オ

No.227　　　　　　　　　　根抵当権　　　　　　　　　正解 **4**

ア　× 誤っている

　民法398条の11第1項本文は，根抵当権の処分について，「元本の確定前においては，根抵当権者は，第376条第1項の規定による根抵当権の処分をすることができない」と規定する。そのため元本の確定前は他の債権者に対する根抵当権の順位の譲渡（§376－Ⅰ）をすることができない。したがって，本肢は，Bが元本の確定前はAに対する他の債権者Cに対してその順位を譲渡することができるとする点で，誤っている。

イ　○ 正しい

　民法398の11条第1項ただし書は，根抵当権の処分について，元本の確定前においても「その根抵当権を他の債権の担保とすることを妨げない」と規定する。また，民法377条2項は，抵当権の処分（§376）について債務者が「通知を受け，又は承諾をしたときは，抵当権の処分の利益を受ける者の承諾を得ないでした弁済は，その受益者に対抗することができない」と規定する。本条の趣旨は，債務者等が誤った弁済をしないよう配慮する点にある。そして，民法398条の11第2項は，「第377条第2項の規定は，前項ただし書の場合において元本の確定前にした弁済については，適用しない」と規定し，転根抵当権の場合，債務者が通知を受け，又は承諾をした場合であっても，元本の確定前にされた債務者への弁済は許されることを規定する。本条の趣旨は，根抵当権が独立的な性質があることから，処分についても普通抵当権と異なる処分形態が求められることにある。したがって，本肢は正しい。

ウ　× 誤っている

　民法398の7第1項前段は，「元本の確定前に根抵当権者から債権を取得した者は，その債権について根抵当権を行使することができない」と規定する。そのため，本肢は，債権譲渡に伴い根抵当権もEに移転するという点で，誤っている。

エ　× 誤っている

　民法398の6第1項は，根抵当権の元本確定期日の定めについて，「根抵当権の担保すべき元本については，その確定すべき期日を定め又は変更することができる」と規定する。後順位抵当権者の承諾は不要である。したがって，本肢は，元本確定期日の変更に当たり後順位抵当権者の承諾が不要であるところ，必要であるとする点で，誤っている。

オ　○ 正しい

　民法392条1項は，「債権者が同一の債権の担保として数個の不動産につき抵当権を有する場合において，同時にその代価を配当すべきときは，その各不動産の価額に応じて，その債権の負担を按分する」と規定する。そして，民法398条の16は，民法392条の規定について，「根抵当権については，その設定と同時に同一の債権の担保として数個の不動産につき根抵当権が設定された旨の登記をした場合に限り，適用する」と規定する。民法398条の16に当たらない場合は，民法398条の3第1項により，各不動産の代価についてそれぞれの極度額まで優先権を行使することができる。したがって，本肢は正しい。

平21―16　**No.228**　　　　　　　　　　レベル　☆

（配点：2）

　Aは，その所有する不動産を目的として，Aの債権者であるBのために譲渡担保権を設定し，所有権移転登記をした。この事例に関する次のアからオまでの各記述のうち，判例の趣旨に照らし誤っているものを組み合わせたものは，後記１から５までのうちどれか。

ア．Aが弁済期に債務を弁済しないため，Bが目的不動産を第三者に譲渡し所有権移転登記がされた場合，譲受人がいわゆる背信的悪意者であるときは，Aは残債務を弁済して目的不動産を受け戻し，譲受人に対し，所有権の回復を主張することができる。

イ．Aが弁済期に債務を弁済し，譲渡担保権が消滅した後に，Bが目的不動産を第三者に譲渡した場合，譲受人がいわゆる背信的悪意者でない限り，Aは，登記をしなければ不動産の所有権を譲受人に対抗することができない。

ウ．譲渡担保が帰属清算型の場合は，清算金の有無及びその額は，BがAに対し，清算金の支払若しくはその提供をした時，又は目的不動産の適正評価額が債務額を上回らない旨を通知した時を基準として確定される。

エ．Bが，譲渡担保権の実行として，Aに対し目的不動産の引渡しを求める訴えを提起したのに対し，Aが清算金の支払と引換えにその履行をすべき旨を主張したときは，特段の事情のある場合を除き，Bの請求は，Aへの清算金の支払と引換えにのみ認容される。

オ．目的不動産が，Aが第三者から賃借する土地上の建物であり，Bが当該建物の引渡しを受けて現実に使用収益をする場合であっても，いまだ譲渡担保権が実行されておらず，Aによる受戻権の行使が可能な状態にあれば，敷地について賃借権の譲渡又は転貸は生じていないから，土地賃貸人は，賃借権の無断譲渡又は無断転貸を理由として土地賃貸借契約の解除をすることができない。

1．ア　ウ　　　2．ア　オ　　　3．イ　ウ　　　4．イ　エ　　　5．エ　オ

No.228　譲渡担保　　正解 **2**

ア　×　誤っている

　判例（最判平6.2.22＝民法百選 I No.98）は，譲渡担保権者が被担保債権の弁済期後に目的不動産を譲渡した場合には，譲渡担保を設定した債務者は，譲受人が背信的悪意者にあるか否かにかかわらず，債務の弁済による目的不動産の受戻しによる所有権の回復を譲受人に対して主張できないとする。したがって，Aは譲受人に対し，残債務の弁済による所有権の回復を主張することはできない。

イ　○　正しい

　判例（最判昭62.11.12）は，不動産を譲渡担保の目的とした債務者が債務を弁済し譲渡担保権が消滅した後に，目的不動産が譲渡担保権者から第三者に譲渡された事案において，右第三者が背信的悪意者でない限り，設定者は登記なくして不動産の所有権を右第三者に対抗できないとする。したがって，Aは登記をしなければ所有権を譲受人に対抗できない。

ウ　○　正しい

　判例（最判昭62.2.12）は，債務者所有の不動産上の譲渡担保が帰属清算型である場合に，債権者の支払うべき清算金の有無及びその額は，債権者が債務者に対し清算金の支払もしくはその提供をした時，目的不動産の適正評価が債務額及び評価に要した相当費用等の額を上回らないという通知をした時，または債権者が目的不動産を第三者に売却等をした時を基準として確定されるとする。したがって，BがAに対し，清算金の支払若しくはその提供をした時，又は目的不動産の適正評価額が債務額を上回らない旨を通知した時を基準として清算金の有無及びその額は確定される。

エ　○　正しい

　判例（最判昭46.3.25＝民法百選 I No.97）は，担保権者は清算のため担保設定者に目的不動産の引渡しを請求できるが，債務者が清算金の支払と引換えを主張したときは，特段の事情のある場合を除き，清算金の支払と引換えにのみ引渡請求が認容されるとする。したがって，Bの請求はAへの清算金の支払と引換えにのみ認容される。

オ　×　誤っている

　判例（最判平9.7.17）は，借地上の建物に譲渡担保権が設定された場合，譲渡担保権者が建物の引渡しを受けて使用又は収益をするときは，いまだ譲渡担保権が実行されておらず，設定者による受戻権の行使が可能であるとしても，建物の敷地について民法612条にいう賃借権の譲渡又は転貸がされたものと解するのを相当とするとしている。したがって，土地賃貸人は，賃借権の無断譲渡又は無断転貸を理由に土地賃貸借契約を解除することができる。

| 平23－16 | No.229 | | | | | | | レベル ☆☆ |

（配点：2）

　不動産の譲渡担保に関する次のアからオまでの各記述のうち，判例の趣旨に照らし誤っているものを組み合わせたものは，後記１から５までのうちどれか。

ア．債務者である土地の賃借人が，借地上に所有している建物を譲渡担保の目的物とした場合において，譲渡担保権の効力は，土地の賃借権に及ぶので，譲渡担保権者が担保権を実行し，これにより第三者がその建物の所有権を取得したときは，これに伴い土地の賃借権も第三者に譲渡される。

イ．譲渡担保権の設定者は，被担保債権が弁済期を経過した後においては，譲渡担保の目的物についての受戻権を放棄し，譲渡担保権者に対し，譲渡担保の目的物の評価額から被担保債権の額を控除した金額の清算金を請求することができる。

ウ．譲渡担保権によって担保されるべき債権の範囲は，強行法規や公序良俗に反しない限り，設定契約の当事者間において元本，利息及び遅延損害金について自由に定めることができ，抵当権の場合におけるような制限はない。

エ．債務者が債務の履行を遅滞したときは，帰属清算型の譲渡担保であっても，譲渡担保権者は，目的不動産を処分する権限を取得する。

オ．被担保債権の弁済期が到来し，債務者が被担保債権を弁済した後に，譲渡担保権者が目的不動産を第三者に売却した場合には，当該第三者は，被担保債権が弁済されていることについて知らないで，かつ，知らないことに過失がないときに限り，目的不動産の所有権を取得する。

1．ア　ウ　　　2．ア　エ　　　3．イ　エ　　　4．イ　オ　　　5．ウ　オ

No.229 譲渡担保 正解 **4**

ア ○ 正しい

　判例（最判昭51.9.21）は，土地の賃借人が借地上に所有している建物を譲渡担保の目的物とした場合には，譲渡担保権の効力は土地の賃借権に及ぶとする。したがって，譲渡担保権が実行された場合には，土地の賃借権も第三者に譲渡される。

イ × 誤っている

　判例（最判平8.11.22）は，「受戻権を放棄しても…清算金の支払を請求することはできない」としている。受戻権の放棄は，被担保債権を弁済しないという意思表示にすぎず，それ以上の権利関係の変動を生じさせるものではないからである。

ウ ○ 正しい

　判例（最判昭61.7.15）は，譲渡担保権によって，担保されるべき債権の範囲は，強行法規や公序良俗に反しない限り，設定契約の当事者間において自由に定めることができるとした上で，第三者との関係でも，抵当権が及ぶ債権の範囲を最後の2年分に制限する375条のような制約は受けないとする。

エ ○ 正しい

　判例（最判平6.2.22＝民法百選Ⅰ No.98）は，不動産譲渡担保契約において，債務者が弁済期に債務の履行をしない場合には，その譲渡担保契約が帰属清算型であっても処分清算型であっても，譲渡担保権者は目的不動産を処分する権限を取得するとする。

オ × 誤っている

　判例（最判昭62.11.12）は，被担保債権の弁済期が到来し，債務者が被担保債権を弁済した後に，譲渡担保権者が目的不動産を第三者に売却した場合について，あたかも譲渡担保権者からの二重譲渡のように構成し，第三者が背信的悪意者でない限り，設定者は所有権を第三者に対抗できないとした。したがって，被担保債権を弁済した後に目的不動産が第三者に売却された場合，第三者は善意無過失でなくとも，登記を備えれば所有権を取得しうる。

◆解◆答◆の◆ポイント◆！

　譲渡担保権は，論文で出題が予想される分野であるにもかかわらず，苦手意識を持っている受験生が多いようである。本問は，抵当権との比較，判例の射程を問う肢があり，やや難易度が高い。このような問題については，譲渡担保権の本質から考えること，肢オのような比較的正誤がつきやすい肢を間違えないことが大切になる。

平27 ― 14	No.230							レベル ★

（配点：３）

譲渡担保に関する次のアからオまでの各記述のうち，判例の趣旨に照らし誤っているものを組み合わせたものは，後記１から５までのうちどれか。

ア．不動産が譲渡担保の目的とされ，譲渡担保権の設定者から譲渡担保権者への所有権移転登記がされた場合において，譲渡担保権の設定者は，その譲渡担保に係る債務の弁済と，その不動産の譲渡担保権者から譲渡担保権の設定者への所有権移転登記手続との同時履行を主張することができない。

イ．対抗要件を備えた集合動産譲渡担保権の設定者が，その目的とされた動産につき通常の営業の範囲を超える売却処分をし，その動産を占有改定の方法により買主に引き渡した場合，買主はその動産の所有権を取得することができる。

ウ．不動産の譲渡担保において，債務者が弁済期にその譲渡担保権に係る債務を弁済しない場合，譲渡担保権者がその不動産を譲渡したときは，譲受人は確定的にその不動産の所有権を取得し，債務者は債務を弁済してその不動産を受け戻すことができない。

エ．不動産が譲渡担保の目的とされ，譲渡担保権の設定者から譲渡担保権者への所有権移転登記がされた場合において，その譲渡担保権に係る債務の弁済により譲渡担保権が消滅した後にその不動産が譲渡担保権者から第三者に譲渡されたときは，譲渡担保権の設定者は，登記がなければ，その所有権をその不動産を譲り受けた第三者に対抗することができない。

オ．集合動産の譲渡担保権者は，その譲渡担保権の設定者が通常の営業を継続している場合であっても，その目的とされた動産が滅失したときは，その損害をてん補するために設定者に支払われる損害保険金の請求権に対して物上代位権を行使することができる。

1．ア　ウ　　　2．ア　エ　　　3．イ　ウ　　　4．イ　オ　　　5．エ　オ

No.230	譲渡担保	正解 **4**

ア ○ 正しい

譲渡担保権に係る債務の弁済と，その不動産の譲渡担保権者から譲渡担保権の設定者への所有権移転登記手続請求は同時履行の関係にない。判例（最判平6.9.8）も，譲渡担保に係る債務の弁済と目的物の返還とは同時履行の関係に立たないとしている。

イ × 誤っている

判例（最判平18.7.20）は，「対抗要件を備えた集合動産譲渡担保の設定者がその目的物である動産につき通常の営業の範囲を超える売却処分をした場合，当該処分は上記権限に基づかないものである以上，譲渡担保契約に定められた保管場所から搬出されるなどして当該譲渡担保の目的物である集合物から離脱したと認められる場合でない限り，当該処分の相手方は目的物の所有権を承継取得することはできない」としている。本肢では，占有改定が行われたのみで集合物から離脱したと認められないので買主は所有権を取得できない。

ウ ○ 正しい

判例（最判平6.2.22）は，不動産を目的とする譲渡担保契約において，債務者が弁済期に債務の弁済をしない場合には，債権者は，右譲渡担保契約がいわゆる帰属清算型であるか処分清算型であるかを問わず，目的物を処分する機能を取得するから，債権者がこの権能に基づいて目的物を第三者に譲渡したときは，原則として，譲受人は目的物の所有権を確定的に取得し債務者は残債務を弁済して目的物を受け戻すことはできなくなるとする。

エ ○ 正しい

判例（最判昭62.11.12）は，不動産を譲渡担保の目的とした債務者が債務を弁済したことにより譲渡担保権者が消滅した後に，目的不動産が譲渡担保権者から第三者に譲渡された場合には，右第三者がいわゆる背信的悪意者でない限り，設定者は登記なくして不動産を第三者に対抗できないとする。その理由は二重譲渡類似の関係にあるからである。

オ × 誤っている

判例（最決平22.12.2）は，集合譲渡担保権の効力は，目的動産が滅失した場合にその損害を填補するために譲渡担保権設定者に支払われる損害保険金に係る請求権に及ぶが，譲渡担保権設定者が通常の営業を継続している場合には，特約の存在など特段の事情がない限り，同請求権に対して物上代位権を行使することは許されないとする。本件では，営業を継続していて，特段の事情もないので物上代位権を行使することはできない。

解答のポイント！

譲渡担保に関する知識について横断的に聞かれている。肢オのような百選などに掲載されている知識に加え主要な判例については一通り目を通していく必要がある。判例を読むときに結論を覚えるだけではなく，理由付けまで理解するようにしたい。

令元 ― 16 ┃ **№.231** ┃　　レベル ☆

(配点：２)

　　債務者が設定した譲渡担保に関する次のアからオまでの各記述のうち，判例の趣旨に照らし誤っているものを組み合わせたものは，後記１から５までのうちどれか。

ア．債務者が弁済期に債務の弁済をしなかった場合において，不動産の譲渡担保権者が目的不動産を譲渡したときは，譲受人がいわゆる背信的悪意者に当たるときであっても，債務者は，残債務を弁済して目的不動産を受け戻すことができない。

イ．債務者は，被担保債権の弁済期後は，譲渡担保の目的物の受戻権を放棄することにより，譲渡担保権者に対し清算金の支払を請求することができる。

ウ．債務者が弁済期に債務の弁済をしなかった場合において，不動産の譲渡担保権者が目的不動産を譲渡したときは，債務者は，譲受人からの明渡請求に対し，譲渡担保権者に対する清算金支払請求権を被担保債権とする留置権を主張することができない。

エ．譲渡担保の被担保債権の弁済期後に目的不動産が譲渡担保権者の債権者によって差し押さえられ，その旨の登記がされた場合，債務者は，その後に被担保債権に係る債務の全額を弁済しても，差押債権者に対し，目的不動産の所有権を主張することができない。

オ．構成部分の変動する集合動産であっても，その種類，所在場所及び量的範囲を指定するなどの方法によって目的物の範囲が特定される場合には，一個の集合物として譲渡担保の目的とすることができる。

1．ア　ウ　　　　2．ア　エ　　　　3．イ　ウ　　　　4．イ　オ　　　　5．エ　オ

No.231　　　　　譲渡担保　　　　　　正解 **3**

ア　○　正しい

　判例（最判平6.2.22＝民法百選ⅠNo.98）は，譲渡担保権者が被担保債権の弁済期後に目的不動産を譲渡した場合には，譲渡担保を設定した債務者は，譲受人がいわゆる背信的悪意者に当たるときであると否とにかかわらず，債務を弁済して目的不動産を受け戻すことができないとしている。よって，本肢は正しい。

イ　×　誤っている

　判例（最判平8.11.22）は，譲渡担保権設定者は，譲渡担保権者が清算金の支払又は提供をせず，清算金がない旨の通知もしない間に譲渡担保の目的物の受戻権を放棄しても，譲渡担保権者に対して清算金の支払を請求することはできないとしている。そのため，被担保債権の弁済期の前後を問わず，債務者は清算金の支払請求をすることができない。よって，本肢は誤っている。

ウ　×　誤っている

　判例（最判平9.4.11）は，譲渡担保権設定者は，譲渡担保権の実行として譲渡された不動産を取得した者からの明渡請求に対し，譲渡担保権者に対する清算金支払請求権を被担保債権とする留置権を主張することができるとしている。よって，本肢は誤っている。

エ　○　正しい

　判例（最判平18.10.20）は，不動産を目的とする譲渡担保において，被担保債権の弁済期後に譲渡担保権者の債権者が目的不動産を差し押さえ，その旨の登記がされたときは，設定者は，差押登記後に債務の全額を弁済しても，第三者異議の訴えにより強制執行の不許を求めることはできないとしている。本事例において，債務者は，差押債権者に対し，目的不動産の所有権を主張できない。よって，本肢は正しい。

オ　○　正しい

　判例（最判昭54.2.15）は，「構成部分の変動する集合動産についても，その種類，所在場所及び量的範囲を指定するなどなんらかの方法で目的物の範囲が特定される場合には，一個の集合物として譲渡担保の目的となりうる」としている。よって，本肢は正しい。

令2─14 6 No.232 ／／／／／／　レベル ★

(配点：2)

　譲渡担保に関する次のアからオまでの各記述のうち，判例の趣旨に照らし正しいものを組み合わせたものは，後記１から５までのうちどれか。

ア．所有する土地に譲渡担保権を設定した債務者は，債務の弁済期が経過した後は，債権者が担保権の実行を完了する前であっても，債務の全額を弁済して目的物を受け戻すことはできない。

イ．所有する機械に譲渡担保権を設定して譲渡担保権者に現実の引渡しをした債務者Ａは，その債務の弁済をする場合，債務の弁済と譲渡担保権者のＡに対する目的物の引渡しとの同時履行を主張することはできない。

ウ．債務者Ａが所有する構成部分の変動する在庫商品に債権者Ｂのために譲渡担保権が設定された後，商品が滅失し，その損害をてん補するための損害保険金請求権をＡが取得したときは，Ａが営業を継続しているか否かにかかわらず，Ｂは，当該保険金請求権に対して 物上代位権を行使することができる。

エ．土地の賃借人が借地上に所有する建物に譲渡担保権を設定した場合，その効力が土地の賃借権に及ぶことはない。

オ．譲渡担保権によって担保されるべき債権の範囲は，強行法規や公序良俗に反しない限り，設定契約の当事者間において元本，利息及び遅延損害金について自由に定めることができる。

1．ア　ウ　　　2．ア　エ　　　3．イ　エ　　　4．イ　オ　　　5．ウ　オ

| No.232 | 譲渡担保 | 正解 **4** |

ア　✕　誤っている

判例（最判昭57.1.22）は，譲渡担保権者が譲渡担保権の実行を完了するまでは，債務者は債務の全額を弁済して譲渡担保権を消滅させ，目的物の所有権を回復することができる，旨判示した。判例の趣旨は，譲渡担保権の実行の完了までは受戻権が存在することにある。したがって，本肢は，債権者が担保権の実行を完了する前であっても，債務の全額を弁済して目的物を受け戻すことはできないとする点で，誤っている。

イ　○　正しい

判例（最判平6.9.8）は，債務の弁済と譲渡担保の目的物の返還とは，前者が後者に対し先履行の関係にあり，同時履行の関係に立つものではない旨判示した。したがって，本肢は正しい。

ウ　✕　誤っている

判例（最決平22.12.2）は，集合物譲渡担保権に基づく物上代位について，譲渡担保権が価値を担保として把握するものであるとしてこれを肯定しつつ，譲渡担保権設定者が通常の営業を継続している場合には，直ちに物上代位権を行使することができる旨が合意されているなどの特段の事情がない限り，物上代位権を行使することができない旨判示した。その趣旨は，譲渡担保が信用授受の目的を達する制度であり，譲渡担保権設定者が通常の営業を継続している場合には，譲渡担保権設定者に，その通常の営業の範囲内で譲渡担保の目的を構成する動産を処分する権限が付与されているといえることにある。したがって，本肢は，Aが営業を継続しているか否かにかかわらず，Bが当該保険金請求権に対して物上代位権を行使することができるとする点で，誤っている。

エ　✕　誤っている

判例（最判昭51.9.21）は，「譲渡担保権の効力は，原則として土地の賃借権に及び，債権者が担保権の実行としての換価処分により建物の所有権をみずから確定的に取得し又は第三者にこれを取得させたときは，これに随伴して土地の賃借権もまた債権者又は第三者に譲渡される」とする。判例に賛成する学説は，理由として，譲渡担保権の目的物の範囲は，抵当権に準じることを挙げる。そのため，借地権者が所有する借地上の建物について設定された譲渡担保権が実行された場合，譲渡担保権の効力は土地の賃借権に及ぶ。

オ　○　正しい

判例（最判昭61.7.15）は，譲渡担保権によって，担保されるべき債権の範囲は，強行法規や公序良俗に反しない限り，設定契約の当事者間において自由に定めることができるとした上で，第三者との関係でも，抵当権が及ぶ債権の範囲を最後の2年分に制限する民法375条のような制約は受けないとする。

平26 — 11	№.233							レベル　★

（配点：2）

　物権又はその得喪若しくは変更について当事者がする合意に関する次のアからオまでの各記述のうち，判例の趣旨に照らし正しいものを組み合わせたものは，後記1から5までのうちどれか。

ア．抵当権の順位の変更は，各抵当権者の合意のみによって効力を生ずるが，それを第三者に対抗するためには，その登記をしなければならない。

イ．土地を所有する者が売主となる売買において，当事者間で合意をすれば土地上の立木についての所有権を当該売主に留保することができるが，それを第三者に対抗するためには，当該売主が立木の所有者である旨を公示する対抗要件を具備しなければならない。

ウ．抵当権者は，利息その他の定期金の全額を被担保債権とする旨の定めを設定行為でしたときは，その定めに従い他の債権者に優先して抵当権を行使することができる。

エ．売買においては，目的物の所有権は，契約成立時に移転することが原則であるが，これと異なる時期に所有権が移転するものと定めることができる。

オ．不動産質権者は，設定者の承諾を得なければ，質権の目的である不動産の使用及び収益をすることができない。

1．ア　ウ　　　2．ア　オ　　　3．イ　ウ　　　4．イ　エ　　　5．エ　オ

No.233　　　　　　　　　　物権の得喪・変更　　　　　　　正解 **4**

ア　✕　誤っている

　抵当権の順位は，各抵当権者の合意によって変更することができる（民法§374－Ⅰ本文）。もっとも，順位の変更は，その登記をしなければ，その効力を生じない（同－Ⅱ）。よって，抵当権の順位の変更の登記は効力要件であるので，第三者対抗要件としている点において，本肢は誤っている。

イ　○　正しい

　判例（最判昭34.8.7）は，土地の所有権を移転するにあたり，特に当事者間の合意によって立木の所有権を留保した場合は，立木は土地と独立して所有権の目的となる，とする。その上で，立木法による登記または明認方法を施さない限り，立木所有権の留保をもってその地盤である土地の権利を取得した第三者に対抗し得ない，とする。立木の所有権留保も物権変動の一場合と解すべきであり，登記や明認方法のない場合，第三者は，立木についての所有権留保の事実を知ることができないからである。よって，本肢は正しい。

ウ　✕　誤っている

　抵当権者は，利息その他の定期金を請求する権利を有するときは，その満期となった最後の2年分についてのみ，その抵当権を行使することができる（§375－Ⅰ本文）。それ以前の定期金について抵当権を行使するためには，満期後に特別の登記をすることが必要である（同項ただし書）。既存の抵当権の被担保債権額が予想外に増大することを防ぎ，後順位抵当権者等の第三者を保護するためである。よって，特別の登記がないにもかかわらず，全額について他の債権者に優先して抵当権を行使できるとしている点で，本肢は誤っている。

エ　○　正しい

　物権の設定および移転は，当事者の意思表示のみによって，その効力を生ずる（§176）。これは，物権変動に関して意思主義を採ることを宣言したものである。そして，所有権の移転時期について，判例（最判昭33.6.20＝民法百選Ⅰ№52）は，意思主義の原則を忠実に適用し，原則として売買契約時点であるとする（契約時説）。もっとも，同条は任意規定であるから，当事者の意思によって別段の定めをすることは可能である。よって，本肢は正しい。

オ　✕　誤っている

　不動産質権者は，質権の目的である不動産の用法に従い，その使用および収益をすることができる（§356）。動産質権者が，設定者の承諾なくして質物の使用収益をすることができない（§350，§298）のに対して，不動産質においては，質権者による質物の使用収益が認められている。よって，設定者の承諾を得なければ使用収益ができないとしている点で，本肢は誤っている。

　　質権又は譲渡担保権に関する次のアからオまでの各記述のうち，判例の趣旨に照らし正しいものを組み合わせたものは，後記1から5までのうちどれか。

ア．同一の動産について複数の質権を設定することはできないが，同一の動産について複数の譲渡担保権を設定することはできる。

イ．動産を目的とする質権は占有改定の方法によるその動産の引渡しによっては効力を生じないが，動産を目的とする譲渡担保権はその設定契約によって設定され，占有改定の方法によるその動産の引渡しがあれば，譲渡担保権者は第三者に譲渡担保権を対抗することができる。

ウ．債権質の目的である債権の弁済期が到来した場合には，被担保債権の弁済期が到来していないときであっても，質権者は，債権質の目的である債権を直接に取り立てることができる。

エ．債権であってこれを譲り渡すにはその証書を交付することを要するものを質権の目的とするときは，質権の設定は，その証書を交付することによって，その効力を生ずる。

オ．動産を目的とする譲渡担保権が設定されている場合，その設定者は，正当な権原なくその動産を占有する者に対し，その動産の返還を請求することができない。

1．ア　ウ　　　2．ア　エ　　　3．イ　エ　　　4．イ　オ　　　5．ウ　オ

No.234　　　　　　　　　　譲渡担保と質権　　　　　　　　正解 **3**

ア ✕ 誤っている

　民法355条は，「同一の動産について数個の質権が設定されたときは，その質権の順位は，設定の前後による」と規定し，同一の動産について複数の質権が設定されることを前提としている。したがって，本肢は同一の動産について複数の質権を設定することはできないとする点で誤っている。

イ ○ 正しい

　質権の設定は，債権者にその目的物を引き渡すことによって，その効力を生ずる（民法§344）。そして，この引渡しは占有改定では足りないと解されている。この理由として，通説は，質権設定者による代理占有が禁止されている（§345）ことを挙げる。

　また，判例（最判昭30.6.2＝民法百選Ⅰ No. 64）は，動産譲渡担保を第三者に対抗するためには，目的物を引き渡す必要があり，この引渡しには，占有改定も含まれるとした。判例に賛同する学説は，法が引渡しの方法として観念的なものを認めていること（§178参照）を挙げている。したがって，本肢は正しい。

ウ ✕ 誤っている

　債権の目的物が金銭であるときは，質権者は，自己の債権額に対応する部分に限り，これを取り立てることができる（§366-Ⅱ）。前項の債権の弁済期が質権者の債権の弁済期前に到来したときは，質権者は，第三債務者にその弁済をすべき金額を供託させることができ，質権は，その供託金について存在する（§366-Ⅲ）。したがって，債権質の目的である債権の弁済期が到来した場合に，供託を求めることができるにすぎず，被担保債権の弁済期が到来していないときには，質権者は，債権質の目的である債権を直接に取り立てることはできない。よって，本肢は弁済期が到来していなくても債権を取り立てることができるとする点で誤っている。

エ ○ 正しい

　債権であってこれを譲り渡すにはその証書を交付することを要するもの，すなわち，指図証券や記名式所持人払証券，無記名証券などの有価証券に表章された債権について，改正民法は，「有価証券」という節を設けて，債権という面よりも有価証券という側面を重視してルールを整備した。すなわち，これらの債権が表章された証券の譲渡の効力要件として，譲渡（指図証券§520の2，記名式所持人払証券§520の13，無記名証券§520の20）したり，質権を設定（§520の7，§520の17，§520の20）する場合には，その証書を交付することによって効力を生ずるとされた。したがって，本肢は正しい。

オ　×　誤っている

　判例（最判昭57.9.28）は，譲渡担保の設定者は，目的物の不法占拠者に対し，その返還を請求できるとした。この理由として，判例は，譲渡担保は，債権担保のために目的物件の所有権を移転するものであるが，右所有権移転の効力は債権担保の目的を達するのに必要な範囲内においてのみ認められるのであって，担保権者は，債務者が被担保債務の履行を遅滞したときに目的物件を処分する権能を取得し，この権能に基づいて目的物件を適正に評価された価額で確定的に自己の所有に帰せしめ又は第三者に売却等することによって換価処分し，優先的に被担保債務の弁済に充てることができるにとどまり，他方，設定者は，担保権者が右の換価処分を完結するまでは，被担保債務を弁済して目的物件についての完全な所有権を回復することができることを挙げる。したがって，本肢は動産の返還を請求できないとする点で誤っている。

解答のポイント！

　質権と譲渡担保の異同を問う問題である。質権においては，質物が何であるか（動産，権利，不動産のどれか）で違いが生じるため，それぞれの違いを正確に把握しておくことが重要である。譲渡担保については，判例法理がいかに展開されているかという点も理解しつつ，条文素読，教科書等の学習を行うことが有益であろう。法的性質をいかに理解するかによって判例の説明手法が異なりうるため，短答式試験対策としてのみならず，論文式試験対策としても，自説のみでなく，反対説もおさえておくべきである。

予平30 ― 5　**No.235**　　　　　　　　　　レベル　☆☆

(配点：2)

　担保物権に関する次のアからオまでの各記述のうち，判例の趣旨に照らし誤っているものを組み合わせたものは，後記1から5までのうちどれか。

ア．留置権は，債務者以外の者の物についても成立する。

イ．一般の先取特権は，債務者以外の者の財産についても成立する。

ウ．質権は，債務者の財産についてのみ設定することができる。

エ．抵当権は，永小作権を目的として設定することができる。

オ．立木に土地と分離して抵当権を設定した場合，明認方法によって，その抵当権を第三者に対抗することはできない。

1．ア　ウ　　　2．ア　エ　　　3．イ　ウ　　　4．イ　オ　　　5．エ　オ

No.235　　　　　　　　　　**担保物権総合**　　　　　　正解 **3**

ア　○　正しい

　判例（大判昭9.10.23）・通説は，**債務者以外の者の所有物についても留置権が成立する**とする。通説はその理由として，民法295条が「他人の物」として，文言上債務者所有物に限定していないこと，また，物の返還を拒絶して債務の弁済を強制することが債権者・債務者間の公平に資するという留置権の趣旨からは，債務者所有物に限定すべきでないことを挙げる。

イ　×　誤っている

　特定の債権を保護するために法が認める**法定担保物件である先取特権**では，その要件も法定されており，**一般の先取特権**では，その目的物は「**債務者の総財産**」（民法§306柱書）と規定されている。

ウ　×　誤っている

　民法342条は，「質権者は，その債権の担保として**債務者又は第三者から受け取った物**を占有し，かつ，その物について他の債権者に先立って自己の債権の弁済を受ける権利を有する。」として，債務者の財産に限らず，第三者所有の財産についても設定することを認めている。

エ　○　正しい

　地上権及び永小作権も，抵当権の目的とすることができるとされている（§369−Ⅱ）。

オ　○　正しい

　抵当権は非占有担保物権であり，取引の安全保護のため，第三者に対してその**存在と権利内容が明確**であることが強く要求される。したがって，**明認方法**のような慣習法上の公示方法で，かつ**滅失により公示としての機能が喪失する不確実な公示方法**では，第三者に対する**対抗要件**として認められない。

MEMO

民法　本試験出題履歴索引

※表内の数字は本書のページ数です。
※ ▭ は『2021年版　司法試験・予備試験　体系別短答式過去問集　2-2　民法Ⅱ』掲載分です。
※★がついている問題は予備試験単独の問題です。

司法試験

	令和2年度	令和元年度	平成30年度	平成29年度	平成28年度	平成27年度	平成26年度	平成25年度	平成24年度	平成23年度
第1問	35	13	561	21	19	109	11	5	33	91
第2問	63	51	61	43	85	99	93	37	9	105
第3問	89	115	103	53	101	111	123	107	83	129
第4問	117	163	153	77	113	155	133	143	151	121
第5問	213	195	137	149	185	169	191	715	131	159
第6問	243	293	225	177	247	223	215	209	173	181
第7問	279	339	269	239	235	257	751	59	205	311
第8問	341	349	321	387	303	265	261	391	737	309
第9問	325	359	403	357	335	373	285	723	3	333
第10問	393	383	275	379	355	375	319	729	329	317
第11問	447	417	347	425	413	405	547	401	233	719
第12問	497	427	415	505	431	441	353	371	395	435
第13問	535	463	495	437	445	343	423	411	399	457
第14問	545	471	517	549	483	541	465	439	525	451
第15問	297	473	533	491	521	35	515	481	487	479
第16問	83	543	7	29	531	55	175	489	529	539
第17問	93	115	81	63	11	79	75	259	419	27
第18問	43	139	113	91	19	117	89	125	15	71
第19問	199	233	167	135	57	169	107	133	53	119
第20問	39	173	207	153	195	213	205	275	121	127
第21問	47	229	219	163	109	251	221	201	129	161
第22問	241	255	237	181	439	261	283	33	231	191
第23問	301	449	331	245	269	359	291	235	123	211
第24問	313	263	339	279	293	343	337	315	249	257
第25問	357	355	367	285	369	365	329	351	327	321
第26問	413	401	411	305	409	395	387	407	363	323
第27問	433	487	435	309	431	399	463	419	393	335
第28問	481	523	465	397	479	495	475	427	441	727
第29問	503	527	521	421	501	557	499	451	497	473
第30問	585	539	577	517	601	575	595	511	749	493
第31問	609	559	565	533	583	605	603	543	537	551
第32問	615	549	641	547	627	619	589	573	563	571
第33問	701	591	679	621	631	699	669	617	587	27
第34問	697	637	681	655	691	709	661	629	597	659
第35問	673	665	695	711	397	47	651	677	667	693
第36問	731	759	227	761	73	755	721	707	689	705
第37問	767	735	—	763	—	—	717	—	—	—

	平成22年度	平成21年度	平成20年度	平成19年度	平成18年度
第 1 問	17	31	3	97	319
第 2 問	49	57	15	127	457
第 3 問	157	741	29	39	507
第 4 問	41	71	55	165	179
第 5 問	167	81	79	189	67
第 6 問	219	147	125	203	625
第 7 問	315	245	175	69	639
第 8 問	745	313	255	299	567
第 9 問	361	327	283	345	227
第10問	367	351	251	249	231
第11問	461	273	365	271	253
第12問	519	421	429	407	273
第13問	511	453	509	409	307
第14問	5	455	485	503	331
第15問	9	513	733	475	527
第16問	37	537	65	477	449
第17問	41	25	87	13	199
第18問	103	51	99	49	375
第19問	147	101	203	69	501
第20問	151	145	225	189	25
第21問	171	159	287	143	201
第22問	281	209	303	247	185
第23問	347	239	333	277	267
第24問	383	453	345	289	377
第25問	389	743	385	379	141
第26問	405	443	447	415	363
第27問	455	307	425	469	157
第28問	471	381	509	485	97
第29問	491	403	525	489	23
第30問	747	513	739	459	223
第31問	531	529	541	545	67
第32問	581	535	569	611	161
第33問	599	607	579	675	135
第34問	633	613	645	643	649
第35問	635	647	685	703	593
第36問	687	683	—	—	—
第37問	—	—	—	—	—

予備試験

	令和2年度	令和元年度	平成30年度	平成29年度	平成28年度	平成27年度	平成26年度	平成25年度	平成24年度	平成23年度
第1問	89	13	61	21	101	99	93	37	151	★7
第2問	213	163	153	53	113	111	133	143	173	129
第3問	★297	★229	321	177	185	223	191	391	329	309
第4問	341	383	347	379	247	257	★289	371	233	★369
第5問	497	427	★553	425	★337	★385	★323	★301	525	435
第6問	545	471	517	★467	413	★443	465	411	419	479
第7問	83	115	81	29	483	343	75	481	15	71
第8問	93	★187	113	135	11	35	107	133	53	119
第9問	★149	233	167	★215	★61	79	221	235	★105	211
第10問	★445	449	331	279	109	213	291	★193	363	321
第11問	357	401	★373	★325	439	★253	★361	315	★417	335
第12問	433	527	★467	517	409	343	499	407	★461	493
第13問	585	★555	565	547	★757	399	589	★429	537	★553
第14問	615	591	641	711	601	557	661	573	587	551
第15問	673	665	695	763	631	699	721	707	667	659

MEMO

2021年版 司法試験・予備試験 体系別短答式過去問集 2-1 民法 I

（2009年版　2008年12月1日　初版　第1刷発行）

2020年11月15日　初　版　第1刷発行

編　著　者　早 稲 田 経 営 出 版 編 集 部
発　行　者　猪　　野　　　　樹
発　行　所　株式会社　早稲田経営出版

〒101-0061
東京都千代田区神田三崎町 3-1-5
神田三崎町ビル
電 話 03 (5276) 9492 (営業)
FAX 03 (5276) 9027

印　　刷　日 新 印 刷 株 式 会 社
製　　本　東 京 美 術 紙 工 協 業 組 合

© Waseda keiei syuppan 2020　　Printed in Japan　　ISBN 978-4-8471-4701-2

N.D.C. 327

書籍の正誤についてのお問合わせ

万一誤りと疑われる箇所がございましたら、以下の方法にてご確認いただきますよう、お願いいたします。

なお、正誤のお問合わせ以外の書籍内容に関する解説・受験指導等は、**一切行っておりません。**
そのようなお問合わせにつきましては、お答えいたしかねますので、あらかじめご了承ください。

1 正誤表の確認方法

CYBER TAC出版書籍販売サイト
BOOK STORE

早稲田経営出版刊行書籍の販売代行を行っているTAC出版書籍販売サイト「Cyber Book Store」トップページ内「正誤表」コーナーにて、正誤表をご確認ください。

URL:https://bookstore.tac-school.co.jp/

2 正誤のお問合わせ方法

正誤表がない場合、あるいは該当箇所が掲載されていない場合は、書名、発行年月日、お客様のお名前、ご連絡先を明記の上、下記の方法でお問合わせください。
なお、回答までに1週間前後を要する場合もございます。あらかじめご了承ください。

文書にて問合わせる

▶郵 送 先　〒101-0061 東京都千代田区神田三崎町3-1-5 神田三崎町ビル
株式会社 早稲田経営出版 出版部 正誤問合わせ係

FAXにて問合わせる

●FAX番号　**03-5276-9027**

e-mailにて問合わせる

●お問合わせ先アドレス　**sbook@wasedakeiei.co.jp**

※お電話でのお問合わせは、お受けできません。また、土日祝日はお問合わせ対応をおこなっておりません。
※正誤のお問合わせ対応は、該当書籍の改訂版刊行月末日までといたします。

乱丁・落丁による交換は、該当書籍の改訂版刊行月末日までといたします。なお、書籍の在庫状況等により、お受けできない場合もございます。
また、各種本試験の実施の延期、中止を理由とした本書の返品はお受けいたしません。返金もいたしかねますので、あらかじめご了承くださいますようお願い申し上げます。

(2020年10月現在)